D1870836

Siedler

Buch

Seit der deutschen Wiedervereinigung erscheint die alte Bundesrepublik als »Wirtschaftswunderland«, als Hort der Sicherheit und Stabilität. Die Realität aber sah anders aus. Gerhard Stoltenberg kennt die politische Landschaft der Bundesrepublik wie nur wenige. Er zeigt die ersten vier Jahrzehnte, wie sie wirklich waren: eine Zeit der Erfolge und Krisen, der Umbrüche und Wagnisse – vor allem aber eine Zeit der Weichenstellungen. Wie konnte in Deutschland nach den Verwüstungen des Zweiten Weltkrieges eine stabile Demokratie entstehen? Welche Erfolgsrezepte standen hinter dem überraschenden Boom der fünfziger und sechziger Jahre? In »Wendepunkte« geht es nicht nur um Machtwechsel und Koalitionsbrüche, nicht nur um Adenauer, Brandt und Kohl, die jeweils eine neue Ära eingeleitet haben. Stoltenbergs Helden sind auch die Väter der ökonomischen Stabilität wie Ludwig Erhard und Karl Schiller. Oft mußten sie ihre zukunftsweisenden Konzepte gegen massive Widerstände durchsetzen.
Heute stehen wir vor ähnlich konfliktreichen Weichenstellungen: Wie können Deutschland und Europa die Herausforderungen der Globalisierung meistern? Wie kommt das »Modell Bundesrepublik« wieder in Gang? Auch diesen Fragen stellt sich Stoltenberg.

Autor

Gerhard Stoltenberg, geboren 1928, studierte Geschichte, Sozialwissenschaft und Philosophie an der Universität Kiel. 1955–61 Bundesvorsitzender der Jungen Union, 1965–69 Bundesminister für Wissenschaft und Forschung, seit 1969 Mitglied des Präsidiums der CDU, 1971–82 Ministerpräsident von Schleswig-Holstein, 1982–89 Bundesminister der Finanzen, 1989–92 Bundesminister für Verteidigung.

Gerhard Stoltenberg

Wendepunkte

Stationen deutscher Politik 1947–1990

Siedler

Inhalt

Vorbemerkung

Im Frühjahr 1997 wurde dieses Buch der Öffentlichkeit vorgestellt. Es ging mir vor allem darum, die historische Situation, die Motive der Hauptakteure und ihre Entscheidung wieder bewußt zu machen, die nach den Katastrophen der Weltwirtschaftskrise, der Diktatur und des Zweiten Weltkrieges zur Konzeption und Politik einer Sozialen Marktwirtschaft führten. Im Wandel der Zeit und der Prioritäten haben sich dann immer wieder bestimmte grundlegende ordnungspolitische Fragen gestellt, die auch heute ganz aktuell sind. Es ging dabei vor allem um die Rolle des Staates in einer freiheitlichen Wirtschaftsverfassung, um Wettbewerb, personale Verantwortung und das erforderliche Maß sozialer Sicherung, um Marktöffnung, europäische Einigung und Spielräume für eine gestaltende Politik.

Nach dem Regierungswechsel im vergangenen Jahr und dem Umzug des Parlaments wie der meisten Ministerien nach Berlin gibt es neue Herausforderungen und Akzente, zugleich aber mehr Kontinuität, als viele in der Hektik des Tages meinen. So kann die Darstellung wichtiger Stationen der deutschen Nachkriegsgeschichte helfen, die Probleme und Alternativen unserer Zeit besser zu verstehen und hoffentlich überzeugender zu lösen.

Bonn, im Februar 1999

Vorwort

Fünf Jahrzehnte nach dem Ende des Zweiten Weltkrieges richtet sich der Blick wieder stärker auf die Zeit des Neubeginns im besiegten und geteilten Deutschland. Es waren die Jahre des Aufbaus einer lebendigen kommunalen Selbstverwaltung, von politischen und administrativen Strukturen der Länder, der Gründung von Parteien, Verbänden und Gewerkschaften. Die Besatzungsmächte hatten die Souveränitätsrechte übernommen, aber bald wirkten deutsche Repräsentanten an wichtigen Entscheidungen mit. Nachdem die Hoffnungen auf eine gemeinsame demokratische Entwicklung in ganz Deutschland trogen, gingen die Westdeutschen den Weg der Gründung eines neuen Staatswesens, der Bundesrepublik.

Ihre Geschichte ist Gegenstand einer Vielzahl von eindrucksvollen wissenschaftlichen Untersuchungen geworden. In den Gesamtdarstellungen dieser Epoche stehen zumeist die Außen- und Deutschlandpolitik, die Wahlen und der Wettbewerb der Parteien im Vordergrund. Die ersten wirtschaftspolitischen Richtungsentscheidungen wurden dabei bereits vor dem Entstehen der Bundesrepublik im Frankfurter Wirtschaftsrat getroffen. Sie haben die Entwicklung Westdeutschlands für Jahrzehnte maßgeblich mitgeprägt. Die Anfangserfolge des sozialmarktwirtschaftlichen Kurses waren der wichtigste Faktor für das Ergebnis der ersten Bundestagswahl 1949, die knappe Mehrheit der bürgerlichen Parteien. Die positiven Ergebnisse der Wirtschafts-, Finanz- und Sozialpolitik trugen in den folgenden beiden Jahrzehnten erheblich zu den besseren Lebensbedingungen und optimistischeren Erwartungen der meisten Menschen, zur Festigung der Demokratie bei. Ökonomische Spannungen und durch sie verursachte Kontroversen waren dann wesentliche Ursachen für die Regierungswechsel 1969 und 1982. Heute stehen Themen der Wirtschafts-, Finanz- und Sozialpolitik erneut im Vordergrund von Zukunftsentwürfen für das vereinte Deutschland und Europa. Unsere aktuellen Probleme sind bei allen grundlegenden Veränderungen der jüngsten Zeit stärker in Verhaltensweisen, Entscheidungen und Versäumnissen der vergangenen Jahrzehnte angelegt, als dies auf den ersten Blick erscheint. Deshalb ist es wichtig, die Entwicklungslinien der alten Bundesrepublik wieder anschaulich zu machen.

Wenn wir Kontinuität und Wandel im zeitgeschichtlichen Prozeß besser verstehen, kann uns dies in den aktuellen Auseinandersetzungen über Prioritäten und Inhalte der Wirtschafts-, Finanz- und Sozialpolitik helfen. Hierzu soll dieses Buch einen Beitrag leisten. Nach der Katastrophe der Hitler-Diktatur wurde in der deutschen Verfassungsdiskussion ebenso wie in den grundsätzlichen Debatten über die neue Wirtschaftsordnung eine ethische Legitimation der künftigen Normen und Regeln gefordert. Dieser Bezug ist mittlerweile im vorherrschenden Verständnis von Wirtschaft und Wirtschaftspolitik stärker verschüttet als in der Rechtspolitik. Man kann die Begründungen einer vergangenen Zeit nicht einfach wiederholen. Aber es ist wichtig, sich mit ihnen auseinanderzusetzen, um ein neues Verständnis für die ethischen Grundlagen Sozialer Marktwirtschaft zu gewinnen.

Meine Erinnerungen gehen bis in die Nachkriegsjahre zurück. Ich habe früh an wichtigen politischen Entscheidungen mitwirken können und zahlreiche Hauptakteure in der Geschichte der Bonner Republik kennengelernt. Wirtschafts-, Finanz- und Sozialpolitik waren in diesen Jahrzehnten mehr als ein permanenter Verteilungskampf, das Ringen um Besitzstände und Marktanteile. Ludwig Erhard und Karl Schiller haben in wichtigen Perioden ihres öffentlichen Wirkens eine fruchtbare Synthese von Wissenschaft und Politik erreicht. Für die Einbeziehung der jungen Bundesrepublik in die internationalen Organisationen, die neu entstehenden Gemeinschaften der westlichen Demokratien, waren wirtschaftspolitische Motive ebenso wichtig wie außen- und sicherheitspolitische Begründungen. Dies alles ist der Erinnerung wert. Im Wandel der Aufgaben und Erwartungen vollzog sich jene ständige Auseinandersetzung der Überzeugungen, Interessen und Argumente, die eine offene Gesellschaft auszeichnet.

Bei der Arbeit an diesem Buch habe ich vielfältige Hilfe und guten Rat erfahren, für die ich dankbar bin. Dies gilt für die Mitarbeiterinnen und Mitarbeiter der Bibliothek des Deutschen Bundestages und des Archivs für Christlich-Demokratische Politik der Konrad-Adenauer-Stiftung. Yorck Dietrich hat mir besonders bei der Auswahl und Erschließung der Quellen kompetent und umsichtig geholfen wie auch das Entstehen des Buches in vielen Diskussionen gefördert. Karin Haufen schrieb das Manuskript, teilweise in mehreren Fassungen, und gab dabei wichtige Hinweise. Dank schulde ich Günter Buchstab, Karlheinz von den Driesch, Gerhard Fels, Herbert Giersch, Paul Jansen, Horst Köhler, Otto Graf Lambsdorff, Otto Schlecht, Johann-Baptist Schöllhorn und Hans Tietmeyer für inhaltsreiche Gespräche über Entwicklungen und Entscheidungen in der dargestellten Zeit.

1. Kapitel

Am Anfang: Die Soziale Marktwirtschaft als Idee und politische Handlungsmaxime

Es gibt geschichtliche Zäsuren, die einen völligen Neuanfang erfordern. Dies ist der Fall, wenn maßlose, zerstörerische Politik zum Zusammenbruch der überkommenen staatlichen Formen und zu schweren Erschütterungen der gesellschaftlichen Strukturen führt. Das war die Situation Deutschlands im Jahr 1945 nach der Katastrophe der Hitler-Diktatur. Die Siegermächte des Zweiten Weltkrieges übernahmen die Souveränitätsrechte, Deutschland wurde geteilt.

Bevor 1949 für Westdeutschland das Grundgesetz beschlossen und die Bundesrepublik begründet wurde, erfolgten bereits im Juni 1948 die ersten zukunftsweisenden wirtschaftspolitischen Entscheidungen: die Währungsreform und unmittelbar danach die Aufhebung einer großen Zahl perfektionistischer, bürokratischer Reglementierungen für die Warenbewirtschaftung und das sonstige Wirtschaftsgeschehen, die Freigabe der Preise für die meisten Waren und Dienstleistungen. Dies galt zunächst für das damalige Vereinigte Wirtschaftsgebiet der britischen und amerikanischen Besatzungszone. Seit 1945 stand in dem vom Krieg verheerten Land, das sich gewaltigen ökonomischen und sozialen Belastungen gegenübersah, die Überwindung weit verbreiteter Not, also der Aufbau neuer wirtschaftlicher Existenzgrundlagen, im Zentrum der politischen Debatten. Es war ganz offen, welche Wirtschaftsverfassung und -politik den Erfordernissen einer neuen Zeit am besten entsprach und wie man am wirksamsten Dynamik und Wachstum erreichen, ein Höchstmaß an Ressourcen mobilisieren konnte, um Arbeitsplätze zu schaffen und die Opfer des Krieges, die Vertriebenen, Ausgebombten und Heimkehrer, die Behinderten, Witwen und Waisen, sozial zu integrieren.

Darüber gab es schon 1948 im Frankfurter Wirtschaftsrat und dann nach 1949 im ersten Deutschen Bundestag einen engagierten Richtungsstreit mit weitreichenden Folgen. Eine verbreitete Auffassung lautete, daß nach dem Debakel der Nazi-Diktatur die Konzeptionen eines demokratischen Sozialismus am besten geeignet seien, in einer Gemeinschaftsleistung den Aufbau voranzubringen und ein hohes Maß an sozialer Gerechtigkeit zu verwirklichen. Die meisten Menschen glaubten, der neue demokratische Staat müsse eine zentrale Rolle auch in der Wirtschaft und im gesellschaftlichen Leben übernehmen. Verstaatlichung der Großindustrie, von Banken und Versicherungen sollte erneuter privater Machtentfaltung in der Wirtschaft entgegenwirken, die Ausweitung der öffentlichen Sozialsysteme mehr Gleichheit herbeiführen. Große Gruppen der Unternehmerschaft waren durch die Kooperation mit Hitler vor und nach der »Machtergreifung« diskreditiert, für eine rasche Belebung der Volkswirtschaft schien staatliche Lenkung und Finanzierung unverzichtbar. So öffneten sich zahlreiche Intellektuelle und Meinungsführer in Westdeutschland nach der erzwungenen zwölfjährigen Abkapselung bereitwillig den Ideen der westeuropäischen Linken, vor allem der britischen Labour Party und der skandinavischen Sozialdemokratie. Sie waren davon überzeugt, daß die Zeit für eine fruchtbare Synthese von politischer Demokratie und demokratisierter Wirtschaft gekommen war. Der traditionelle Wirtschaftsliberalismus galt in dieser Betrachtung als überholt, diskreditiert durch seine Hilflosigkeit in der Weltwirtschaftskrise nach 1929 und unfähig, die drastischen sozialen Verwerfungen im Gefolge des Krieges zu meistern.

Es war auch ein neues Lebensgefühl vieler Menschen, wenn nach dem Schock und den Verheerungen durch die Diktatur jetzt Hoffnungen auf eine freie Form des Sozialismus aufkamen. Hans Werner Richter, später Wortführer der einflußreichen »Gruppe 47«, begründete damals in München die Zeitschrift *Der Ruf* und schrieb in dem harten und düsteren Winter 1946/47: »Diese junge Generation hat nichts zu verlieren als ihre Freiheit, und sie hat nichts zu gewinnen als ihre Freiheit. Sie ist so sozialistisch aus ihrer Erlebniswelt und aus ihrer Erkenntnis heraus. Sie kennt jenen Besitzantrieb nicht mehr, der dem liberalistischen und individualistischen Menschen das Leben so lebenswert erscheinen ließ. Sie hat nie etwas besessen und wird nie etwas besitzen.«

Dies war auch die Erwartung mancher ausländischer Besucher des zerstörten, darniederliegenden Deutschlands. Zu ihnen gehörte der Londoner Verleger Victor Gollancz, den bei mehreren Besuchen die bedrückenden Lebensverhältnisse und das menschliche Elend in den großen Städten der Westzonen tief berührten. Seit dem Herbst 1945 berichtete er immer wieder in führenden britischen Zeitungen und in Gesprächen mit Politikern über das kaum vorstellbare Ausmaß menschlicher Not und forderte schnelle, wesentlich wirksamere Hilfen der Besatzungsmächte. Im November 1946 schrieb er: »Die Deutschen gehen diesem Winter mit einer geschwächten physischen und moralischen Widerstandskraft bei einer täglichen Essensration von 1000 Kalorien entgegen. Etwa zwanzig Prozent der städtischen Bevölkerung muß damit auskommen, was zum Überleben nicht ausreicht, und man kann in den Krankenhäusern und Notunterkünften sehen, was das bedeutet. Die meisten bekommen über den schwarzen Markt gerade soviel, daß sie weiter existieren. Aber es fehlt an Fett und Fleisch, und so nehmen überall die Plagen zu, die mit schwerer Unterernährung verbunden sind: Haltungsschäden, Hungerödeme, Tuberkulose. Die alarmierende Wohnungssituation verschlechtert sich durch die Zuwanderung größerer Gruppen von Vertriebenen weiter ... Die wirtschaftlichen und industriellen Produktionsanlagen werden erkennbar heruntergefahren ... So führt die völlige Unsicherheit, wie es weitergehen wird, zu einer wahren Hoffnungslosigkeit.« Gollancz schloß mit dem Appell an die Besatzungsmächte: »Hört auf, euch wie ineffiziente Diktatoren zu benehmen, und versucht es statt dessen mit ein wenig Liberalismus oder Christentum.«

Nur wenigen war damals in Deutschland bewußt, daß sich in Westeuropa, seit 1933 im eigenen Land in informellen Kontakten namhafter Wissenschaftler, eine neue bedeutende Denkschule der Nationalökonomie entfaltet hatte, die an große liberale Traditionen und Theorien anknüpfte, sie jedoch im Kontext der zeitgeschichtlichen Veränderungen weiterentwickelte. Den sogenannten »Neoliberalen« ging es um eine freiheitliche, dynamische Wirtschaftsverfassung, die »der Natur der Menschen und der Dinge« entsprach (Walter Eucken).[1] Wirtschaftliche Dynamik, ständige Modernisierung und die Verbesserung der Lebensverhältnisse beruhten nach ihrer Überzeugung wesentlich auf der Freisetzung schöpferischer Kräfte der Menschen, nicht in isolierter Egozentrik, sondern im produktiven Miteinander sowohl im Wettbewerb wie in der Kommunikation, dem ständigen Austausch von Ideen und Informationen. Keine staatliche Instanz vermochte, die Richtung und die Folgen wissenschaftlich-technischer Innovationen, veränderter menschlicher Verhaltensweisen und weltweiter Marktentwicklung vorausschauend zu erkennen oder gar zu bestimmen. Die unablässigen Wandlungen und wechselnden Signale des Marktes unmittelbar in unzähligen dezentralen Erfahrungen und Entscheidungen aufzunehmen, war ein offeneres und effektiveres System als jede zentrale Planung und Lenkung.

Neben der Aktualisierung solcher klassischen liberalen Einsichten zogen die neoliberalen Wissenschaftler weitreichende Folgerungen aus den erschreckenden jüngsten Erfahrungen der Weltwirtschaftskrise und dem ungehemmten Machtmißbrauch der Diktaturen. Die Freiheit, der faire Wettbewerb und die Belange der Schwächeren mußten durch Machtverteilung, wirksame Gesetze und institutionelle Regeln gesichert werden. So war es die Aufgabe des Staates, einen Ordnungsrahmen zu schaffen, der Willkür und Machtmißbrauch verhinderte, ungerechtfertigte Privilegien beseitigte und den sozialen Ausgleich förderte. Das bedeutete eine klare Absage an jene früheren Strömungen des Liberalismus, die ausschließlich auf das freie Spiel der Kräfte gesetzt und die Staatsferne einer völlig autonomen Wirtschaft postuliert hatten. »Jenseits von Angebot und Nachfrage« sahen die Neoliberalen im sittlich begründeten persönlichen Engagement für das Gemeinwohl und den Nächsten konstitutive Voraussetzungen für ein menschenwürdiges Miteinander in Staat und Gesellschaft.

Im Gegensatz zu den demokratischen Sozialisten erblickten die Neoliberalen in der Konzentration politischer und wirtschaftlicher Macht unter den Diktaturen ein warnendes Zeichen für die Gefahren eines Überengagements der politischen Institutionen in der Wirtschaft. Dezentrale Strukturen sicherten demgegenüber nicht nur Spontaneität und Flexibilität, sondern auch Freiheitsräume. Sie entsprachen dem parlamentarisch-demokratischen Rechtsstaat und seinen Grundwerten insofern besser als jede Form eines bürokratischen Zentralismus oder permanenten Staatsinterventionismus.

Neue Entwürfe von Wissenschaftlern für die Staats- und Wirtschaftsordnung brauchen oft Jahrzehnte, bevor sie konkrete politische Wirkungen entfalten. Die offene Situation im Deutschland der ersten Nachkriegsjahre war eine Bedingung für die schnellen und nachhaltigen Erfolge der neoliberalen Ideen in der jungen Bundesrepublik, ja in ersten Entscheidungen bereits vor ihrer Gründung. Eine zweite Voraussetzung war die Umsetzung ihrer Theorien in Politik durch handelnde Personen, die Überzeugungs- und Durchsetzungskraft besaßen. Ob daraus anhaltende Mehrheitsfähigkeit auch in Wahlen erwuchs, ob also aus einer Episode eine Epoche wurde, war damals noch ungewiß.

Im Juni 1947 schufen die amerikanischen und britischen Besatzungsmächte das Vereinigte Wirtschaftsgebiet für ihre Zonen.[2] Aus den Landtagen der beteiligten Länder wurde ein Wirtschaftsrat gebildet, eine indirekt nominierte parlamentarische Versammlung, die politisch dem Stärkeverhältnis der aus freien Wahlen hervorgegangenen Landesparlamente entsprach und in Frankfurt tagte. Eine knappe Mehrheit der bürgerlichen Parteien CDU, CSU, FDP und DP wählte in Kampfabstimmungen ihre Kandidaten für das Direktorium, die Chefs der provisorischen Exekutive für die »Bizone«. Dem Aufbau einer zentralen Wirtschafts- und Finanzverwaltung folgte die Gründung eines vorläufigen Notenbanksystems durch Landeszentralbanken und dann im Juni 1948 die Errichtung der Bank Deutscher Länder. Der erste Direktor für Wirtschaft, Johannes Semler, mußte auf Weisung der US-Besatzungsmacht Anfang März 1948 ausscheiden, weil er deutliche Kritik an Entscheidungen der Alliierten geübt hatte. Auf Vorschlag der Freien Demokraten wurde mit den Stimmen der »bürgerlichen« Mehrheit Professor Ludwig Erhard zu seinem Nachfolger gewählt.

Für die Entscheidung von zunächst zwei der vier Besatzungsmächte, einen Wirtschaftsrat zu gründen, waren außen- wie wirtschaftspolitische Motive maßgeblich. Die ursprüngliche Absicht, für alle vier Zonen gemeinsame deutsche Zentralverwaltungen unter alliierter Kontrolle zu schaffen, wurde durch die wachsenden Spannungen zwischen den Siegermächten des Zweiten Weltkrieges obsolet. Die gewaltsame kommunistische Gleichschaltung der soeben von Hitler-Deutschland befreiten mittelosteuropäischen Staaten wirkte im Westen wie ein Schock; die Entwicklung hin zum Kalten Krieg beschleunigte sich rasch. Damit erhielt die Aufgabe, den Westen Deutschlands vor allem wirtschaftlich zu stabilisieren und demokratische Strukturen zu fördern, eine noch größere Dringlichkeit als zuvor. So wurden die Westzonen zunehmend in ein umfassenderes Konzept für den Aufbau des vom Weltkrieg hart getroffenen Westeuropas einbezogen.

Am 5. Juni 1947 entwickelte der amerikanische Außenminister George Marshall in einer programmatischen Rede die Vision eines enger verbundenen freiheitlichen Europas, das seine Anstrengungen für eine umfassende Modernisierung bündelt. Die USA erklärten sich bereit, hierfür einen substantiellen finanziellen und ideellen Beitrag zu leisten. Dies war die Geburtsstunde des »Marshallplans«. Die Sowjetunion lehnte diese Initiative ab; keiner der von ihr abhängigen Staaten konnte sich beteiligen. Die Einbeziehung Westdeutschlands war eine Entscheidung von großer Tragweite. Es erhielt aus dem neuen Programm ab 1948 insgesamt nahezu 1,7 Milliarden Dollar Aufbau- und Wirtschaftshilfe. Aus anderen westlichen Regierungsaktionen kamen vor allem für die Nahrungsmittelhilfe fast 500 Millionen Dollar. Einschließlich privater Mittel flossen insgesamt etwa 3,8 Milliarden Dollar in die Westzonen.

Über die tatsächliche Bedeutung dieses Beitrages der USA für den schnellen Wiederaufbau Westdeutschlands gehen bis heute die Meinungen auseinander.[3] Offenkundig ist, daß vor allem in der ersten Zeit nach der Währungsreform und während der beginnenden Einbeziehung der Westzonen in das internationale Handelssystem die amerikanische Hilfe sehr wichtig war. Zeitweise wurden fast fünfzig Prozent der Importe daraus finanziert, bis dann der starke Aufschwung sehr schnell zu einer ausgeglichenen Handelsbilanz aus eigener Kraft führte. Aus den Gegenwertmitteln und Zinserträgen der Marshallplanhilfe konnte der Bund bis 1990 insgesamt über hundert Milliarden DM günstiger Kredite vergeben, vor allem für die Mittelstandsförderung, die Berlinhilfe und später zunehmend für Vorhaben der Entwicklungshilfe.

Durch die Beteiligung am Marshallplan wurde Westdeutschland früh in die neuen internationalen Organisationen einbezogen, die für die Koordinierung des Gesamtprogramms, die wirtschaftspolitische Kooperation der westlichen Industrieländer und den kurzfristigen Ausgleich der Zahlungsbilanzen bedeutende Funktionen übernahmen. Es waren dies die Organisation für Europäische Wirtschaftliche Zusammenarbeit (OEEC) und die Europäische Zahlungsunion (EZU).

Die USA traten mit Nachdruck für diese Entwicklung ein und setzten sie gegen einige Widerstände durch. Die Ausgleichsfunktion der EZU erwies sich während der Anpassungskrise 1950/51 vor allem für die noch ungefestigte Bundesrepublik als außerordentlich hilfreich, um einen tiefen Einbruch in der Handels- und Zahlungsbilanz während des Koreakrieges meistern zu können.

Amerikanische und deutsche Experten bereiteten gemeinsam eine Währungsreform vor, die deutsche Vertreter schon seit längerer Zeit befürwortet hatten. Sie trat am 20. Juni 1948 für die drei Westzonen in Kraft.[4] Die neue Deutsche Mark gewann sehr schnell Vertrauen, weil die Umstellung mit einer drastischen Beschneidung der Geldmenge verbunden war. Insgesamt wurden durch die Umstellung fast 37 Milliarden Reichsmark bei Geldinstituten und Privatpersonen vernichtet. Neben einem Umtausch von 40 (später 60) Mark pro Person fanden Bank- und Sparguthaben mit 6,5 Prozent des Nominalbetrages, Schulden mit 10 Prozent, bei der Festsetzung neuer Paritäten Berücksichtigung.[5] Bevorzugt waren somit die Eigentümer von Häusern, Betrieben, Grund und Boden. Vergebens hatten zahlreiche deutsche Politiker vorgeschlagen, mit der Währungsreform einen Lastenausgleich vor allem für die Vertriebenen und die Opfer des Bombenkrieges einzuführen. Die Alliierten waren zu einer solchen Koppelung nicht bereit. Dieses Fehlen einer sozialen Flankierung löste öffentliche Kritik aus. Die Besatzungsmächte wollten es jedoch den deutschen Instanzen überlassen, die komplizierte Aufgabe von Ausgleichsregelungen zur Milderung besonderer Härten zu lösen. Im August 1949 wurde schließlich vom Wirtschaftsrat das sogenannte Soforthilfegesetz beschlossen, das finanzielle Leistungen vor allem für die Vertrie-

Ohne die Hilfe der USA wäre der Wiederaufbau der deutschen Wirtschaft nicht möglich gewesen. Vor allem der Marshallplan bahnte Westdeutschland und Westeuropa den Weg zu neuem Wohlstand. Doch an ein einiges Europa, wie es vielen vorschwebte, war auf Jahrzehnte nicht zu denken. Die Grenzen nach Osten, zum sowjetischen Machtbereich, blieben auch für das Wiederaufbauprogramm (ERP) geschlossen.

benen und Ausgebombten einführte. Dies war eine Vorstufe für den späteren Lastenausgleich.

Die Verantwortung für die Währungsreform lag bei den Alliierten. Aber die Aufhebung des Systems der Bezugscheine, der meisten Preiskontrollen und zahlreicher Bewirtschaftungsmaßnahmen in den Tagen danach war eine persönliche Entscheidung des deutschen Direktors für Wirtschaft, ohne die an sich erforderliche Zustimmung der Alliierten einzuholen. Das von vielen befürchtete Chaos in der Güterversorgung und -verteilung blieb aus. Mit der neuen Währung und den neuen Freiheiten füllten sich die Auslagen der Geschäfte über Nacht, kamen gehortete Vorräte auf die Märkte und setzte eine starke Dynamik, vor allem in der Produktion, ein. Zunächst war jedoch die Verstimmung bei den Alliierten über das eigenmächtige Handeln groß. General Lucius Clay hielt Ludwig Erhard vor, seine amerikanischen Berater sähen dies als einen schweren Fehler an. Erhard soll geantwortet haben: »Herr General, schenken Sie ihnen keine Beachtung. Meine eigenen Beamten sagen mir ungefähr dasselbe.«

Dies war zweifellos die bedeutsamste autonome Entscheidung eines deutschen Politikers seit 1945. Deutsche waren in jener Zeit zunehmend an wichtigen Weichenstellungen beteiligt: der Gründung der Länder, den ersten regionalen Wahlen, in den Zonenbeiräten und jetzt auch im Wirtschaftsrat. Aber immer war die Zustimmung der Besatzungsmächte erforderlich gewesen, bis jetzt der Direktor für Wirtschaft in einer zentralen Frage selbständig handelte. Erhard kam zu der befreienden Tat aus Einsichten und Überzeugungen, die er in Jahrzehnten gewonnen hatte.[6] Er war ein liberaler Ökonom, erfahren insbesondere in der Marktforschung, stark geprägt durch die Werke seiner neoliberalen Weggefährten – in Deutschland vor allem Walter Eucken und seine Kollegen der »Freiburger Schule«, aus der Emigration Friedrich von Hayek, Alexander Rüstow, Wilhelm Röpke und andere.

In den Jahren nach 1933 bewiesen manche namhafte Wissenschaftler ihre innere Unabhängigkeit in Entwürfen, die im Gegensatz zu dem Zeitgeist und seinem totalitären Anspruch standen. Dies galt für einen Kreis von Nationalökonomen und Juristen um Eucken, Erwin von Beckerath und Franz Böhm. Hier wurden in der abstrakten Terminologie der Fachwissenschaft Vorstellungen für eine freiheitliche Wirtschaftsordnung, ein verläßliches Rechtssystem und – zumindest in Ansätzen – eine offenere Gesellschaft entwickelt. Manche Verschleierungen und gewisse taktische Konzessionen ließen sich nicht vermeiden. Aber in den Nischen, die eine traditionsreiche Universität bot, wurde im Kreis Gleichgesinnter offen diskutiert, auch mit Kollegen aus westlichen Nachbarländern.[7] Walter Eucken gewann als Wissenschaftler und Mensch dabei eine besondere Autorität.

Auch Erhards Lebensweg war durch feste Überzeugungen und wissenschaftliches Ethos bestimmt. Er stammte aus Fürth, wo die Eltern ein kleines Einzelhandelsgeschäft besaßen. Als seinen wichtigsten akademischen Lehrer hat Erhard immer wieder Franz Oppenheimer besonders gewürdigt. Dieser gebildete Gelehrte, Sohn eines Rabbiners, Arzt, Journalist und dann angesehener Nationalökonom, suchte in den Wirren nach dem Ersten Weltkrieg einen »dritten Weg« zwischen Kapitalismus und Sozialismus in einem betont sozial engagierten Liberalismus.

Erhard lehnte nach 1933 jedes auch nur formale Zugeständnis an die Nationalsozialisten ab. Während der Kriegsjahre hatte er mehrere Begegnungen mit namhaften Persönlichkeiten des Widerstandes. Auf Wunsch von Carl Goerdeler verfaßte er eine Denkschrift über Kriegsfinanzierung und Schuldentilgung, in der er auch erste Überlegungen für eine Wirtschaftsreform nach dem Ende des Krieges entwickelte. Ende 1945 wurde er auf Veranlassung der US-Militäradministration für ein Jahr bayerischer Wirtschaftsminister. Im Frühherbst 1947 übernahm er die Leitung der »Sonderstelle Geld und Kredit« der Bizone.

Für die öffentliche Meinung in Westdeutschland, die suchenden, besorgten und großenteils ratlosen Menschen, bedeutete es nach der Währungsreform eine faszinierende Erfahrung, daß gleichsam über Nacht ein vielfältiges Warenangebot entstand und mit dem neuen Geld wieder bescheidene, aber reale Kaufkraft gegeben war. Die Zeit der »schwarzen Märkte« mit ihren abstoßenden Erscheinungen der Korruption und Gesetzlosigkeit ging zu Ende. Marktwirtschaft war jetzt anschaulich geworden, ohne daß ihre ökonomischen Grundregeln und ethischen Begründungen von der großen Mehrzahl der Bürger bewußt nachvollzogen wurden. Die Wirkung dieses Erfolges und der rasch folgenden wirtschaftlichen Belebung auf die programmatischen Diskussionen in der Presse, in den neu entstehenden Verbänden und Parteien war enorm.

Die Abgeordneten des Wirtschaftsrates vollbrachten in dreißig Monaten unter sehr bescheidenen Arbeitsbedingungen eine beachtliche legislative Leistung.[8] Über 150 Gesetze wurden beschlossen. Sie setzten nicht nur neues Recht, sondern begannen, aus überkommenen Normen der Jahrzehnte vor 1945, besatzungsrechtlichen Regelungen und ersten unkoordinierten Beschlüssen der Zonen- und Ländergremien ein in sich schlüssigeres Rechtssystem für die Wirtschaft und öffentlichen Finanzen zu schaffen.

Schon im Januar 1948 wurde ein Wissenschaftlicher Beirat für den Direktor der Verwaltung für Wirtschaft berufen.[9] Ihm gehörten sowohl führende Persönlichkeiten der Neoliberalen wie Walter Eucken, Franz Böhm und Alfred Müller-Armack als auch namhafte Vertreter einer mehr planwirtschaftlichen Orientierung an, u. a. Gerhard Weisser, Hans Peters und, mit einem betont liberalen Akzent, Karl Schiller. Das erste Gutachten vom 18. April 1948 machte detaillierte Vorschläge für die Reform der Verbrauchsregelungen, der Bewirtschaftung und der Preisbindung im Hinblick auf die bevorstehende Währungsreform. Die Mehrheit des Beirates plädierte für eine weitgehende Freigabe der Preise und Löhne und den schrittweisen Abbau der Zwangsbewirtschaftung. Es folgten bald weitere Gutachten zu anderen grundsätzlichen Entscheidungen der Wirtschaftspolitik. Diese Periode eines fruchtbaren Gedankenaustausches von Wissenschaft und Politik verlieh dem Beirat auch in der Öffentlichkeit eine beachtliche Autorität.

Sehr bald schalteten sich auch die neu gegründeten Verbände der Wirtschaft und die Gewerkschaften in die Diskussionen ein.[10] Industrie, Banken, Handwerk, Handel und Landwirtschaft organisierten sich ebenso wie viele Arbeiter, Angestellte und Beamte. Eine grundlegende Veränderung gegenüber der Zeit vor 1933 war die Zusammenfassung der sozialdemokratischen, christlichen und liberalen Richtungsgewerkschaften in dem neuen, parteipolitisch und weltanschaulich nicht gebundenen Deutschen Gewerkschaftsbund. Dies erschien der großen Mehrheit der in der Weimarer Republik aktiven Gewerkschafter eine notwendige Konsequenz aus dem Scheitern der ersten Republik zu sein, verbunden mit einem klaren Bekenntnis zum Aufbau einer neuen, stabileren Demokratie. Die Integration gelang freilich nicht völlig. Vor allem mit der Deutschen Angestellten-Gewerkschaft und dem Deutschen Beamtenbund entstanden wichtige Minderheiten-Organisationen.

Auch die neu gegründeten bürgerlichen Parteien zeigten sich anfangs von der mächtigen Strömung für eine stärkere Rolle des Staates in der künftigen Wirtschaftsverfassung und Sozialordnung beeinflußt. Teile der CDU in der britischen Besatzungszone diskutierten nach 1945 zunächst Konzepte eines »christlichen Sozialismus«. Am 3. Februar 1947 beschloß der Zonenausschuß der CDU unter dem Vorsitz von Konrad Adenauer das sogenannte »Ahlener Programm«.[11] Es stand unter dem Motto »Die CDU überwindet Kapitalismus und Marxismus«. Das kapitalistische Wirtschaftssystem sei den Lebensinteressen des deutschen Volkes nicht gerecht geworden. Aber auch der Weg des Staatskapitalismus habe sich als falsch erwiesen. Deshalb wurde eine »Gemeinwirtschaft« angestrebt. Der Bergbau und die eisenschaffende Großindustrie sollten vergesellschaftet, Banken und Versicherungen stärker kontrolliert, der Umfang des Aktienbesitzes durch einzelne begrenzt werden. Die Arbeitnehmer, aber auch Länder und Kommunen, sollten an größeren privaten Betrieben beteiligt, die Mitbestimmung der Arbeiter und Angestellten verwirklicht werden.

Bald mußten Adenauer und sein engerer Freundeskreis erkennen, daß dieses Konzept für große Teile der eigenen Partei und die bayerische CSU nicht akzeptabel war. Vor allem nach dem Erfolg der Währungsreform und der ersten Schritte zur Marktwirtschaft hin begann ein Umdenken. Jetzt trat Erhard in das Zentrum der programmatischen Debatte der bürgerlichen Parteien. Mit einer großen Rede vor dem 2. Parteitag der CDU für die britische Zone am 28. August 1948 gewann er über den stürmischen Beifall des Tages hinaus einen nachhaltigen Einfluß auf die wirtschafts- und gesellschaftspolitische Orientierung der Unionsparteien.

Seine kraftvolle, bildreiche Sprache und sein unermüdliches Werben für eine sozialverpflichtete Marktwirtschaft beeindruckten über die Funktionsträger der »bürgerlichen« Parteien hinaus viele Menschen. Es war ein neuer Ton nicht nur des Optimismus, sondern auch der Anschaulichkeit und Kompetenz. In seiner ersten programmatischen Rede vor dem Frankfurter Wirtschaftsrat am 21. April 1948 kamen seine Grundüberzeugungen besonders klar zum Ausdruck: »Wenn ich dieses Amt übernahm, so geschah es in dem Bewußtsein, daß in unserer Lage weder die gemeine Erfahrung noch Verwaltungsroutine zur Meisterung der anstehenden Probleme ausreichen, sondern daß nur die aus praktischer Erfahrung und wissenschaftlicher Erkenntnis fließende tiefere Einsicht in die sehr komplexen gesellschaftswirtschaftlichen Zusammenhänge dazu befähigen kann, ... das vielleicht sogar chaotisch anmutende Geschehen zu entwirren und sinnvoll zu ordnen.«[12]

Erhard schloß in einer für seine Denkweise typischen Auseinandersetzung mit dem bekannten Satz Walther Rathenaus »Die Wirtschaft ist unser Schicksal«: »Heute droht uns die Wirtschaft wieder einmal zum Schicksal zu werden. Diese These ist immer Ausdruck der Not, aber sie darf nicht anerkannter Grundsatz sein. So wie der einzelne Mensch des physischen Lebens bedarf, um jene geistigen und seelischen Kräfte entfalten zu können, die ihn erst zum Menschen werden lassen, so bedürfen auch ein Volk und seine Volkswirtschaft der materiellen Sicherung, aber sie bedürfen dieser auch nur als der Grundlage zur Entscheidung außerökonomischer, höherer Ziele, deren Setzung der Staatspolitik obliegt. Ihr Vorrang ist unbestritten.

Ihnen als den berufenen Vertretern einen Weg in eine neue Zukunft aufzuzeigen, in unserem Volke noch einmal den Glauben zu wecken, daß es nicht nur fatalistisch hoffen, sondern zuversichtlich an eine Wende glauben darf, wenn wir gemeinsam alle Energien auf dieses eine Ziel des zu neuer Wohlfahrt Gesundenwollens hinlenken, das sah ich vor den entscheidenden Ereignissen dieses Jahres 1948 als meine Aufgabe an. Wir glauben nicht an Wunder und dürfen solche auch nicht erwarten. Um so größer aber ist die Gewißheit, daß die ausschließlich friedlichen Zwecken und der Mehrung der sozialen Wohlfahrt zugewandte Arbeit eines fleißigen Volkes in enger Gemeinschaft mit der übrigen Welt Früchte zeitigen und es aus seiner Not erlösen wird. Aus rauher Gegenwart eröffnet sich ein versöhnlicher Ausblick in eine für unser Volk wieder glücklichere Zukunft.«

Auch Konrad Adenauer, sonst ein betont nüchterner und eher skeptischer Mann, zeigte sich sehr beeindruckt, als er Erhard nach seiner Ansprache vor dem Zonenausschuß der CDU in Königswinter am 25. Februar 1949 würdigte: »Dieser Vortrag war so klar und lichtvoll und hat namentlich die grundlegenden Wahrheiten so deutlich und überzeugend in Erscheinung treten lassen, daß ich glaube – es mag der eine oder andere von uns in diesem oder jenem Punkt etwas anderer Ansicht sein –, im Prinzip werden wir alle dem beipflichten müssen … Er hat in seiner Rede das Geheimnis jedes Erfolges wirken lassen, die Dinge zurückzuführen auf möglichst einfache und klare Begriffe.«[13]

So kam es zu dem Bündnis zwischen Adenauer und Erhard, das in den folgenden zehn Jahren die politische Entwicklung Deutschlands maßgeblich prägte. Als Ende der fünfziger Jahre die Unterschiede zwischen beiden im Persönlichen und im Politikverständnis sich vertieften und zu einem anhaltenden offenen Konflikt führten, begannen sich die Kräfte und Zeichen für einen Wechsel über die Wirtschafts- und Finanzpolitik hinaus zu verstärken.

In der CDU erarbeitete nach einer intensiven internen und öffentlichen Debatte eine Kommission unter dem Vorsitz des Duisburger Anwalts Franz Etzel mit den »Düsseldorfer Leitsätzen« ein vollkommen neues Programm für eine freiheitliche und soziale Wirtschaftspolitik, das im Sommer 1949 einmütig von den Gremien der Union in den westlichen Besatzungszonen beschlossen wurde. Es wirkte über die erste Bundestagswahl hinaus als ein grundlegendes Dokument der CDU und CSU für ihr Verständnis einer sozialen und marktwirtschaftlichen Politik.

Das Schlüsselwort der »Düsseldorfer Leitsätze« war »Soziale Marktwirtschaft«. Die wichtigsten zentralen Begriffe für eine künftige Wirtschaftsverfassung hießen: Förderung des privaten Eigentums, fairer und freier Leistungswettbewerb, marktgerechte Preise, Ablehnung der Planwirtschaft, unabhängige Monopolkontrolle, zentrale Aufsicht über das Geldwesen zum Schutz der Währung, Gewerbe- und Niederlassungsfreiheit, Senkung des überhöhten Einkommensteuertarifs, soziale Sicherheit für die wirtschaftlich Schwachen, Lohnfindung durch Tarifverträge. Mit dem »Ahlener Programm« stimmten insbesondere die Forderungen nach freier Arbeitsplatzwahl, Mitbestimmung der Arbeitnehmer in den Betrieben und ihre Mitbeteiligung am Produktivvermögen überein.

Den Begriff »Soziale Marktwirtschaft« hatte der Münsteraner Nationalökonom Alfred Müller-Armack geprägt. Ihn beschäftigte das Problem einer fruchtbaren Verbindung von liberalem und christlich-sozialem Denken, die er seit 1946 auch in einer Reihe von Publikationen erörterte.[14] »Über die Möglichkeit einer die Weltanschauungen verbindenden Sozialidee« reflektierend, kam er zu der Überzeugung, daß, ungeachtet der historischen und aktuellen Unterschiede, die Zeit für eine Synthese in der Programmatik und im politischen Handeln gekommen sei. Schon 1947 schrieb er in seinem Aufsatz »Die Wirtschaftsordnung, sozial gesehen«: »Der Weg zu einer solchen Synthese kann nur über die Wiedererrichtung einer echten Marktwirtschaft gehen.« Von den liberalen Wirtschaftsformen des neunzehnten Jahrhunderts sei sie jedoch eindeutig durch ihr Ethos und ihre sozialen Ziele abzugrenzen. »Wir müssen zu einer Sozialen Marktwirtschaft kommen.«[15]

Dies bedeutete, wie erwähnt, eine Neubestimmung der Rolle des Staates. Erhard hatte bereits 1943 in seiner Denkschrift für Goerdeler geschrieben: »... Das erstrebenswerte Ziel bleibt in jedem Fall die freie, auf echtem Leistungswettbewerb beruhende Marktwirtschaft mit den jeder Wirtschaft immanenten Regulativen ... Nie mehr wird der Staat in die Rolle des Nachtwächters zurückgewiesen werden, denn auch die freieste Marktwirtschaft, und gerade diese, bedarf eines Organs der Rechtssetzung und Rechtsüberwachung.« In Übereinstimmung mit Eucken waren für Müller-Armack Preisbildung aus vollständiger Konkurrenz, Geldwertstabilität als wichtigste Aufgabe der Währungspolitik, freier Marktzugang, Privateigentum an Produktionsmitteln unter der Voraussetzung eines funktionierenden Wettbewerbs und Vertragsfreiheit konstitutive Prinzipien eines sozialen und marktwirtschaftlichen Ordnungssystems.[16] Dem Staat wies er eine aktive Rolle in der Konjunkturpolitik zu, unter Einbeziehung von Instrumenten der Finanz-, Geld- und Kreditpolitik. Zur sozialen Dimension der Marktwirtschaft gehörte für ihn eine Milderung der Einkommensunterschiede, nicht nur durch progressive Besteuerung, sondern auch die Sicherung der Teilhabe am wirtschaftlichen Fortschritt für jene, die als Alte, Kranke und Behinderte keine Möglichkeit zur Teilnahme am Erwerbsleben hatten. Die Aufgaben des Staates erstreckten sich ferner auf Regelungen für menschenwürdige Arbeitsbedingungen, den Schutz der Gesundheit und Angebote für berufliche Rehabilitation.

Die Freie Demokratische Partei knüpfte an Traditionen der verschiedenen liberalen Gruppierungen des Kaiserreichs und der Weimarer Republik an. Sie hatte damit von Anfang an eine besondere Integrationsaufgabe zwischen dem historischen National- und dem Linksliberalismus zu leisten. Stark waren in den Gründerkreisen Unternehmer, freie Berufe und Hochschullehrer vertreten. Vor allem der erste Vorsitzende, Professor Theodor Heuss, trat unter Berufung auf das Erbe Friedrich Naumanns dafür ein, daß die großen sozialen Aufgaben im Nachkriegsdeutschland einen zentralen Platz der Programmatik einnahmen. Schon am 4. Februar 1946 wurden von Delegierten aus mehreren Landesparteien erste »Programmatische Richtlinien« der jungen Partei verabschiedet.[17] Besondere Hervorhebung fanden »das Menschenrecht auf Arbeit und auf Schutz der Alten, Schwachen und Kranken«. Die Wirtschaft habe eine »dienende Funktion«, dem Wohle des Volkes verpflichtet. Zugleich wurden die Stärkung der freien Initiative und Einschränkung der Wirtschaftsbürokratie, die Anerkennung des persönlichen Eigentums und des freien Wettbewerbs für vordringlich erklärt. Gefordert wurden wirksame Vorkehrungen gegen den Mißbrauch wirtschaftlicher Übermacht und die Stärkung der Rechte der Arbeitnehmer im Betrieb.

In den »Heppenheimer Beschlüssen« vom 12. Dezember 1948 forderten die jetzt in einer Bundespartei organisatorisch geeinten Freien Demokraten Westdeutschlands und West-Berlins vor allem die stärkere Einbeziehung der deutschen Volkswirtschaft in den Welthandel. Die Bedingungen für Exporte müßten verbessert werden, der Außenhandel sei von noch bestehenden bürokratischen Hemmnissen der Besatzungsmächte zu befreien. Der Aufbau neuer politischer Machtpositionen in der deutschen Wirtschaft könne nicht hingenommen werden. Sozialpolitik und Sozialversicherung seien ohne staatlichen Dirigismus neu zu ordnen und in eine eigenverantwortliche Selbstverwaltung zu überführen.

Die Sozialdemokratische Partei konnte sofort nach dem Ende der Hitler-Diktatur nicht nur an bedeutende Traditionen, sondern auch an den informellen, nach 1933 weiter bestehenden Zusammenhalt vieler ihrer Mitglieder und Anhänger anknüpfen. Bereits

Nicht nur die SPD forderte in der Nachkriegszeit die Vergesellschaftung der deutschen Industrie. Antikapitalistische Vorbehalte gegen die Marktwirtschaft waren auch in den anderen Volksparteien weit verbreitet. Während die CDU bereits 1949 in den »Düsseldorfer Leitsätzen« von dem gemeinwirtschaftlichen Konzept abrückte, bekannte sich die SPD erst in ihrem Godesberger Programm von 1959 zur privatwirtschatlichen Ordnung.

am 6. Mai 1945 hielt der frühere Reichstagsabgeordnete und spätere erste Vorsitzende der SPD, Kurt Schumacher, in Hannover eine programmatische Rede zur Neugründung des dortigen Ortsvereins.[18] Sehr bald kam es zu innerparteilichen Auseinandersetzungen zwischen den westdeutschen Koordinierungsstellen, allen voran dem »Büro Schumacher« in Hannover, und dem Ost-Berliner Gründungskreis um den ehemaligen Reichstagsabgeordneten Otto Grotewohl. Es ging vor allem um die Einschätzung der Kommunistischen Partei und deren Werben um Kooperation. Schumachers kompromißlose Linie der Abgrenzung bestimmte den Kurs in den westlichen Besatzungszonen. Grotewohls Linie einer immer engeren Verflechtung mit den Kommunisten mündete im April 1946 in die Verschmelzung von Ost-SPD und KPD in die SED ein, nicht ohne nachhaltigen Druck der sowjetischen Besatzungsmacht.

Die Debatte um die programmatische Orientierung der neuen SPD setzte schon früh ein. Die Traditionen aus der Zeit vor 1933 wirkten sehr stark nach, aber zugleich war unbestritten, daß die völlig veränderte Situation Deutschlands auch neue Antworten erforderte. Im Mai 1946 einigten sich die Delegierten der Regionalverbände der Westzonen in Hannover auf »Politische Leitsätze« für die Gestaltung der Zukunft.[19]

Ausgangspunkt war eine betont antikapitalistische Analyse der jüngsten Vergangenheit und das klare Bekenntnis zur Demokratie »im Zeichen des Sozialismus«. Ein kräftiger neuer Akzent wurde mit der Hervorhebung der nationalen Interessen des besetzten Deutschlands und der Ablehnung jeglicher Gebietsforderungen der Alliierten gesetzt. In der Wirtschaftspolitik standen die weitgehende Verstaatlichung der Großindustrie und die Forderung nach einer Planwirtschaft im Mittelpunkt. »Das heutige Deutschland ist nicht mehr in der Lage, eine privatkapitalistische Profitwirtschaft zu ertragen und Ausbeutungsgewinne, Kapitaldividenden und Grundrenten zu zahlen.« Für Handwerk, Handel und Landwirtschaft wurden genossenschaftliche Formen angestrebt. Der Großgrundbesitz sollte enteignet werden. »Straffste öffentliche Lenkung« erschien der SPD die Voraussetzung für eine wirksame Belebung des Wohnungsbaus zu sein. Zukunftsweisend war die Forderung nach einem umfassenden Lastenausgleich zugunsten der Vertriebenen, Ausgebombten und anderen Kriegsgeschädigten.

Auf diesem Parteitag in Hannover hielt Dr. Viktor Agartz das Grundsatzreferat zur Wirtschaftspolitik. Er lehnte den zentralistischen Staatskapitalismus kommunistischer Systeme genauso entschieden ab wie den privaten Kapitalismus in seinen verschiedenen

Erscheinungsformen. Als Ziel formulierte er, Sozialismus, Planwirtschaft und politische Freiheiten in der Demokratie miteinander zu verbinden.[20]

Die Sozialdemokraten erzielten bei den ersten Kommunal- und Landtagswahlen in den drei Westzonen durchweg gute Ergebnisse. In Schleswig-Holstein, Hamburg, Bremen, Niedersachsen und Hessen wurden sie stärkste Partei. In den meisten Ländern waren sie in den Kabinetten vertreten. Eine entschiedene Oppositionspolitik bestimmte demgegenüber ihre Linie im Frankfurter Wirtschaftsrat. Kurt Schumacher und die meisten seiner Freunde waren fest davon überzeugt, daß die Hinwendung zur Marktwirtschaft sehr bald zu einer dramatischen Krise führen würde, was ihrer Partei dann für die nächsten Etappen deutscher Politik eine Führungsrolle zuweisen werde.

Anfang 1948 spitzte sich der West-Ost-Konflikt um die Zukunft Deutschlands zu. Am 19. März 1948 verließen die Vertreter der Sowjetunion den Alliierten Kontrollrat. Zwei Wochen später begannen Behinderungen im Verkehr von den Westzonen nach West-Berlin. Im Juni gingen sie in die Blockade Berlins über, die ein Jahr anhielt. Jetzt schlug die Londoner Konferenz der westlichen Verbündeten den deutschen Ministerpräsidenten vor, eine verfassunggebende Versammlung zur Begründung eines westdeutschen Staates einzuberufen. Der Parlamentarische Rat wurde auf der Grundlage der Landtagswahlergebnisse in den drei Westzonen gebildet. Er wählte am 1. September 1948 in Bonn Dr. Konrad Adenauer zu seinem Präsidenten. Vorsitzender des Hauptausschusses wurde Professor Carlo Schmid (SPD). Bereits am 23. Mai 1949 wurde das Grundgesetz verkündet und das Wahldatum für den Ersten Bundestag auf den 14. August gelegt.

Das Grundgesetz wurde damals als Provisorium verstanden. Es hat sich im Rückblick über Jahrzehnte hinweg, ungeachtet aller Veränderungen, als ein gutes Fundament unseres demokratischen Staates erwiesen.[21] Es definiert nicht nur die verschiedenen Verfassungsorgane, ihre Wahl oder Auswahl, ihre Kompetenzen und Funktionen. Darüber hinaus enthält es einen Grundrechtskatalog, die Garantie wichtiger Individual- und Minderheitenrechte und damit Freiheitsrechte. Es beschreibt Grundbegriffe wie Föderalismus, Rechtsstaatlichkeit und das Eigentum mit seiner Sozialbindung näher. In der Präambel wurde das Ziel der Wiedervereinigung des deutschen Volkes in freiheitlicher Selbstbestimmung verankert.

Die Alliierten stimmten nach manchen Disputen der neuen Verfassung zu. Sie suspendierten jedoch die Zugehörigkeit Berlins zur

Bundesrepublik und behielten in den Westsektoren der Stadt die politische Verantwortung. In der Folgezeit akzeptierten sie aber die weitgehende schrittweise Einbeziehung West-Berlins in die Rechtsordnung der Bundesrepublik. 22 Berliner Abgeordnete wirkten im Bundestag mit. Sie wurden vom Berliner Abgeordnetenhaus gewählt und hatten nur bei Schlußabstimmungen über Gesetze und der Wahl des Bundeskanzlers kein volles Stimmrecht.

Nach der Verabschiedung des Grundgesetzes begann sehr bald eine kontroverse wissenschaftliche und publizistische Debatte, ob die neue Verfassung eine bestimmte Wirtschaftsordnung und -politik vorforme oder für jede legislative Ausgestaltung völlig offen sei. Das Recht der freien Entfaltung der Persönlichkeit, Gewerbefreiheit, Vertragsfreiheit, Koalitionsfreiheit, Tarifautonomie, Schutz des Eigentums, verwiesen nach Auffassung der einen auf eine soziale und marktwirtschaftliche Orientierung. Dem wurde entgegengehalten, daß insbesondere Artikel 15 des Grundgesetzes sozialistische Gestaltungsmöglichkeiten wie die Vergesellschaftung von Grund und Boden, Naturschätzen und Produktionsmitteln gegen Entschädigung ermögliche. In der Tat hatte die SPD im Parlamentarischen Rat die Aufnahme dieser Verfassungsbestimmung kategorisch gefordert und schließlich durchgesetzt. Bei allem Scharfsinn der konträren Argumente wurde sehr bald deutlich, daß die zukünftige Ausgestaltung der Wirtschaftsordnung und des Sozialsystems durch parlamentarische Mehrheiten in der neuen Bundesrepublik zu entscheiden war. Die unterschiedlichen Konzepte standen dann noch einmal im Mittelpunkt einer kurzen, heftigen Auseinandersetzung der konkurrierenden Parteien vor der ersten Wahl zum Bundestag.

2. Kapitel

Erste Richtungsentscheidungen nach der Gründung der Bundesrepublik Deutschland

Die Wahl zum Ersten Deutschen Bundestag brachte mit 208 von insgesamt 402 Mandaten eine Mehrheit für die bürgerlichen Parteien CDU, CSU, FDP und DP. Die Unionsparteien lagen mit 31 Prozent der abgegebenen Stimmen knapp vor der SPD mit 29,2 Prozent. Im Mittelpunkt des Wahlkampfs standen Ludwig Erhard und seine umstrittene Wirtschaftspolitik.[1] Unermüdlich warb der Direktor für Wirtschaft auf zahllosen großen Versammlungen von Flensburg bis Passau für seinen marktwirtschaftlichen Kurs.

So wie ich es im Sommer 1949 in Kiel erlebte, verlief der Wahlkampf in vielen größeren Städten. Die Menschen waren von den alltäglichen Existenzproblemen weiterhin stark in Anspruch genommen, Versammlungen in der Regel nicht sehr gut besucht. So entwickelte Theodor Heuss in der Aula eines Gymnasiums seine Gedanken über die Zukunft des Liberalismus vor nur etwa achtzig Zuhörern. Kurt Schumacher versammelte demgegenüber in der traditionellen Hochburg seiner Partei weit über tausend Anhänger, die einer kämpferischen Rede starken Beifall zollten. Ludwig Erhard, der fünfzehn Monate zuvor in Norddeutschland noch völlig unbekannt war, bewies eine ungewöhnliche Zugkraft. Der große »Eichhof-Saal« war überfüllt, viele hundert Menschen drängten sich in den Nebenräumen. Was sie beeindruckte, war die Verbindung von wissenschaftlichem Anspruch mit einer anschaulichen, volkstümlichen Sprache, von Pathos und innerer Leidenschaft geprägt. Die Leute nahmen es Erhard ab, daß er es ehrlich meinte, und viele waren auch überzeugt, daß er es richtig machen würde. Zwei Jahrzehnte später erinnerte Erhard sich: »In jenem ersten Wahlkampf waren Soziale Marktwirtschaft und CDU zu einer Identität geworden.«

Unmittelbar nach dem 14. August nahm Konrad Adenauer das Heft in die Hand. Er hatte über die Arbeitsgemeinschaft der CDU und CSU systematisch seine Beziehungen in allen regionalen Gliederungen der Union ausgebaut. Schon am Sonnabend nach der Wahl traf er sich in Frankfurt mit dem bayerischen Ministerpräsidenten und CSU-Vorsitzenden Hans Ehard und anderen bayerischen Politikern, um die Weichen für die Koalitionsverhandlungen zu stellen. Gegen starke Kräfte in der eigenen Partei war Adenauer entschlossen, eine arbeitsfähige Koalition aus CDU, CSU, FDP und DP zu bilden, die SPD in die Opposition zu verweisen und damit an die Konstellation im Frankfurter Wirtschaftsrat anzuknüpfen. Erhard, der zeitweise an der Frankfurter Besprechung teilnahm, unterstützte ihn nachdrücklich. Ehard und die CSU-Vertreter waren mit diesem Konzept einverstanden und nutzten das Treffen, um ihre eigenen personellen Vorstellungen für die erste Bundesregierung einzubringen.

Am nächsten Tag folgten etwa dreißig Politiker der Union einer persönlichen Einladung Adenauers in sein Rhöndorfer Haus, um die anstehenden Entscheidungen der Fraktion vorzubesprechen. In Wahrheit ging es dem Gastgeber darum, vollendete Tatsachen zu schaffen, und er hatte damit weitgehend Erfolg.[2] Auch in Rhöndorf wurden die wichtigsten Personalfragen erörtert. Adenauer unterstrich seine Bereitschaft, Bundeskanzler zu werden. Als Bundespräsidenten wollte man der Unionsfraktion Theodor Heuss vorschlagen. Erhard war als Wirtschaftsminister unbestritten. Nach dem guten Start in Frankfurt und Rhöndorf gerieten die Verhandlungen in der Unionsfraktion und mit den künftigen Koalitionspartnern noch in ziemlich stürmische Gewässer. Schließlich wurde das erforderliche Einvernehmen gefunden. Am 15. September wählte der Bundestag Konrad Adenauer im ersten Wahlgang mit 202 Stimmen zum Bundeskanzler. Fünf Tage später war die Regierungsbildung abgeschlossen.

Für die künftige Wirtschafts-, Finanz- und Sozialpolitik war neben der Berufung Erhards die zunächst umstrittene Entscheidung, den bayerischen CSU-Politiker und Rechtsanwalt Fritz Schäffer als Bundesminister der Finanzen zu nominieren, am wichtigsten.[3] Er hatte schon in der Weimarer Republik als Vorsitzender der Bayerischen Volkspartei und als bayerischer Finanzminister über die Grenzen des Freistaates hinaus Beachtung gefunden. Profunde Sachkenntnis in allen Fragen der Finanzpolitik, Zähigkeit und taktisches Geschick in der Auseinandersetzung mit den zahllosen Anforderungen an den Staatshaushalt zeichneten ihn aus. Dabei war er, bald als Fiskalist verschrien, offen für übergreifende wirtschaftspolitische Gesichtspunkte und nach dem persönlichen Erleben von zwei Inflationen mit ihren verheerenden Folgen ein entschiedener Verfechter des Vorrangs der Geldwertstabilität. In kurzer Zeit wurde unter seiner Verantwortung das Bundesministerium der Finanzen zu einem besonders leistungsstarken und einflußreichen Ressort.

Die FDP hatte vergebens das Finanzministerium für Franz

Blücher gefordert. Blücher war Vorsitzender ihrer Fraktion im Wirtschaftsrat und hatte sich als einer der entschiedensten Verfechter des marktwirtschaftlichen Kurses Anerkennung verschafft. Aber jetzt mußte er sich mit dem Ministerium für die Angelegenheiten des Marshallplans und der ebenso ehrenvollen wie einflußlosen Position des Vizekanzlers begnügen.

Verkehrsminister wurde der Niedersachse Hans-Christoph Seebohm (DP), der dieses Amt kompetent und eigenwillig siebzehn Jahre lang wahrnehmen sollte, Landwirtschaftsminister der Bayer Professor Wilhelm Niklas. Das Arbeitsministerium übernahm Anton Storch als führender Vertreter der CDU-Sozialausschüsse. Wohnungsbauminister wurde der tatkräftige und sachkundige württembergische FDP-Politiker Eberhard Wildermuth.

Die personelle Kontinuität gegenüber der kurzen Frankfurter Ära war sehr ausgeprägt. Neben Erhard und Storch hatte auch Bundespostminister Hans Schuberth bereits als Frankfurter Direktor dasselbe Ressort wahrgenommen, Niklas war stellvertretender Direktor der Landwirtschaftsverwaltung gewesen. Alfred Hartmann, in Frankfurt Direktor der Finanzverwaltung, wurde Staatssekretär bei Schäffer, Edmund Frohne, in Frankfurt Direktor für Verkehr, Staatssekretär bei Seebohm.

Die politische Kontinuität war noch wichtiger. Sie wurde für Adenauer bei den kontroversen Debatten über Kleine oder Große Koalition zum Hauptargument. Er hob sie auch in seiner ersten Regierungserklärung am 20. September hervor:

»Meine Wahl zum Bundeskanzler, meine Damen und Herren, und die Regierungsbildung sind eine logische Konsequenz der politischen Verhältnisse, wie sie sich in der Bizone infolge der Politik des Frankfurter Wirtschaftsrates herausgebildet hatten. Die Politik des Frankfurter Wirtschaftsrates, die Frage ›Soziale Marktwirtschaft‹ oder ›Planwirtschaft‹ hat so stark unsere ganzen Verhältnisse beherrscht, daß eine Abkehr von dem Programm der Mehrheit des Frankfurter Wirtschaftsrates unmöglich war. Die Frage: ›Planwirtschaft‹ oder ›Soziale Marktwirtschaft‹ hat im Wahlkampf eine überragende Rolle gespielt. Das deutsche Volk hat sich mit großer Mehrheit gegen die Planwirtschaft ausgesprochen. Eine Koalition zwischen den Parteien, die die Planwirtschaft verworfen, und denjenigen, die sie bejaht haben, würde dem Willen der Wähler geradezu entgegengerichtet sein.«

Das neue Parlament und die neue Regierung standen sofort vor einer Vielzahl großer Aufgaben und Probleme, sie begegneten weitgespannten Erwartungen und erfuhren auch heftige Kritik einer starken Opposition. Zwei Themen gewannen notwendigerweise eine besondere Priorität. Einmal ging es um die Herstellung der Autorität und Arbeitsfähigkeit der noch fragilen Institutionen eines jungen Staatswesens, auch in der Kooperation und Auseinandersetzung mit den Besatzungsmächten. Zum anderen war eine überzeugende Wirtschafts- und Finanzpolitik vordringlich, als Voraussetzung für eine bessere ökonomische und soziale Zukunft, für politische und gesellschaftliche Stabilität.

Adenauer machte von Anfang an kein Hehl aus seinem Bestreben, den rechtlichen und faktischen Rahmen deutscher Verantwortung so schnell wie möglich zu erweitern.[4] Am 21. September 1949 wollten die drei alliierten Hohen Kommissare dem Bundeskanzler das neue Besatzungsstatut übergeben. Die Szene auf dem Petersberg ist oft beschrieben worden. Adenauer betrat demonstrativ den vom Protokoll für die Repräsentanten der drei Mächte reservierten Teppich, um ihnen die anwesenden Bundesminister vorzustellen und den Anspruch auf Gleichberechtigung zu demonstrieren. Es folgte ein kurzer Meinungsaustausch. Der Text des Besatzungsstatuts wurde lediglich Adenauers Mitarbeiter Herbert Blankenhorn in der Garderobe überreicht. In ihm behielten sich die Alliierten wesentliche Rechte vor, insbesondere die auswärtigen Angelegenheiten einschließlich des Abschlusses völkerrechtlicher Verträge, die Kontrolle über Außenhandel, Devisen und Reparationen und den Schutz ausländischer Vermögenswerte, eine besondere Aufsicht über die Ruhrindustrie sowie die Dekartellisierung. In ihrer direkten Verantwortung blieben Abrüstung, Entmilitarisierung und die erforderlichen Entscheidungen im Notstandsfall. Allerdings enthielt das Statut ausdrücklich eine Revisionsklausel.

Zu einer kräftigen Auseinandersetzung führten sehr schnell die neuen, inzwischen reduzierten Demontagepläne der Besatzungsmächte. Aber es sollten immer noch über siebenhundert Industriebetriebe ganz oder weitgehend abgebaut und, soweit möglich, ins Ausland transportiert werden. Dies stieß auf heftige Opposition bei den deutschen Parteien, Wirtschaftsverbänden und Gewerkschaften. Einerseits flossen die Marshallplangelder für den Neuaufbau, andererseits sollte die Beseitigung auch solcher Werke weitergehen, die nicht im Zusammenhang mit der Rüstungswirtschaft standen.

Die Demontage war ein Hauptthema bei dem ersten Besuch des amerikanischen Außenministers Dean Acheson am 9. November 1949 in der Bundeshauptstadt Bonn. Er zeigte sich von den Argumenten der Deutschen sehr beeindruckt und warb anschließend für eine grundlegende Änderung der Demontagepolitik. In Paris hatte man hingegen weiterhin Vorbehalte gegen eine Lockerung. Noch immer war dort die Sorge vor einem Wiedererstehen deutscher Übermacht sehr lebendig. Ein anderer Punkt starker Beunruhigung auf deutscher Seite war ein Abkommen, das die drei Westmächte im Sommer 1949 mit den Benelux-Staaten über die Kontrolle der Montanindustrie an der Ruhr geschlossen hatten. Es sah die Bildung einer Ruhrbehörde vor, die über Produktion und Verkauf von Kohle und Stahl verfügen sollte. Für Deutschland waren in ihrem Entscheidungsgremium lediglich drei von fünfzehn Stimmen vorgesehen. Alle deutschen Proteste blieben zunächst wirkungslos.

Adenauer gewann die Überzeugung, daß die festgefahrene Situation in beiden kritischen Bereichen nur durch eine neue, zukunftsweisende Initiative gelöst werden könne. Er deutete öffentlich die Möglichkeit einer deutschen Zustimmung zur Ruhrbehörde an, wenn sich gleichzeitig ein völliger Stopp der Demontagen vereinbaren ließe. Dies entsprach Erwägungen, die auch Gewerkschaftsführer und SPD-Politiker in Nordrhein-Westfalen anstellten. Aber Schumacher entschied sich für einen Kurs der kompromißlosen Ablehnung. Er mißtraute den Alliierten ebenso wie den für ihn nicht faßbaren Zielen der internationalen westlichen Konzerne.

Dem Besuch Achesons folgten sogleich Regierungsgespräche auf dem Petersberg. Die wichtigen wirtschaftlichen Einzelfragen verbanden sich dabei mit neuen Perspektiven für die deutsch-alliierte Zusammenarbeit. Schon am 22. November war eine Verständigung erreicht. Das sogenannte Petersberger Abkommen brachte ein Ende der Demontagen. Deutschland erhielt auch die Möglichkeit, nach dem Verlust seiner Handelsflotte wieder mit dem zivilen Schiffbau zu beginnen. Es erklärte sich bereit, in der internationalen Ruhrbehörde mitzuwirken.

Im Rückblick erscheinen die in den Vertragstext aufgenommenen Absichtserklärungen der beteiligten Regierungen mindestens ebenso wichtig wie die konkreten Absprachen. Es wurde als gemeinsames Ziel festgelegt, die Bundesrepublik »als friedliebendes Mitglied in die europäische Gemeinschaft einzugliedern« und sie in alle in Frage kommenden internationalen Körperschaften aufzunehmen. Dies umzusetzen, war in den folgenden Jahren ein vorrangiges Ziel der Bonner Regierungspolitik.

Adenauer sollte recht bekommen, wenn er auf die Dynamik seines kooperativen Ansatzes baute. Nach einer Phase der Stagnation und mancher psychologischen Rückschläge in Frankreich ermächtigte das Pariser Kabinett Anfang Mai 1950 Außenminister Robert

Schuman, seinen Plan für die Bildung einer Montanunion durch Frankreich, Deutschland, Italien und die Benelux-Staaten vorzulegen. Dies war ein völlig neues Konzept einer Gemeinschaft gleichberechtigter Partner in einem politisch bedeutenden Kernbereich der Wirtschaft. Es knüpfte an die enge grenzüberschreitende Verbindung der Kohle- und Stahlindustrie der angesprochenen Länder bis zum Ersten Weltkrieg, aber in gewissen Formen auch noch bis in die dreißiger Jahre an. Für Adenauer war dies eine Grundidee mit viel weiter reichenden politischen Implikationen, die er bereits nach 1918 als Basis für eine dauerhafte deutsch-französische Verständigung vergebens verfolgt hatte.[5] Jetzt, wenige Monate nach der Gründung der Bundesrepublik, zeichnete sich der Übergang von einseitigen Kontrollen durch die Siegermächte zu einer ersten kommunitären europäischen Institution mit ausgewogenen Rechten und Verpflichtungen aller Mitglieder ab. So zögerte er nicht, die Initiative Schumans sofort als wichtige und hoffnungsvolle Konzeption für die gesamte künftige europäische Entwicklung zu bezeichnen.

Am 20. Juni begannen in Paris die Verhandlungen der Regierungsdelegationen.[6] Den Vorsitz führte Jean Monnet, der die wichtigsten Punkte des sogenannten Schumanplans maßgeblich entworfen hatte. Neben dem politischen Ziel einer engen Partnerschaft mit dem neuen, demokratischen Deutschland, seiner Einbindung durch Kooperation gab es auch konkrete wirtschaftliche Interessen Frankreichs. Es ging um die langfristige Sicherung der Kohle-Importe aus Deutschland, die 1949 8,2 Millionen Tonnen betrugen, zu relativ günstigen Preisen. Dies war besonders für die in den Nachkriegsjahren stark ausgebaute französische Stahlindustrie wichtig. Immerhin dauerte es fast zehn Monate, bis am 18. April 1951 der Vertragstext unterzeichnet werden konnte. In den Institutionen der neuen Gemeinschaft war bereits eine weiterführende europäische Grundstruktur angelegt. Neben einer Hohen Behörde als Exekutive standen eine Parlamentarische Versammlung, der Rat der Regierungsvertreter und ein Gerichtshof. Die wachsende Zustimmung in Deutschland und allmählich auch bei seinen westlichen Nachbarn zu einer zunächst noch abstrakten Europaidee gewann jetzt einen festen institutionellen Bezugspunkt. Immer mehr Meinungsführer in Politik, Wissenschaft, Wirtschaft, Gewerkschaften und Publizistik drängten auf weitere Schritte für einen umfassenderen Zusammenschluß, mit großem Widerhall vor allem in der jungen Generation.

Angesichts dieser schnellen Veränderungen konnte es nicht überraschen, daß die Alliierten bereits am 6. März 1951 eine Revi-

Die junge Bundesrepublik war außenpolitisch, wirtschaftlich und militärisch alles andere als ein souveräner Staat – das alliierte Besatzungsstatut setzte der Regierung Adenauer enge Grenzen. Doch der Kanzler begegnete den alliierten Hohen Kommissaren nicht als Befehlsempfänger: Entgegen dem Protokoll trat er ihnen auf dem Teppich entgegen und signalisierte damit den Wunsch nach mehr Hoheitsrechten.

sion des Besatzungsstatuts vornahmen. Sie sicherten zu, daß die Bundesregierung ein Außenministerium errichten und die Pflege ihrer Beziehungen zu anderen Staaten in vollem Umfang wahrnehmen könne, soweit dies mit den Erfordernissen der Sicherheit und der Verantwortung der Siegermächte für ganz Deutschland vereinbar sei. Gleichzeitig schränkten sie ihre Befugnisse in anderen Bereichen, vor allem für den Außenhandel und die Devisenwirtschaft, erheblich ein.

In derselben Zeit vollzog sich die binnenwirtschaftliche Entwicklung nicht ohne Konflikte. Im Rückblick ist der große Erfolg der marktwirtschaftlichen Politik seit dem Beginn demokratischer Debatten und Entscheidungen im Frankfurter Wirtschaftsrat offenkundig. Knut Borchardt stellte Anfang der siebziger Jahre zusammenfassend fest: »Nie zuvor hat es in der deutschen Wirtschaftsgeschichte fünfundzwanzig Jahre mit so rascher Wirtschaftsentwicklung wie nach 1947/48 gegeben.«[7] Dies galt sowohl für das Wachstum des Sozialprodukts je Einwohner als auch für den Wandel der Wirtschaftsstrukturen und die Verwendung des Sozialprodukts. Der Weg zu einem sich selbst tragenden Aufschwung war jedoch zunächst in dem darniederliegenden Nachkriegsdeutschland schwieriger und risikoreicher, als die Formel vom »Wirtschaftswunder« vermuten läßt. Hans-Herbert Götz hat allein für die ersten fünfzehn Jahre nach der Währungsreform sechs recht unterschiedliche Phasen des Konjunkturverlaufs beschrieben.[8]

Die Währungsreform und die ihr folgenden Schritte zur Liberalisierung führten zu einem schnellen Anstieg der Produktion. Von Juli bis Dezember 1948 wuchs sie in der Industrie um rund 40 Prozent, gemessen an dem Volumen von 1936 von 54 auf 79 Prozent.[9] Die starke Verknappung der Liquidität trug maßgeblich zur Räumung der Lager und zur schlagartigen Ausweitung des Warenangebotes bei. Aber das Geldvolumen stieg bald wieder an, von etwa 6 Milliarden DM Anfang Juli auf 12,3 Milliarden DM im September und 14,3 Milliarden DM im Dezember. Auch das Bankkreditvolumen expandierte bis zum Jahresende auf mehr als 5 Milliarden DM. Ungeachtet der weiter geltenden Preisbindung für Grundnahrungsmittel und Mieten lagen die Lebenshaltungskosten im Dezember bereits um zehn Prozentpunkte über den Juliwerten. Dies führte angesichts der sehr niedrigen Monatseinkommen der Arbeitnehmer von durchschnittlich weniger als 250 DM zu massiver Kritik, vor allem seitens der SPD-Opposition und der Gewerkschaften. Mehrere Protestaktionen gipfelten am 12. November 1948 in einem 24stündigen Generalstreik.

Im März 1948 hatten die drei westlichen Besatzungsmächte die Bank Deutscher Länder geschaffen. Im November beschloß der Zentralbankrat, die monetäre Expansion zu bremsen. Die Mindestreservesätze der Banken wurden von 10 auf 15 Prozent erhöht, Bankakzepte konnten zukünftig, bis auf wenige Ausnahmen, nicht mehr diskontiert werden. Alle Kreditinstitute wurden aufgefordert, ihr Kreditvolumen vorerst auf den Stand vom 31.Oktober 1948 zu begrenzen. Zum Jahresende entspannte sich die Lage. Das Warenangebot stieg weiter an, die Lohnentwicklung blieb, trotz aller Kritik der Gewerkschaften, auch nach der Aufhebung des Lohnstopps im November 1948 zunächst verhalten, die Importpreise für Rohstoffe waren zeitweise rückläufig. So kam es nicht nur zu einer Stabilisierung der Verbraucherpreise, in wichtigen Sektoren bröckelten sie 1949 sogar wieder ab.

Der Übergang von dem System des Mangels und der Bewirtschaftung zu einer Wettbewerbsökonomie mit zunehmend realistischen Preisen veränderte die Situation der Betriebe, der arbeitenden Menschen und der Verbraucher grundlegend. Manche Unternehmer schafften die Umstellung nicht. Aber sehr bald gab es weitaus mehr Neugründungen als Schließungen. Die Zahl der Beschäftigten nahm zunächst nur geringfügig zu, von 13,5 Millionen im Juni auf 13,7 Millionen im Dezember 1948. Im Jahresverlauf 1949 ging sie bei kräftig weiter steigender Produktion sogar etwas zurück. In der Marktwirtschaft wurden jetzt die erheblichen Produktivitätsreserven der Betriebe ausgeschöpft. Zugleich stieg die Zahl der Menschen, die sich bei den Arbeitsämtern um Beschäftigung bemühten, stark an. Durch ehrliche Arbeit wurde wieder gutes Geld verdient. Dies schuf mehr Motivation als administrative Regelungen oder eindringliche verbale Appelle. So erhöhte sich die Erwerbslosigkeit zunächst beträchtlich, von 2,3 Prozent im Juni 1948 auf 8,7 Prozent zwölf Monate später und 10 Prozent im Juni 1950. Dann begann die Trendwende: Ende 1950 wurden 14,2 Millionen Beschäftigte gezählt. Die Arbeitslosenzahlen gingen jetzt kontinuierlich zurück.

Dem Wachstumsschub im zweiten Halbjahr 1948 folgte also eine ruhigere Phase der Expansion bis zum Frühjahr 1950. Die industrielle Produktion stieg erneut um fast 25 Prozent an, und sie übertraf bereits Anfang 1950 das vergleichbare Volumen des Jahres 1936. Bei stabilen, teilweise rückläufigen Lebenshaltungskosten nahmen nunmehr die Realeinkommen zu. Aber die erwähnte Entwicklung mit zwei Millionen Arbeitslosen im Winter 1949/50 führte zu heftigen innenpolitischen Auseinandersetzungen. Die Opposition griff die Regierung an. Die Wirtschaftspresse und zahlreiche Verbände kritisierten die angeblich zu restriktive Politik der Bank Deutscher Länder, obwohl sie bereits im Mai und Juni 1949 den Diskontsatz in zwei Stufen von fünf auf vier Prozent gesenkt hatte. Die von den Alliierten vor 1948 massiv angehobenen Sätze der Einkommen- und Lohnsteuer waren ebenfalls in zwei Schritten um mehr als zwanzig Prozent reduziert worden, was den privaten Verbrauch zusätzlich förderte. Anfang 1950 beschloß die Bundesregierung ein flankierendes Investitionsprogramm zur Arbeitsbeschaffung.

Schon im Oktober 1949 war die Bundesrepublik Mitglied der Organisation für Europäische wirtschaftliche Zusammenarbeit (OEEC) in Paris geworden, die als Institution für die Koordinierung des Wiederaufbaus und der nationalen Wirtschaftspolitiken bald hohes Ansehen gewann. In Verbindung damit entschied sich das Bundeskabinett für eine weitgehende Liberalisierung des Außenhandels. Das war bei der noch ganz ungefestigten Wettbewerbssituation Westdeutschlands ein ziemlich riskanter Beschluß. Die Importe stiegen jetzt rasch, das Defizit im Außenhandel nahm zunächst in bedenklicher Weise zu. Dennoch wählte die Bundesregierung bei der Neufestsetzung der Paritäten fast aller westlichen Währungen gegenüber dem Dollar einen relativ niedrigen Abwertungssatz von 20,6 Prozent statt des Durchschnitts von 30,5 Prozent bei ihren europäischen Partnern. Wieder zeigte sich, daß ein hohes Maß an Preisstabilität sowohl für das Bundeskabinett, allen voran Erhard und Schäffer, als auch für die Zentralbank eindeutige Priorität hatte. Bei allen Zielkonflikten, weiterwirkenden strukturellen Schwächen und politischen Spannungen sah es im Frühjahr 1950 so aus, daß sich die Wirtschafts-, Finanz- und monetäre Politik zunehmend ergänzten und die meisten relevanten Daten eindeutig oder doch tendenziell verbesserten.

Diese Phase einer beginnenden inneren Entspannung wurde durch den Ausbruch des Korea-Krieges jäh beendet. Am 25. Juni 1950 begann die Invasion Südkoreas durch weit überlegene Streitkräfte Nordkoreas. Die USA intervenierten militärisch, und im Dezember griff China in den Konflikt ein. Die Gefahr einer weltweiten Eskalation schien groß. Es kam auch in Europa zu massiven Angstkäufen. Die USA forcierten den Aufbau einer strategischen Rohstoffreserve im Wert von etwa acht Milliarden Dollar. So stiegen die internationalen Rohstoffpreise deutlich an. Zahlreiche Staaten beschlossen neue Rüstungsprogramme. Schon im September setzte in der Bundesrepublik ein kräftiger Anstieg der industriellen Erzeugerpreise ein. Im Abstand weniger Monate folgte der empfindliche Index der Lebenshaltungskosten. Das Außenhandelsdefizit vergrößerte sich, und die noch bescheidenen Devisenreserven schmolzen dahin. Jetzt zahlte es sich aus, daß die Bundesbank dem politischen und publizistischen Druck im Winterhalbjahr auf eine weitergehende Lockerung der monetären Politik nicht gefolgt war. Es gab im kriseninduzierten Boom noch eine Kapazitätsreserve, und im Oktober beschloß die Bank Deutscher Länder mehrere anti-inflationäre Maßnahmen.[10] Die wichtigsten waren: die Mindestreservesätze wurden um fünfzig Prozent, der Diskontsatz von vier auf sechs Prozent erhöht, das Rediskontvolumen der Kreditinstitute sank um zehn Prozentpunkte. Die Bundesregierung führte parallel eine Bardepotgestellungspflicht für Importwaren von fünfzig Prozent des D-Mark-Gegenwertes ein und beschnitt für nichtliberalisierte Importe das Volumen der Lizenzen erheblich.

Bevor diese Entscheidungen wirken konnten, kam es zum Jahresende nach dem Kriegseintritt Chinas zu einer neuen, weltweiten Welle spekulativer Käufe und Preissteigerungen. Mit diesem zweiten Preisschub nahmen die inneren Spannungen in der Bundesrepublik zu. Die Löhne kamen auf breiter Front in Bewegung. Die Perspektive einer eskalierenden Lohn-Preis-Spirale erzeugte Unruhe. Die Bundesregierung und die Notenbank sahen das immer größere Zahlungsbilanzdefizit jetzt als so bedrohlich an, daß sie dirigistische Maßnahmen ergriffen, die sie bis dahin entschieden abgelehnt hatten. Im Januar 1951 führte die Bank Deutscher Länder Kredit-Richtsätze für die Geschäftsbanken ein, die Kredit-Plafonds wurden verschärft und die kurzfristigen Wirtschaftskredite zurückgeführt. Im Februar hob der Bundesminister für Wirtschaft vorübergehend die Liberalisierung der Einfuhren aus den Ländern der Europäischen Zahlungsunion auf.

Lange hatte sich Erhard gegen den stärker werdenden politischen Druck aus den verschiedensten Lagern, die Forderungen nach dirigistischen Eingriffen in den Außenhandel und umfassenden Preiskontrollen im Inland, gewehrt. Im Bundestag kam es mehrfach zu einem heftigen Wortwechsel zwischen Koalition und Opposition. Die SPD hatte mit Professor Erik Nölting einen neuen, fachlich kompetenten und rhetorisch starken wirtschaftspolitischen Sprecher. Bei mehreren Landtags- und Kommunalwahlen verzeichneten die Sozialdemokraten seit dem Herbst 1950 Gewinne.[11]

Noch schwieriger wurde es, als auch führende Repräsentanten der Wirtschaftsverbände, allen voran der selbstbewußte und gelegentlich hemdsärmlige Präsident des Bundesverbandes der Deutschen Industrie, Fritz Berg, eine Reihe von Lenkungsmaßnahmen verlangten, darunter Devisenkontrollen und die Bewirtschaftung von Rohstoffen.[12] Am 6. März 1951 verschärfte der Hohe Kommissar der USA in Deutschland, John J. McCloy, mit einem Schreiben an den Bundeskanzler die schon angespannte Situation. Er kritisierte die angeblich fehlenden Reaktionen der Bundesregierung auf die ökonomischen Folgen der Koreakrise. Ihre mangelnde Fähigkeit, den internationalen Verpflichtungen nachzukommen, müsse negative Folgen für ihre Stellung in der OEEC haben. Preis- und Devisenkontrollen, umfassende Bewirtschaftungsmaßnahmen seien erforderlich. McCloy verwies darauf, daß die USA schon im September 1950 die legislativen Voraussetzungen für eine staatliche Kontrolle und Verteilung wichtiger Rohstoffe sowie für Eingriffe in das Transportwesen und den Außenhandel geschaffen hatten. Der Hohe Kommissar deutete auch an, daß ohne einen Bonner Kurswechsel die Mitwirkung der USA bei der Finanzierung des deutschen Außenhandelsdefizits in Frage gestellt werden müsse.

Erhard sah einige Jahre später in dieser Pression der wichtigsten Besatzungsmacht »einen Generalangriff auf die deutsche Marktwirtschaft«, geführt von einem ungewöhnlichen Bündnis zwischen englischen Anhängern des billigen Geldes und amerikanischen Beamten der Hohen Kommission.[13] Adenauer war von dieser massiven Intervention beeindruckt. Schon am 12. Februar hatte er vor dem Bundesausschuß der CDU erklärt, die Marktwirtschaft sei nur sinnvoll, solange sie Erfolge zeitige. Das war nicht nur nach Meinung seines Wirtschaftsministers eine gefährliche Verirrung. Den Bundeskanzler beunruhigte auch das wachsende deutsche Zahlungsbilanzdefizit, vor allem nachdem Minister Niklas im Februar dem Kabinett mitgeteilt hatte, daß die Finanzierung der Agrarimporte und damit die Versorgung der Bevölkerung nicht mehr gesichert erscheine. Anfang März berief Adenauer einen Ministerausschuß für die aktuellen Wirtschaftsfragen unter seinem Vorsitz ein. Als persönlichen Berater und Koordinator benannte er den Bankier Friedrich Ernst, einen Spitzenvertreter der Wirtschaft mit ministeriellen Erfahrungen. Dies rief allerdings eine Solidarisierung aller betroffenen Bundesminister hervor. Erhard entschloß sich jetzt, einen seiner intelligentesten Kritiker aus der Wirtschaft, den Vorstandsvorsitzenden der Phoenix Gummiwerke, Hamburg, Otto A. Friedrich, an sich zu binden, und berief ihn zum Rohstoffberater des Wirtschaftsministeriums. Friedrich war über seinen Bruder, den international angesehenen Harvard-Professor Carl Joachim Friedrich, sehr genau über die politische Meinungsbildung in den Vereinigten Staaten unterrichtet; zudem war er Leiter eines Arbeitskreises für privatwirtschaftliche Wirtschaftslenkung beim

Bundesverband der Industrie. So kam es zu den geschilderten zusätzlichen Maßnahmen sowohl der Bundesregierung als auch der Zentralbank, die begrenzte Konzessionen an die Interventionisten bedeuteten. Die Spitzenverbände der Wirtschaft nutzten die schwierige Lage, um durch eigene informelle Koordinierungsausschüsse und eine enge Verzahnung mit den zuständigen Bundesressorts »eine innere Umstellung« von »eigenen Interessen auf ... volkswirtschaftlich vordringliche Aufgaben« zu fördern.[14] Diese zeitweise stärkere Stützung der Wirtschaftspolitik durch die Mitwirkung der Verbände erleichterte es Adenauer, den Vorschlägen Erhards, Blüchers und Schäffers für die weitgehende Ablehnung der amerikanischen Forderungen zu folgen. Zugleich machte der Bundeskanzler jedoch keinen Hehl aus einer unveränderten Skepsis gegen den betont an ordnungspolitischen Prinzipien orientierten Kurs seines Wirtschaftsministers. Noch stärker als zuvor pflegte er demonstrativ persönliche Kontakte mit namhaften Repräsentanten der Unternehmerschaft, allen voran seinem lebensklugen Freund Robert Pferdmenges, aber auch Fritz Berg, Hermann Josef Abs, Friedrich Ernst und anderen. So blieb eine tiefsitzende Verstimmung Erhards, die er wenige Jahre später aus Anlaß einer dann öffentlich ausgetragenen Kontroverse deutlicher äußerte.[15]

Das Verhalten namhafter Vertreter der Wirtschaft war stark von ihren persönlichen Lebenserfahrungen geprägt. Seit den dirigistischen Maßnahmen während des Ersten Weltkriegs hatte es zwischen Inflationszeit und Weltwirtschaftskrise nur wenige Jahre eines freieren Wettbewerbs im eigenen Land und im Außenhandel gegeben. Unter der Herrschaft der Nationalsozialisten wurde schon vor 1939 schrittweise, aber zielstrebig die planende und lenkende Rolle der staatlichen Instanzen ausgebaut und der Marktmechanismus in vielen Bereichen außer Kraft gesetzt. Auf formelle Verstaatlichung kam es den Machthabern nicht an. Ihr Ziel war politische Kontrolle, auch über die privaten Firmen, und der Ausbau zentral dirigierter korporativer Strukturen.[16]

Die meisten Unternehmer und die Sprecher ihrer Verbände hatten die Wende zur Sozialen Marktwirtschaft begrüßt und als große Chance verstanden. Aber in dem ersten schweren Sturm wuchs wieder die Neigung, nach Instrumenten der Lenkung und Bewirtschaftung zu rufen. Erhard und seine persönlichen Mitstreiter in Verwaltung, Politik und Wissenschaft waren demgegenüber der Überzeugung, daß die gerade begonnene Entwicklung zu marktwirtschaftlichen Formen und einem offeneren System des internationalen Handels auf keinen Fall abgebrochen werden durfte. Diese

Politik beschränkte sich keineswegs darauf, auf die »Selbstheilungskräfte« der Wirtschaft zu vertrauen, wie ihr linke Kritiker nicht zum letzten Mal vorwarfen. Sie reagierte durchaus auf die Zuspitzung, und hier erwies sich, daß die Zentralbank über kurzfristig wirksamere Instrumente verfügt als die Fiskalpolitik des Staates. Der Wirtschaftsminister behielt recht, als er immer wieder die Notwendigkeit des längeren Atems betonte, damit die unvermeidbaren Anpassungsprozesse wirksam werden konnten.

In diesen Monaten der Spannungen nahm in der Umgebung Adenauers auch die Kritik an der Effizienz des Bundeswirtschaftsministeriums zu. So war die Rede von Mängeln in der politisch-administrativen Führung, man sprach von »freischaffenden Künstlern«. Erhard war auch nach dem Urteil engerer Freunde kein Mann des systematischen Managements. Schon in seiner kurzen Amtszeit als bayerischer Wirtschaftsminister hatte es unfreundliche Kommentare gegeben. Aber er besaß andere ungewöhnliche Qualitäten, nicht zuletzt die Fähigkeit, wichtige Einzelentscheidungen von Überzeugungen und ordnungspolitischen Grundsätzen her zu entwickeln, Menschen zu motivieren und Vertrauen zu gewinnen. So fanden sich in seiner Umgebung auf der zweiten Leitungsebene eine Reihe herausragender Persönlichkeiten, die mit Hingabe für die gemeinsame Sache arbeiteten. Adenauer empfahl Erhard im kritischen Frühjahr 1951 den Finanzdirektor der Deutschen Kohlenbergbauleitung, Ludger Westrick, als neuen Staatssekretär. Westrick erwies sich als ein Praktiker und guter Administrator, ein loyaler Mitstreiter Erhards. Wer erwartet hatte, daß er als »Aufpasser« des Kanzlers fungieren würde, sah sich bald enttäuscht. 1952 kam dann Professor Alfred Müller-Armack als Leiter der Grundsatzabteilung hinzu. Auch hervorragende junge Nationalökonomen, wie Johann-Baptist Schöllhorn, Otto Schlecht und Hans Tietmeyer, gingen in den folgenden Jahren in das Bonner Wirtschaftsministerium.

Im späten Frühjahr 1951 gab es auf den Weltmärkten erste Zeichen der Beruhigung. Politisch waren die Befürchtungen, der regionale Krieg könne sich ausweiten, abgeklungen. Die Rohstoffpreise begannen sich zu stabilisieren. Im Sommer flachte auch die ansteigende Kurve der Erzeugerpreise und der Lebenshaltungskosten in der Bundesrepublik ab. Ab Herbst 1951 begann dann eine längere Phase fast völliger Preisstabilität. Die Exporte stiegen kräftig an. Im September 1951 waren sie fast doppelt so hoch wie im Vorjahresmonat. Das Defizit im Außenhandel ging rasch zurück. 1952 war das erste Jahr mit einer positiven Handelsbilanz. Damit verbesserte sich auch die zuvor defizitäre Zahlungsbilanz nachhal-

Erst 1951, nach der Korea-Krise, begann für die Bundesrepublik der nachhaltige wirtschaftliche Aufschwung. Das Flaggschiff des Wirtschaftswunders war die Automobilindustrie. Sie profitierte nicht nur von steigenden Exporten, auch im Inland wuchs der Absatz. Nun, wo die Grundbedürfnisse der Nachkriegsjahre gedeckt waren, konnten immer mehr Deutsche daran denken, ihr Fahrrad durch einen »Käfer« zu ersetzen.

tig. Anfang dieses Jahres wurden die Restriktionen im Außenhandel rückgängig gemacht. Schon zuvor waren die Sonderaufträge für Otto A. Friedrich und Friedrich Ernst beendet worden. Von Mai 1952 bis Mai 1954 senkte die Bank Deutscher Länder den Diskont in fünf Schritten von fünf auf drei Prozent, ein deutliches Zeichen für die anhaltende Verbesserung der grundlegenden ökonomischen Daten.[17] Mit einem weiteren nachhaltigen Wachstumsschub entspannte sich auch die Lage am Arbeitsmarkt. Im September 1952 gab es 15,5 Millionen Arbeitsplätze, ein Jahr später 16 Millionen. Die Erwerbslosigkeit ging parallel hierzu von 6,4 auf 5,5 Prozent zurück. Auch die Bruttoinvestitionen stiegen von 16,9 Milliarden DM im Jahr 1949 auf stattliche 32,3 Milliarden 1953. Ihre Finanzierung erfolgte 1953 zu einem Viertel aus öffentlichen Haushaltsmitteln, zu knapp 25 Prozent aus langfristigen Darlehen der Kreditinstitute und bereits zu gut 50 Prozent aus Eigenmitteln oder kurzfristigen Krediten der Banken.[18]

So waren mit positiven Trends und anhaltend hohen Wachstumsraten von real 9 bis 9,5 Prozent jährlich die gesamtwirtschaftlichen Daten mit dem Näherkommen der zweiten Bundestagswahl am 6. September 1953 recht günstig. Erneut waren der wirtschaftspolitische Kurs und die sozialpolitischen Entwicklungen ein beherrschendes Thema der parteipolitischen Auseinandersetzung. Aber stärker als 1949 wirkten sich tiefgreifende Gegensätze in der Außen- und Deutschlandpolitik auf die Meinungsbildung der Bürger aus. Dies galt besonders für den anhaltenden Streit über die Wiederbewaffnung Deutschlands im Rahmen einer verstärkten Westbindung. Mit dem Ausbruch des Korea-Krieges wurde diese Frage ein offenes Thema der internationalen Diskussion. Schon vorher waren die sicherheitspolitischen und militärischen Planer der Westmächte zu dem Ergebnis gekommen, daß es ohne deutsche Soldaten keine glaubwürdige Verteidigungskonzeption für Westeuropa geben könne.[19] Adenauer sprach sich nach Erörterungen in Kabinett und Koalition bei einer Begegnung mit den alliierten Hohen Kommissaren am 17. August 1950 für eine deutsche Freiwilligenstreitmacht von 150 000 Mann aus. Er erstrebte von Anfang an eine europäische Armee mit weitgehender Integration der nationalen Kontingente und sah in diesem Schritt auch einen Hebel, um das Besatzungsstatut abzulösen und die Souveränität der Bundesrepublik zu erreichen.

Sofort brach ein heftiger innenpolitischer Streit aus. Am 31. August trat Bundesinnenminister Gustav Heinemann zurück, weil er sich bei den Verhandlungen mit den Alliierten übergangen fühlte. Unter dem Eindruck des Korea-Krieges stimmte nach den demoskopischen Untersuchungen des Allensbacher Instituts zunächst eine deutliche Mehrheit der Bundesbürger dem Aufbau deutscher Streitkräfte zu. Aber angesichts des erbitterten Widerstandes der sozialdemokratischen Opposition, großer Gruppen der Evangelischen Kirche und vieler anderer Meinungsführer gewannen die Gegner an Boden. Auch die jahrelangen Querelen innerhalb der Westmächte über Art und Umfang der Beteiligung der Bundesrepublik schwächten die Überzeugungskraft von Regierung und Koalition. Im Mai 1952 kam es endlich zur Unterzeichnung des Vertrages über die Europäische Verteidigungsgemeinschaft, des Deutschlandvertrages und des Generalvertrages. Damit setzte ein erneuter Stimmungsumschwung in großen Teilen der Bevölkerung ein. Die Bundesrepublik erschien jetzt, ungeachtet weiterbestehender alliierter Vorbehaltsrechte, im Urteil ihrer meisten Bürger als ein angesehener Partner der westlichen Demokratien, in ihrer Sicherheit gestärkt und in ihrer Außenpolitik handlungsfähiger.

Anfang der fünfziger Jahre wurden auch in anderen Feldern der Politik Konflikte offener ausgetragen und Gruppeninteressen massiver vertreten als in der Zeit unmittelbar nach dem Krieg. Bei der Landtagswahl in Schleswig-Holstein, wo in den ersten Nachkriegsjahren mehr Flüchtlinge als Einheimische lebten, hatte im Juli 1950 eine neugegründete Protestpartei, der BHE (»Block der Heimatvertriebenen und Entrechteten«), mit 23,4 Prozent der Stimmen einen überraschenden Erfolg errungen. Der BHE zog danach in fast alle Regionalparlamente ein und vertrat seine Forderungen, insbesondere zum Lastenausgleich, mit großen Demonstrationen in Bonn und anderen Städten. Der Deutsche Gewerkschaftsbund organisierte machtvolle Kundgebungen, um seinen Vorstellungen für die Mitbestimmung in den Betrieben Nachdruck zu verleihen. Die Organisationen der Landwirtschaft und des Mittelstandes folgten. Rechtsradikale Gruppierungen, wie die Deutsche Reichspartei und die Sozialistische Reichspartei, hatten bei Landtags- und Kommunalwahlen vorübergehende Erfolge, was besonders im Ausland Beunruhigung hervorrief.

Aber die beschriebenen wirtschafts- und außenpolitischen Entwicklungen bewirkten 1953 eine erneute Hinwendung der meisten Menschen zu den Regierungsparteien. Wieder zeigten die Meinungsumfragen des Allensbacher Instituts die Trendwende fast seismographisch an. Vom zweiten Quartal 1952 an gab es mehr Zustimmung als Ablehnung zu Adenauers Politik, im letzten Vierteljahr allerdings erst in einer Relation von 34 zu 29 Prozent. Im Frühjahr und Sommer 1953 stieg dann die Kurve der Befürworter rasch auf mehr als 50 Prozent an.

Die CDU/CSU verzeichnete bei der Wahl zum Zweiten Deutschen Bundestag am 6. September hohe Gewinne und kam auf 45,2 Prozent. Die FDP blieb demgegenüber mit 9,5 Prozent unter ihrem Resultat von 1949; auf die DP entfielen 3,3 Prozent. Sehr enttäuschend war das Ergebnis für die SPD mit nur noch 28,8 Prozent. Der BHE zog mit 5,9 Prozent neu in den Bundestag ein. Mit 306 von 487 Mandaten verfügten die drei Regierungsfraktionen jetzt über eine sichere Mehrheit. Adenauers Ziel war es, die Majorität durch die Einbeziehung des BHE noch zu erweitern. Einmal zeichneten sich Entscheidungen wie die geplante Finanzreform ab, bei denen eine verfassungsändernde Mehrheit geboten oder doch wünschenswert erschien. Zum anderen sah er es als zweckmäßig an, nach den positiven Erfahrungen mit der Beteiligung der Vertriebenen-Partei an Länderkoalitionen von Schleswig-Holstein bis Bayern, den BHE auch im Bund einzubinden, um seine Anhänger sozial wie politisch dauerhaft zu integrieren. So wurden der BHE-Vorsitzende Waldemar Kraft als Bundesminister für besondere Aufgaben und Professor Theodor Oberländer als Vertriebenenminister Mitglied des zweiten Kabinetts Adenauers.

In den Wirtschaftsressorts blieben die meisten Minister im Amt: Erhard, Blücher, Schäffer, Storch und Seebohm. Landwirtschaftsminister wurde der Westfale Heinrich Lübke, zuvor ein angesehener Landesminister in Düsseldorf, Wohnungsbauminister Victor-Emanuel Preusker (FDP) und Postminister Professor Siegfried Balke (CSU).

Diese Mannschaft versprach Kontinuität auf dem langen Weg zur Umsetzung der marktwirtschaftlichen Grundsatzentscheidung in den einzelnen Bereichen des wirtschaftlichen Lebens.

3. Kapitel

Wirtschafts- und Sozialpolitik in der Zeit des Aufbaus

Neben der Sorge um Ernährung und Arbeit bildete die Wohnungsnot ein weiteres drängendes Problem im Nachkriegsdeutschland. 1939 lebten 39,3 Millionen Menschen in den späteren Westzonen, im Sommer 1954 waren es über sieben Millionen mehr, 46,6 Millionen.[1] Fast zehn Millionen Vertriebene und Flüchtlinge wanderten aus dem Osten in das Gebiet der Bundesrepublik, nahezu die Hälfte von ihnen nach dem Ende des Zweiten Weltkrieges. Und die Zuwanderung hielt an, bis im August 1961 der Bau der Berliner Mauer sie gewaltsam beendete.

In den drei westlichen Besatzungszonen waren 1945 fast 1,9 Millionen Wohnungen durch Kriegseinwirkungen zerstört, über 17 Prozent des Wohnungsbestandes von 1943.[2] Die massiven Luftbombardements der Alliierten hatten zahlreiche Großstädte besonders schwer getroffen. So verlor Köln über zwei Drittel seines Wohnraums, Dortmund, Duisburg und Kassel mehr als 60 Prozent, Kiel 58 und Hamburg 55 Prozent. Millionen Menschen lebten in drückender Enge in ehemaligen Kasernen, Baracken, Gartenlauben und Wellblechhütten, in Kellern und provisorisch hergerichteten Notunterkünften. Selbsthilfe und improvisierte örtliche Initiativen zur Schaffung neuen Wohnraums setzten sofort nach dem Kriegsende ein. Die politischen Parteien entwickelten erste Konzepte für eine rasche Erweiterung des Angebots.[3]

Im Frühjahr 1948 hörte ich zum ersten Mal eine Rede von Konrad Adenauer. Er sprach vor der Jungen Union Norddeutschlands zu den wichtigsten Fragen jener Zeit, am eindringlichsten zur künftigen Wohnungsbaupolitik. Zuerst gehe es um die Behebung der größten Notstände, damit sei es aber nicht getan. Man müsse Wohnraum zu erschwinglichen Preisen schaffen, die besonderen Erfordernisse der Familien mit Kindern berücksichtigen, die zerstörten Städte durch Grüngürtel, Gärten und Kinderspielplätze humaner gestalten und auch die Bereitschaft, Wohneigentum zu erwerben, durch ein vielfältiges Angebot vor allem an Eigenheimen und Kleinsiedlungen fördern. Dem früheren Oberbürgermeister war es wichtig, daß die Not auch als Chance begriffen wurde, für möglichst viele Menschen ein besseres Wohnumfeld zu schaffen.

Hier gab es Berührungspunkte zu manchen sozialdemokratischen Vorstellungen. Schon 1945 erarbeitete die Hamburger SPD ein Konzept für den künftigen Wohnungsbau.[4] Im Vordergrund standen für sie die Instrumente staatlicher und kommunaler Planung, wobei sie den Gemeinnützigen Wohnungsbauunternehmen eine besondere Rolle zuwies. Auch ausgedehnte Einfamilienhaus-Siedlungen sollten einen Schwerpunkt bilden.

Von 1945 bis Ende 1950 wurden in den drei Westzonen rund 470 000 Wohnungen neu geschaffen. Es gab sehr bald Differenzen zwischen der Frankfurter Wirtschaftsverwaltung, die Rahmenbedingungen für die verschiedenen Regionen setzen wollte, und den Ländern, die auf weitgehende Autonomie pochten. Vor allem die FDP, aber zunehmend auch die Union wünschten besondere Anreize für einen hohen Anteil privaten Kapitals an der Wohnungsbaufinanzierung. Die SPD betonte den Vorrang öffentlicher Mittel. Ungeachtet dieser Differenzen gehörte das Wohnungsbaugesetz vom April 1950, wenige Monate nach der Konstituierung des Bundestages, zu den großen legislativen Entscheidungen der ersten Wahlperiode. Daß es nach nur neun Wochen Beratungszeit von Bundestag und Bundesrat einstimmig verabschiedet wurde, war vor allem der Kompetenz und Überzeugungskraft des zuständigen Bundesministers, Eberhard Wildermuth, und der Verständigungsbereitschaft des Sprechers der SPD-Fraktion, Erich Klabunde, zu verdanken.[5] Das Gesetz legte drei unterschiedliche Finanzierungswege fest: den aus öffentlichen Mitteln direkt geförderten Sozialen Wohnungsbau für die unteren Einkommensgruppen, den steuerbegünstigten und den freifinanzierten Wohnungsbau. Manche Einzelbestimmungen blieben in der Folgediskussion umstritten, vor allem die Einkommensgrenze für den Sozialen Wohnungsbau, der Umfang staatlicher Mittel, die Maßstäbe für zumutbare Mieten, die Relation von Eigentums- und Mietwohnungen. Aber das Ziel einer deutlichen Steigerung des Wohnungsangebots wurde erreicht. 1951 und 1952 entstanden 490 000, in den Folgejahren jeweils weit über 500 000 Wohnungen. Anfangs entfielen fast siebzig Prozent auf die Sozialwohnungen; ab 1953 immer noch mehr als die Hälfte. Das Förderungsinstrumentarium wurde verfeinert. So erleichterte die Einführung von Wohnungsbauprämien die Finanzierung des privaten Bauens. Einen starken Impuls gaben die hohen Steuersubventionen der Paragraphen 7 b und 7 c des Einkommensteuergesetzes. Das Investitionsvolumen wuchs kräftig. Insgesamt wurden bis 1957 über 64 Milliarden DM für diesen Bereich aufgewendet. Davon entfielen mehr als vierzig Prozent auf die Kapitalmarktfinanzierung und rund ein Drittel auf öffentliche Mittel.[6]

Dennoch stieg die durchschnittliche Wohnungsgröße im Neubau vorerst nur langsam an, von 54,8 Quadratmeter im Jahr 1952 auf 63,5 Quadratmeter 1957. Angesichts dieser Daten nahm insbesondere in der CDU/CSU die Sorge zu, daß es kein hinreichendes Angebot für Familien mit mehreren Kindern geben würde. Nach Wildermuths plötzlichem Tod im März 1952 wurde der junge Unionsabgeordnete Paul Lücke zum einflußreichsten Wohnungsbaupolitiker der Koalition. Er stammte aus einer kinderreichen Arbeiterfamilie und war stark durch seine Erfahrungen in den katholischen Verbänden geprägt.

Die Förderung der Familie wurde für ihn zu einem Hauptmotiv auch für die staatliche Wohnungsbaupolitik. Lücke zeigte sich dabei als Ausschußvorsitzender und vor allem ab 1957 als Bundesminister aber zunehmend offen für eine schrittweise Einbeziehung des Wohnungssektors in die Soziale Marktwirtschaft. Im März 1951 wurde ein Gesetz über Wohnungseigentum und Dauerwohnrecht verabschiedet mit ersten Auflockerungen der starren Mietsätze. 1953 konnte der Vorrang für die Förderung von Eigenheimen und Kleinsiedlungen auch im Sozialen Wohnungsbau verankert werden. 1955 setzten Abgeordnete der Union und der SPD gegen den Widerstand des Bundesfinanzministers gemeinsam die Einführung von Miet- und Lastenbeihilfen für Familien mit mehreren Kindern und niedrigen Einkommen durch. Damit trat erstmals eine »Subjektförderung« neben die »Objektförderung«, eine grundlegende Veränderung mit weitreichenden langfristigen Wirkungen. Dies erschien vielen als eine wichtige Voraussetzung für die Verabschiedung eines Zweiten Wohnungsbaugesetzes, dessen Entwurf zunächst zu erheblichen Auseinandersetzungen im Bundestag führte. Er wurde schon im Frühjahr 1954 eingebracht und mehr als zwei Jahre recht kontrovers in den Ausschüssen des Bundestages, im Bundesrat und schließlich im Vermittlungsverfahren beraten. Die wichtigsten Punkte dieser Gesetzesvorlage waren die Neugewichtung der Förderungsinstrumente zugunsten des Familienheimbaues und generell der Bildung von Wohneigentum, ein neu gefaßtes, breites Angebot an bezahlbaren Wohnungen für die unteren Einkommensgruppen und eine gegenüber der Regierungsvorlage verhaltene weitere Auflockerung der Mietbindungen. Es handelte sich um ein Konzept, das in der endgültigen Ausgestaltung auch die Zustimmung der Opposition fand.

Der Mieterschutz blieb bei der insgesamt verhaltenen Lohnentwicklung auch in den Folgejahren ein empfindliches Thema. Allerdings zeigten sich bald unerwünschte Verzerrungen als Folge einer administrativen Überregulierung. Da war die rasch wachsende

Die Wohnungsnot war eine der großen Herausforderungen an die junge Bundesrepublik. Durch den sozialen Wohnungsbau gelang es innerhalb weniger Jahre, die Millionen von Flüchtlingen und Ausgebombten aus ihren Notunterkünften herauszuholen. Die Gesetze von 1950 und 1956 ließen in diesem lebenswichtigen Bereich die privatwirtschaftliche Rentabilität hinter der sozialen Verantwortung des Staates zurücktreten.

Gruppe der »Fehlbeleger«, deren Einkommen aus den Grenzen für den Sozialen Wohnungsbau herauswuchs und die dennoch in den billigen, hochsubventionierten Mietwohnungen verblieben. Wenig beachtet wurde bei der Konzentration auf den Neubau lange Zeit eine große Gruppe von Hausbesitzern, die oft unter erheblichen Opfern beschädigten Wohnraum wiederherstellen ließen und nun sehr strengen Mietbegrenzungen unterlagen. Nur schrittweise gab es für sie gewisse Möglichkeiten, die Mieteinnahmen zu steigern.

Erst 1960 trat das umfassende Gesetz zum Abbau der Wohnungszwangswirtschaft und über ein soziales Mietrecht in Kraft, es stellte den Gesichtspunkt der Rentabilität gleichgewichtig neben den der sozialen Zumutbarkeit. Bereits einige Jahre zuvor hatte die Regierung darauf hingewiesen, daß 1954 nur »ein halb so hoher Anteil des gesamten privaten Verbrauchs für die Wohnungsnutzung aufgewandt wurde wie 1936«. Allmählich veränderte sich diese Relation. 1961 mußte ein vierköpfiger Arbeitnehmerhaushalt im Durchschnitt 10,2 Prozent seines Einkommens für die Wohnung ausgeben.

Auch in den sechziger Jahren ging der Neubau auf sehr hohem Niveau weiter. Von 1950 bis Ende 1962 wurden fast sieben Millionen Wohnungen fertiggestellt. Jetzt gewannen bei weiter steigenden verfügbaren Mitteln für die meisten Menschen qualitative Gesichtspunkte an Bedeutung. 1962 erreichte der Anteil der Eigenheime fast die Hälfte des Bauvolumens. Über siebzig Prozent der neuen Wohnungen hatten nun mehr als vier Räume. Jetzt gab es in der Regel auch erhebliche Verbesserungen in der Ausstattung und im Wohnkomfort: Badezimmer und WC, zentrale Heiz- und Waschanlagen auch in den Mietwohnungen, Kühlschränke und zunehmend Elektroherde. Die Weiterentwicklung der Miet- und Lastenbeihilfen zu einem generellen Wohngeld für Einkommensschwache ließ die Preissteigerungen für die große Mehrzahl der Menschen erträglich bleiben.

Hans-Herbert Götz zog 1963 folgende Zwischenbilanz: »Die Wohnungsbaupolitik war insgesamt erfolgreich. Sie blieb freilich das bevorzugte Feld für die Interventionisten aller Schattierungen. Die Wohnungsnot ist fast beseitigt und der freie, ausgeglichenere Wohnungsmarkt in Sicht, aber der Preis, der dafür entrichtet wurde, war hoch.«[7] Er bestehe vor allem in der ständigen Überforderung des Baumarktes durch eine künstlich forcierte Nachfrage nach Baukapital. Dies habe zu dem erschreckenden Anstieg der Baupreise maßgeblich beigetragen, allein von 1958 bis 1962 um ein Drittel.

Schritt für Schritt und nicht ohne harte innenpolitische Auseinandersetzungen war bereits seit 1949 die Liberalisierung des bundesdeutschen Binnenmarktes vorangekommen.[8] Die Eisen- und Kohlebewirtschaftung endete schon im Dezember 1949. Aber dies bedeutete noch nicht den Verzicht auf Preiskontrollen. Erst im Sommer 1952 wurden die Eisen- und Stahlpreise freigegeben, am 1. April 1954 die Preise der Ruhrkohle, für Gas und Wasser schließlich im Januar 1959. Öffentliche, insbesondere kommunale Versorgungsunternehmen wehrten sich mit Händen und Füßen gegen die Einbeziehung in die Marktwirtschaft und fanden dabei Unterstützung bei einer Reihe von Landesregierungen.

Allmählich bildete sich auch ein leistungsfähiger Kapitalmarkt heraus.[9] Die zunächst geringe Sparfähigkeit der meisten Bürger, einengende administrative Regelungen und die Zinsbindungen der Anfangsjahre, auch die Periode hoher Zahlungsbilanzdefizite, waren starke Hemmnisse. So griff man zu Ersatzlösungen für die Finanzierung, wie dem im Januar 1952 verabschiedeten Gesetz über eine Investitionshilfe der gewerblichen Wirtschaft in Höhe von einer Milliarde DM zugunsten des Kohlenbergbaus und der Eisenindustrie. Noch viele Jahre später war in politischen Debatten, insbesondere in Nord- und Süddeutschland, ein anhaltender Unwille mittelständischer Unternehmer über diese Zwangsmaßnahme für die Ruhrindustriellen vernehmbar.

Zukunftsweisend war die Gründung einiger öffentlicher Spezialbanken für die Finanzierung von Vorhaben im staatlichen Interesse, allen voran der Kreditanstalt für Wiederaufbau und der Lastenausgleichsbank. Mit dem Gesetz zur Förderung des Kapitalmarktes vom Dezember 1952 wurden die Zinssätze freigegeben. Aber damit verbunden war eine gestaffelte Besteuerung der Erträge aus festverzinslichen Wertpapieren. So gab es beispielsweise für Anleihen der öffentlichen Hand und zugunsten des Sozialen Wohnungsbaues eine völlige Befreiung, für Anleihen der Industrie einen Satz von dreißig Prozent. Diese unterschiedliche Steuerpflicht traf wegen der besonderen Belastung der unternehmerischen Investitionen auf wachsende Kritik. Erst Anfang 1955 kam es zu einem wirklich freien Kapitalmarkt mit vergleichbaren Wettbewerbsbedingungen. Der Absatz von Wertpapieren nahm jetzt beträchtlich zu, von 912 Millionen DM im Jahr 1951 auf 3,182 Milliarden DM zwei Jahre später.[10] Zu dieser Zeit begann auch eine Wiederbelebung des Aktienmarktes.

Der schwierige Weg zu Marktwirtschaft und Liberalisierung stieß im Bereich der landwirtschaftlichen Erzeugnisse auf besondere Widerstände und tief eingewurzelte Vorbehalte.[11] Seit dem neunzehnten Jahrhundert hatten die Auseinandersetzungen über Freihandel und Schutzzölle, über Subventionen, freiere oder administrierte Preise im Agrarsektor die deutsche Innenpolitik beschäftigt. Von 1914 bis 1918 und vor allem nach 1933 waren Produktionssteigerung und ein möglichst hoher Grad an Autarkie die staatlichen Vorgaben für die Betriebe gewesen. In den ersten Nachkriegsjahren, der Zeit äußerster Knappheit, verbreiteten Mangels und nicht selten Hungers schienen die Bauern den Städtern unangemessen privilegiert zu sein. Manche Praktiken auf dem Schwarzmarkt erzeugten langanhaltende Vorurteile gegen den ganzen Berufsstand. Nach der Währungsreform konnte ein zu abrupter Preisanstieg bei den wichtigsten Erzeugnissen aufgrund des niedrigen Lohnniveaus zu erheblichen Spannungen führen. Deswegen blieb, wie erwähnt, die Preisbindung für Grundnahrungsmittel im Juni 1948 bestehen. Aber schon damals wurden die Preise für Gemüse, Obst, Eier und Wild freigegeben. Am 1. Oktober 1948 endete die Kartoffelbewirtschaftung, ab März 1950 die Preisbindung für Rinder, für Butter erst im Sommer 1952.

Der Deutsche Bauernverband vertrat in der Tradition der früheren »Grünen Front« die Interessen seiner Mitglieder mit einer Doppelstrategie. Zum einen waren die Bauern in den Regierungsfraktionen des Bundestages stark vertreten und einflußreich, zum anderen wandte sich der Verband massiv an die Öffentlichkeit, auch durch große Demonstrationen.

Der Bundestag verabschiedete mehrere Marktordnungsgesetze. Sie gewährleisteten einen gewissen Außenschutz, ohne den internationalen Agrarhandel zu strangulieren. Sie schufen begrenzte administrative Interventionsmöglichkeiten, wie Regelungen über Lagerhaltung, für Frachtbeihilfen, Beimischungszwang, die Festlegung von Kontingenten bis zur zeitweisen Einführung von Mindestpreisen. Es war ein kompliziertes, in sich nicht schlüssiges System. Die Marktmechanismen wurden nicht völlig außer Kraft gesetzt, aber durch Einzeleingriffe und komplizierte Regulierungen doch empfindlich geschwächt.

Heinrich Lübke setzte als zweiter Landwirtschaftsminister der Bundesrepublik ab Herbst 1953 neue, kräftige Akzente in der agrarpolitischen Auseinandersetzung. Wichtiger als abstrakte Paritätsformeln erschienen ihm, dem erfahrenen demokratischen Verbandsführer der westdeutschen Kleinbauern während der Weimarer Republik, eine grundlegende Verbesserung der Agrarstruktur, wirksame Formen der Vermarktung und bessere Aus- und Fortbildungsmöglichkeiten für die Bauern und ihre Mitarbeiter. Am 5. September 1955 wurde nach langen Debatten schließlich das Landwirtschaftsgesetz vom Bundestag verabschiedet. Es formulierte das Ziel, die Landwirtschaft zu einer mit den anderen Bereichen der Volkswirtschaft vergleichbaren Einkommensentwicklung zu führen. Mit allen Möglichkeiten der Wirtschafts-, Finanz- und Sozialpolitik sollten die naturbedingten und strukturellen Nachteile der Landwirtschaft ausgeglichen werden. Jährlich war ein Grüner Bericht der Bundesregierung mit Vergleichsrechnungen vorzulegen, der auch aktualisierte Vorstellungen für Fortschritte in der Entwicklung der bäuerlichen Betriebe bringen sollte. Der Anstieg der bäuerlichen Durchschnittseinkommen konnte jedoch auch weiterhin nicht mit der Entwicklung in der gewerblichen Wirtschaft Schritt halten. Zudem wurde die Differenz innerhalb der Landwirtschaft zwischen starken und schwachen Betrieben immer größer. Der Strukturwandel beschleunigte sich. Die Zahl der Vollerwerbsbetriebe ging bis Mitte der sechziger Jahre um fast eine halbe Million zurück. Mit besseren beruflichen Angeboten aus anderen Bereichen der Volkswirtschaft nahm die Mobilität zu und gewannen auch die Nebenerwerbsbetriebe an Bedeutung. Der Boden ging mehr und mehr zum besseren Wirt, aber die Verödung und Verarmung der weiten ländlichen Gebiete wurde vermieden. Dazu trugen auch Entwicklungskonzepte für abgelegene Regionen maßgeblich bei, wie das Programm Nord in Schleswig-Holstein, das Emslandprogramm Niedersachsens und die Grenzlandprogramme in Bayern und Hessen. Im föderativen System der Bundesrepublik setzten sich vor allem die Regierungen der meisten Flächenländer für diese Erweiterung der Agrarstrukturpolitik zur Regionalpolitik ein, sie nahm eine auch im europäischen Vergleich insgesamt recht erfolgreiche Entwicklung.

Die Strukturveränderungen beschleunigten sich im Verlauf der sechziger Jahre weiter.[12] Von 1949 bis 1969 ging die Zahl der landwirtschaftlichen Betriebe um fast ein Drittel auf 1,34 Millionen zurück. Noch stärker verringerte sich die Zahl der Selbständigen und unselbständig Beschäftigten, und zwar von 5,1 auf 1,8 Millionen. Die starke Mechanisierung der Höfe und rationellere Bewirtschaftungsformen führten zugleich zu einem raschen Anstieg der Produktivität. Die Erzeugerpreise veränderten sich in diesen zwei Jahrzehnten nicht sehr stark. Bei Getreide gab es eine insgesamt leicht fallende Tendenz, bei den Veredelungsprodukten einen verhaltenen Anstieg. Die Landwirte suchten den Ausweg in einer Mengenkonjunktur. Daraus sollten dann unter den Vorzeichen des EG-Agrarmarktes neue Überschußprobleme erwachsen.

Die verantwortlichen Politiker und demokratischen Bauernführer der Nachkriegszeit waren noch stark von der Erinnerung an die letzten Jahre der Weimarer Republik bestimmt. Damals hatte eine drastische Verschlechterung der Situation der Landwirtschaft noch vor der Weltwirtschaftskrise, vor allem in Nord- und Ostdeutschland, zu großen Protestbewegungen und Konfrontationen, zur Abkehr vom demokratischen Staat und zur Hinwendung vieler zur NSDAP geführt. Bei aller im einzelnen begründeten Kritik an manchen agrarpolitischen Entscheidungen der ersten fünfzehn Jahre der zweiten deutschen Republik, an Dirigismus und Subventionen kann nicht übersehen werden, daß der Strukturwandel bald rasch vorankam, einschneidender als für andere Bevölkerungsgruppen, und sich ohne Brüche oder extreme Zuspitzungen vollzog. Knut Borchardt hat diesen Sachverhalt zwei Jahrzehnte später als eine besondere Errungenschaft gewürdigt: »Es ist eine historisch wahrhaft beispiellose Tatsache, daß die Landwirtschaft zwischen 1950 bis 1975 fast zwei Drittel ihrer Beschäftigten verloren hat, ohne daß dies ein Hauptthema für Parteiformationen gewesen ist.« Als einen Hauptgrund hierfür sah Borchardt den enormen Wachstumssog aus anderen Wirtschaftszweigen an, der die friedliche Veränderung der Strukturen erleichtert habe.[13] In den sechziger Jahren begann dann mit der Übertragung wesentlicher Kompetenzen der Agrarpolitik an die Europäische Gemeinschaft ein völlig neues Kapitel.

In keinem Wirtschaftsbereich haben sich die Bedingungen für Angebot und Nachfrage im ersten Jahrzehnt der Bundesrepublik so schnell geändert wie auf dem Energiesektor.[14] Bis in die zweite Hälfte der fünfziger Jahre stand eine mögliche Versorgungskrise im Vordergrund aller Debatten. Die Kohle hatte fast ein Monopol. Es sei daran erinnert, wie sehr die langfristige Sicherung der Kohlelieferungen aus Deutschland zu günstigen Preisen die französische Initiative für die Montan-Union mitbestimmte. Dasselbe Motiv spielte bei dem langen und zähen Festhalten der Pariser Politik an dem Konzept eines autonomen, mit Frankreich besonders eng verflochtenen Saarlandes eine Rolle.

So ging es nach 1948 vor allem um den Ausbau und die Produktionssteigerung des westdeutschen Bergbaus, bis hin zu dem bereits erwähnten, umstrittenen Gesetz über die Investitionshilfe der gewerblichen Wirtschaft vom Januar 1952, das eine Zwangsanleihe von einer Milliarde DM einführte. Dies war ein wichtiger Beitrag für neue Projekte an der Ruhr im Umfang von fünf Milliarden DM. 1950 förderten in der Bundesrepublik rund 400 000 Bergleute unter Tage 114 Millionen Tonnen Steinkohleeinheiten (SKE), 1955 waren es bereits 130 Millionen.

1956 gab die Hohe Behörde der Montan-Union ihr Höchstpreissystem auf; aber die kartellähnlichen Verkaufskontore des Bergbaus verhinderten noch längere Zeit eine wirklich freie Preisbildung am Markt. Noch im Frühjahr 1957 betonten Franz Etzel, damals Vizepräsident der Montan-Union, Louis Armand und Francesco Giordani in einem gemeinsamen Gutachten, vordringlich bleibe die weitere Steigerung der Produktion bei den herkömmlichen Energieträgern. Energieknappheit könne sich als das stärkste Hemmnis für den wirtschaftlichen Fortschritt erweisen. Die Bundesregierung empfahl den Kohle-Importeuren, weiterhin mehrjährige Lieferverträge abzuschließen.

Zur selben Zeit erweiterte sich das Angebot an Heizöl auf den Märkten der westlichen Industrienationen, ohne daß bei weiter steigendem Energieverbrauch der Kohleabsatz zunächst gefährdet erschien. Bereits im Juli 1956 war der Zoll auf Heizöl abgeschafft worden. Als die Bergbauunternehmen unmittelbar nach der Bundestagswahl 1957 überraschend eine beachtliche Preiserhöhung ankündigten, kam es zu einer massiven öffentlichen Kritik und einer heftigen Auseinandersetzung mit dem Bundeswirtschaftsminister.[15] Erhard empfand die Entscheidung selbst, vor allem aber die Umstände eines kartellähnlichen Vorgehens und den Zeitpunkt als Provokation. In einer mehrstündigen, kontroversen Debatte mit den Vorständen der Zechengesellschaften am 2. Oktober in Essen sagte er, die Regierung betrachte den Vorgang »wie eine Kriegserklärung«. Er müsse die ganze Kohlepolitik überprüfen und werde »aus allen Rohren schießen«. Erst im Herbst 1956 hatten Kabinett und Parlament zusätzliche Subventionen für die Bergarbeiter und die Unternehmen beschlossen, die sogenannte »Bergmannsprämie«, vom Staat finanziert, sowie erhöhte Abschreibungsmöglichkeiten und Steuererleichterungen. Als Gegenleistung wurde eine zurückhaltende Preispolitik erwartet und in allgemeiner Form auch in Aussicht gestellt. Jetzt drohte die Anhebung im Schlüsselbereich der Energieversorgung zum Ausgangspunkt einer allgemeinen Preis- und Lohnspirale mit sehr negativen Folgen zu werden. Im Ergebnis blieben Erhards Interventionen ohne nennenswerten Erfolg. Der Bergbau verzichtete lediglich auf eine geplante weitere Anhebung seiner Preise im nächsten Frühjahr.

Die schmerzhafte Korrektur dieser Entwicklung erfolgte jedoch sehr bald durch den Markt. 1958 stiegen die Mineralölimporte überraschend stark an. Die Preise bei schwerem und leichtem Heizöl fielen; die Differenz zum Kohlepreis nahm zu. So wurden schnelle Rationalisierungsmaßnahmen für den Steinkohlenbergbau unvermeidbar. Bereits 1958 ging die Zahl seiner Beschäftigten erstmals in der Geschichte der Bundesrepublik zurück. Unternehmer und Gewerkschaften machten sich gemeinsam auf den Weg nach Bonn, um neue Hilfsmaßnahmen zu erbitten.[16] Sie hatten mächtige Verbündete, allen voran die Regierungen und Abgeordneten der Bergbauländer Nordrhein-Westfalen und Saarland. Das Argument der Versorgungssicherheit durch heimische Kohle beeindruckte nach den Erfahrungen des Zweiten Weltkriegs und wenige Jahre nach der Koreakrise die öffentliche Meinung. Die Gefahr von Massenentlassungen im Ruhrgebiet als sozialem Sprengstoff wurde immer wieder in schwarzen Farben ausgemalt.

Der Versuch, eine liberalere Politik auf dem Energiesektor mit einem nachhaltigeren Schutz für die deutsche Kohle zu verbinden, führte die Bundesregierung schnell in ein Dilemma. Förderungs- und Absatzmengen zu garantieren, war sie letztlich nicht bereit. Aber gewisse politische Festlegungen wurden von den Beteiligten als Verpflichtung verstanden und immer wieder eingefordert. Am 29. Januar 1958 erklärte Erhard in einer bewegten Bundestagsdebatte: »Erstens: Der Steinkohlenbergbau soll gesunderhalten werden und die wesentliche Grundlage unserer Energieversorgung bleiben. Zweitens: Die Beschäftigung des Bergarbeiters soll gesichert und möglichst gleichmäßig gestaltet werden. Drittens: ... Es sollen die Bemühungen um eine Minderung des Importdrucks von Kohle verstärkt werden ... Es ist das eindeutige Ziel ..., Massenentlassungen zu vermeiden.« Ab 1960 setzte sich die Erkenntnis durch, daß jeder weitere Ausbau der Kohlenförderung sinnlos und statt dessen eine Rückführung des Volumens mit einer Konzentration auf die rentabelsten Zechen geboten sei. Zunächst wurde eine Steinkohlenförderung von jährlich 140 Millionen Tonnen als Zielvorstellung genannt. Keine Stillegung sollte ohne Sozialplan erfolgen. 1960 wurde auch die Heizölsteuer wieder eingeführt, deren Aufkommen großenteils für die Wiedereingliederung ausgeschiedener Bergleute in das Erwerbsleben zweckgebunden war. Eine Plafonierung der Kohle-Importe auf sechs Millionen Tonnen folgte.

Alle diese Maßnahmen, dazu auch Selbstverpflichtungen der Mineralölwirtschaft zur Importregulierung und der Versuch, die Probleme über Kartelle zu lösen, änderten letztlich nichts an der enormen Dynamik der Strukturveränderungen. Schon bis 1962 ging die Zahl der im Bergbau Beschäftigten um 80 000 zurück. Die Steinkohlenförderung fiel von einem Spitzenwert 1956 mit 138,6 auf 102,5 Millionen Tonnen SKE zehn Jahre später zurück. In derselben Zeit stieg der Verbrauch an Heizöl von 7,8 auf 74,2 Millionen Tonnen stürmisch an.[17]

Widerstände gegen eine zu starke Behinderung und Belastung des Heizöls kamen vor allem aus den revierfernen Ländern Nord- und Süddeutschlands. Hier wurden die Raffineriekapazitäten stark ausgebaut. Sie beliefen sich bereits 1965 auf über 81 Millionen Jahrestonnen. Jeder aufmerksame Beobachter dieser Entwicklungen begriff in der ersten Hälfte der sechziger Jahre, daß der Strukturwandel weitergehen und auch in Zukunft zu erheblichen Auseinandersetzungen führen würde.

Seit Mitte der fünfziger Jahre erweiterte sich die energiepolitische Debatte durch die beginnende friedliche Nutzung der Kernenergie. Im August 1955 hatten sich in Genf zweitausend Wissenschaftler aus 72 Staaten zu der ersten Konferenz über diese Aufgabe getroffen. Die Bundesrepublik war vertreten, weil sie seit 1951 der UNESCO als Sonderorganisation der Vereinten Nationen angehörte.

Schon am 1. September 1955 nahm in Göttingen eine Gruppe von Wissenschaftlern die Vorarbeiten für einen ersten deutschen nuklearen Forschungsreaktor auf.[18] Am 6. Oktober beschloß die Bundesregierung, ein Bundesministerium für Atomfragen zu bilden. Franz Josef Strauß nahm sich dieser Aufgabe mit großem Engagement an. Im Dezember konstituierte sich die Deutsche Atomkommission als zentrales Beratungsgremium. Regierung und Opposition waren sich über die Notwendigkeit einer schnellen, nachhaltigen Förderung der Forschung und technisch-industriellen

Unerschöpfliche Energiereserven durch Atomkraft, unbegrenzte Mobilität durch das Auto. Wachstum, Motorisierung und technischer Fortschritt waren die großen Hoffnungen der Wirtschaftswunderjahre und bestimmten die politischen Entscheidungen. 1957 ging der Forschungsreaktor in Garching bei München in Betrieb. Im selben Jahr gab es in der Bundesrepublik 2,4 Millionen PKW – 1980 waren es fast 22 Millionen.

Entwicklung einig. Die Aussicht einer neuen Form der Energiegewinnung, die nicht auf begrenzt verfügbaren Rohstoffen, wie Kohle und Öl, beruhte und durch modernste Technologie beherrschbar erschien, übte eine starke Faszination aus. So fand auch ein grundlegendes Kooperationsabkommen mit den USA breite Zustimmung; es löste einen breiten Informationsfluß in deutsche Institute aus und zog Lizenzverträge deutscher Unternehmen mit führenden amerikanischen Firmen nach sich.

Bereits wenige Jahre später fielen die Entscheidungen über mehrere »Demonstrationskraftwerke«, und zwar Leichtwasserreaktoren zur Stromerzeugung in der Trägerschaft von Energieversorgungsunternehmen, aber noch mit einer ergänzenden Subvention durch den Staat. Sie nahmen ab 1963 ihren Betrieb auf. Die bald folgenden größeren Kernkraftwerke konnten dann als rein kommerzielle Projekte ohne öffentliche Mittel realisiert werden. Zugleich gingen in den großen Kernforschungszentren Karlsruhe und Jülich die Arbeiten an fortgeschrittenen Reaktorkonzepten der Zukunft, dem Brennstoffkreislauf und noch anspruchsvolleren Sicherheitsstandards voran.

In der Verkehrspolitik ging es in der ersten Nachkriegszeit zunächst um die Beseitigung schwerer Kriegsschäden. Vor allem die Bahn, als wichtigster Verkehrsträger, hatte einen hohen Reparatur- und Erneuerungsbedarf. Häfen und Wasserstraßen waren ebenfalls vom Bombenkrieg betroffen, in den Ballungsgebieten auch das Straßennetz.

Neue Ausbaukonzepte entstanden erst allmählich.[19] Bei der Bundesbahn herrschten starke Traditionen eines Staatsbetriebes vor, der über Generationen hinweg fast eine Monopolstellung innehatte und sich nur langsam auf die veränderte Konkurrenz, insbesondere durch das Auto, im Personen- und Güterverkehr einstellte. Es blieb lange Zeit kontrovers, wie weit die Grundsätze der Marktwirtschaft zur Geltung kommen sollten oder ob es ernsthafte Argumente für dauerhafte Regulierungen in wichtigen Sektoren gab. Der Verkehrsminister operierte im gewerblichen Gütersektor mit Konzessionen und Kontingenten, auch mit Verboten bei der Beförderung zahlreicher Massengüter auf der Straße.

Die Expansion im Verkehrswesen überstieg schon in der zweiten Hälfte der fünfziger Jahre alle Prognosen. Zunächst waren die Haupttransportmittel neben der Bundesbahn und den Binnenschiffen die Busse, Straßenbahnen und Fahrräder. 1949 gab es rund 350 000 Personenkraftwagen, davon noch mehr als zwei Drittel aus der Vorkriegszeit. 1957 wurden schon 2,4 Millionen PKW gezählt, gegen 1960 setzte dann bei steigenden Einkommen eine allgemeine

Motorisierung ein. Die Kraftfahrzeugindustrie, das entsprechende Handwerk und eine Vielfalt an Versorgungsbetrieben entwickelten sich in kurzer Zeit zum stärksten Wirtschaftszweig der Bundesrepublik.

Ende der fünfziger Jahre wurden die Forderungen nach einer marktwirtschaftlichen Öffnung innerhalb und außerhalb des Parlaments lauter. So verlor der Bundesverkehrsminister 1961 das Kontingentierungsrecht in Verbindung mit den Tariffestsetzungen; seine Rolle beschränkte sich in Zukunft nur noch auf die Wettbewerbsaufsicht. Dies beförderte den starken Trend zur Verlagerung von der Schiene auf die Straße weiter. 1950 hatte der Anteil der Bahn am Güterverkehr noch bei 60 Prozent gelegen. Zehn Jahre später war er auf knapp 43 Prozent gesunken, 1965 schon auf wenig mehr als 38 Prozent. Anfangs galt dies allgemein als ein Zeichen des Fortschritts; später wurden jedoch auch die Nachteile erkennbar: zunehmende Engpässe und Staus auf den Straßen in Ballungsgebieten, steigende Unfallzahlen und negative Auswirkungen auf die Umwelt. Im Gegensatz zum Autoverkehr und speziell dem Güterfernverkehr hatte die Bahn keine einflußreiche Lobby. Ihren gewählten Organen fehlte es lange Zeit an innovativen Ideen für die langfristige Stellung im neuen Verkehrssystem. So versäumten sie es, überzeugend auf gleiche Wettbewerbsbedingungen gegenüber dem Straßenverkehr als Voraussetzung für funktionierende Marktwirtschaft hinzuwirken. Die Eisenbahnergewerkschaft mit rund 500 000 Mitgliedern verharrte bei ihrem konventionellen Forderungskatalog. Erst zu einem wesentlich späteren Zeitpunkt gewannen für eine breitere Öffentlichkeit die Vorzüge des Schienenverkehrs, allen voran höhere Sicherheit und bessere Umweltverträglichkeit, stärkeres Gewicht. Dann wurde auch deutlicher, welche strukturellen Wettbewerbsnachteile die Bundesbahn belasteten. Sie mußte ihr Schienennetz wie auch die sonstige Infrastruktur selbst finanzieren und unterhalten. Als Erblast hatte sie erhebliche Personal- und Investitionskosten aus der Zeit vor 1945 zu tragen. Gleichwertige Leistungen waren von den Nutzern der Straßen auch unter Berücksichtigung der stark steigenden Steuern für den Individualverkehr nicht zu erbringen.

In den fünfziger Jahren ging es nach einem verhaltenen Start in erster Linie um einen beträchtlichen Anstieg der Mittel für alle Verkehrsträger und um die optimale Nutzung des technischen Fortschritts. 1949 wurden insgesamt 2,3 Milliarden DM für öffentliche und private Verkehrsinvestitionen ausgegeben, 1964 waren es 12,5 Milliarden DM. Ende 1965 gab es in der Bundesrepublik fast 6 400 Kilometer elektrifizierter Bahnstrecken. Die deutsche Handelsflotte, deren Aufbau vom Nullpunkt begann, übertraf 1964 mit 5,4 Millionen Bruttoregistertonnen bereits den Vorkriegsstand. Die Kapazitäten der Seehäfen nahmen beträchtlich zu, und die Modernisierung der Binnenwasserstraßen ging voran. Seit Anfang der sechziger Jahre beliefen sich die Jahresausgaben des Bundes für den Bau von Autobahnen und Straßen auf mehr als 3 Milliarden DM. 1955 konnte die erneut gegründete Lufthansa ihren Flugverkehr aufnehmen und national wie international bald beachtliche Marktanteile erringen. Ungeachtet aller Erfolgsbilanzen war Mitte der sechziger Jahre vorhersehbar, daß sowohl die weiter anhaltende Expansion und die veränderten Wettbewerbsbedingungen im eigenen Land als auch die beginnende Einbeziehung des Verkehrssektors in die Entscheidungen der Europäischen Gemeinschaft neue, weitreichende Aufgaben darstellten.

Seit den Anfängen der Besatzungszeit war die Frage der künftigen Organisation und Verfügungsgewalt in den deutschen Großunternehmen ein brisantes Thema. Vor allem in den USA hatte sich gegen Kriegsende die Meinung gebildet, die Kartelle und Konzerne übten in Deutschland einen verhängnisvollen politischen Einfluß aus und stellten auch für die Zukunft eine Bedrohung dar.[20] So wurde im Potsdamer Abkommen der vier Siegermächte 1945 vereinbart: »... Die deutsche Wirtschaft ist zu dezentralisieren, um die gegenwärtige übermäßige Konzentration wirtschaftlicher Macht zu beseitigen ...« Die Westmächte erließen für ihre Besatzungszonen entsprechende Direktiven. Sehr bald wurde der I.G. Farben-Konzern, der den überwiegenden Teil der chemischen Industrie umfaßte, in vier Nachfolgegesellschaften aufgeteilt. Die Ausgabe von Namensaktien sollte eine erneute Verbindung verhindern. Als schwierig erwies sich demgegenüber die Neuordnung des Montansektors. Hier bildeten die Alliierten nach langen Verhandlungen mit den Landesregierungen und Gewerkschaften 28 unabhängige Stahlgesellschaften. Keines dieser Unternehmen durfte mehr als 75 Prozent des eigenen Kohlebedarfs kontrollieren, und die Weiterverarbeitung wurde von der Grundproduktion getrennt. Aber bereits in den fünfziger Jahren begann der Umtausch von Aktienpaketen mit dem Ziel, neue Formen der vertikalen Zusammenfassung von Grundstoff- und Verarbeitungsbetrieben zu finden. Die alten Strukturen kehrten nicht völlig wieder, aber die wichtigsten traditionellen Konzerne, Krupp, Thyssen, Rheinstahl, Hoesch und Klöckner, entstanden in veränderter Form neu. In jener Zeit wurden nicht nur von den deutschen Gewerkschaftsvertretern, sondern auch von vielen Politikern wirksame Formen der Mitbestimmung und Betriebsverfassung als Garantien für eine demokratische Entscheidungsfindung und die Sicherung gegen den Mißbrauch wirtschaftlicher Macht propagiert.[21] Nachdem der DGB erkennen mußte, daß seine Verstaatlichungspläne nicht mehrheitsfähig waren, verstärkte er seine Anstrengungen, die eigenen ehrgeizigen Konzepte für wirtschaftliche Mitbestimmung durchzusetzen.

Erfolgreich waren die Gewerkschaften bei der Reorganisation der Montanindustrie, insbesondere in der britischen Zone. Die Besatzungsmacht entschied 1947, bei den Stahlunternehmen eine paritätische Besetzung der Aufsichtsräte einzuführen, je fünf Vertreter der Aktionäre und der Arbeitnehmer, dazu ein Neutraler. In die Vorstände war im Einvernehmen mit dem Betriebsrat ein Arbeitsdirektor zu berufen, der vor allem für den Personalbereich zuständig wurde. Damals hatten sich auch einige führende Vertreter der Ruhrindustrie für derartige Lösungen ausgesprochen.[22] Zum Zeitpunkt der Gründung der Bundesrepublik hatte der DGB also eine gute Ausgangsposition. Hinzu kam, daß seine zurückhaltende Lohnpolitik von großer Bedeutung für das Gelingen der ersten Phase sozialer Marktwirtschaft war und er sowohl bei den Verhandlungen über das Petersberg-Abkommen als auch in der beginnenden Auseinandersetzung über die Wiederbewaffnung eine betont unabhängige und gemäßigte Position einnahm. Adenauer rechnete dies dem DGB-Vorsitzenden Hans Böckler hoch an; der Kanzler kannte ihn aus der Zusammenarbeit vor 1933 in Köln und schätzte ihn. Böckler war eine der bemerkenswertesten Persönlichkeiten der Nachkriegsjahre.[23] Er hatte aus seinen persönlichen Erfahrungen in der Weimarer Republik und vor allem unter der NS-Diktatur eindeutige Konsequenzen gezogen, die er mit ruhigem Selbstbewußtsein, Entschiedenheit und der besonderen Fähigkeit, über den Kreis der politischen Freunde hinaus Vertrauen zu gewinnen, erfolgreich vertrat. Böckler begann seinen Berufsweg als Facharbeiter. In den zwanziger Jahren wurde er zunächst Vorsitzender der Metallarbeitergewerkschaft in Köln und dann Bezirksleiter des Allgemeinen Deutschen Gewerkschaftsbundes für Rheinland und Westfalen. 1928 wurde er Mitglied des Reichstages. Nach 1945 prägte die Überzeugung, eine starke Gewerkschaftsbewegung könne nur aus der Zusammenführung der zuvor getrennten demokratischen Kräfte entstehen, sein Handeln. So setzte er sich entschieden für eine faire Partnerschaft im neuen DGB ein. Bei Adenauer, Böckler und vielen namhaften Mitgliedern von SPD, Zentrum und Demokratischer Partei vor 1933 waren ungeachtet der ausgeprägten Gegensätze in den Anfangsjahren der Republik die Erinnerungen an die Gemeinsamkeiten während der

Der DGB-Vorsitzende Böckler beim Betreten des Palais Schaumburg am 11. Januar 1951. Adenauer und er konnten den Konflikt um die Montanmitbestimmung in letzter Minute beilegen und einen Streik verhindern. Hans Böckler (1875–1951), eine der zentralen Persönlichkeiten der frühen Bundesrepublik, stand seit der Gründung 1946 an der Spitze des Gewerkschaftsbundes. Ohne sein vermittelndes Wirken hätten die sozialen Spannungen jener Zeit den Aufschwung ernsthaft gefährden können.

Weimarer Zeit lebendig geblieben. Dies war für das neue, noch ungefestigte Staatswesen ein besonderer Gewinn.

Dennoch blieben 1950 die Gegensätze in der Mitbestimmungsfrage stark. In der Bonner Koalition gab es anhaltenden Widerstand gegen eine paritätische Regelung. Dies galt vor allem für die FDP, aber auch für viele Abgeordnete der Unionsfraktion. Im Mai brachte die SPD im Bundestag einen Entwurf für die volle Parität in allen Großunternehmen ein. Die Bundesregierung hatte erhebliche Schwierigkeiten, sich auf eine Stellungnahme zu einigen. Sie sprach sich schließlich im August dafür aus, ein Drittel der Aufsichtsratsmandate für Vertreter der Arbeitnehmer vorzusehen. Mit wachsender Besorgnis registrierte die Führung des DGB diese Entwicklung. Sie entschloß sich, das Schwergewicht zunächst auf die Sicherung der Parität in der Montanindustrie zu legen und dafür auch Kampfmaßnahmen bis zum Streik einzusetzen.[24] Am 3. Januar 1951 kündigte eine Betriebsrätekonferenz Arbeitsniederlegungen in der Stahlindustrie zum 1. Februar an, wenn bis dahin keine Verständigung in der Mitbestimmungsfrage erzielt worden sei. Jetzt gingen die Leidenschaften hoch. Viele Politiker und zahlreiche Kommentatoren warnten vor dem Versuch einer Nötigung des Parlaments. Abgeordnete der Opposition sprachen demgegenüber von einem Vertrauensbruch. Adenauer suchte jetzt im direkten Gespräch mit Böckler und anschließend in Verhandlungen mit der Koalition und der Industrie einen Ausweg. Nach schwierigen Verhandlungen wurde schließlich vereinbart, die Mitbestimmung nach dem Modell der Stahlindustrie der britischen Zone generell für Kohle und Stahl einzuführen. Im April 1951 verabschiedete der Bundestag mit den Stimmen von CDU/CSU und SPD gegen die Abgeordneten von FDP und DP ein entsprechendes Gesetz. Seinen Kritikern aus dem Arbeitgeberlager erwiderte Adenauer, sie müßten verstehen, daß mit dieser Mitbestimmungsentscheidung die Frage eines gemischten Wirtschaftseigentums erledigt sei.[25]

Für die Gewerkschaften war die Mitbestimmung ein wichtiger Erfolg. Allerdings verlor er im Laufe der Zeit mit der nachlassenden Bedeutung von Kohle und Stahl an Gewicht. Über Jahrzehnte hinweg galt die Montan-Mitbestimmung in Deutschland als ein Beispiel für gut funktionierende soziale Partnerschaft. Kritische Fragen nach den Folgen für die Wettbewerbsfähigkeit der deutschen Unternehmen kamen erst in den siebziger und achtziger Jahren auf.

Das Betriebsverfassungsgesetz wurde nach fast zweijährigen Beratungen im Oktober 1952 verabschiedet.[26] Es führte eine Drittelbeteiligung der Arbeitnehmer im Aufsichtsrat für alle Unternehmen ein, die nicht der Montan-Mitbestimmung unterlagen. Die Mitbestimmungs- beziehungsweise Mitwirkungsrechte des Betriebsrats erstreckten sich auf die Sozial- und Personalentscheidungen, ferner auf Stillegungen von Teilen des Unternehmens, Fusionen mit anderen Gesellschaften und die Einführung neuer Arbeitsmethoden. Ein wirtschaftliches Mitbestimmungsrecht wurde ebenso wie alle Initiativen für Formen einer überbetrieblichen »Wirtschaftsdemokratie« abgelehnt. Die Gewerkschaften zeigten sich enttäuscht; in der Praxis eröffnete sich ihren Mitgliedern jedoch ein weites Feld konkreter Vertretung von Arbeitnehmerinteressen und Mitgestaltung.

Stärkere Wirkungen als der Versuch, zu einer dauerhaften Entflechtung der deutschen Großindustrie zu kommen, hatte das Vorgehen der Alliierten gegen die zahlreichen Kartelle, die sich seit über einem Jahrhundert in Deutschland gebildet hatten. Kartelle wurden vor allem im Kaiserreich als legitimes Mittel zur Stärkung der Marktposition deutscher Unternehmen betrachtet. Diese Vorstellung bestimmte auch ein viel zitiertes Grundsatzurteil des Reichsgerichts vom Februar 1897.[27] Bestrebungen in der Weimarer Republik, durch eine staatliche Mißbrauchsaufsicht besonders krassen Auswüchsen von Marktbeherrschung entgegenzuwirken, hatten nur bescheidenen Erfolg. Nach 1933 wurde die Bildung von Zwangskartellen in Schlüsselbereichen der Wirtschaft als Mittel der Lenkung und Steuerung nach den Vorstellungen der politischen Machthaber verstärkt angewandt.

Das Gesetz Nr. 56 der US-Militärregierung und entsprechende Regelungen in den anderen Westzonen vom Januar 1947 erklärten sämtliche Kartellabmachungen für nichtig. In den darauffolgenden zwei Jahren wurden dadurch weit über tausend Kartellvereinbarungen annulliert, alliierte und deutsche Behörden leiteten eine Reihe von Verfahren ein. Dennoch verblieben zahlreiche Unternehmen bei den bisherigen Praktiken. Aber die öffentliche Meinung in Deutschland veränderte sich von der zuvor eher gleichgültigen Duldung zu einer betont kritischen Auseinandersetzung mit Verhaltensweisen, die den Wettbewerb in Frage stellten und auf Kosten der Verbraucher gingen. In diesem Punkt bestand weitgehende Übereinstimmung zwischen der entschiedenen Ablehnung von Trusts und jeder Aushöhlung der Konkurrenz seitens der Alliierten, vor allem der Amerikaner, und den ordnungspolitischen Vorstellungen der deutschen Liberalen. Den Wettbewerb zu stärken, war auch für Ludwig Erhard und seine Mitstreiter ein Kernstück der Sozialen Marktwirtschaft.[28] Dies gehörte für sie in Übereinstimmung mit Walter Eucken und den anderen führenden

Neoliberalen zur ethischen Legitimation privaten Eigentums in Produktion und Verteilung. Professor Franz Böhm hatte schon vor 1933 eine wirksame staatliche Wettbewerbsordnung gefordert, die marktbeherrschende Kartelle und Konzentrationen verhindern sollte. 1948 schrieb er: »Deutschland ist das klassische Land der Kartelle geworden ... In dem Maße, in dem die Vermachtung der Märkte zunahm und der Wettbewerb ausgeschaltet wurde, verlor das Preissystem seine Eignung, die Millionen von autonomen einzelwirtschaftlichen Wirtschaftsplänen volkswirtschaftlich sinnvoll aufeinander abzustimmen ...«[29] Soziales Unrecht und immer undurchsichtigere Ausbeutungsverhältnisse seien die Folgen.

Schon 1946 hatte sich in Westdeutschland ein Kreis von Experten um den früheren Kartellreferenten im Reichswirtschaftsministerium, Paul Josten, zusammengefunden, um mit den Vorarbeiten für ein Kartellgesetz nach den ordnungspolitischen Ideen der Neoliberalen zu beginnen.[30] Ihr Diskussionsentwurf vom Frühjahr 1949 sah ein nahezu uneingeschränktes Kartellverbot vor, dazu die Schaffung eines unabhängigen Monopolamtes mit weitreichenden Prüfungs- und Entscheidungskompetenzen sowie harten Strafen gegen jeden Verstoß. Dies ging selbst den Besatzungsmächten zu weit. Erhard entschied als Frankfurter Wirtschaftsdirektor, die Arbeiten der eigenen Behörde fortzusetzen, um dem ersten Bundestag ausgereifte Vorschläge machen zu können. Die Alliierten betonten noch längere Zeit nachhaltig ihre originären Rechte in den Fragen der Entflechtung und der Wettbewerbspolitik. Erst im Oktober 1954 entfiel dieser Anspruch mit dem Protokoll über die Beendigung der Besatzungszeit.

Die zuständigen Beamten bewegten sich 1950 in einem schwierigen politischen Kräftefeld zwischen den Alliierten, den Wirtschaftsverbänden und den unterschiedlichen Vorstellungen der beteiligten Bundesministerien. Vor allem der Bundesverband der Deutschen Industrie (BDI) trat von Anfang an mit Nachdruck für eine Minimallösung ein, das heißt eine bloße Mißbrauchsaufsicht, um Marktbeherrschung zu unterbinden, bei prinzipieller Freiheit, Kartelle zu bilden. In den Ressortgesprächen war der Staatssekretär im Bundesjustizministerium, Walter Strauß, der entschiedenste Verfechter eines weitgehenden Kartellverbots; in mehreren von CSU- und FDP-Politikern geleiteten Ressorts empfahl man »wirtschaftsfreundliche« Lösungen. Erhards Bestreben ging dahin, ein allgemeines Verbot horizontaler Wettbewerbsbeschränkungen zu erreichen. Unterstützung fand er beim Wirtschaftsausschuß seiner eigenen Partei. Unter dem Vorsitz von Etzel vertrat dieses Gremium mit großer Mehrheit die Auffassung, Kernstück eines Gesetzes müsse ein generelles Kartellverbot mit wenigen, besonders begründeten Ausnahmen sein. Schwieriger war die Lage in den Regierungsfraktionen. So fanden die Kabinettsberatungen erst im November 1951 statt. Der Termin mußte wegen erheblicher Differenzen zwischen den beteiligten Ministerien mehrfach verschoben werden. Das Kabinett entschied sich schließlich mit deutlicher Mehrheit für das modifizierte Konzept Erhards, ein Kartellverbot mit bestimmten Ausnahmen, eine Mißbrauchsaufsicht mit Blick auf marktbeherrschende Unternehmen und eine Fusionskontrolle. In den Eingangssätzen der Vorlage hieß es: »Wo die Wirtschaftspolitik des Staates die Ordnung der Märkte dem Leistungswettbewerb anvertraut, dürfen Marktbeteiligte den Markt dem Ordnungsprinzip des Leistungswettbewerbs nicht entziehen.« Allerdings war der Ausnahmekatalog gegenüber den Entwürfen erweitert worden. So sollten beispielsweise das Verkehrswesen und die Landwirtschaft insgesamt unberührt bleiben.

Schon die ersten Lesungen im Bundesrat und Bundestag machten deutlich, daß die Gegensätze unverändert mit beachtlicher Härte aufeinandertrafen. Eine positive Stellungnahme im Bundesrat kam nur zustande, weil fast alle SPD-geführten Landeskabinette das Regierungskonzept unterstützten. In einer eindrucksvollen Rede begründete der Hamburger Wirtschaftssenator Karl Schiller am 23. Mai 1952 dieses Votum.[31] Eine bloße Mißbrauchsgesetzgebung sei zum Scheitern verurteilt. Wettbewerb sei ein Motor des Fortschritts, der Kräfte für eine allgemeine Leistungsmotivation freisetzen werde. Ironisch setzte sich Schiller mit den Gegnern eines wirksamen Kartellgesetzes auseinander. Es sei schon erstaunlich, wenn eingeschworene Anhänger des marktwirtschaftlichen Prinzips jetzt bei der Herstellung eines funktionierenden Wettbewerbs Angst vor ihrer eigenen Courage bekämen.

Erhard wandte sich am 26. Juni im Bundestag ebenfalls entschieden gegen die Kritiker der Regierungsvorlage.[32] Das generelle Verbot von Kartellen mit wenigen Ausnahmen sei unverzichtbar. Nur so könne gewährleistet werden, daß der dynamische ökonomische Fortschritt von Dauer sei und den Verbrauchern zugute käme. Im übrigen verwies er auf die vorgesehenen Ausnahmeregelungen für Krisen-, Rationalisierungs- und Außenhandelskartelle, die freilich nur von Fall zu Fall genehmigt werden könnten. Aber bereits die folgende Aussprache zeigte die Uneinigkeit der Koalitionsfraktionen. Dies verzögerte neben der Überlastung der federführenden Ausschüsse die weiteren Beratungen so, daß es in der ersten Wahlperiode zu keiner Entscheidung mehr kam.

Auch nach der Bundestagswahl 1953 blieben die Fronten der

Befürworter und Gegner unverändert. Um die wechselseitige Blockade zu überwinden, beauftragte Erhard Alfred Müller-Armack, mit Vertretern des Bundesverbandes der Deutschen Industrie nach Verständigungsmöglichkeiten zu suchen. Diese Gespräche blieben zunächst ergebnislos, beunruhigten aber eine Reihe von Abgeordneten, die eine entschiedene Kartellgesetzgebung verlangten. So drohten der Minister und sein Staatssekretär zeitweise ihre Glaubwürdigkeit bei wichtigen Verbündeten zu verlieren. Ausdruck der anhaltenden Spannungen waren zwei Initiativanträge aus den Reihen der Koalitionsfraktionen. Der CSU-Abgeordnete Hermann Höcherl und 29 seiner bayerischen Kollegen empfahlen einen verwaschenen Kompromiß zwischen dem Verbots- und dem Mißbrauchsprinzip. Franz Böhm, seit 1953 Mitglied der CDU-Fraktion des Bundestages, setzte mit 19 Kollegen seiner Partei und der FDP den Kontrapunkt mit einem zwingend formulierten Verbotsgesetz. Böhm gab zu erkennen, daß ihm die Kompromißbereitschaft Erhards gegenüber den Wirtschaftsverbänden zu weit ging.

Im Juli 1954 versuchte der Wirtschaftsausschuß der CDU erneut, die Formel für eine einvernehmliche Lösung zu finden. Etzel machte den Vertretern des BDI und den widerstrebenden Abgeordneten der Union klar, daß die Debatte nur auf der Basis des Regierungsentwurfs sinnvoll und jeder Versuch, ein prinzipielles Kartellverbot zu Fall zu bringen, aussichtslos sei. Dafür mußten allerdings erhebliche Konzessionen in wichtigen Einzelfragen gemacht werden. So führten neue Definitionen zu einer Abschwächung wichtiger Begriffe, wie »im Markt beherrschende Unternehmen«. Die Kontrolle von Oligopolen und die Möglichkeiten für Eingriffe der Kartellbehörde wurden restriktiver formuliert, der Ausnahmekatalog vom allgemeinen Kartellverbot noch einmal erweitert. Schließlich fiel auch noch die Fusionskontrolle. Dies alles fand seine Ausgestaltung in neuen Gesprächen der zuständigen Beamten mit den Experten des BDI.[33]

Die Verabschiedung des Gesetzes verzögerte sich weiter. 1956 wurde erkennbar, daß bei den Verhandlungen über die Gründung der Europäischen Wirtschaftsgemeinschaft auch eine Zuständigkeit der Gemeinschaft für das Kartell- und Wettbewerbsrecht geplant wurde. Dies gab sowohl den Kritikern wie den Anhängern der deutschen Gesetzgebung neue Argumente. Erst am 4. Juli 1957 verabschiedete der Bundestag das Gesetz mit den Stimmen der Koalition. Die SPD verweigerte ihre Zustimmung, weil nach ihrer Meinung das ursprüngliche Konzept durch zu viele Konzessionen an die Wirtschaftsverbände verwässert war.

»Läßt er mich denn wirklich hängen?« Das Kartellgesetz erwies sich als harte Nuß für Wirtschaftsminister Erhard. Die traditionell starke Kartellisierung zurückzudrängen, mehr Wettbewerb zu ermöglichen – das bedeutete eine einschneidende Veränderung für die Wirtschaftsordnung der Bundesrepublik und erforderte jahrelanges zähes Ringen.

Das neu geschaffene Bundeskartellamt in Berlin hatte in den nächsten fünf Jahren über zweihundert Anträge zwecks Bildung von Kartellen zu entscheiden. Fast achthundert Verfahren wurden in dieser Zeit wegen des Verdachts eines Mißbrauchs eingeleitet und rund zweitausend wegen der Vermutung anderer Verstöße. Allmählich gewöhnten sich die Unternehmer an dieses ungeliebte Amt, »eine Mischung von Gericht, Revisionsinstanz und Verwaltungsbehörde«[34], und es gewann einen gewissen Respekt in der Wirtschaft. Dabei gab und gibt es zweifellos eine hohe Dunkelziffer gesetzwidriger informeller Preisabsprachen. Auch die Tendenz zur Unternehmenskonzentration ging weiter; sie beschleunigte sich zeitweise noch.

Allerdings veränderte sich nach der Gründung der EWG die Gesamtsituation erheblich. Die schrittweise Öffnung der Märkte, auch die Fortschritte im weltweiten Abkommen über Handel und Zölle (GATT), veränderten den Begriff der für den Wettbewerb relevanten Märkte zunehmend und verstärkten allmählich die Konkurrenz in weiten Bereichen in einer Weise, die 1957 noch kaum vorstellbar gewesen war. Dabei blieb die Bewertung des Gesetzes durch die Fachwissenschaft überwiegend kritisch. Vor allem der Verzicht auf Rechtsnormen und Instrumente zur Fusionskontrolle wurde immer wieder als ein gravierender Fehler herausgestellt, bis es in den siebziger Jahren zu einer Novellierung kam.

Erhard hatte in der letzten Bundestagsdebatte das Gesetz ungeachtet einiger Mängel und Unzulänglichkeiten, die er einräumte, als das »modernste und fortschrittlichste Kartellgesetz« bezeichnet, das es in Europa gebe. Sicher konnte man Argumente für seine Auffassung anführen, daß die Neuregelung eine historische Wende gegenüber der in Deutschlands Wirtschaftsgeschichte fest verankerten Tradition der Wettbewerbsbeschränkungen, Preisabsprachen und Marktaufteilungen bedeutete. Aber es war allenfalls ein halber Sieg. Erhard hatte Zugeständnisse machen müssen, die seinem Ansehen schadeten. Er mußte mindestens einmal mit dem Rücktritt drohen, um eine völlige Demontage seines Regierungsentwurfs zu verhindern. Die damals nur bruchstückhaft bekanntgewordenen Absprachen seiner leitenden Beamten mit dem Industrieverband gaben der von Theodor Eschenburg und anderen Zeitkritikern warnend beschworenen »Herrschaft der Verbände« jedenfalls in diesem Sektor eine unerfreuliche Realität. Die SPD gewann demgegenüber Zustimmung für ihre konsequente Haltung und die Brillanz, mit der Karl Schiller sie erstmals im Bundesrat öffentlich vertrat.

Die Sorge vor fortschreitender Unternehmenskonzentration und einem Übergewicht der Großen bestimmte die Diskussionen der mittelständischen Verbände. Viele tüchtige Leute hatten nach 1948 die Chance der Gewerbefreiheit genutzt und sich selbständig gemacht. Aber in den fünfziger Jahren wurde der Ruf nach Schutzmaßnahmen, Berufsordnungen und Zugangsbeschränkungen wieder lauter. Dabei arbeiteten in jener Zeit zwei Drittel der Beschäftigten in Klein- und Mittelbetrieben. Auch wenn in diesem Bereich die Zahl der Unternehmen allmählich wieder zurückging, stiegen die Umsätze und die Mitarbeiterzahlen kräftig an. 1950 gab es 849 000 Handwerkerbetriebe mit 3,14 Millionen Arbeitnehmern, 1961 waren es 703 000 mit über 3,6 Millionen Beschäftigten. Die Umsätze vervierfachten sich in diesem Zeitraum.

Umstritten war die 1956 verabschiedete neue Handwerksordnung. Einige liberale Kommentatoren kritisierten das Festhalten am großen und kleinen Befähigungsnachweis, die Meisterprüfung als Voraussetzung für die Eintragung in die Handwerksrolle und die Anerkennung als Lehrbetrieb. Über die folgenden Jahrzehnte hinweg haben sich das duale Ausbildungssystem und die Prüfungsordnungen in der Verbindung von Betrieb und Schule nicht nur behauptet, sondern international wachsende Anerkennung gefunden. Sie dienen heute für immer mehr Länder in West und Ost als ein Modell für eigene Reformbemühungen. Einschneidender waren die Strukturveränderungen im Handel. Erhard wehrte sich entschieden gegen ein von den Verbänden gefordertes perfektionistisches »Berufsordnungsgesetz«. Die 1957 beschlossenen Regelungen für die Berufsausübung beschränkten sich auf wenige Rahmenbestimmungen, ohne den Zugang zum Einzelhandel nennenswert zu erschweren.

Die regelmäßigen mittelstandspolitischen Debatten im Bundestag führten zu einer Reihe von Förderprogrammen in Bund und Ländern. Zu ihnen gehörten Existenzgründungshilfe, verbilligte Kredite, Bürgschaften für Kreditgarantiegemeinschaften, Zuschüsse für die Alterssicherung und steuerliche Subventionen. Wesentlich wichtiger war, daß mit der anhaltenden industriellen Expansion, dem technischen Fortschritt und der allmählichen Verbesserung des allgemeinen Lebensstandards sich vor allem im Dienstleistungssektor völlig neue Märkte für viele kleine und mittlere Unternehmen eröffneten. Alte Berufe starben aus, neue Berufsfelder entfalteten sich dynamisch. In den sechziger Jahren nahm der Optimismus im Hinblick auf die Zukunft des Mittelstandes erkennbar zu. Für die Sozialpolitik stellten sich in dem weitgehend zerstörten Nachkriegsdeutschland mit seinen vielen Millionen notleidender, entwurzelter und versehrter Menschen zwei vorrangige Aufgaben. Einmal ging es um die Übertragung der traditionellen Sozialversicherungs- und Leistungssysteme auf überkommene oder neue Träger und ihre Weiterentwicklung. Vordringlich war sodann eine Kriegsfolgengesetzgebung mit Blick auf jene, die ohne Absicherung in dem bisherigen Regelwerk in Existenznot geraten waren.[35] Der Wirtschaftsrat verabschiedete im Juni 1949 für die Leistungen der Sozialversicherung ein grundlegendes Anpassungsgesetz. Bereits 1950 verdoppelten sich die Ausgaben der Rentenversicherung gegenüber dem letzten Vorkriegsjahr 1938 auf fast vier Milliarden DM, dies war ein Ausdruck der tiefen Veränderungen in der Alters- und Sozialstruktur. Entsprechend stieg der Beitragssatz, der gemeinsam von Arbeitgebern und

Arbeitnehmern zu zahlen war, von 5,6 auf 10 Prozent der Bruttolohnsumme.

Der Erste Bundestag verabschiedete eine große Zahl sozialpolitischer Gesetze. Es ging um die Versorgung der fast vier Millionen Kriegsopfer, Witwen und Waisen, um Eingliederungshilfe für Heimkehrer ebenso wie die Arbeitslosenversicherung und -hilfe, die Neufassung der Regelungen für Fremd- und Auslandsrenten und die Ausgestaltung der Unfallversicherung. Der Problemdruck war sehr groß. In den Anfangsjahren der Republik bezogen über zehn Millionen Menschen öffentliche Sozialleistungen. Nach der schnellen Ausweitung der Gesetzgebung ergab eine umfassende Sozialenquete 1955, daß 38 Prozent der Haushalte einen wesentlichen Teil ihrer Existenzsicherung aus Sozialtransfers bezogen.[36]

Das bemerkenswerteste und wirkungsvollste Projekt der Kriegsfolgengesetzgebung war der Lastenausgleich. Er wurde im August 1952 nach mehr als zweijährigen Beratungen eines Sonderausschusses des Bundestages mit großer Mehrheit beschlossen.[37] Sofort nach dem Ende des Krieges hatte eine Debatte über die vom »Dritten Reich« hinterlassenen Staatsschulden und vielfältigen Forderungen begonnen, die aufgrund von Kriegsschäden und Enteignungen zu erwarten waren. Schon am 8. August 1945 legte der frühere preußische Minister und spätere Präsident des Bundesverfassungsgerichts, Hermann Höpker-Aschoff, hierzu ein erstes Gutachten vor. Er schätzte die relevanten Reichsschulden auf 400 Milliarden Reichsmark, Verpflichtungen aus Kriegssachschäden auf 150 Milliarden Reichsmark und Forderungen durch nicht abgewickelter Rüstungsaufträge weit überhöht auf 100 Milliarden Reichsmark. Überlegungen, angesichts der riesigen Beträge Ansprüche an die späteren Rechtsnachfolger generell zu verneinen, waren schon wegen der Haltung der Siegermächte unrealistisch. Die Alliierten legten Wert darauf, daß öffentliche und private Entschuldungs- und Wiedergutmachungsansprüche an Deutschland geltend gemacht werden konnten und, soweit möglich, auch erfüllt wurden. Da die Reichsmark durch die Inflationierung weitgehend wertlos geworden war, konzentrierte sich die Debatte bald auf eine Belastung des erhalten gebliebenen Sachvermögens. Dies rief wiederum Bedenken im Hinblick auf die dringend notwendige private Kapitalbildung für den Wiederaufbau hervor. So gewann die Vorstellung an Boden, den Ausgleich über eine langfristige Stückelung (»Verrentung«) der Abgaben vorzunehmen.[38] Die ursprüngliche Vorstellung, alle Kriegsfolgenregelungen einschließlich der Staatsschulden und der Wiedergutmachung in einem Gesetzeswerk zusammenzufassen, wurde bald fallengelassen. Zunächst ging es um die Belange der Vertriebenen und Bombengeschädigten. Umstritten blieb, inwieweit eine individuelle Schadensfeststellung und eine differenzierte, an der früheren Vermögens- und Eigentumssituation orientierte Entschädigung vorgesehen werden sollte. Hierfür traten vor allem die Sprecher der neu begründeten Flüchtlings- und Vertriebenenverbände ein.

In seiner ersten Regierungserklärung vom 20. September 1949 betonte Adenauer, durch ein umfassendes Lastenausgleichsgesetz müsse die Ungewißheit für die Geschädigten und die Abgabepflichtigen beseitigt werden. Der Lastenausgleich sei ein Gebot der Solidarität, er habe sich zugleich »in die allgemeine Steuer- und Finanzierungsreform sinnvoll einzuordnen«. Mit großem Nachdruck schaltete sich der neu begründete Zentralverband der vertriebenen Deutschen als Massenorganisation mit seinem kämpferischen Vorsitzenden, dem CDU-Bundestagsabgeordneten Linus Kather, in die Debatten ein. Es erforderte monatelange Auseinandersetzungen, bis Finanzminister Schäffer schließlich im Dezember 1950 die formelle Verabschiedung des Regierungsentwurfs erreichte. Die Regelungen der Wiedergutmachung für politisch Verfolgte wurden vom Lastenausgleich abgetrennt. Fünfzig Prozent des am 21. Juni 1948 vorhandenen Vermögens, orientiert an den Einheitswerten der dreißiger Jahre, sollten in Anspruch genommen werden. Für die jährlichen Annuitäten waren in der Regel vier Prozent in Aussicht gestellt. Zur Bemessung der Hauptentschädigung und der Eingliederungshilfen sah der Entwurf fünfzehn Schadensgruppen vor. Während die Betroffenen in den unteren Gruppen fast vollständig entschädigt werden sollten, waren es bei den großen Vermögen nicht viel mehr als zehn Prozent. Auf der Ausgabenseite waren ferner jährlich 420 Millionen DM für die Kriegsschadensrente, 330 Millionen für eine Wohnraumhilfe, je 300 Millionen für Eingliederungshilfen und Hausratsentschädigungen sowie über 200 Millionen für sonstige Maßnahmen zur beruflichen Förderung veranschlagt.

Bei den parlamentarischen Beratungen lebten fast alle zuvor erörterten strittigen Punkte wieder auf. Zahlreiche Sach-, Abgrenzungs- und Verfahrensfragen waren zu klären, die Freibeträge und eine Teilanrechnung anderer Rentenbezüge auf die Kriegsschadensrente mußten entschieden, die Behandlung von Auslandsvermögen deutscher Bürger und der Ansprüche von Ausländern mußte festgelegt, die Einbeziehung von Hypotheken- und Gewinnabgaben in Verbindung mit der Währungsreform geregelt werden und vieles andere mehr. Erfolg hatten die Sprecher der Vertriebenen mit ihrem Drängen auf eine zusätzliche Kreditfinanzierung zur

Beschleunigung der Ausgleichszahlungen und ein selbständiges Gesetz zur Feststellung der Schäden. Es gelang ihnen dabei auch, »Heimatauskunftsstellen« einzurichten, die weitgehend in der Regie der Landsmannschaften arbeiteten. Und vor der Schlußabstimmung im Bundestag setzten Kather und seine Freunde auch noch ein zweites Vorfinanzierungsprogramm von fast einer dreiviertel Milliarde DM durch. Nunmehr sollte bis zu einem Drittel des jährlichen Aufkommens von fast 3 Milliarden DM über den Bundeshaushalt finanziert werden. Von den anderen Hauptpunkten blieb die fünfzigprozentige Abgabe mit dem vorgesehenen Stichtag bestehen.[39] Die Annuität wurde schließlich auf rund drei Prozent festgesetzt. Das ermöglichte in der Regel eine Finanzierung aus Zinserträgen oder Gewinnen. Eine Hypotheken- und eine Kreditgewinnabgabe für Schulden von Gewerbebetrieben zum Zeitpunkt der Währungsumstellung machten einen Teil jener Privilegierung rückgängig, die bei der Reform im Juni 1948 entstanden war.

Das Lastenausgleichsgesetz hat einen bedeutenden Beitrag zur sozialen und politischen Integration der Heimatvertriebenen und Flüchtlinge in die Bundesrepublik geleistet. In den nächsten beiden Jahrzehnten wurde es durch insgesamt 29 Novellen aktualisiert und erweitert, vor allem durch die schrittweise Einbeziehung der Flüchtlinge aus der DDR. Das finanzielle Aufkommen war höher als erwartet. Bis 1979 wurden insgesamt mehr als 113 Milliarden DM für seine vielfältigen Aufgaben verwendet.[40] Noch in den neunziger Jahren erfolgten Neubewilligungen für Spätaussiedler. Altersrenten werden auch noch im kommenden Jahrzehnt zur Auszahlung gelangen. So dürfte eines Tages das finanzielle Gesamtvolumen nahe bei 150 Milliarden DM liegen.

Der politisch besonders sensible Bereich einer Wiedergutmachung nationalsozialistischen Unrechts führte zu einer Reihe legislativer Entscheidungen und vertraglicher Vereinbarungen.[41] 1953 wurde das Bundesentschädigungsgesetz verabschiedet und 1956 neu gefaßt. Es folgten das Rückerstattungsgesetz von 1957, die Einrichtung eines Sonderfonds für Härtefälle und schließlich der Israel-Vertrag. Bis 1962 wurden 20 Milliarden DM ausgegeben. Auch später kam es zu Novellen und zusätzlichen internationalen Verpflichtungen. Die große Mehrheit der Abgeordneten betrachtete diese Leistungen als eine moralische Verpflichtung; aktuelle außenpolitische Interessen der Bundesrepublik spielten ebenfalls eine Rolle. Das allgemeine Kriegsfolgengesetz zog 1957 einen Schlußstrich unter die vielfältigen anderen Forderungen gegen das ehemalige Deutsche Reich, seine Sondervermögen und den preußi-

»Die Enthüllung«. Nicht nur der Karikaturist Mirko Szewczuk war enttäuscht, als 1952 nach jahrelangen zähen Verhandlungen das Lastenausgleichsgesetz verabschiedet wurde. Doch der Ausgleich zugunsten der Heimatvertriebenen ist keinesfalls zu klein ausgefallen, wie die folgenden Jahrzehnte zeigten. Längst sind mehr als 120 Milliarden DM auf Grundlage dieses Gesetzes gezahlt worden, ein Ende ist noch nicht in Sicht.

schen Staat, die sich alles in allem auf 800 Milliarden Reichsmark beliefen. Der Bund verpflichtete sich, davon 18 Milliarden DM zu übernehmen, zu verzinsen und schließlich zu tilgen. Objektive Maßstäbe konnten letztlich nicht gefunden werden. Es ging darum, einige besondere Härten zu mildern und das Vertrauen in den neuen Staat wie auch seine Kreditwürdigkeit zu festigen.

Im Hinblick auf die vielfältigen überkommenen Systeme sozialer Sicherung und die Ergänzungen in der ersten Nachkriegszeit wurde seit 1952 der Ruf nach einer grundlegenden Sozialreform immer lauter. Adenauer nahm diese Forderung zu Beginn der zweiten Wahlperiode in seine Regierungserklärung vom 20. Oktober 1953 auf: Künftig müsse jenen stärker geholfen werden, deren Einkommen sich nicht am Markt bilde, also den Rentnern, Invaliden, Waisen und Hinterbliebenen. Grundlage hierfür bleibe eine dynamische Wirtschaftsentwicklung. Die Bundesregierung werde eine umfassende Sozialreform voranbringen, wozu auch eine Umschichtung innerhalb des Sozialhaushalts gehöre.

Mit diesem letzten Hinweis nahm der Bundeskanzler Gedanken auf, die sowohl im Finanzministerium als auch in einem Kreis von Wissenschaftlern bereits seit einiger Zeit erörtert wurden. Vor allem Schäffers Grundsatzreferent für den Sozialetat, Ministerialrat Konrad Elsholz, vertrat in mehreren Publikationen das Konzept, die sozialen Leistungen nach dem Gesichtspunkt der Bedürftigkeit umzustrukturieren.[42] Anderenfalls werde die rasante Ausgabenexpansion in absehbarer Zeit die Beitragszahler ebenso wie den Staatshaushalt überfordern. Allein in der kurzen Frist von 1950 bis 1953 hatten sich die jährlichen Abgabenbelastungen an Steuern und Beiträgen für den sozialen Bereich von 28,3 auf 48,1 Milliarden DM erhöht. Und noch war die sehr kostspielige Gesetzgebung zu den Kriegsfolgen nicht abgeschlossen. Es konnte nicht überraschen, wenn dieser steile Anstiegswinkel den Finanzministern und Haushaltsexperten im Hinblick auf künftige Budgets des Staates und der Versicherungssysteme erhebliche Kopfschmerzen verursachte. Elsholz propagierte eine weiter gefaßte Reform, die nicht auf die Sozialversicherung begrenzt sein und damit Umschichtungen größeren Volumens ermöglichen sollte. Mehrfache Rentenbezüge, auf die vor allem der Kieler Sozialwissenschaftler Gerhard Mackenroth eindringlich hingewiesen hatte, müßten zurückgeführt werden. Auch die einkommensunabhängigen Grundrenten bei der Kriegsopferversorgung sollten plafoniert werden. Generell sei zumutbare Eigenvorsorge durch den Ausbau privater Angebote von Versicherungen zu stärken. Schäffer versuchte, diese Überlegungen mehrfach in die Meinungsbildung des Kabinetts einzubringen, stieß dabei aber auf heftigen Widerstand des Bundesarbeitsministeriums. Eine derartige Alternative, die sich in manchem am Schweizer System orientierte, war in der Bundesrepublik nicht mehrheitsfähig. Sie wurde schon im Ansatz von der SPD und auch den Sozialausschüssen der CDU verworfen. Über eine längere Zeit blockierten sich die unterschiedlichen Vorstellungen der beteiligten Ressorts.

Ende 1954 nahm Adenauer vertrauliche Verbindungen zu einigen namhaften Wissenschaftlern auf, als erstes zu dem angesehenen Münsteraner Professor für christliche Sozialwissenschaften (und späterem Kardinal) Josef Höffner. Auf dessen Empfehlung hin wurde der Kreis um die Frankfurter Professoren Ludwig Neundörfer, Hans Achinger und Hans Muthesius erweitert.[43] Sie erklärten sich bereit, für den Bundeskanzler eine Denkschrift zur Sozialreform auszuarbeiten. Adenauer forderte eine Neuordnung, die von Grund auf die gesamte Sozialgesetzgebung der jetzigen Zeit anpasse. Er betonte die Notwendigkeit, »den Menschen eine gewisse Sicherheit« zu geben, aber ein »Abgleiten in den Versorgungsstaat« zu vermeiden, damit der Wille zur Selbsthilfe nicht erlahme. Ende Mai 1955 legten die vier Professoren ihr Gutachten vor. Adenauer ließ es unverzüglich publizieren, um eine breite Debatte anzuregen. Die Denkschrift war umfassend angelegt. Sie schlug ein einheitliches soziales Gesetzgebungswerk für alle relevanten Bereiche vor. Institutionell regten die Autoren an, »für einen Tatbestand grundsätzlich eine Leistung durch einen verantwortlichen Träger« vorzusehen. Eine Verwirklichung dieses Grundsatzes hätte in dem historisch gewachsenen, vielschichtigen System zu drastischen Eingriffen und Verlagerungen geführt. Im Leistungsrecht sollte zwischen einer starken Absicherung besonders schwerer Risiken und vorrangiger Eigenvorsorge wie auch angemessener Kostenbeteiligung in anderen Bereichen unterschieden werden. Dem Prinzip der Subsidiarität entsprechend war auch eine abgestufte Verantwortung für die Träger sozialer Leistungen und die Einbeziehung von Gemeinden und Betrieben für bestimmte Aufgabenfelder vorgesehen. Der Staat sollte die finanziellen und organisatorischen Voraussetzungen schaffen, die es den kleineren Einheiten und Einrichtungen ermöglichten, bürgernahe Verantwortung zu praktizieren. Darüber hinaus war er verpflichtet, allen in ihrer Arbeitskraft geminderten Bürgern eine umfassende berufliche und medizinische Rehabilitation zu ermöglichen, die Lebenschancen der Jugend zu verbessern und durch seine Wirtschaftspolitik »das Recht auf Arbeit« mit realen Inhalten zu versehen. Dies waren die Leitgedanken. Mit einer Vielzahl von Einzelvorschlägen wurde der Versuch unternommen, umfassende staatliche Sozialpolitik mit zumutbarer Eigenverantwortung, Subsidiarität, Dezentralisierung und organisatorischer Vereinfachung zu verbinden.

Dieser anspruchsvolle Entwurf machte Eindruck. Die ersten Reaktionen waren bis in die Reihen der SPD-Opposition hinein überwiegend positiv. Aber je mehr die Debatte auf die Einzelpunkte einging, desto lauter wurde der Chor der Einwände und Vorbehalte. Die Kommunen befürchteten eine Überforderung, die Unternehmen hielten die Einbeziehung der Betriebe für falsch, die Gewerkschaften meldeten Vorbehalte gegen eine Selbstbeteiligung an, die Organe der herkömmlichen Versicherungssysteme zeigten sich über den Verlust an Aufgaben und Einrichtungen beunruhigt. So verengte sich die Debatte bald wieder auf die Einzelbereiche. Der federführende Minister, Anton Storch, dem man lange Zeit fehlende Gestaltungskraft vorgeworfen hatte, versuchte jetzt die Reform der Rentenversicherung schneller voranzubringen. Hier war auch der politische Druck am stärksten. Die über sechs Millionen Sozialrentner erhielten im Durchschnitt monatlich kaum mehr als 150 DM; für die periodischen Erhöhungen gab es keine verbindliche Formel. Auch wenn viele von ihnen noch über Nebeneinkünfte und nicht wenige über eine zweite Rente verfügten, war der allgemeine Lebensstandard äußerst bescheiden und sehr oft nur durch das Zusammenleben mit Kindern und Enkeln erträglich zu gestalten. In weiten Teilen Deutschlands war damals der Drei-Generationen-Haushalt noch die soziale Realität.

Zunehmend bedrängte der Bundestag die Regierung, Vorschläge für eine Rentenreform einzubringen. Im Sommer 1955 hatte der Kölner Dozent Wilfried Schreiber einen Plan hierfür vorgelegt, der bei Adenauers Mitarbeitern und den Sozialpolitikern der Union starke Beachtung fand.[44] Der Grundgedanke war, einen »Solidarvertrag« zwischen den Generationen zu etablieren. Die Idee, ein Kapitaldeckungsverfahren einzuführen, wurde aufgegeben. Durch eine Umlage sollten die Beiträge der im Erwerbsleben aktiven Generation den alten Menschen im Ruhestand zukommen. Damit knüpfte Schreiber an Thesen Gerhard Mackenroths und anderer Sozialwissenschaftler an und konkretisierte sie zu einem operativen Konzept. Neu war seine Rentenbemessungsformel. Die Beiträge der einzelnen wurden in einem individuellen Rentenanspruchssystem fortgeschrieben. Da das Beitragsvolumen mit der Entwicklung der Löhne und Gehälter stieg, konnte eine Verbindung der Rentensteigerungen mit dem Anwachsen der Bruttoeinkommen hergestellt werden. Dies war der Schritt hin zur »dynamischen Rente«. Dabei empfahl Schreiber keine Automatik. Vielmehr betonte er die Notwendigkeit, im Interesse der Beitragsstabilität den Anpassungssatz zeitweise auch unterhalb der Lohnentwicklung zu halten. Deswegen wollte er die Produktivität als weiteren Bezugspunkt einführen. Schreibers Modell fand bei den Sozialpolitikern aller Fraktionen viel Sympathie. Auch der DGB bewertete es überwiegend positiv. Erhebliche Einwände kamen aus dem Wirtschafts- und Finanzministerium, von den Wirtschaftsverbänden und der Bundesbank. Vor allem Schäffer befürchtete einen unkontrollierbaren Kostenschub, der im Entstehungsjahr mehr als vier Milliarden DM betragen konnte. Erhard und die Zentralbank erblickten in der weitgehenden Anbindung der künftigen Ausgabenentwicklung an die Ergebnisse der Tarifverhandlungen ein hohes Stabilitätsrisiko, die besonders bedenkliche Spielart eines Indexsystems.

Am 23. Mai 1956 verabschiedete das Bundeskabinett endlich seinen eigenen Entwurf. Erhard und Schäffer fanden Unterstützung mit ihrer Warnung vor einer Automatik des neuen Systems. So wurde jetzt das preisbereinigte Nettosozialprodukt als Bezugspunkt für die Rentenentwicklung vorgeschlagen. Die Erhöhung der Renten sollte in einem Fünfjahresrhythmus erfolgen. Adenauer wandte sich in der Kabinettsitzung jedoch erfolgreich gegen eine Preisgabe der Lohnbezogenheit als Maßstab für die erste Rentenfestsetzung. Versicherungspflichtig sollten alle erwerbstätigen Arbeitnehmer sein.

Mit diesen Kabinettsentscheidungen war der Streit innerhalb der Koalition und der Öffentlichkeit jedoch keineswegs beendet. Die SPD gewann die volle Unterstützung des Deutschen Gewerkschaftsbundes für ihre weitergehenden Forderungen. Auf der anderen Seite verstärkten die Wirtschaftsverbände ihre Kritik am Konzept der Regierung. Im Herbst verständigten sich schließlich die führenden Wirtschafts- und Sozialpolitiker der Unionsfraktion auf eine gemeinsame Linie.[45] Für die erste Festsetzung der Rente blieb es bei der erwähnten Orientierung an den Löhnen, jedoch wurde der zeitliche Abstand vom letzten Erwerbseinkommen durch ein weiteres Karenzjahr vergrößert. Dies senkte das Rentenniveau zunächst. Andererseits sollten jetzt die Renten jährlich erhöht werden; für die Sozialpolitiker bedeutete dies einen beachtlichen Fortschritt. Die Anpassungsformel wurde neu gefaßt. Sie sollte »der Entwicklung der wirtschaftlichen Leistungsfähigkeit und der Produktivität sowie den Veränderungen des Volkseinkommens je Erwerbstätigen Rechnung tragen« und durch Gesetz erfolgen. Eine Revisionsklausel stellte deutlich heraus, daß das Parlament in einer angespannten Situation der Rentenversicherung von der Lohnentwicklung abweichen könne.

In der Schlußrunde der parlamentarischen Beratungen konnte die SPD noch einige für sie wichtige Punkte durchsetzen. Eine Sonderzuschußklausel gewährleistete Mindestanhebungen für die niedrigsten Renten; die Altersgrenze für Frauen wurde auf sechzig Jahre herabgesetzt und die Vorschrift für »Ausfallzeiten« erweitert. Wegen Krankheit und Erwerbslosigkeit beitragslose Zeiten sollten nunmehr schon nach sechs Wochen als rentensteigernd anerkannt werden. Diese Ergänzungen und Erweiterungen führten zu beträchtlichen Mehraufwendungen. Insgesamt betrugen die Ausgaben nach der Reform fast 13 Milliarden DM jährlich gegenüber 8,3 Milliarden vor der Neuregelung. Nach mehrtägigen Debatten verabschiedete der Bundestag am 22. Juni 1957 schließlich mit den Stimmen beider großen Fraktionen das mühsam vollendete bedeutende Werk. Sicher spielten in der Auseinandersetzung über die konkurrierenden Initiativen wahlpolitische Überlegungen eine Rolle. Aber Adenauer gab einer in der Bundesrepublik weit verbreiteten Überzeugung Ausdruck, als er im September 1956 vor dem Parteivorstand der CDU erklärte: »Ich möchte den arbeitenden Menschen so gut, wie das gesetzlich möglich ist, die Sicherheit geben, daß sie, wenn sie ins Alter kommen, ein anständiges Leben führen können und nicht als Bettler herumlaufen.«

Die führenden Politiker der Union in Regierung und Parlament hatten sich die Entscheidung für die dynamische Rente nicht leicht gemacht. Verbreiteten Bedenken gegen eine ausschließliche Orientierung der Steigerungssätze an den Lohnabsprachen der Tarifpartner wurde durch die erwähnte Klausel Rechnung getragen, die ausdrücklich eine niedrigere Erhöhung bei einer ungünstigeren Entwicklung der Einnahmen ermöglichte. Aber in den folgenden zwanzig Jahren entschieden sich die Fraktionen des Bundestages stets für den bequemeren Weg einer Beitragserhöhung. Als in der Ära Brandt 1972 dann mit illusionären Zukunftsannahmen erhebliche Mehraufwendungen beschlossen wurden, waren die Weichen in der Rentenversicherung auf chronische Defizite gestellt. So kam es nach 1976 immer wieder zu punktuellen Eingriffen und Beitragsanhebungen, ohne daß eine langfristige Stabilisierung des Systems gelang. Die Sozialaufwendungen stiegen insgesamt seit der zweiten Hälfte der fünfziger Jahre in schnellem Tempo weiter an.[46] 1956 betrugen sie bereits 63,8, 1959 waren es 77 Milliarden DM. Vergleichsweise verhalten war ihre Zunahme im Verhältnis zum dynamisch wachsenden Bruttosozialprodukt: von 12,2 Prozent im Jahr 1953 auf 13 Prozent 1959. Dann ging der Trend vorübergehend sogar zurück auf 12,8 Prozent 1961. Aber bei aller Anerkennung bedeutender gesetzgeberischer Einzelleistungen, insbesondere beim Lastenausgleich und der Rentenreform, wurde die angekündigte umfassende Sozialreform nicht verwirklicht. Der später unternommene Versuch, durch Elemente der Selbstbeteiligung den schnellen Kostenanstieg in der Sozialversicherung zu bremsen, blieb ziemlich erfolglos. Damit war für eine Zeit verhaltenen wirtschaftlichen Wachstums ein Anstieg der Steuer- und Beitragsbelastung zu erwarten.

Eine weitere Grundsatzentscheidung war die Einführung von Kindergeld. Im November 1954 wurden die ersten Zahlungen geleistet, zunächst für das dritte und alle weiteren Kinder mit 25 DM monatlich. 1961 wurde auch das zweite Kind einbezogen. Die monatlichen Beträge stiegen. Es war dies ein wichtiger programmatischer Punkt, vor allem für die CDU/CSU. Sie hatte zunächst auch die Bildung besonderer Familienausgleichskassen bei den Berufsgenossenschaften durchgesetzt, die aus Umlagen finanziert wurden. Dagegen liefen vor allem die mittelständischen Organisationen Sturm. 1960 wurde das Kindergeld voll in den Bundeshaushalt aufgenommen und damit aus allgemeinen Steuermitteln finanziert.

Der bereits mehrfach erwähnte Sozialwissenschaftler Gerhard Mackenroth, einer meiner akademischen Lehrer in Kiel, hatte im April 1952 durch eine stark beachtete Rede vor dem »Verein für Sozialpolitik« die Diskussion über eine grundlegende Sozialreform in Gang gebracht,[47] mit nachhaltigen Wirkungen für die weitere akademische und politische Meinungsbildung. Mackenroth forderte ein Umdenken und einen wirklichen Umbau der sozialen Sicherungssysteme. Aller Sozialaufwand könne immer nur aus dem Volkseinkommen der laufenden Periode gedeckt werden. Die Strukturen der Sozialpolitik seien überholt. Es gebe keine »Arbeiterklasse« mehr, sondern eine zunehmend durch Leistung bestimmte Gesellschaft mit fließenden Übergängen. »Die Facharbeiterschaft ist heute eine der am besten gesicherten Gruppen im wirtschaftlichen Kreislauf. Sie reicht mit ihren Spitzeneinkommen hinein bis in die früheren Oberschichten.« Sozialleistungen müßten differenziert bleiben, es gebe nur eine Quelle allen Sozialaufwandes, nämlich die Wirtschaftskraft und das laufende Volkseinkommen. Es gehe darum, die Prioritäten mit Blick auf die vielfältigen Ansprüche neu zu bestimmen. Die Maßstäbe hierfür seien das soziale Gewissen und, ungeachtet aller Interessenunterschiede, eine Einheit des ethischen Bewußtseins. Falls aber eine hypertrophierte Sozialpolitik die Einkommen aus Erwerbsarbeit übertreffen und das Nichtstun prämieren wolle, sei die soziale Katastrophe unausweichlich.

Wenn die wirtschaftliche Dynamik anhalte, führte Mackenroth aus, sollten unter Beachtung dieses Prinzips auch die Sozialleistungen kräftig steigen. Vor allem müßten willkürliche Verzerrungen überwunden werden. Empirische Untersuchungen bei verschiedenen Kieler Behörden hätten ergeben, daß eine Minderheit Alterseinkünfte aus zwei oder drei, manchmal sogar vier Versorgungssystemen bezog, während die Mehrheit noch hart am Rand des Existenzminimums lebte. Dies müsse geändert werden, auch durch eine Neufassung der Anrechnungsbestimmungen.

Mackenroth trat für eine Kombination zwischen einer staatsbürgerlichen Mindestversorgung für alle und einer »individuellen Durchstaffelung der Sozialleistungen nach Maßgabe eigener Beiträge« ein. Er schlug im einzelnen grundlegende Vereinfachungen der Behördenorganisationen und der Zuständigkeiten vor. Anstelle einer gesellschaftlichen Klasse müsse die Familie in den Mittelpunkt der Sozialpolitik treten. Es gehe dabei nicht um die Konservierung patriarchalischer Verhältnisse, sondern um die Erkenntnis der zentralen humanen und sozialen Aufgabe der modernen Familie. Deshalb laute die sozialpolitische große Aufgabe des zwanzigsten Jahrhunderts: Familienlastenausgleich, mit einer viel stärkeren Berücksichtigung des Kindes und des Jugendlichen.

Mackenroth beurteilte, wie manche Wissenschaftler und Intellektuelle nicht nur seiner Zeit, die Fähigkeit der Parlamente zu weitreichenden Innovationen und grundlegenden Reformen eher skeptisch. Im Winter 1951/52 kamen die Vorsitzenden des Sonderausschusses Lastenausgleich, Johannes Kunze und Werner Seuffert, als Gäste zu einer mehrstündigen Debatte in sein Seminar, das im traditionsreichen Institut für Weltwirtschaft tagte. Die konzentrierte Präsentation der außerordentlich komplizierten Materie, die profunde Sachkenntnis der beiden Abgeordneten und die Offenheit des Gesprächs hatten eine nachhaltige Wirkung. Eine Woche später meinte unser Professor, es werde doch wesentlich anspruchsvoller, grundlegender und zielgerichteter im Deutschen Bundestag an völlig neuen Themen gearbeitet, als er bisher angenommen habe. Gerhard Mackenroth starb zwei Jahre später, wenige Wochen nach seinem fünfzigsten Geburtstag. Gemessen an den von ihm selbst formulierten Zielen und Maßstäben für eine große Sozialreform wäre sein Urteil über die Sozialgesetzgebung der folgenden Zeit wohl kritischer ausgefallen.

4. Kapitel

Finanzpolitik, Finanzreform und Geldpolitik in den fünfziger Jahren

Die Finanzverwaltung hatte den Zusammenbruch des Deutschen Reiches ohne schwere Erschütterungen überstanden. Schon wenige Tage nach dem Kriegsende arbeiteten die Finanzämter wieder; die Steuern wurden fast ohne Unterbrechung eingezogen. Die Dienststellen gingen an die neugegründeten Länder über, die Grundlage eines einheitlichen Steuerrechts blieb aber im wesentlichen erhalten.

Auch die »Februar-Gesetze« des Alliierten Kontrollrats von 1946 veränderten die Struktur des herkömmlichen deutschen Steuersystems nicht. Sie verursachten aber durch die drastische Erhöhung der Tarife erhebliche Verzerrungen in der Einkommensverwendung und für den Wettbewerb. Der Einkommensteuerspitzensatz stieg auf 95 Prozent, die Körperschaftsteuersätze wurden bis auf 65 Prozent erhöht. Hinzu kam eine erhebliche Heraufsetzung der Vermögens- und Erbschaftssteuer. Die Kraftfahrzeugsteuer wurde um fünfzig Prozent erhöht und auf PKWs ausgedehnt. Von weitreichender Bedeutung war die fünfzigprozentige Anhebung der Umsatzsteuer von zwei auf drei Prozent.[1] Wegen ihrer Ausgestaltung als Allphasen-Bruttoumsatzsteuer bedeutete dies eine Mehrbelastung von mehrstufigen, zumeist mittelständischen Unternehmen gegenüber vertikal integrierten Großunternehmen. Dieser Nachteil machte sich in vollem Ausmaß erst nach der Währungsreform bemerkbar, vor allem in der Förderung des Konzentrationsprozesses. Diese beispiellose Anhebung der direkten und indirekten Steuern wurde mit der erforderlichen Abschöpfung überflüssiger Kaufkraft begründet. Doch erwiesen sich die Steuererhöhungen als ungeeignet zur Inflationsbekämpfung, da das Geld dem Wirtschaftskreislauf nicht entzogen wurde.[2] Bei den Alliierten dürften in Wirklichkeit Rücksichten auf die eigene, zur Finanzierung des Krieges mit hohen Steuern belastete Bevölkerung mitgespielt haben. Immerhin wurde unter den schwierigen Bedingungen der unmittelbaren Nachkriegszeit ein Haushaltsausgleich erreicht. Für den Wiederaufbau drohten die konfiskatorischen Steuersätze jedoch zu einer schweren Belastung zu werden. Mit der Währungsreform wurde dieses Problem akut.

Auf deutscher Seite herrschte weitgehend Einigkeit, daß die Reform mit einer spürbaren Steuersenkung einhergehen müsse. Die Alliierten fürchteten dagegen, daß dies zu Haushaltsschwierigkeiten führen werde. Das gleichzeitig mit der Währungsreform erlassene Militärregierungsgesetz Nr. 64 blieb deshalb bei der Senkung der Einkommensteuer weit hinter den Vorstellungen der Verwaltung für Finanzen zurück. Der Körperschaftsteuersatz wurde auf 50 Prozent vereinheitlicht. Zugleich erweiterte das Gesetz die steuerlichen Abzugsmöglichkeiten für Ersatzbeschaffungen bei Kriegs- und Demontageverlusten (Paragraph 7 a). Ferner durfte der nicht entnommene Gewinn zur Hälfte von der Bemessungsgrundlage abgezogen werden. So wurde die Investitionsfinanzierung aus Eigenmitteln der Unternehmen weiter begünstigt. Die Förderung des Wiederaufbaus erhielt Priorität gegenüber ordnungs- und sozialpolitischen Erwägungen.[3] Das vom Wirtschaftsrat beschlossene Zweite Gesetz zur vorläufigen Neuordnung von Steuern vom 20. April 1949 setzte den eingeschlagenen Weg fort, nachdem die Alliierten eine Tarifsenkung bei der Einkommensteuer erneut durch ihr Veto blockiert hatten. Die berühmten »7er-Paragraphen« des Einkommensteuergesetzes mit ihren Absetzungsmöglichkeiten wurden erweitert. Besondere Bedeutung für die Förderung des Wohnungsbaus kam dem Paragraphen 7 b zu. Paragraph 7 c begünstigte Wohnungsbaudarlehen, Paragraph 7 d Investitionen im Schiffbau. Analog zum 1948 eingeführten Paragraphen 7 a schuf Paragraph 7 e Abschreibungsmöglichkeiten auch für unbewegliche Anlagegüter. So hatten die Alliierten und unter ihrem Einfluß auch der Wirtschaftsrat eine Weichenstellung vorgenommen, deren Wirkungen bis heute reichen. Relativ hohen Steuertarifen stehen in der Bundesrepublik Deutschland eine Vielzahl von Steuervergünstigungen gegenüber, die an bestimmte Arten der Einkommensverwendung anknüpfen oder bestimmten Personengruppen zugute kommen. Alle späteren Initiativen für eine grundlegende Veränderung konnten nur Teilerfolge verbuchen. Schon bald verteidigten Interessengruppen ihre einmal errungenen Besitzstände hartnäckig. In den Aufbaujahren gab es gewichtige Gründe für die einseitige Begünstigung der Investitionsfinanzierung im Steuerrecht. Aber zunehmend wurde Kritik an den gravierenden Wettbewerbsverzerrungen und auch den starken Abweichungen vom Prinzip der Gleichmäßigkeit der Besteuerung laut.

Mit der Verabschiedung des Grundgesetzes war der Weg für eine Neuorientierung der Steuerpolitik noch keineswegs frei. Bis 1951 machten die Westalliierten von ihrem Vetorecht Gebrauch, auf das der Bundestag Rücksicht nehmen mußte. Hinzu kam, daß die deutschen politischen Kräfte zunächst über keine umfassende steuerpolitische Konzeption verfügten. In der wissenschaftlichen Grundsatzdebatte, insbesondere des Freiburger Kreises, tauchten die künftige Finanzordnung und das Steuersystem nur am Rande auf.[4] Mit Ausnahme von Adolf Lampe und Günter Schmölders, die mit Walter Eucken eng verbunden waren, befand sich unter ihnen kein Finanzwissenschaftler von Rang. In den fünfziger und sechziger Jahren wurde Schmölders zum Meinungsführer bei der Ausarbeitung einer der Marktwirtschaft angemessenen Finanz- und Steuerpolitik.

Auch wenn die politischen Exponenten der Sozialen Marktwirtschaft 1948 über kein umfassendes Steuerprogramm verfügten, stand doch außer Zweifel, daß die Steuerpolitik der Alliierten ihren allgemeinen Grundsätzen zuwiderlief und allenfalls als Provisorium zu akzeptieren war. Eine derart massive Lenkung der Einkommensverwendung mußte sich in einer Wettbewerbsordnung problematisch auswirken. Zwar konnte von einer Investitionslenkung nicht die Rede sein – die Regelungen über Abschreibungen und einbehaltene Gewinne begünstigten nur die Reinvestition der erwirtschafteten Mittel, ließen die Verwendung im einzelnen aber frei –, doch enthielt die privilegierte Selbstfinanzierung der Wirtschaft auf längere Sicht auch Gefahren. Vor allem neoliberale Wissenschaftler befürchteten, daß die zu starke Verwendung von Gewinnen im Unternehmen zu volkswirtschaftlichen Kapitalfehlleitungen führen könne. Investitionen sollten vielmehr über den Kapitalmarkt finanziert werden. Wilhelm Röpke hatte bereits 1929 prägnant formuliert, die Selbstfinanzierung trage »den Keim der Kapitalverschwendung« in sich.[5] In den ersten Jahren nach 1948 war diese Gefahr allerdings noch gering. Bei dem Zustand, in dem sich die deutsche Volkswirtschaft befand, und bei der Vielzahl der angestauten Bedürfnisse war fast jede Investition sinnvoll. Die Steuergesetzgebung förderte aber auch Praktiken, die unter dem Schlagwort »Kostenmachen« umstritten waren. Das Talent vieler Unternehmer zeigte sich auch darin, Gewinne möglichst unerkannt zu verstecken.

Im Laufe der fünfziger Jahre nahm die Kritik an den verteilungspolitischen Folgen der Selbstfinanzierung weiter zu. Die Sparer hatten an der Kapitalbildung zunächst kaum Anteil. Für die anfangs geringe Sparneigung war nicht nur der aufgestaute Konsumbedarf der Kriegs- und Nachkriegsjahre verantwortlich. Vielmehr wurde die Sparfähigkeit bei den oberen Einkommensgruppen durch die hohen Einkommensteuersätze, bei den unteren durch niedrige Löhne beschnitten. Diese Situation änderte sich mit der Zeit, da der Wirtschaftsaufschwung auch zu einem kontinuierlichen Anstieg der Einkommen beitrug. Die Vermögensbildung der fünfziger Jahre entfiel zu 44 Prozent auf die Unternehmen (Selbstfinanzierung), zu 33 Prozent auf den Staat und nur zu 23 Prozent auf die privaten Haushalte.[6] Die Steuervergünstigungen für die private Ersparnisbildung blieben verglichen mit der Begünstigung der Selbstfinanzierung zunächst gering.

Die marktwirtschaftlich orientierten Politiker waren sich dieser Probleme bewußt. Schon in den Düsseldorfer Leitsätzen von 1949 hieß es, die notwendigen Investitionen könnten »im wesentlichen nur mit Hilfe von Sparkapital durchgeführt werden«. Der Kapitalmarkt müsse wiederhergestellt, das freiwillige Sparen gefördert werden. Auch Erhard forderte seit 1949 eine Einschränkung der Selbstfinanzierung zugunsten des privaten Sparens. Einen Anfang machte das Einkommensteuergesetz vom 29. April 1950, das zu Entlastungen von durchschnittlich 17 und bis zu 28,6 Prozent führte. Die Alliierte Kommission hatte zunächst erhebliche Bedenken geäußert, da sie um den Haushaltsausgleich besorgt war. In der Tat führte die rasche Übertragung bisheriger Länder- und Kommunalaufgaben auf die neugebildeten Bundesorgane zeitweise zu einer sehr angespannten Haushaltssituation des Bundes. So kam es 1951 wieder zu Steuererhöhungen. Im Einkommensteueränderungsgesetz vom 27. Juni wurden die Abschreibungserleichterungen des Paragraphen 7 a auf Vertriebene und Flüchtlinge beschränkt, die Begünstigung des nicht entnommenen Gewinns aufgehoben. Während diese Änderungen ordnungspolitischen Kriterien entsprachen, war die temporäre Erhöhung der Körperschaftsteuer auf sechzig Prozent kontraproduktiv. Die Einkommensteuer betrug im Höchstfall immer noch achtzig Prozent. Der günstigere Körperschaftsteuersatz hatte zu einer Flucht in die Rechtsform der GmbH geführt. Um diese Tendenz zu stoppen, konnte künftig der Körperschaftsteuersatz auf Gewinne von Personengesellschaften und Einzelunternehmern angewendet werden. Am schwersten wog aber die erneute Erhöhung der Umsatzsteuer von drei auf vier Prozent. Sie führte zwar zu Mehreinnahmen von 1,3 Milliarden DM, was gut sieben Prozent des Bundeshaushalts entsprach, damit verstärkte sich aber auch die konzentrationsfördernde Wirkung dieser Steuer weiter. Spätestens seit diesem Zeitpunkt stand die Reform der Umsatzsteuer auf der politischen Tagesordnung.

Auch in der Frage der Investitionsförderung erwies sich eine Kurskorrektur als notwendig. Im Januar 1952 waren erhebliche Sonderabschreibungen für den Montanbereich eingeführt worden.

»Das Kap der guten Hoffnung«. Das Thema Steuerreform ist seit 1953 zu einem finanzpolitischen Dauerbrenner geworden. Daß Schäffer mit seinen Gesetzen das Problem nicht lösen konnte, zeigt die Karikatur von 1970. Mittlerweile hatten sich fünf weitere Finanzminister um das Projekt bemüht – ohne nachhaltigen Erfolg. Auch 1997 wird weiterhin lebhaft über eine umfassende Vereinfachung des Steuersystems diskutiert.

Weitere Steuersubventionen hatte schon das Ausfuhrförderungsgesetz vom Juni 1951 gebracht. So nahm bis 1954 das finanzielle Volumen der Inanspruchnahme von Sondervergünstigungen noch zu.[7] Erst in den Folgejahren verringerte sich ihre Bedeutung wieder.

Der Ruf nach einer »organischen« Steuerreform wurde angesichts der vielen steuerpolitischen Einzelmaßnahmen immer lauter.[8] Darunter verstand man eine grundlegende Vereinfachung des Steuersystems, die durch Tarifsenkungen bei gleichzeitigem Abbau von Sondervergünstigungen erreicht werden sollte. Von diesen beiden Elementen einer wünschenswerten umfassenden Reform wurde aber letztlich nur die Tarifsenkung teilweise verwirklicht. Die Gesetzgebung erfolgte in zwei Schritten: der »Kleinen« Steuerreform vom Juni 1953 und der »Großen« Steuerreform vom Dezember 1954. Die Einkommensteuer wurde zunächst auf einen Höchstsatz von 70, sodann auf 55 Prozent gesenkt. 1949 hatte für einen verheirateten Berufstätigen mit einem Kind die Belastung mit 50Prozent bereits bei einem Einkommen von 30 000 DM eingesetzt, 1951 begann sie bei rund 70 000, 1954 bei 350 000 DM.[9] 1954 wurden auch die Kinderfreibeträge erhöht und ein Ehegattenfreibetrag eingeführt.

Bei seinen Bemühungen, den Kapitalmarkt zu liberalisieren, konnte Erhard Erfolge erzielen. Das umstrittene Kapitalmarktförderungsgesetz lief Ende 1954 aus. Die steuerliche Sparförderung, die einseitig den Wohnungsbau begünstigte, wurde dagegen beibehalten. Es kam auch zu Erleichterungen für den Aktienmarkt. Mit der Kleinen Steuerreform wurde der bis heute existierende »gespaltene« Körperschaftsteuertarif eingeführt. Zunächst wurde die Belastung des ausgeschütteten Gewinns auf dreißig Prozent verringert. Dieser deutlich niedrigere Satz sollte die Unternehmen zu höheren Ausschüttungen veranlassen, die Selbstfinanzierung verringern, die Mobilität des Kapitals vergrößern und den Aktienmarkt beleben. Erhard scheiterte allerdings mit seinen Bemühungen, die Doppelbesteuerung völlig zu beseitigen. Schäffer zeigte nur wenig Interesse an einer weitergehenden Förderung des Aktienmarktes.

Neue Vorschläge des Finanzministers für den Abbau von Steuervergünstigungen hatten nicht den erhofften Erfolg. 1956 wurden auf Initiativen aus dem Bundestag sogar neue Steuervorteile für private Anlagen geschaffen, die dem Sozialen Wohnungsbau zugute kamen. Zu einer Reform der Umsatzsteuer kam es in den fünfziger Jahren nicht mehr. Schon 1953 hatte der Wissenschaftliche Beirat beim Bundesministerium der Finanzen den Übergang zu einer Nettoumsatzsteuer vorgeschlagen.[10] Doch eine grundlegende Reform warf sehr schwierige Fragen auf und erforderte eine lange Vorbereitungszeit. Bis dahin versuchte man, die Probleme im bestehenden Umsatzsteuersystem zu mildern. Eine Vielzahl von Ausnahmebestimmungen trug zu einer weiteren Komplizierung des Rechts bei.[11]

Trotz erheblicher Mehrausgaben ging die Steuerquote zurück. 1952 war sie vorübergehend auf 24 Prozent angestiegen, 1953 erreichte sie mit 24,8 Prozent ihren höchsten Stand, 1957 betrug sie 23,1 Prozent.[12] Die Entlastungen waren bei der Einkommen- und Körperschaftsteuer am deutlichsten, die Erhöhungen erfolgten überwiegend bei den indirekten Steuern. Bei aller geschilderten Problematik brachte dies im Ergebnis eine ausgewogene Relation des Gesamtaufkommens, mit je etwa zur Hälfte aus direkten und indirekten Steuern. Dies entsprach den Empfehlungen der Finanzwissenschaftler. Dennoch gab es nach zwei Wahlperioden weiterhin erheblichen Reformbedarf.

Besatzungskosten, Kriegsfolgengesetzgebung, zunehmend auch Finanzhilfen für den Wiederaufbau und die steigenden klassischen Sozialausgaben bildeten in den Anfangsjahren der Republik die großen Ausgabenblöcke des Bundeshaushalts. Die schon erwähnte

Überleitung von Aufgaben an den Bund erfolgte in den Jahren 1950 bis 1952. Erst der Etat 1953 konnte termingerecht verabschiedet werden. 1952 hatte der Bundeshaushalt ein Volumen von 20 Milliarden DM. Bis 1957 stieg er auf 32 Milliarden, 1961 umfaßte er 43 Milliarden DM.[13] 1952 machten Besatzungskosten und Sozialausgaben über siebzig Prozent der Bundesausgaben aus. Im weiteren Verlauf der fünfziger Jahre gingen die Aufwendungen für die Besatzungsmächte zurück, während die Mittel für die Bundeswehr später als geplant zunahmen. Mit der Rentenreform 1957 stiegen die Bundeszuschüsse an die Sozialversicherung auf die Hälfte der Sozialausgaben.

Die Besatzungskosten wurden zunehmend als drückend empfunden. Sie trugen erheblich dazu bei, daß 1951 ein unerwartetes Defizit von mehr als 1,1 Milliarden DM entstand, das aber schon im folgenden Jahr ausgeglichen werden konnte. Es war eine außergewöhnliche Leistung, daß Schäffer diese Schwierigkeiten nahezu ohne Kreditaufnahmen am Kapitalmarkt überwand. Seine sprichwörtliche Sparsamkeit bewährte sich in jenen Jahren. Die politische Stellung des Finanzministers im Kabinett war stark, solange er Rückhalt über die CSU hinaus hatte. Die Haushaltspolitiker der Koalition waren in den Anfangsjahren in der Regel bereit, Schäffers Argumenten zu folgen.[14] Vor allem aber besaß er eine beachtliche persönliche Autorität, die es ihm erlaubte, sich zahlreichen Ressort- und Gruppenwünschen erfolgreich zu widersetzen.[15]

Auch das unerwartet starke Wirtschaftswachstum trug dazu bei, daß die Kreditaufnahme des Bundes hinter den Voranschlägen des Finanzministers zurückblieb. Der Kapitalmarkt war wenig aufnahmefähig, wie der Fehlschlag der »Baby-Bonds«, einer 1951 ausgegebenen Lotterieanleihe in kleiner Stückelung, zeigte. Für die mangelnde Nachfrage nach festverzinslichen Wertpapieren war aber auch der staatliche Zinsdirigismus verantwortlich. Die Schulden des Bundes bestanden zum größten Teil aus Altschulden, die im Londoner Schuldenabkommen geregelt wurden, aus Ausgleichsforderungen und aus Verpflichtungen aus der alliierten Wirtschaftshilfe. Sie wurden in den fünfziger und sechziger Jahren zügig abgebaut, während die Kreditmarktverschuldung seit 1959 langsam anstieg.[16] Die solide Haushaltspolitik trug erheblich dazu bei, daß sich das internationale Vertrauen in die Deutsche Mark festigte.

Der Verzicht auf eine stärkere Kreditaufnahme hatte aber auch eine Schattenseite. Die Finanzierung der Investitionen durch Steuern bewirkte eine sehr hohe staatliche (Netto-)Vermögensbildung. Auch Länder und Gemeinden finanzierten den größten Teil ihrer

Investitionen aus laufenden Einnahmen. Von 1950 bis 1959 wurden 72 Prozent der Vermögensbildung des öffentlichen Gesamthaushalts aus allgemeinen Deckungsmitteln finanziert. Beim Bund waren es 74, bei den Ländern 77 und bei den Gemeinden 68 Prozent.[17] Eine Ursache war das starke staatliche Engagement im Wohnungsbau, wo es einem sozialpolitischen Zweck diente. Auch die Sozialversicherung bildete vor der Rentenreform von 1957 noch in erheblichem Umfang Vermögen.

1951/52 kam es zu erheblichen Auseinandersetzungen mit den Alliierten über die Höhe der Besatzungskosten. Ein Kompromiß führte zu Zahlungen von 10,8 Milliarden DM für die Zeit vom 1. April 1952 bis 31. März 1953. In den beiden Folgejahren ging der Betrag auf rund sieben Milliarden DM zurück. Erst 1958 entfielen diese Zahlungen endgültig.[18] Im Etatentwurf wurden für das Rechnungsjahr 1955/56 neun Milliarden DM für den Aufbau der Bundeswehr angesetzt. Die vorgesehenen Termine erwiesen sich jedoch als unrealistisch. So entstanden erhebliche Haushaltsreste, die 1957 auf sieben Milliarden DM anstiegen. Dies trug Schäffer wachsende Kritik ein. Kurt Richebächer prägte in einem Artikel im »Volkswirt« die griffige Formel vom »Juliusturm«. (Im Spandauer Juliusturm war nach 1870 der Reichskriegsschatz in Goldmünzen aufbewahrt.) Schäffer kam in eine mißliche Lage, weil er sich auf die Vorgaben der Außen- und Verteidigungspolitiker verlassen hatte. Allerdings zögerte er zu lange und ließ sich so die Initiative aus der Hand nehmen.

Noch 1956 hätte er durch weitreichende Steuersenkungen die Überschüsse verringern können. Jetzt bildete seine eigene Fraktion den sogenannten »Kuchenausschuß«, der aufgrund einmaliger Rücklagen wiederkehrende gesetzliche Ausgaben für die Sozial- und Agrarpolitik sowie die Wirtschaftsförderung beschloß. Die Haushalte 1956 und 1957 umfaßten mit 24 beziehungsweise 14 Prozent die höchsten aufeinanderfolgenden Steigerungsraten in der Geschichte der bundesdeutschen Finanzpolitik. Der »Juliusturm« war mehr als nur eine Episode oder ein finanzgeschichtliches Kuriosum. Die Auswirkungen seiner Bildung und Auflösung auf haushalts-, steuer- und konjunkturpolitischem Gebiet waren beträchtlich.

Die Turbulenzen in jener Zeit machten deutlich, daß das deutsche Haushaltsrecht reformbedürftig war. Die Vorschrift, schwebende Verpflichtungen durch Reserven zu decken, war offensichtlich nicht mehr zeitgemäß. Erst später zeigte sich, daß die Ansammlung der Haushaltsüberschüsse des Bundes in der Hochkonjunktur und ihre Verausgabung in Zeiten eines verhaltenen

»Mal sehen, was Schäffer noch im Bundesbeutel hat!« Nicht nur innenpolitisch sorgte die Wiederbewaffnung Mitte der fünfziger Jahre für Turbulenzen, auch den Bundesetat brachte sie durcheinander: Verzögerungen beim Aufbau der Bundeswehr ließen die Haushaltsreserven auf etliche Milliarden Mark anschwellen. Schließlich mußte Finanzminister Schäffer den »Juliusturm« seinen Kabinettskollegen für großzügige Ausgabensteigerungen zur Verfügung stellen.

Wachstums ungewollt antizyklische Auswirkungen gehabt hatte. Manche Finanzwissenschaftler sahen sich dadurch in ihrem Glauben an die Beherrschbarkeit der Konjunktur bestätigt.[19] Auch das Stabilitätsgesetz von 1967 wurde insofern von den Debatten über den Juliusturm beeinflußt.

Die Haushaltsüberschüsse bestärkten Schäffer auch in seinem Widerstand gegen eine Privatisierung der Industriebeteiligungen des Bundes. Privatisierungserlöse hätten die Ausgabendisziplin in jenen Jahren vermutlich noch mehr geschwächt. Der Finanzminister geriet mit seiner grundsätzlich ablehnenden Haltung aber in immer stärkeren Gegensatz zu den Spitzenverbänden der Wirtschaft, großen Teilen seiner Fraktion und führenden liberalen Wissenschaftlern.

Schäffer trug durch seine Finanzpolitik zur Stabilität der Währung, zur Bewältigung der Kriegs- und Wiederaufbaulasten und zum Aufschwung der Wirtschaft bei, bis 1956 einige weitreichende Entscheidungen gegen ihn getroffen wurden. Er reagierte jetzt mit besonderer Härte bei kleineren Beträgen. Ich erinnere mich an eine Bundesvorstandssitzung der CDU im ersten Halbjahr

1957. Adenauer kam sichtlich verstimmt in den Tagungsraum, begrüßte die Anwesenden nur knapp und begann unter dem Eindruck der Lektüre seiner Morgenpost mit heftiger Kritik an Schäffer. Der Anlaß war, daß sich der Bundeskanzler als Abgeordneter für Bonn beim Finanzminister brieflich für einen Antrag der Bundeshauptstadt eingesetzt hatte, einen jährlichen Zuschuß von fünf Millionen DM im Hinblick auf Sonderleistungen der Kommune für Bundesbeamte und ihre Angehörigen in Schulen sowie sozialen und kulturellen Einrichtungen zu erhalten. Schäffer hatte dies in einem kurzen Antwortschreiben kategorisch mit verfassungsrechtlichen Argumenten abgelehnt. Nicht nur ich gewann den Eindruck, daß die Beziehungen Adenauers zu Schäffer irreparablen Schaden genommen hatten.

Ohne die Leistungen der Finanzpolitik in den Anfangsjahren der Republik wäre der Erfolg der Sozialen Marktwirtschaft nicht möglich gewesen. Auf dem Gebiet der Steuerpolitik selbst aber kamen marktwirtschaftliche Grundsätze vor 1957 nur unzureichend zur Geltung. Vor allem Erhard nahestehende Publizisten und Wissenschaftler forderten eine Neuorientierung in diesem Bereich. Dies war einer der Anstöße zum Entwurf einer »Zweiten Phase der Sozialen Marktwirtschaft« durch Etzel.

Kaum eine andere Aufgabe hatte sich für den Parlamentarischen Rat als so schwierig erwiesen wie die Einigung auf eine Finanzverfassung für die neue Bundesrepublik. Die Alliierten lehnten 1949 die Absicht einer großen Mehrheit in der Verfassunggebenden Versammlung ab, die meisten Einzelsteuern und wesentliche administrative Zuständigkeiten dem Bund zuzuweisen.[20] So wurde schließlich nur ein Provisorium beschlossen. Artikel 107 des Grundgesetzes sah vor, daß die endgültige Zuordnung der einer konkurrierenden Gesetzgebung unterliegenden Steuern an Bund und Länder spätestens bis zum Jahresende 1952 erfolgen sollte. In den Kontroversen über die neue Verfassung spielten auch historische Argumente eine Rolle. Nach der Verfassung des Deutschen Reiches von 1871 erfolgte die Deckung der Reichsausgaben aus den Zöllen und Verbrauchssteuern, dazu den Überschüssen der Reichspost und Matrikularbeiträgen der Länder. Das Reich konnte an sich auch direkte Steuern erheben, doch blieben diese bis zur Einführung der Vermögensabgabe für die Rüstung und der Besitzzuwachssteuer im Jahre 1913 faktisch den Ländern vorbehalten.

Diesem System, das für die Zentralgewalt als unzureichend empfunden wurde, folgte 1919 eine betont unitarische Lösung. Artikel 8 der Weimarer Verfassung räumte dem Reich die Gesetzgebung über alle Abgaben und sonstigen Einnahmen ein, soweit sie ganz oder teilweise für seine Zwecke in Anspruch genommen wurden, also auch das Recht auf direkte Steuern. Für die Zölle und Verbrauchssteuern wurde erstmalig eine Reichsfinanzverwaltung geschaffen, die durch ein einfaches Reichsgesetz auf alle Reichssteuern ausgedehnt wurde. In der folgenden Gesetzgebung führte das Reich die Umsatzsteuer neu ein und verstärkte das System der Verkehrssteuern. Es zog die direkten Steuern von Einkommen und Vermögen und die Erbschaftssteuer an sich.

Die Länder verfügten nur noch über die Realsteuern, einige Verkehrssteuern, die neue Hypothekengewinnabgabe, erhielten aber vom Reich 75 Prozent der Einkommen- und Körperschaftssteuer, 30 Prozent der Umsatzsteuer, 96 Prozent der Kraftfahrzeugsteuer und die Erträge einiger kleinerer Steuern überwiesen. Diese weitgehende Zentralisation war nach der Überzeugung der verantwortlichen Politiker, von denen Matthias Erzberger besonders nachdrücklich für das neue System eintrat, eine notwendige Folge des verlorenen Krieges und der gewaltigen Belastung des Reiches durch Schulden, Reparationen und soziale Verpflichtungen. Das Dritte Reich führte dann bis 1945 die Zusammenfassung der Finanzgewalt stufenweise fort, bis die Länder schließlich nur noch zentrale Zuweisungen ohne Rechtstitel nach ihrem Bedarf erhielten.

Die westlichen Militärregierungen erließen nach dem Mai 1945 in ihren Besatzungszonen Übergangsvorschriften, die etwas voneinander abwichen. In der Regel wurden die Reichssteuern auf die Länder übertragen, während die Kommunen die Realsteuern erhielten.[21] Die Anfang 1948 geschaffene Wirtschaftsverwaltung der »Bizone« finanzierte sich aus Abführungen von Bahn und Post.

Es wurden schon kurz die Gründe genannt, die in den Beratungen des Parlamentarischen Rates zu einer provisorischen Regelung der wichtigsten Finanzfragen führten. Das Grundgesetz sah hier im wesentlichen folgendes vor: Gegenüber den Bestimmungen der Weimarer Reichsverfassung wurde die volle Selbstverantwortung von Bund und Ländern für ihre Haushaltswirtschaft in den Vordergrund gestellt. Deshalb nahm die Verfassung eine Aufteilung der Steuerquellen vor, die nicht mehr ohne Zustimmung der Länderkammer durch Bundesgesetz zuungunsten der Länder geändert werden konnte. Andererseits sicherte Artikel 105 die Einheit des Wirtschaftsgebietes und Steuersystems durch die Gesetzgebungskompetenz des Bundes für alle wesentlichen Steuerfragen. Bei der Bemessung der Landes- und Kommunalsteuern war die Zustimmung des Bundesrates erforderlich. Unterschiede zwischen den steuerstarken und -schwachen Ländern sollten durch einen Finanzausgleich zwischen den Ländern und direkte Zuwendungen des Bundes gemildert werden. Der Umfang dieses Ausgleichs war jährlich durch Bundesgesetz mit Zustimmung des Bundesrates festzulegen. Der Widerstand der Besatzungsmächte und eines Teils der Länder verhinderte die Absicht des Parlamentarischen Rates, eine einheitliche Bundesfinanzverwaltung nach dem Vorbild der Erzbergerschen Reform zu schaffen. So entstand hier ein Nebeneinander von Bundes- und Landesbehörden. Artikel 108 gab dem Bund allerdings das Recht, mit Zustimmung des Bundesrates bestimmte Normen für den Aufbau der Landesfinanzbehörden und ihr Verwaltungsverfahren festzulegen. Provisorisch war die in Artikel 106 vorgenommene Aufteilung der Steuerquellen. Die endgültige Regelung sollte, wie schon erwähnt, bis zum 31. Dezember 1952 durch ein einfaches Bundesgesetz mit Zustimmung des Bundesrates erfolgen. Die Verfassunggebende Versammlung beschloß also ein auf drei Jahre befristetes Provisorium. An seine Stelle trat dann durch einfache gesetzliche Regelung ein Definitivum, das uneingeschränkt Verfassungsrecht wurde. In diesem ziemlich paradoxen Verfahren spiegeln sich die großen sachlichen und politischen Schwierigkeiten der Materie wider.

Mit dem schnellen Anstieg der rechtlichen und politischen Verpflichtungen des Bundes von der Kriegsfolgengesetzgebung bis zur weitgehenden Mitfinanzierung des Wiederaufbaus trat das Thema einer Neuordnung der künftigen Finanzbeziehungen zwischen Bund und Ländern wie ihrer Steueranteile bald in den Vordergrund innenpolitischer Debatten. Während der Etat des »Vereinigten Wirtschaftsgebiets« 1949 nur 6,8 Prozent des Volumens aller öffentlichen Haushalte Westdeutschlands betrug, umfaßte der Bundeshaushalt 1950 bereits 42,4 von Hundert und überschritt ab 1953 ständig die Fünfzigprozent-Marke. Der Länderanteil (ohne Zuweisungen an die Kommunen) ging in der gleichen Zeit von 67,7 auf 29,2 Prozent zurück.[22] So forderte die Bundesregierung ab 1951 einen hohen Bundesanteil an der Einkommen- und Körperschaftssteuer, die bis dahin voll den Ländern zugeflossen war. Nach längeren Verhandlungen wurden dem Bund für dieses Jahr 27 und für das folgende 37 Prozent zugesprochen. Nach der Bundestagswahl 1953 sah es die Regierung, von vielen unabhängigen Stimmen aus Politik und Wissenschaft unterstützt, als eine der dringendsten Aufgaben an, gemäß Artikel 107 der Verfassung endlich zu einer dauerhaften Regelung zu kommen.

Diese Verhandlungen um die Finanzreform wurden durch eine Reihe von politischen Erklärungen, wissenschaftlichen Gutachten und Denkschriften sowie zahlreichen Veröffentlichungen der Publizistik vorbereitet. Bund und Länder bemühten sich gleichermaßen, aus dem Arsenal des Verfassungsrechts und der Finanzwissenschaften möglichst überzeugende Begründungen für ihre entgegengesetzten Standpunkte zu finden. Mehrere dieser Publikationen hoben sich allerdings schon durch die Persönlichkeit ihrer Verfasser aus der Sphäre der zweckbedingten Argumentation heraus und erhielten dadurch einen besonderen Rang. Erwähnung verdienen vor allem eine auf Veranlassung der Länderfinanzminister von Karl Maria Hettlage ausgearbeitete Denkschrift[23], der Bericht einer vom Bundesfinanzminister berufenen Studienkommission unter Leitung von Ministerialdirigent Herbert Fischer-Menshausen, das Gutachten einer von den Länderfinanzministern eingesetzten Kommission unter Vorsitz des Bremer Finanzsenators Dr. Nolting-Hauff[24] sowie Georg Strickrodts Studie über die Finanzverfassung des Bundes als politisches Problem[25].

Am 11. März 1954 erläuterte der Bundesfinanzminister vor dem Parlament in einer großangelegten Rede die drei Gesetzentwürfe der Bundesregierung zur Finanzreform[26] und mehrere Vorschläge für eine Steuersenkung, die in den folgenden Tagen dem Bundesrat zugeleitet wurden. Schäffer bezeichnete die Vorlagen als »Gesetzgebungswerke von wahrhaft geschichtlicher Bedeutung ... nicht nur in volks- und finanzwirtschaftlicher Hinsicht, sondern wohl auch für die Verfassungsentwicklung der Deutschen Bundesrepublik«. Als Leitgedanken der neuen Regelung stellte der Minister die Gleichberechtigung von Bund und Ländern in der Wahrnehmung ihrer staatlichen Aufgaben heraus. Der Bund müsse dabei jedoch ein festeres, gesicherteres Fundament als bisher gewinnen, weil sich seine Verpflichtungen mit der steigenden Last der Kriegsfolgengesetze überdurchschnittlich erhöht hätten und er auch in Zukunft das Schwergewicht neuer Aufgaben zu tragen habe. Deshalb benötigte der Bund »Bewegungsfreiheit in weitaus größerem Maß als die Länder«, deren Belange durch die neuen Verfassungsbestimmungen durchaus gewahrt werden sollten.

Mit diesem Argument begründete Schäffer vor allem die drei für den Bund wichtigsten Bestimmungen des Finanzverfassungsgesetzes, das den Kern der Finanzreform bildete. Die ertragreichste Steuer vom Einkommen war in dem Entwurf nicht mehr als Ländersteuer bezeichnet, von der bisher unter bestimmten Voraussetzungen der Bund mit Zustimmung des Bundesrates jährlich einen Prozentsatz in Anspruch nehmen konnte. Sie wurde vielmehr jetzt bei einem im übrigen unveränderten Katalog der Bundes- und Landessteuern als gemeinsame Bundes- und Landessteuer aufgeführt, von der vierzig Prozent dem Bund und sechzig Prozent den

Ländern zugedacht waren. Der Bund sollte ferner das Recht erhalten, durch Bundesgesetz (ohne Zustimmungspflicht des Bundesrates) eine Ergänzungsabgabe zur Einkommen- und Körperschaftsteuer zu erheben, die ausschließlich ihm zukam. Schäffer kündigte an, daß er hiervon bereits für 1955 im Umfang von 2,5 Prozent Gebrauch zu machen gedenke. Schließlich wurden eine Revisions- und Sicherungsklausel vorgesehen.

Die zweite Vorlage, das Finanzanpassungsgesetz, bemühte sich im Anschluß an die sogenannten Überleitungsgesetze um die Regulierung bestimmter Kompetenzprobleme auf der Ausgabenseite. Bei den Verwaltungskosten sollten Bund und Länder künftig (von wenigen Ausnahmen der Auftragsverwaltung abgesehen) für die in ihrem Bereich anfallenden Ausgaben allein aufkommen, ohne Rücksicht darauf, ob auch der andere Teil an der Durchführung der entsprechenden Maßnahmen interessiert war. Damit entfiel künftig ein kompliziertes System des Ersatzes von Kosten, Verrechnungen und Überweisungen.

Größere finanzpolitische Bedeutung kam dem dritten Entwurf, dem Länderfinanzausgleichsgesetz, zu. Die Bundesregierung schlug eine erhebliche Aufstockung der Überweisungen vor und damit eine Verminderung der beträchtlichen Unterschiede in der regionalen Finanzkraft zwischen »reichen« und »armen« Ländern. Von 1951 bis 1954 hatte sich das Gesamtvolumen des Ausgleichsbetrages nur von 170 auf 237 Millionen DM erhöht. Während das Land Nordrhein-Westfalen (einschließlich der Kommunen) 1955 mit Einnahmen von 315,85 DM pro Kopf der Bevölkerung 116 Prozent des Bundesdurchschnitts veranschlagt hatte, lag Schleswig-Holstein mit 161,91 DM bei nur 62,7 Prozent. Der geltende Finanzausgleich hatte diese Differenz für 1954 auf 113 Prozent für Nordrhein-Westfalen und (mit Hilfe eines Sonderansatzes) 85,9 Prozent für Schleswig-Holstein vermindert. Die Bundesregierung wünschte jedoch eine noch stärkere Vereinheitlichung, um in den entscheidenden Jahren des Wiederaufbaus eine unterschiedliche Entwicklung der Lebensverhältnisse im Bundesgebiet mit schwerwiegenden Folgen für die Wirtschaftsstruktur, Raumordnung und Bevölkerungsbewegung zu vermeiden.

Die große Mehrheit des Bundestages und die meisten Stimmen in der öffentlichen Diskussion standen dieser Grundkonzeption der Bundesregierung positiv gegenüber. Viele sahen den Entwurf des Kabinetts sogar noch als zu vorsichtig an.[27] Eine wesentliche finanzielle und damit auch politische Stärkung der Zentralgewalt gegenüber den Ländern wurde weithin als eine sinnvolle Konsequenz der gewaltigen Ausdehnung des Bereichs staatlicher Tätigkeit seit

1949 bejaht, vor allem auch als eine notwendige Korrektur des Eingriffs der Alliierten in die ursprünglichen finanzpolitischen Absichten des Parlamentarischen Rates - einer Intervention, die aus sachfremden Erwägungen den Bund geschwächt hatte.

In besonders sachkundiger Weise kamen diese Erwägungen in dem erwähnten Gutachten von Karl Maria Hettlage zum Ausdruck, das - im Auftrag der Länderfinanzminister erstellt - dennoch die Nachteile der geltenden Regelung deutlich betonte. Hettlage plädierte u.a. für eine bundeseinheitliche Finanzverwaltung, eine Verbesserung des Länderfinanzausgleichs und die uneingeschränkte Gesetzgebungszuständigkeit des Bundes für alle Steuerarten, auch solche mit örtlichem Wirkungskreis. Er sprach sich für die Aufgabe des sogenannten »Trennsystems«, das heißt der strengen Scheidung aller Steuerarten in Bundes- und Landessteuern, aus. Eine zehnprozentige Beteiligung der Länder an der Umsatzsteuer sei geeignet, regionale Unterschiede zu verringern und vor allem den schwachen Ländern ein stabileres Fundament zu geben. Die wissenschaftliche Gutachterkommission des Bundesfinanzministeriums hatte demgegenüber die Übertragung mehrerer Landessteuern (für Erbschaft, Kapitalverkehr, Wechsel und Versicherungen und gegebenenfalls auch für Kraftverkehr) auf den Bund vorgeschlagen, bei einer entsprechenden Reduzierung seines Anteils an der Einkommen- und Körperschaftsteuer.

Diese Empfehlung entsprach den Absichten der Bundestagsmehrheit. Der Steuer- und Finanzausschuß unterbreitete dem Plenum am 9. November 1954 seine Vorschläge.[28] Sie sahen vor allem die Aufnahme der erwähnten bisherigen Ländersteuern in den Katalog der Bundessteuern vor. Für den Einnahmeverlust von rund 1,1 Milliarden DM sollten die Länder durch einen um 10 Prozent höheren Anteil an der Einkommen- und Körperschaftsteuer entschädigt werden. Der Bundestag schloß sich in der zweiten und dritten Lesung am 16. und 19. November den Empfehlungen des Ausschusses zu allen drei Gesetzen mit großer Mehrheit an.[29] Vergebens beantragte der Abgeordnete Höcherl für eine Gruppe von CSU-Mitgliedern die Wiederherstellung der Regierungsvorlage für die Verteilung der Steuerarten auf Bund und Länder.

In der Tat war eine Zustimmung der Ländervertretung nicht zu erwarten. Der CDU-Abgeordnete Dr. Dresbach prophezeite am 19. November, daß die Partie schließlich in dem »Mensurlokal« Vermittlungsausschuß ausgetragen werde, der »camera obscura«, wie er sich schon am 20. Mai ausgedrückt hatte, dem »wahrhaftigen Parlament«, das sich mittlerweile zu einem »Überparlament« entwickelt habe. Diese Prognose traf zu. Am 3. Dezember lehnte

Mitte der fünfziger Jahre stand die Regierung Adenauer im Zenit ihres Erfolges. Nach dem wirtschaftlichen Aufschwung konsolidierte sich die Bundesrepublik sozial und finanziell und wurde in die internationale Gemeinschaft integriert. Adenauer und Erhard als Garanten der Stabilität – so präsentierten sie sich im Bundestagswahlkampf 1957. Die Wähler honorierten es mit der absoluten Mehrheit für die CDU/CSU, dem größten Wahlerfolg ihrer Geschichte.

der Bundesrat die vom Bundestag beschlossene Vorlage ab. Dem stärksten Widerstand begegnete die vom Parlament geforderte Übertragung von mehreren Ländersteuern an den Bund. Nur Niedersachsen und Hessen, zwei sozialdemokratisch regierte Länder, sowie Berlin zeigten Aufgeschlossenheit für die Konzeption des Bundestages. Auch das folgende Vermittlungsverfahren blieb ergebnislos.[30] Dies führte zu einer sehr kritischen öffentlichen Debatte, vor allem in den führenden Zeitungen und den Kommentaren der Wissenschaftler. Es schien nicht einmal mehr möglich zu sein, jene Bestimmungen des Grundgesetzes zugunsten der Zentralgewalt weiterzuentwickeln, die 1949 ausschließlich aufgrund des Eingriffs der Alliierten restriktiv und provisorisch gefaßt werden mußten. Angesichts dieser Stimmung wurde die einvernehmliche Verabschiedung des Länderfinanzausgleichs- und des Finanzanpassungsgesetzes kaum noch als Fortschritt wahrgenommen.

Dieses Urteil ist durch die spätere Entwicklung revidiert worden. Das Finanzanpassungsgesetz war für eine weitere Öffentlichkeit uninteressant, obwohl seine finanztechnischen und administrativen Regelungen durch wesentliche Vereinfachungen im Verrechnungs- und Überweisungsverkehr von Bund, Ländern und Gemeinden einen der wenigen ernsthaften Beiträge der fünfziger Jahre zu der vielberedeten Verwaltungsreform bildeten. Das Länderfinanzausgleichsgesetz hat dagegen seine eminente politische und ökonomische Bedeutung für den regionalen Ausgleich zwischen wirtschaftlich starken und schwachen Gebieten und damit die Fragen der Raumordnung, Bevölkerungsbewegung und politischen Stabilisierung in den Notstands- und Zonengrenzgebieten erst später voll erwiesen. Der zwischen den »reichen« Ländern Nordrhein-Westfalen, Baden-Württemberg, Hamburg, Bremen und seit 1955 auch Hessen einerseits und den »armen« Ländern Schleswig-Holstein, Rheinland-Pfalz, Niedersachsen und Bayern andererseits transferierte Ausgleichsbetrag stieg aufgrund des neuen Gesetzes (und begünstigt durch die starke wirtschaftliche Expansion) von weniger als 250 Millionen DM im Jahre 1954 auf 1 Milliarde DM im Jahre 1959 und 1,6 Milliarden DM im Jahre 1962.

Der Bundestag leitete im April 1955 ein zweites Vermittlungsverfahren zu dem Finanzverfassungsgesetz ein. Wieder wurde monatelang in einem Unterausschuß mit sehr viel Scharfsinn, umfangreichen Gutachten und unterschiedlichen Interessen verhandelt, ohne daß ein abschließendes Einvernehmen zu erreichen war. Für den Bundesfinanzminister verschlechterte sich die Lage. Der schon erwähnte überraschende Anstieg seiner Haushaltsreste aufgrund der Verzögerungen beim Aufbau der Bundeswehr verstärkte den Widerstand der meisten Länder und führte auch bei der SPD-Opposition zu einer kritischeren Haltung. So ließen die Abgeordneten des Bundestages im Vermittlungsausschuß die Forderung nach einer Übertragung von Ländersteuern an den Bund schließlich fallen. Dennoch lehnte der Bundesrat am 2. Dezember auch die zweite Empfehlung des Vermittlungsausschusses mit Mehrheit ab. Ein drittes Vermittlungsverfahren schloß sich unverzüglich an und führte angesichts immer heftigerer Kritik in der Öffentlichkeit sehr schnell zu einer Verständigung. Der Ausschuß billigte am 8. Dezember mit 16 zu 2 Stimmen einen maßgeblich vom hessischen Ministerpräsidenten Georg-August Zinn (SPD) konzipierten Kompromiß, der dann im Bundestag und Bundesrat verabschiedet wurde.

Der Bund konnte danach eine Ergänzungsabgabe zur Einkommensteuer in unbeschränkter Höhe und ohne Zustimmung des Bundesrates einführen. In diesem lange umstrittenen Punkt setzten sich somit die Parlamentsfraktionen durch. Demgegenüber behielten die Länder sämtliche originären Landessteuern; hier mußte der Bundestag nachgeben. Der Bundesanteil an der Einkommensteuer wurde bis zum 1. April 1958 auf 33,3 und danach auf 35 Prozent festgelegt. Eine neu gefaßte Revisionsklausel konnte erstmals ab 1958 Anwendung finden. Trotz der Enttäuschung über den Fehlschlag einer ursprünglich wesentlich umfassenderen und anspruchsvolleren Konzeption für die künftige Finanzverfassung war schließlich doch ein langfristig tragfähiges Ergebnis zustandegekommen. Die Einkommen- und Körperschaftsteuer, der eine herausragende Bedeutung zukam, wurde von einer Länder- zu einer Gemeinschaftssteuer umgestaltet. Die unbegrenzte Ermächtigung für den Bund, eine Ergänzungsabgabe zu erheben, konnte nach Meinung mancher Kommentatoren ein wirksames Druckmittel bei den periodischen Verhandlungen über den Bundesanteil an der Einkommensteuer bilden. Andererseits hatten die Bundesländer ihren Besitzstand bei den originären eigenen Steuern gegen stärksten Druck verteidigt. Sie wiesen in der Folgezeit besonders hohe Zuwachsraten auf. So wuchsen die Steuereinnahmen der Bundesländer von 1955 bis 1961 um 130 Prozent gegenüber einer Zunahme von 68 Prozent für den Bund und 90 Prozent für die Kommunen. Aber zunächst einmal konnte der Bund im Etatjahr 1955 aufgrund der neuen Bestimmungen immerhin 61,5 Prozent des gesamten Steueraufkommens für sich verbuchen, gegenüber 26,8 Prozent für die Länder und 12,2 Prozent für die Gemeinden.

Noch unter einem anderen Gesichtspunkt war die komplizierte Gesetzgebung zur Finanzverfassung aufschlußreich. 1951 hatte der angesehene Staatsrechtler Werner Weber in seiner Studie »Spannungen und Kräfte im westdeutschen Verfassungssystem«[31] die stark beachtete These aufgestellt, daß es eine wirkungsvolle Gewaltenteilung nicht mehr gebe, da die Parteien zunehmend als einzige bestimmende Gewalt die Verfassungsorgane und das Volk mediatisierten. Die Beratungen im Bundesrat und vor allem im Vermittlungsausschuß ergaben ein anderes, differenzierteres Bild. Bei der Schlußabstimmung votierten nur zwei CDU/FDP-regierte Bundesländer, Nordrhein-Westfalen und Rheinland-Pfalz, gegen die abschließende Lösung. Demgegenüber hatte das SPD-geführte Niedersachsen von Anfang an am eindeutigsten seine Bereitschaft bekundet, dem Bund weit entgegenzukommen, und auch Hessens sozialdemokratisch geführte Regierung war viel früher als die meisten unionsgeprägten Länderkabinette bereit, wesentliche Elemente der Beschlüsse des Bundestages zu akzeptieren. Neben den Interessenunterschieden von finanzstarken und finanzschwachen

Ländern spielten, wie auch bei anderen wichtigen Vorlagen, ausgeprägte verfassungspolitische Überzeugungen über Parteigrenzen hinweg eine maßgebliche Rolle.

Im Sommer 1957 verabschiedete der Bundestag nach langen Beratungen das Gesetz über die Deutsche Bundesbank.[32] 1948 hatten die Alliierten die Bank Deutscher Länder gegründet. Zur selben Zeit waren in den westdeutschen Ländern Landeszentralbanken errichtet worden. Die Aufgabenstellung, Organe und Instrumente der Bank Deutscher Länder wurden 1948 überwiegend nach dem Beispiel des amerikanischen Federal Reserve System konzipiert. Direktorium und Zentralbankrat bestimmten die gemeinsame Bankpolitik. Sie konnten Entscheidungen über die allgemeine Kreditpolitik, insbesondere die Zins- und Diskontsätze, wie auch über die Offenmarktpolitik treffen. Hinzu kam die Kompetenz, obligatorische Mindestreserven der Kreditinstitute festzusetzen. Die Bank war zuständig für die Notenausgabe und die Steuerung der Geldmenge. Die Landeszentralbanken regelten die Kreditversorgung der regionalen Banken und Sparkassen. Sie nahmen Aufgaben der Bankenaufsicht wahr.

Wir haben gesehen, wie die Bank Deutscher Länder sofort eine wichtige operative Funktion für die Sicherung der Geldwertstabilität und die Beeinflussung des Konjunkturverlaufs übernahm, in der Anfangszeit meistens in engem Einvernehmen mit den verantwortlichen Persönlichkeiten der Frankfurter Administration und dann der Bundesregierung in Bonn. Neben dem Präsidenten des Zentralbankrats, Karl Bernard, stand der Präsident des Direktoriums, Wilhelm Vocke. Ein stabilitätsorientierter Kurs wurde nach den Verheerungen, die zwei Inflationen in einer Generation angerichtet hatten, von den meisten Menschen dringend erwartet. Die Zentralbank gewann so bald ein besonders hohes Maß an öffentlicher Zustimmung.

Mit dem Inkrafttreten des Bundesbankgesetzes am 1. Januar 1958 wurde aus der »Bank der Landeszentralbanken« eine Einheitsbank, deren Grundkapital allein dem Bund gehörte. Allerdings blieb der Einfluß der Länder beträchtlich, da sie die elf Präsidenten der Landeszentralbanken nominierten, die gemeinsam mit dem vom Bund bestellten Direktorium den Zentralbankrat bildeten. Erhards Kabinettsvorlage war in den anderen Hauptpunkten überwiegend an dem Statut der Bank Deutscher Länder orientiert. Aber die Bestätigung der Unabhängigkeit der Zentralbank stieß bei Adenauer und Schäffer auf erhebliche Bedenken. Es bedurfte längerer Überzeugungsarbeit, bis sie schließlich dem Bundeswirtschaftsminister zustimmten. »Die Währung zu sichern« ist nach

Paragraph 3 des Gesetzes die Aufgabe der Notenbank. Paragraph 12 verpflichtet sie, »unter Wahrung ihrer Aufgabe die allgemeine Wirtschaftspolitik der Bundesregierung zu unterstützen«. Sie ist von Weisungen unabhängig. In diesen lapidaren Formulierungen wird das Spektrum der Ziele und Verpflichtungen sichtbar, natürlich auch ein mögliches Konfliktfeld. In den vergangenen vier Jahrzehnten hat es unterschiedliche Folgerungen in jeweils wechselnden Situationen gegeben, gelegentlich auch erhebliche Differenzen im Zentralbankrat selbst. Aufs Ganze gesehen, hat sich das Konzept der unabhängigen Notenbank in Deutschland gut bewährt, am besten in Zeiten eines intensiven und konstruktiven Dialogs zwischen den zuständigen Bundesministern und den Organen der Bank. Die Bundesregierung blieb für Wechselkursänderungen zuständig, eine in den Zeiten fester Wechselkurse und eines funktionsfähigen europäischen Währungssystems wichtige Kompetenz. Allein dieser Sachverhalt unterstrich das Erfordernis zur partnerschaftlichen Kooperation bei wechselseitiger Achtung der besonderen Verantwortlichkeiten beider Partner.

5. Kapitel

Der Weg zur Europäischen Gemeinschaft und die zweite Phase der Sozialen Marktwirtschaft

Nach der Bundestagswahl 1953 setzte sich der starke Wachstumstrend in der Bundesrepublik mit recht günstigen Daten fort. 1954 und 1955 stieg die industrielle Produktion um 27 Prozent an. Die Investitionen nahmen bei zunächst nahezu völliger Preisstabilität weiter kräftig zu, ebenso die Außenhandelsüberschüsse und die Devisenreserven der Bundesbank. Ende 1954 gab es 16,5 Millionen Arbeitsplätze. Im Sommer 1955 ging die Zahl der Erwerbslosen auf weniger als 500 000 zurück.[1]

Bald wurden zusätzliche interne und externe Wachstumsimpulse wirksam, vor allem die Steuersenkungen des Jahres 1954, kräftigere Lohnsteigerungen und die weiter verstärkte Nachfrage aus dem Ausland. Jetzt kamen allerdings auch die Preise in Bewegung. 1956 betrug die Inflationsrate 2,6 Prozent, zeitweise näherte sie sich fast 4 Prozent. So begann die Bundesbank 1955 mit Offenmarktoperationen und schrittweisen Zinserhöhungen gegenzusteuern. Am 18. Mai 1956 hob der Zentralbankrat in Anwesenheit des Wirtschafts- und Finanzministers den Diskontsatz auf 5,5 Prozent an. Erhard hatte sich zuvor in Gesprächen mit den Wirtschaftsverbänden und eindringlichen öffentlichen Appellen für ein stabilitätsbewußteres Verhalten eingesetzt. Er und Schäffer traten in einer gemeinsamen Denkschrift für den Kanzler und das Kabinett für drastische Zollsenkungen ein und forderten Preisstabilität von Industrie und Bauwirtschaft. Dagegen wurde aus den Wirtschaftsverbänden Widerspruch laut.

Zur allgemeinen Überraschung kritisierte Adenauer am 23. Mai in einer Rede vor der Mitgliederversammlung des BDI im Kölner Gürzenich nicht nur die Entscheidung des Zentralbankrats, sondern auch seine beiden Minister in ganz ungewöhnlichen Wendungen.[2] Der deutschen Konjunktur sei ein »schwerer Schlag« versetzt worden. Leidtragende würden »die Kleinen« in Industrie, Handwerk und Landwirtschaft sein. Die beiden Minister reagierten empört. Ein breites Echo in der Presse, aus der Wissenschaft und vor allem der Unionsfraktion verurteilte Adenauers Attacken, bekundete Solidarität mit Erhard und Schäffer wie auch mit der Bundesbank. Das Meinungsbild war so eindeutig, daß der Kanzler schnell einen Rückzug antrat. Die Zollsenkungen wurden beschlossen. Aber vor allem bei Erhard blieb eine dauerhafte Enttäuschung und die Einschätzung, daß eine harmonische Zusammenarbeit mit Adenauer kaum noch vorstellbar war. Das Ansehen der Bundesregierung und der CDU nahm Schaden. Zum ersten Mal wurde für die Bevölkerung der schroffe Gegensatz zwischen den beiden Führungspersönlichkeiten in aller Offenheit sichtbar, mit beträchtlichen negativen Auswirkungen auf Dauer. Schon im Herbst zeigte sich, daß der Kurs der Bundesbank und die parallelen Maßnahmen beider Minister Erfolge zeitigten. Der Preisauftrieb schwächte sich vorerst ab, die Konjunktur kam in ein ruhigeres Fahrwasser, ohne ihre Dynamik zu verlieren.

Zu starken Erschütterungen führten die außenpolitischen Entwicklungen. Am 30. August 1954 lehnte eine Mehrheit der französischen Nationalversammlung bei einer Verfahrensabstimmung den Vertrag über die Europäische Verteidigungsgemeinschaft (EVG) ab. Damit war das Kernstück der Europapolitik Deutschlands und seiner westlichen Partner verworfen und zugleich die Integration in eine atlantische Sicherheitsstruktur in Frage gestellt. Rasch mußte ein Krisenmanagement einsetzen. Bereits im Oktober vereinbarten neun Regierungen auf zwei Konferenzen in London und Paris einen neuen Rahmen für die Einbeziehung Deutschlands in die westliche Allianz. Die Bundesrepublik wurde Mitglied der NATO und der (weniger bedeutenden) Westeuropäischen Union. Die Bundeswehr entstand als deutsche Armee, allerdings von Anfang an voll in die integrierten Militärstrukturen der Allianz eingebettet.

Stärkere innenpolitische Spannungen erwuchsen aus der Saar-Frage. Paris hatte eine Verständigung mit Bonn zur Voraussetzung für die Ratifizierung des neuen Vertragswerks gemacht. Adenauer war jetzt trotz erheblicher Widerstände in den eigenen Reihen bereit, Frankreich weit entgegenzukommen. Er bot nicht nur wirtschaftliche Konzessionen an, sondern auch die Zustimmung zu einem Saar-Statut, also eine Anerkennung der Sonderstellung des Saarlandes außerhalb des deutschen Staatsgebietes. Er beharrte allerdings auf einem Friedensvertragsvorbehalt und der Zulassung aller demokratischen Parteien sowie einer Volksabstimmung der Saarländer. Der Vertragstext mit diesen Hauptpunkten löste in der Bundesrepublik massive Kritik bis in die Regierungsparteien aus. Im Saarland gab es einen starken Zustrom zu den jetzt legalen Parteien CDU, SPD und DPS (FDP), die für eine Ablehnung eintraten und den Beitritt zur Bundesrepublik propagierten.

Am 23. Oktober 1955 wurde das Statut von den Saarländern mit

1954 wurde auf den Konferenzen von London und Paris die Westintegration der Bundesrepublik besiegelt. Nur zehn Jahre nach dem Ende des Zweiten Weltkriegs war der NATO-Beitritt und vor allem die Gründung der Bundeswehr ein Reizthema. »Nie wieder!« sollte es eine deutsche Armee geben – dafür gingen Hunderttausende in ganz Deutschland auf die Straßen, zumal viele mit der Wiederbewaffnung auch die Chancen für eine baldige Wiedervereinigung Deutschlands schwinden sahen.

sehr großer Mehrheit verworfen. Dies galt allgemein als eine schwere Niederlage des Bundeskanzlers. Jetzt war eine neue Pariser Regierung zur allgemeinen Überraschung bereit, einer Eingliederung des Saarlandes in die Bundesrepublik zum 1. Januar 1957 zuzustimmen. Frankreich erhielt dafür eine Reihe wirtschaftlicher Sonderrechte und die Zusage für den Bau eines Saar-Mosel-Kanals. In Paris warben die stärker auf Zusammenarbeit mit Deutschland orientierten Kräfte, nach dem Scheitern der EVG, für eine baldige neue Initiative zum Ausbau der europäischen Kooperation.

Die vorausgegangenen Auseinandersetzungen in der Bundesrepublik hatten zu einer schweren Belastung für die Koalition geführt. Die große Mehrheit der FDP stellte sich entschieden gegen Adenauers Saar-Politik. Der Konflikt eskalierte, als die CDU/CSU eine Wahlrechtsänderung forderte. Ein von der Fraktion eingebrachter Entwurf sah eine drastische Verstärkung von Elementen des Mehrheitswahlrechts vor. Ihre Einführung hätte die Fraktion der FDP etwa halbiert.

Nach dramatischen Auseinandersetzungen traten 16 Bundestagsabgeordnete der Freien Demokraten, darunter die vier Bundesminister, am 23. Februar 1956 aus ihrer Partei aus, um die Koalition mit der Union fortzuführen. Die Mehrheit der FDP-Fraktion ging in die Opposition, mit ihr fast die gesamte Parteiorganisation. Die Konflikte um die Saar-Politik, das Ausscheiden der FDP aus der Koalition, der offene Streit Adenauers mit Erhard und Schäffer und die damit verbundene Verschärfung des innenpolitischen Klimas führten zu einer Schwächeperiode für die Bundesregierung. Zur selben Zeit begannen die Verhandlungen für ein großes und zukunftweisendes Projekt, die Gründung der Europäischen Wirtschaftsgemeinschaft.[3]

Viele Meinungsführer in den westeuropäischen Staaten beschäftigte seit dem Scheitern der EVG die Frage, wie man zu einer Neubelebung der Integrationspolitik kommen könne. Für Adenauer stand sie im Mittelpunkt seiner Gedanken und Gespräche. In Belgien und den Niederlanden warben die Außenminister Paul-Henri Spaak und Johan Willem Beyen, beide überzeugte Europäer, für weitreichende Initiativen auf dem Gebiet der Wirtschaft. In Frankreich war die innenpolitische Situation komplizierter. Jean Monnet trat für den Weg der Teilintegration ein. Insbesondere die Forschung und industrielle Anwendung der Kernenergie sollte in einem europäischen Rahmen organisiert werden. Im Mai 1955 schlugen die Benelux-Staaten ihren Partnern in Bonn, Paris und Rom in einem Memorandum vor, einen Gemeinsamen Markt zu bilden, die nationalen Volkswirtschaften fortschreitend zu verflechten, gemeinsame Institutionen zu schaffen und auch die Sozialpolitik schrittweise zu harmonisieren.[4] Sie empfahlen, eine Konferenz für die Ausgestaltung der Verträge einzuberufen, an der auch andere Mitgliedstaaten der OEEC teilnehmen könnten. Anfang Juni trafen sich die Außenminister der Sechs in Messina. Italien übernahm den Grundgedanken eines Gemeinsamen Marktes und zeigte sich zugleich für Sonderregelungen im Energiesektor und Verkehrswegen offen. Frankreich hatte aufgrund erheblicher interner Meinungsverschiedenheiten im Kabinett Probleme, eine klare Position zu beziehen. Aber schließlich stimmte Außenminister Pinay dem dringenden Wunsch aller Partner zur Einsetzung einer Sachverständigen-Konferenz zu, die das Konzept eines Gemeinsamen Marktes genauer erörtern sollte, ohne bereits ein Mandat für formelle Vertragsverhandlungen zu erhalten. Es ging um vier Aufgaben: den schrittweisen Zusammenschluß der Volkswirtschaften, die Schaffung eines Gemeinsamen Marktes, die entsprechende Weiterentwicklung gemeinsamer Institutionen und die Annäherung in der Sozialpolitik. In dem Abschlußdokument wurde bereits eine Vielzahl von Zielen angesprochen, neben einer Zollunion sowie der Harmonisierung der Finanz- und Währungspolitik auch Freizügigkeit für die Arbeitskräfte, gemeinsame Grundsätze für ein Wettbewerbsrecht, Schaffung eines europäischen Investitionsfonds und eines gesonderten gemeinsamen Rahmens für die Förderung der Kernenergie.

So konnte in Messina in sehr kurzer Zeit ein bedeutender Fortschritt erreicht werden. Ein kleiner Kreis von Politikern und hohen Beamten der Sechs hatte kühne, weitreichende Konzepte für ein neues Europa zur Diskussion gestellt und – zunächst ohne formelle Beratung in nationalen Parlamenten – einen sich beschleunigenden Prozeß in Gang gesetzt. Von jetzt an rückte die wirtschaftliche Integration in den Vordergrund. Dafür gab es gute Argumente. Den Westeuropäern wurde stärker bewußt, daß sich als Folge des Zweiten Weltkrieges auch das Zentrum der Weltwirtschaft nach Amerika verlagert hatte, abgesehen von der politischen Führungsrolle der USA und der Sowjetunion in einer veränderten Welt. Ein großer europäischer Markt schien vielen die logische Antwort auf diese Wandlungen zu sein. Und es war auch zu erwarten, daß eine Wirtschaftsgemeinschaft eine bedeutende außenpolitische Qualität gewinnen würde.

Das öffentliche Echo in den europäischen Hauptstädten war zunächst verhalten. Die Beschlüsse wurden eher als eine der vielen Absichtserklärungen gesehen, die zumeist ohne Konsequenzen geblieben waren. Ein erstes Folgetreffen fand bereits am 9. Juli in Brüssel statt. Diesmal war auch Großbritannien vertreten. Unter der zielstrebigen Leitung von Spaak wurden die Strukturen der künftigen Arbeit festgelegt. Man einigte sich darauf, neben einem Lenkungsausschuß vier Arbeitsgruppen und mehrere Unterausschüsse für die Aufgabenfelder und Institutionen der angestrebten Gemeinschaft zu bilden.

Auch innerhalb der Bundesrepublik gab es seit dem Frühjahr intensive Ressortgespräche, wobei einige grundlegende Differenzen über den künftigen Weg deutlich wurden.[5] Im Auswärtigen Amt sah man zunächst den Schulterschluß mit Frankreich als vorrangig an und zeigte Sympathie für Monnets Idee eines sektoralen Vorgehens. Im Wirtschaftsministerium legten Erhard und seine engsten Mitarbeiter vor allem Wert auf eine Fortsetzung des weltweiten Abbaus von Handels- und Zollschranken nach den Regeln des GATT und verfochten speziell für die Industrieländer eine Stärkung der OEEC. Die Bundesrepublik war Mitglied des Internationalen Währungsfonds und der Weltbank geworden; sie hatte durch das Londoner Schuldenabkommen eine sehr günstige Regelung für die Altschulden aus der Zeit von 1945 erreicht[6] und konnte nun mit wachsendem Gewicht ihre liberalen Überzeugungen auch im weltwirtschaftlichen Rahmen vertreten. Erhard war besorgt, daß Frankreich bei seiner traditionellen Neigung zum Dirigismus und Protektionismus eine Europäische Wirtschaftsgemeinschaft als Instrument der weitgehenden Abkapselung gegen Drittländer nutzen werde. Demgegenüber warb der federführende Unterabteilungsleiter, Ministerialdirigent Hans von der Groeben, für eine aufgeschlossene Beurteilung des umfassenden Ansatzes einer Wirtschaftsgemeinschaft, in der es starke Verbündete für die Erhardschen Prinzipien geben werde. Diese Argumente bestimmten seit Messina zunehmend die deutsche Position.

Die Diskussionen zwischen den Experten der sieben Regierungen gestalteten sich schwieriger als zunächst in Brüssel erwartet. Das lag sowohl an der Kompliziertheit der Materie in einem Neuland als auch an politischen Differenzen in mehreren Ländern. In Italien und Frankreich kam es zu Regierungswechseln, Großbritannien zog sich zum Jahresende aus den Gesprächen zurück. So gab es bei einem Treffen der Außenminister im Februar 1956 immer noch beträchtliche Auffassungsunterschiede. In den folgenden Wochen versuchte Spaak in zahlreichen bilateralen Gesprächen eine gemeinsame Form zu finden. Ende April legte er einen zusammenfassenden Bericht mit detaillierten Vorschlägen für eine Gesamtlösung vor.[7] Er ging von drei Prämissen aus: Bei verbindlichen Wettbewerbsregeln und einer parallelen Entwicklung der beteiligten Volkswirtschaften sollte erstens das Ziel gelten, die Handelsschranken innerhalb der Gemeinschaft in absehbarer Zeit abzubauen. Zweitens mußte das Wettbewerbsrecht alle Formen der Diskriminierung und einseitigen Subventionierung innerhalb der Mitgliedstaaten ausschließen. Drittens sollten gemeinsame Instrumente und Regeln für die verstärkte wirtschaftliche Expansion geschaffen werden. Die deutsche Delegation vermerkte mit Genugtuung, daß Spaak für die Ausgestaltung einer Europäischen Wirtschaftsgemeinschaft marktwirtschaftliche Ordnungsprinzipien vorsah. Die Bundesrepublik und die Benelux-Staaten hatten sich in den langen Beratungen nachdrücklich für eine Zollunion als Basis der weiteren Entwicklung eingesetzt. Spaak empfahl jetzt, sie in einer Zeitspanne von zwölf Jahren zu realisieren.

Bei den Erörterungen der Außenzölle der Gemeinschaft hatten sich erhebliche Differenzen zwischen der deutschen und der französischen Position ergeben, wobei Frankreich zunehmend in die Isolierung geriet. Schließlich verständigte man sich provisorisch auf die Grundsätze des GATT. Man wollte zunächst von dem Mittelwert der jetzt unterschiedlichen Zollsätze der sechs Staaten ausgehen, und nur in einem sehr komplizierten Verfahren konnten unter gewissen Voraussetzungen weitergehende Senkungen vorgenommen werden. Dies stand aber noch unter dem Vorbehalt einer vor allem für Frankreich befriedigenden Sonderregelung für den Agrarmarkt mit einem starken Außenschutz. Großbritannien verstärkte nach seinem Ausscheiden aus den Verhandlungen die Initiativen für eine größere Freihandelszone, die alle europäischen OEEC-Länder umfassen sollte. Mit Blick hierauf sah Spaak ausdrücklich die Möglichkeit von Assoziierungsverträgen der EWG mit weiteren Staaten und entsprechend günstige Sonderregelungen für den Handel mit den Assoziierten vor. Geplant waren ferner ein Investitions- und Anpassungsfonds für strukturschwache Regionen. Die Rahmenbedingungen für den Arbeitsschutz und die Sozialpolitik sollten schrittweise harmonisiert werden.

Als Institutionen schlug der belgische Außenminister eine unabhängige Kommission vor, bei der das Initiativrecht lag, einen Ministerrat, eine Parlamentarische Versammlung und einen Europäischen Gerichtshof. Damit übernahm er weitgehend das Schema der Montanunion, allerdings mit einigen Änderungen in den Strukturen und Zuordnungen. Das Parlament und der Gerichtshof sollten für alle drei Gemeinschaften zuständig sein, das heißt für Montanunion, EWG und Euratom. Die Atomgemeinschaft als selbständige Einrichtung war eine unvermeidbare Konzession an

Frankreich.[8] Sie stieß vor allem in Deutschland auf erhebliche Vorbehalte.

Die Außenministerkonferenz am 29./30. Mai 1956 in Venedig brachte dann den einvernehmlichen Beschluß, jetzt formelle Vertragsverhandlungen aufzunehmen. Noch gab es in mehreren Punkten beträchtliche Meinungsunterschiede, aber der politische Wille zu einer baldigen Verständigung war erkennbar. Die deutsche Delegation unter der kompetenten Leitung von Staatssekretär Walter Hallstein trug erheblich zu diesem Erfolg bei. Auch innerhalb der Bundesregierung waren vor und nach Venedig immer wieder schwierige Abstimmungsgespräche erforderlich. Seit dem Frühjahr 1956 erörterten Adenauer und Erhard ihre unterschiedlichen Auffassungen in einem Briefwechsel, in persönlichen Begegnungen und bei Kabinettsberatungen.[9] Der Bundeskanzler erteilte den Vorstellungen seines Ministers über die Priorität einer umfassenderen westlichen Freihandelszone eine Absage. Aber er war zugleich bemüht, durch ein Entgegenkommen in mehreren wichtigen Punkten, insbesondere der Handelspolitik, einen offenen Konflikt zu vermeiden. Dazu mag die prekäre innenpolitische Lage des Jahres 1956 beigetragen haben. So konnte Erhard die Wirkungen seiner Argumente sowohl im Spaak-Bericht als auch bei dem Verlauf der Konferenz von Venedig registrieren, allerdings ohne damit völlig zufriedengestellt zu sein.

Im Herbst 1956 kam es noch einmal zu einer Stockung. Dann erschütterten im Oktober und November schwere internationale Konflikte die Welt. Die Sowjetunion warf die ungarische Freiheitsbewegung gewaltsam nieder. Großbritannien und Frankreich beantworteten die Verstaatlichung der internationalen Suezkanalgesellschaft durch Ägyptens Diktator Nasser am 5. November mit einer militärischen Invasion des Kanalgebiets, worauf Moskau mit einem direkten Eingreifen drohte. Die USA erreichten mit massivem Druck eine schnelle Beendigung der Operationen ihrer Verbündeten. Diese bittere politische Niederlage der beiden europäischen Mächte ließ in Paris die Bereitschaft zu einer schnellen Verständigung über die noch offenen Fragen der EWG wachsen. Jene Kräfte setzten sich durch, die auch aus außenpolitischen Gründen die Integration voranbringen wollten. Adenauer besuchte am 6. November Paris und bekundete damit dem Nachbarland Solidarität. Anfang 1957 wurde auch Einvernehmen über die Struktur des Agrarmarktes und die Formen der Assoziierung der überseeischen Territorien erzielt. Es sollten Zollpräferenzen und ein Investitionsfonds geschaffen werden, der aus Beiträgen aller Mitgliedstaaten gespeist würde. Bedeutsam war ferner die Verständigung darüber, das Niederlassungsrecht für alle Unternehmen in den Ländern der Gemeinschaft wie auch die Freizügigkeit für alle Arbeitnehmer im Vertrag zu verankern. Einvernehmen bestand jetzt auch über die Grundzüge eines europäischen Wettbewerbsrechts. Die Liberalisierung des Kapitalmarktes galt zunächst für die Finanzierung produktiver Investitionen und sollte später schrittweise umfassend in Kraft gesetzt werden. Diese Ergebnisse der Schlußrunde und die erwähnten Vereinbarungen zur Gestaltung der Außenzölle der Gemeinschaft betrachtete Erhard als positive Wende in den für ihn wichtigsten Fragen. So trat er jetzt bei den Beratungen seiner Fraktion, des Bundestages wie auch öffentlich für den Abschluß und die Ratifizierung des Vertrages ein.[10]

In dieser Zeit nahm in Deutschland das Interesse an den Verhandlungen sichtbar zu. In allen beteiligten Ländern wuchs die Erkenntnis, daß es um eine historische Weichenstellung ging. Erwähnenswert ist, daß die Verbände - einschließlich des einflußreichen BDI - bis zum Jahresende 1956 von der Bundesregierung kaum konsultiert wurden und auch danach keine nennenswerte Rolle spielten. Am 25. März 1957 wurden die beiden Verträge über die Europäische Wirtschaftsgemeinschaft und Euratom feierlich in Rom unterzeichnet. Am 5. Juli ratifizierte der Bundestag nach eingehenden Beratungen das Vertragswerk. CDU/CSU, SPD und DP stimmten ihm zu, nur die FDP und der BHE votierten mit Nein. Sie brachten die Sorge zum Ausdruck, eine derart starke Westintegration könne die Politik der Wiedervereinigung schwächen. Bis zum Jahresende war das Ratifizierungsverfahren in allen sechs Staaten abgeschlossen, nunmehr konnten sich die Organe beider Gemeinschaften konstituieren. Ein neues Kapitel der europäischen Geschichte begann.

Nach den voraufgegangenen innenpolitischen Konflikten und Schwächezeichen festigte sich das Ansehen der Bundesregierung im Wahljahr 1957 erneut. Die wirtschaftliche Dynamik und die Belebung auf dem Arbeitsmarkt hielten an. Ende 1955 begann die Anwerbung ausländischer Saisonarbeiter. Ein Jahr später waren schon fast 100 000 in der Bundesrepublik tätig. Die Gewerkschaften nutzten die veränderte Marktsituation und setzten höhere Lohnsteigerungen durch. Die Rentenreform fand vor allem in der älteren Generation große Zustimmung. Aber noch im Winter 1956/57 lagen CDU/CSU und SPD in den Meinungsumfragen fast gleichauf.[11] Ähnlich wie 1953 setzte sich dann im Frühjahr ein Stimmungsumschwung zugunsten der Union durch. Erneut erwiesen sich Adenauer und Erhard als die Magneten für eine große Zahl spät entschlossener Wähler.

Am 15. September 1957 erzielte die Union als erste Partei bei freien Wahlen in Deutschland mit 50,2 Prozent die absolute Mehrheit der Stimmen und 270 Mandate. Die SPD gewann gegenüber 1953 rund 3 Prozent hinzu. Aber mit 31,8 Prozent und 169 Sitzen erreichte sie nicht einmal ein Drittel der Wähler. Die FDP kam auf 7,7 Prozent und 41 Mandate. Die DP erhielt aufgrund von drei Direktmandaten in Niedersachsen mit 3,4 Prozent 17 Sitze, während der BHE mit 4,6 Prozent an der Sperrklausel scheiterte. Adenauer hielt den Zeitpunkt nicht für gekommen, die FDP erneut in die Regierung einzubeziehen. So trat er für eine kleine Koalition von CDU/CSU und DP ein. Probleme gab es mit der besonders erfolgreichen und selbstbewußten CSU. Adenauer lehnte es ab, Schäffer erneut als Finanzminister zu berufen, was zu erheblichen Spannungen führte. Ende Oktober konnte er sein neues Kabinett vorstellen. Erhard wurde Stellvertreter des Bundeskanzlers und wehrte erfolgreich Bestrebungen ab, Aufgaben aus dem Wirtschaftsressort zu verlagern. Für Schäffer, der in das Justizministerium wechselte, kam Etzel. Er hatte, wie berichtet, als Vorsitzender des Bundesfachausschusses Wirtschaftspolitik der CDU erheblichen Einfluß auf wichtige Gesetzgebungsvorhaben gewonnen, insbesondere bei der Mitbestimmung und dem Kartellrecht. Auch bei den Verhandlungen zur Gründung der EWG hatte seine Stimme in Bonn beachtliches Gewicht. Die zweite bedeutsame Neubesetzung erfolgte mit der Berufung von Theodor Blank zum Bundesminister für Arbeit und Soziales. Blank war 1956 in der äußerst schwierigen Aufbauphase der Bundeswehr als Verteidigungsminister durch Franz Josef Strauß abgelöst worden. Aber er besaß in seiner Fraktion hohes Ansehen. Seine Erfahrungen als junger Sekretär der Bergarbeiter-Gewerkschaft hatten ihn in den ersten Nachkriegsjahren zu einem der wichtigsten Sprecher der CDU-Sozialausschüsse werden lassen. Von Anfang an vertrat Blank überzeugend und kompetent das Konzept der Sozialen Marktwirtschaft in der Arbeitnehmerschaft. Seebohm und Lübke wurden in ihren Ressorts bestätigt. Lücke übernahm das Wohnungsbauministerium, das neu geschaffene Schatzministerium wurde dem CDU-Politiker Hermann Lindrath übertragen. Dies war ein deutliches Signal für eine Politik der Privatisierung und der Förderung der Vermögensbildung.

Im Jahr des größten Wahlerfolges der Unionsparteien verstärkte sich bei den Vorkämpfern der Sozialen Marktwirtschaft in Wissenschaft und Publizistik die Kritik an Defiziten in ihrer konsequenten Umsetzung und Weiterentwicklung. Starke Beachtung fand Wilhelm Röpkes 1957 erschienenes Werk »Jenseits von Angebot und Nachfrage«. Röpke war nach den Jahren der Emigration in Istanbul und Genf nicht nach Deutschland zurückgekehrt, aber er nahm seit 1946 engagiert an den Debatten über die Zukunft seines Heimatlandes teil. Röpke würdigte nun im Abstand von fast zehn Jahren die historische Bedeutung der befreienden Tat Erhards für ganz Europa: »So kam der wirklich entscheidende Schlag im Sommer 1948 von Deutschland, als ... ein die Theorie mit der Praxis vertauschender Professor ... den völlig unverschleierten und vollkommenen Bankrott des inflationären Kollektivismus mit der entschlossenen Rückkehr zur Marktwirtschaft ... beantwortete und dabei taktlos genug war, einen alle Erwartungen übersteigenden Erfolg zu erringen.«[12] Allerdings habe es seitdem auch schwere Fehler gegeben, ein Zurückweichen vor Interessengruppen, eine widerspruchsvolle Finanzpolitik und eine weiter wuchernde Sozialpolitik, die eine Überlastung der Volkswirtschaft herbeiführen müsse. Deshalb sei ein neuer starker Impuls für überzeugendes Handeln an der Zeit.

Die weitergehende Konzentration in der Wirtschaft sowie der Aufbau zentraler Bürokratien der Planung und Lenkung und damit die zunehmende Entmündigung der Menschen war für Röpke die größte Bedrohung einer freiheitlichen Zukunft. Er erblickte in einer durch freie Märkte und Preise bestimmten Volkswirtschaft die einzige Ordnung, »die mit der Freiheit des Menschen, mit der sie sichernden Struktur des Staates und der Gesellschaft und mit der Herrschaft des Rechts« harmoniere. Das seien die letzten Bedingungen für Menschen seines religiösen Glaubens und seiner philosophischen Überzeugung, um mit »Sinn und Würde« leben zu können.

Immer wieder wurde in jenen Jahren die Frage gestellt, ob die Deutschen aus der Katastrophe der Hitler-Diktatur wirklich gelernt hatten und inwieweit es eine eindeutige Hinwendung zu Demokratie und Rechtsstaat gab. Vor allem die Opfer der NS-Zeit bewegte dies, unter ihnen Emigranten, deren Angehörige und Freunde umgekommen waren und die sich dennoch engagiert für eine gute Zukunft Deutschlands einsetzten. Zu ihnen gehörte Henry Wallich, der damals als brillanter junger Nationalökonom an der Yale-Universität tätig war und sich als Verfasser des Buches »Triebkräfte des deutschen Wiederaufstiegs« einen Namen gemacht hatte. Wallich schrieb schon 1954, er sehe keine ernsthafte Gefahr einer Wiederbelebung der Naziideologie.[13] Er verzeichnete auch mit bemerkenswerter Gelassenheit, daß eine beträchtliche Zahl ehemaliger Mitglieder der NSDAP in den demokratischen Parteien und der Staatsverwaltung tätig waren. Sorge bereitete ihm vielmehr die Grundstimmung einer »emotionalen Erschöpfung nach Jahren aufgeputschter Leidenschaften«, eine verbreitete, tiefsitzende Skepsis. »Ausschließliche Konzentration auf materielle Ziele dürfte eines der Mittel sein, durch welches viele Deutsche die peinvolle Erinnerung aus ihrem Bewußtsein verdrängen.« »Eine Nation von Eigenbrötlern mißtraut instinktiv ihren Fähigkeiten zum demokratischen Kompromiß und sehnt sich nach der Verkörperung des Familienvaters für das ganze Volk.« Wallich befürchtete wie Röpke, daß den Deutschen in schwierigen Zeiten eine erneute Anfälligkeit für ideologische Parolen gefährlich werden könnte.

Auf dem Wirtschaftstag in Frankfurt im Juli 1957 wurden konkretere Vorstellungen für neue Ziele Sozialer Marktwirtschaft der Union entwickelt. Ein Rückblick ergab folgendes Bild: In der ersten Wahlperiode hatten der Wiederaufbau und die Forcierung des Wachstums vor allem durch Investitionsförderung im Mittelpunkt gestanden, in der zweiten wurde insbesondere die Sozialpolitik vor dem Hintergrund anhaltender ökonomischer Dynamik ausgebaut. Doch die Väter der Sozialen Marktwirtschaft hatten nicht Wachstum, soziale Sicherung und Umverteilung zu absoluten Maßstäben gemacht. Bei aller Genugtuung über den wirtschaftlichen Wiederaufstieg war 1957 unübersehbar, daß es noch eine Reihe von Ungleichgewichten und strukturellen Defiziten gab. Daher wurden bereits vor der Bundestagswahl neue Schwerpunkte eines ordnungspolitisch begründeten Handelns herausgearbeitet. Für diesen Ansatz prägte Etzel 1957 die Formel von der »Zweiten Phase der Sozialen Marktwirtschaft«.[14]

1957 waren mehrere Wirtschaftsbereiche noch nicht voll in den Wettbewerb einbezogen. Neben diesen teilweise geschützten Sektoren gab es Politikfelder, in denen marktwirtschaftliche Grundsätze bisher nicht ausreichend zur Geltung gekommen waren. Dies galt insbesondere für die Steuerpolitik, die zwar Investitionen förderte, aber zugleich die Entwicklung des Kapitalmarkts hemmte und die Wettbewerbsverhältnisse zwischen den Unternehmensformen einseitig beeinflußte. Jetzt nahm auch die Kritik an der unausgewogenen Vermögensbildung beim Wiederaufbau zu. Die Finanzpolitik hatte maßgeblich zu einem hohen staatlichen Vermögenszuwachs beigetragen. Auch deshalb wurde nunmehr nachhaltig die Privatisierung der Unternehmensbeteiligungen von Bund und Ländern gefordert.

So war es nicht verwunderlich, daß die zweite Phase der Sozialen Marktwirtschaft mit einer Neuorientierung in der Steuer-, Kapitalmarkt- und Haushaltspolitik begann. Etzel entwickelte auf dem Frankfurter Wirtschaftstag ein Programm zur Stärkung des Kapitalmarkts und zur breiteren Vermögensbildung, das ordnungspolitische mit sozialpolitischen Zielen verband. Die Steuerbelastung des ausgeschütteten Gewinns von Kapitalgesellschaften sollte vermindert, der Aktienmarkt dadurch belebt werden. Als Ergänzung war eine Reform des Aktienrechts vorgesehen. Um den staatlichen Anteil am Volksvermögen zu verringern, sollten öffentliche Investitionen verstärkt über den Kapitalmarkt finanziert werden. Hinzu kam die Reform der Sparförderung: Sie sollte künftig allen Einkommensschichten zugute kommen und nicht länger bestimmte Anlageformen bevorzugen. Adenauer übernahm in seiner Regierungserklärung vom 29. Oktober 1957 wesentliche Punkte dieses Programms.

Bereits am 13. März 1958 legte Etzel dem Bundestag den Entwurf für eine umfassende Steuerreform vor.[15] Der Körperschaftsteuersatz für ausgeschüttete Gewinne wurde auf 15 Prozent gesenkt, der für einbehaltene Gewinne auf 49 Prozent erhöht und damit dem auf 53 Prozent verringerten Einkommensteuerspitzensatz angenähert. Erhard konnte sich auch diesmal nicht mit seiner Forderung durchsetzen, die Besteuerung des ausgeschütteten Gewinns völlig zu beseitigen. Dennoch wurde der Anreiz für Gewinnausschüttungen der Unternehmen deutlich verstärkt. Die Neufassung des Einkommensteuertarifs war auch eine Konsequenz der vom Bundesverfassungsgericht geforderten Neuregelung der Besteuerung von Ehepaaren. Die Einführung des Ehegattensplittings fand breite Zustimmung. Neben der Verringerung des Spitzensatzes auf 53 Prozent wurde der Grundfreibetrag deutlich erhöht. Etzel hätte die Steuersenkungen gern durch den Abbau von Vergünstigungen der 7er-Reihe ergänzt, dies gelang aber wie bei den vorherigen Steuergesetzen nur in einzelnen Punkten.

Der Etzelsche Einkommensteuertarif blieb in wesentlichen Elementen über drei Jahrzehnte erhalten. Die Progression wurde weiter abgeschwächt, blieb aber im Bereich der gehobenen Einkommen immer noch einschneidend. 1958 lagen die Einkommen noch bei 95 Prozent der Steuerpflichtigen in der unteren Proportionalzone des Tarifs. Für sie betrug der Steuersatz zwanzig Prozent. In der Folgezeit wuchsen aber weitere Gruppen des Mittelstands und zunehmend auch breite Arbeitnehmerschichten in die Progressionszone hinein. So wurde vor allem in den siebziger Jahren ein immer höherer Anteil der Einkommenszuwächse durch die Steuer und steigende Sozialversicherungsbeiträge erfaßt. Der Unterschied zwischen Brutto- und Nettoeinkommen vergrößerte sich rapide. Als dann auch noch die Inflationsraten spürbar anstiegen, verschärfte sich diese Problematik. Die Steuersenkungen der folgenden 28 Jahre konzentrierten sich im wesentlichen darauf, die Progressionswirkung durch begrenzte Entlastungen im unteren und mittleren Tarifbereich kurzfristig zu mildern.

Für die Haushaltspolitik kündigte Etzel 1957 an, künftig »hart am Rande des Defizits« wirtschaften zu wollen. Das war gegen Schäffers Thesaurierungspolitik gerichtet. Etzel war bestrebt, das Entstehen erneuter Haushaltsüberschüsse zu vermeiden. Dies gelang ihm zunächst, weil der Aufbau der Bundeswehr voranschritt und die dafür bereitgestellten Mittel verbraucht werden konnten. Der »Juliusturm« wurde bis 1959 abgebaut. In diesem Jahr war zum ersten Mal seit 1953 wieder eine Nettokreditaufnahme notwendig. Etzel war darüber keineswegs besorgt. Das Risiko seines Konzepts lag aber darin, daß bei einer spürbaren Verlangsamung des Wirtschaftswachstums kurzfristig unerwünscht hohe Defizite entstehen konnten. Zunächst blieb die Kreditaufnahme des Bundes hinter den Voranschlägen des Finanzministers zurück, der kreditfinanzierte Anteil der Investitionen betrug weniger als zwanzig Prozent. Einige Bundesländer verzeichneten Anfang der sechziger Jahre sogar Haushaltsüberschüsse. Im Wahljahr 1961 geriet Etzel allerdings in Haushaltsschwierigkeiten und konnte nur mit Mühe ein überhöhtes Defizit vermeiden.

Die Steuerreform von 1958 und die später folgende Aktienrechtsreform bildeten konzeptionell eine Einheit. Eine Neuordnung im Jahr 1937 hatte die Stellung der Vorstände gestärkt. Im Sommer 1958 veröffentlichte das Justizministerium ein neues Konzept. Die Rechte der Aktionäre bei der Gewinnfeststellung und -verwendung sollten in mehreren Punkten ausgebaut werden. Dies traf auf den heftigen Widerstand der Industrie- und Bankenverbände. Aber auch die Gewerkschaften verfolgten die Reform mit Argwohn, weil sie fürchteten, die Mitbestimmung könnte ausgehöhlt werden. Das neue Aktiengesetz konnte erst 1965 verabschiedet werden, und es erfüllte die Erwartungen der Reformer nur teilweise. Die Annahme, die Kleinaktionäre würden von ihren Mitwirkungsrechten Gebrauch machen, erwies sich als zu optimistisch. Spätere Änderungsvorschläge konzentrierten sich daher auf die Schaffung effizienterer Aktienmärkte, vor allem durch eine verbesserte Publizität. Die Aktienanlage blieb im Rahmen der Sparförderung vernachlässigt und erlangte keine größere Bedeutung für die betriebliche oder private Altersvorsorge. Auch das bereits 1957 im Interesse einer breiteren Risikostreuung verabschiedete Investmentgesetz konnte den Erwerb von Aktien in breiten Schichten der Bevölkerung nicht populärer machen.

Mit dem Sparprämiengesetz des Jahres 1959 wurden fast alle Sparformen unabhängig vom Einkommen durch Prämien von zwanzig Prozent bis zu einem Höchstbetrag von 500 DM gefördert. 1961 brachte das von der CDU/CSU-Fraktion auf den Weg gebrachte erste Vermögensbildungsgesetz (312-Mark-Gesetz) weitere Vergünstigungen, diesmal ausschließlich für Arbeitnehmer. Der wichtigste Einwand gegen die Förderung des Kontensparens blieb, daß dies lediglich zu Mitnahmeeffekten, nicht aber zu einer wirklichen Mehrersparnis führe. Zudem kam es nicht zu einer Harmonisierung der verschiedenen Formen. So begünstigte das Steuerrecht weiterhin die Anlage in Lebensversicherungen oder Immobilien.

Etzel hatte früh erkannt, daß die einseitige Vermögenskonzentration bei der Finanzierung des Wiederaufbaus auf wachsende Kritik stoßen würde, je weiter die Erfolge dieser Politik zurücklagen. Dem wollte er durch seine Kapitalmarkt- und Vermögenspolitik vorbeugen. Tatsächlich erhöhte sich der Anteil der privaten Haushalte an der volkswirtschaftlichen Vermögensbildung beträchtlich, was vor allem auf die Einkommensentwicklung bei Selbständigen und Arbeitnehmern zurückzuführen war. Er stieg von durchschnittlich 23 Prozent in den fünfziger auf 38 Prozent in den sechziger Jahren und erreichte in den siebziger Jahren sogar 58 Prozent.[16] Der Anteil der Arbeitnehmer an der Vermögensbildung wuchs zwischen 1957 und 1967 von 14 auf 33 Prozent. Bei den Arbeitern, Angestellten und Beamten hatten sich die durchschnittlichen monatlichen Bruttoeinkommen zwischen 1950 und 1962 von 243 DM auf 607 DM erhöht. Das bedeutete bei einer Steigerung des Preisindexes für die private Lebenshaltung von 22 Prozent in diesem Zeitraum etwa eine Verdoppelung der realen Kaufkraft.[17] In den sechziger Jahren führten dann mehrere Untersuchungen und ihre vergröbernde Popularisierung zu einer neuen Welle der Kritik an den verteilungspolitischen Folgen der Erhardschen Wirtschaftspolitik. Die These, daß 1,7 Prozent der Bevölkerung sechzig Prozent des »Produktivkapitals« besitzen würden, hatte nachhaltige Wirkungen.[18] Andere Vermögensformen, insbesondere das enorm gestiegene Geldvermögen breiter Schichten, wurden dabei ebenso ignoriert wie die rasch wachsenden Ansprüche der Arbeitnehmer an die Sozialversicherung. Sie stellten einen Vermögenswert dar, der vergleichbare Titel mancher Selbständigen- und Unternehmerhaushalte übertraf.[19]

1957 setzte sich auch die Idee durch, eine Privatisierung von Bundesunternehmen mit der Förderung der Vermögensbildung zu verbinden. Schon zuvor hatten die FDP und die Spitzenverbände der Wirtschaft für die Veräußerung der Industriebeteiligungen des Bundes und der Länder geworben. Mit der Ergänzung um eine soziale Komponente fand die Privatisierung dann auch in der CDU breite Zustimmung. Vor allem Bundesschatzminister Hermann Lindrath warb in der dritten Wahlperiode mit Erfolg für die Idee der »sozialen« Privatisierung.

1959 wurden 78 Prozent des Kapitals der Preussag, 1961 sechzig Prozent der Anteile des Volkswagenwerks mit breiter Streuung der Aktien verkauft. 1965 folgte die Teilprivatisierung der VEBA. Interessenten mit geringem und mittlerem Einkommen wurden bei der Zeichnung bevorzugt oder erhielten die Aktien mit einem »Sozialrabatt«. Insgesamt waren diese Privatisierungsaktionen, gemessen an der Reaktion der besonders angesprochenen Bevölkerungsgruppen, ein großer Erfolg. Aktien des Volkswagenwerks wurden von 1,5 Millionen Anlegern erworben; die VEBA wurde mit 2,6 Millionen Aktionären sogar die größte Publikums-AG Deutschlands und Europas.[20] Auch wenn ein Teil der Ersterwerber die Aktien bald wieder mit Gewinn verkaufte, blieben diese Unternehmen sehr große Publikumsgesellschaften mit breiter Streuung der Anteile.

Der Abbau des industriellen Bundesvermögens erfolgte dennoch nur halbherzig. Die geringe Zahl bekannter Börsenkandidaten sowie Widerstände der Länder und der Gewerkschaften standen einer weitergehenden Veräußerung entgegen. Durch die Teilprivatisierungen von 1959, 1961 und 1965 entstand ein Typ von »halbstaatlichen« Unternehmen. Sie operierten wie Privatfirmen, bei der Besetzung leitender Stellen redete der Bund aber ein gewichtiges Wort mit und versuchte später gelegentlich, mit ihnen »Industriepolitik« zu betreiben. Mit der Bildung der Großen Koalition 1966 gab es dann innerhalb der Regierung kein Einvernehmen mehr über die Fortsetzung jeder Form der Privatisierung.

Auch in der dritten und vierten Legislaturperiode ging der Ausbau des Sozialstaates weiter, wenngleich mit verminderten Zuwachsraten.[21] Die Gesetzgebung verlagerte sich von der klassischen Sozialpolitik stärker auf neue Bereiche wie die Familien- oder Vermögenspolitik. Hier ging es weniger um die Beseitigung von Notständen oder die Sicherung gegen existentielle Risiken, sondern um strukturelle Veränderungen durch Gesellschaftspolitik. Aber auch in den traditionellen Bereichen der Sozialpolitik stiegen die Kosten weiter an, sowohl durch die zunehmende Dynamisierung bestimmter Leistungen als auch aufgrund der Einbeziehung weiterer Personengruppen in das vom Staat geknüpfte soziale Netz.

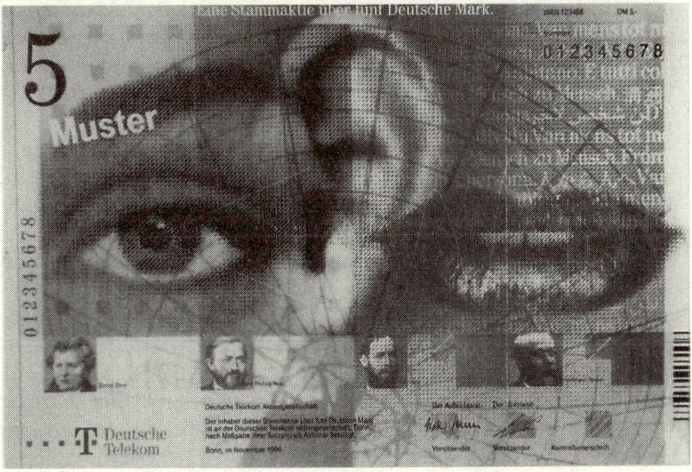

Millionen von Deutschen erwarben in den sechziger Jahren Aktien von Preussag, VW und VEBA. Mit einem Sozialrabatt gelang es damals, breite Bevölkerungsschichten zur Anlage in Wertpapieren zu bewegen. Auch 1996 lockte die Telekom Kleinanleger mit Vergünstigungen, um bei ihrem Börsengang die bisher größte Aktienmenge unter das Volk zu bringen.

Der einzige Versuch, dieser Entwicklung in einem wichtigen Bereich entgegenzusteuern, war die zweimal gescheiterte Reform der Gesetzlichen Krankenversicherung. Blank war sich früher als andere Politiker darüber im klaren, daß eine weitere lineare Expansion der Sozialleistungen letztlich durch ständige überproportionale Beitragserhöhungen auf Kosten der arbeitenden Menschen gehen würde. Er strebte keinen Abbau von Sozialleistungen an, wollte aber die Zuwächse deutlich begrenzen, zumutbare Selbstbeteiligung einführen und dem einzelnen größere Freiräume eröffnen. Auch Adenauer hatte in seiner Regierungserklärung vom Oktober 1957 vor dem »Abgleiten in einen totalen Versorgungsstaat« gewarnt, ohne allerdings konkrete Initiativen anzukündigen.

Zwischen 1955 und 1960 stiegen die Ausgaben der Gesetzlichen Krankenversicherung von vier auf neun Milliarden DM. Seit 1957 wurde in immer mehr Tarifverträgen die volle Lohnfortzahlung im Krankheitsfall vereinbart. Die Kosten trugen die Betriebe, doch mittelbar war auch die Krankenversicherung betroffen. Ebenso nahmen die Ausgaben für ambulante Behandlungen, Arzneimittel und Krankenhausaufenthalte sehr schnell zu. Es war offensichtlich, daß Steuerungselemente fehlten, um alle am Gesundheitssystem Beteiligten zu einem wirtschaftlichen Verhalten zu bewegen.

Die Gesetzliche Krankenversicherung war ursprünglich eine kostengünstige Gesundheitsversorgung für besonders schutzbedürftige Teile der Bevölkerung. Sie hatte gegenüber den Anbietern eine starke Stellung besessen, da sie nur ein notwendiges Mindestmaß an Dienstleistungen und Gütern bereitstellen mußte und bei der Vertragsgestaltung viel Freiraum hatte. Als sie im Laufe der Entwicklung immer breitere Schichten umfaßte, gelang es den Leistungsanbietern allmählich, ihre Position gegenüber dem Quasi-Monopolisten zu verbessern. Mit der Reform wollte der Arbeitsminister dieser Entwicklung Einhalt gebieten.[22] Um den zu erwartenden Widerstand zu überwinden, sah der Reformentwurf Zugeständnisse an alle beteiligten Gruppen vor. Die Neuordnung des Kassenarztrechts sollte die Machtstellung der Kassenärztlichen Vereinigungen schwächen und die Kontrollen durch den vertrauensärztlichen Dienst der Kassen verschärfen. Zum Ausgleich wurde den Ärzten die freie Kassenzulassung gewährt. Außerdem wurde die Forderung nach Einzelleistungsvergütung erfüllt. Demgegenüber sollten die Versicherten eine Selbstbeteiligung in Form einer »Inanspruchnahmegebühr« von 1,50 DM für jeden Arztbesuch zahlen. Als Zugeständnis an sie waren wiederum Leistungsverbesserungen, vor allem bei der Lohnfortzahlung, geplant.

Von einem einseitigen »Kostendämpfungsgesetz« zu Lasten der

Versicherten konnte also nicht die Rede sein. Ziel war vielmehr eine Leistungsverbesserung ohne Kostensteigerungen. Der 1958 eingebrachte Gesetzentwurf scheiterte jedoch an einer lautstarken Opposition der Ärzteverbände, der Gewerkschaften und der SPD. Während die Ärztevertreter das Einziehen der Selbstbeteiligungsgebühr als unzumutbar bekämpften, wandten sich die Gewerkschaftsfunktionäre gegen jede Form eines Beitrags der Versicherten. Die SPD stellte ihre eigenen, stärker dirigistischen Pläne um des Bündnisses mit den Ärzten willen zurück und nützte Meinungsverschiedenheiten in der CDU geschickt aus. Die Agitation der Ärzte nahm unter Parolen wie »Daß Du krank bist, glaubt Dir niemand« oder »Am Krankenbett bestimmt der Arbeitsminister« ungewöhnlich demagogische Formen an. Fast zwei Jahre lang dauerte die öffentliche Auseinandersetzung. Kompromißformeln wurden gesucht und wieder verworfen. In der CDU/CSU-Fraktion wurde die Unterstützung für Blank schwächer. Auch Adenauer begann sich von dem im Kabinett einmütig beschlossenen Konzept seines Ministers abzuwenden. So brach der federführende Bundestagsausschuß Anfang 1961 die Beratung ergebnislos ab. Es war eine peinliche Niederlage für die Regierung und die führende Regierungspartei.

Einen zweiten Anlauf unternahm Blank in der vierten Legislaturperiode mit dem Sozialpaket von 1962. Diesmal wurde die Initiative zur Krankenversicherungsreform inhaltlich neu gestaltet und mit anderen Gesetzentwürfen verbunden. Mit der Lohnfortzahlung für Arbeiter im Krankheitsfall sollten alte Forderungen der Gewerkschaften erfüllt, mit der Übernahme des Kindergeldes auf den Bundeshaushalt als Ausgleich die Arbeitgeber entlastet werden. In der Frage der Selbstbeteiligung war die Regierung von der umstrittenen Inanspruchnahmegebühr abgegangen und sah nun eine prozentuale Beteiligung an den Kosten der Behandlung vor. Aber auch der zweite Gesetzentwurf zur Krankenversicherungsreform wurde nicht verabschiedet.[23] Vom Sozialpaket konnte lediglich das Kindergeldgesetz in Kraft treten, das in den folgenden Jahren zu erheblichen Mehraufwendungen im Bundeshaushalt führte.[24]

Das Scheitern der Reformbemühungen mußten die Versicherten sehr bald mit massiven Kostensteigerungen bezahlen. 1965 betrugen die Ausgaben der Gesetzlichen Krankenversicherung bereits 15 Milliarden DM, dreimal soviel wie zehn Jahre zuvor. Trotz der beachtlichen Einkommenserhöhungen jener Jahre stieg der durchschnittliche Beitragssatz von 6,2 Prozent im Jahre 1955 auf 8,4 Prozent 1960 und 9,9 Prozent 1965. Der Gesundheitssektor expandierte, mit ihm die Qualität der ärztlichen Versorgung, aber auch die Kosten der Krankenhäuser, die Einkommen der Heilberufe und die Gewinne der pharmazeutischen Industrie stiegen. In den siebziger und achtziger Jahren erwies es sich dann als ungewöhnlich schwierig, gewisse Steuerungselemente für mehr Wirtschaftlichkeit und Sparsamkeit in ein immer größeres, unübersichtlicheres und kostenträchtigeres System der Gesundheitsvorsorge einzubauen.

Das zweimalige Scheitern der Krankenversicherungsreform war ein warnendes Anzeichen für die nachlassende Integrations- und Durchsetzungskraft der unionsgeführten Bundesregierung und ihrer Mehrheiten im Bundestag. Der Druck von Einzelinteressen wurde stärker. Die verschärften internationalen Spannungen nahmen in diesen Jahren viel Zeit und Kraft in Anspruch; hinzu kam eine weitere Verschlechterung der Beziehungen zwischen Adenauer und Erhard.

Mit dem gegen West-Berlin gerichteten Ultimatum Chruschtschows vom November 1958 leitetete die Moskauer Führung die gefährlichste Phase in den Ost-West-Beziehungen seit der Berlin-Blockade Ende der vierziger Jahre ein. Das Ziel war, die Abwanderung aus der DDR nach Westen zu beenden, die internationale Anerkennung der deutschen Teilung durchzusetzen, West-Berlin in eine entmilitarisierte »Freie Stadt« umzuwandeln und damit seine Lebensfähigkeit in Frage zu stellen. Dem Westen gelang es, durch eine entschiedene Reaktion und vielfältige diplomatische Aktivitäten das zunächst auf sechs Monate befristete Ultimatum in einem gewissen Umfang abzuschwächen. Aber der sowjetische Druck hielt an und führte zu einer mehrjährigen Phase beträchtlicher Spannungen und erhöhter Risiken.

1958, wenige Monate nach dem Inkrafttreten des EWG-Vertrages, veränderte sich die politische Landschaft in Frankreich und damit in Westeuropa grundlegend. Unter dem Eindruck einer drohenden Revolte der Armee in Algerien wählte die französische Nationalversammlung am 1. Juni General de Gaulle zum Ministerpräsidenten und übertrug ihm außerordentliche Vollmachten. Dies war die Geburtsstunde des Präsidialsystems der Fünften Republik. In Bonn, wie in den anderen westlichen Hauptstädten wurde dieser Umbruch voller Spannung mit Hoffnungen und Sorgen betrachtet. Eine neue Periode der politischen Stabilität in Frankreich konnte für Europa ein Gewinn sein. Aber de Gaulles Werdegang hatte ihn als eigenwillige, schwer kalkulierbare Persönlichkeit ausgewiesen, die Frankreichs Ruhm voranstellte und sowohl den angelsächsischen Verbündeten wie auch den Europäischen Verträgen mit betonter Skepsis gegenüberstand. Nach verschiedenen Sondierungen kam es am 13. September in Colombeyles-deux-Eglises zur ersten Begegnung Adenauers mit de Gaulle.[25] Der Bundeskanzler kehrte stark beeindruckt mit der Überzeugung nach Bonn zurück, einen neuen gleichgesinnten Partner für eine gemeinsame Politik in Europa wie auch im Hinblick auf die West-Ost-Probleme gefunden zu haben. Dies war, wie die nächsten Jahre zeigen sollten, insbesondere bei der Entwicklung der europäischen Institutionen eine zu optimistische Erwartung.

In der Bundesrepublik endete im Sommer 1959 die zehnjährige Amtsperiode des hochgeschätzten ersten Bundespräsidenten Theodor Heuss. So begannen zu Jahresbeginn die Gespräche über die Wahl seines Nachfolgers.[26] Am 12. Februar benannten die Führungsgremien der SPD einstimmig Professor Carlo Schmid als ihren Kandidaten und fanden für diesen Vorschlag ein überwiegend positives Medienecho. Im Kreis um Adenauer standen zunächst zwei Namen im Vordergrund, Kai-Uwe von Hassel, der Ministerpräsident von Schleswig-Holstein, und Heinrich Krone, Fraktionsvorsitzender der CDU im Bundestag, der aber unverzüglich abwinkte. Bundesinnenminister Gerhard Schröder warb nach einem ausführlichen Gespräch mit dem Wirtschaftsminister für Ludwig Erhard, ohne von diesem eine eindeutige Zusage erhalten zu haben. Am 24. Februar traf sich ein informeller Kreis von sechzehn Politikern der Union bei Adenauer. Hier ergab sich eine klare Mehrheit für Erhard, der sich gerade zu einer Kur im Schwarzwald aufhielt. Der Bundeskanzler führte ein längeres Telefongespräch mit ihm und teilte dann mit, Erhard werde sich nicht versagen, wenn es zu einem eindeutigen Votum der Parteigremien käme. Diese Nachricht bestimmte in den folgenden Tagen die Schlagzeilen der Presse. Es kam sofort zu einer starken Gegenbewegung in der Bundestagsfraktion, zu »hellster Empörung«, wie Krone festhielt, der mit dieser Entwicklung keineswegs einverstanden war. Erhard zog seine bedingte Bereitschaftserklärung zurück. Erhebliche Spannungen im Führungskreis der Union traten offen zutage.

Für den 7. April wurde ein besonderes Gremium der CDU/CSU aus 63 Vertretern der Bundesorgane und der Landesverbände nach Bonn eingeladen, um den gemeinsamen Kandidaten zu bestimmen. In Vorgesprächen traten jetzt Adenauers engste Vertraute, Hans Globke und Heinrich Krone, für die Wahl des Kanzlers zum Bundespräsidenten ein. Krone sah nunmehr eine Chance darin, die lange schwelende Personaldebatte durch eine fast gleichzeitige Neuwahl des Bundespräsidenten, des Bundeskanzlers und des CDU-Vorsitzenden in einem abgestimmten Entscheidungsver-

Die Schlagzeilen vom 8. April 1959 zeigen die Aufregung um Adenauers spektakulären Entschluß, Theodor Heuss als Bundespräsident nachzufolgen. Keine zwei Monate später zog er seine Kandidatur wieder zurück. Die eigenwilligen Alleingänge des Bundeskanzlers führten in den folgenden Jahren zu wachsenden Irritationen auch in der eigenen Partei.

fahren zu beenden und eine neue Führungsmannschaft zu installieren. Für uns, die Teilnehmer der Sitzung am 7. April, war es schon eine Überraschung, als Adenauer seinen einführenden Bericht mit einer umfassenden Schilderung der verfassungsrechtlichen Stellung des Bundespräsidenten begann, die weit über das bisherige Verständnis der Kommentatoren und Parlamentarier hinausging.[27] Als sich der Kanzler dann für einige Zeit in sein Büro zurückzog, war allen Anwesenden klar, daß er selbst für eine Nominierung durch die Union zur Verfügung stand. Die Anwesenden reagierten entsprechend: Einstimmig sprachen sie sich für Adenauer aus, manche nicht ohne innere Vorbehalte. Für die deutsche und internationale Öffentlichkeit war diese Nominierung eine Sensation, und natürlich begannen unverzüglich die Spekulationen über die Person des nächsten Bundeskanzlers.

Adenauer hatte hierüber zuvor nur mit wenigen Vertrauten gesprochen. Dabei gab es, wie bei ihm selbst, eine Präferenz für Etzel. Aber Krone hatte keinen Zweifel daran gelassen, daß Erhard über starken Rückhalt in der Fraktion verfügte. Adenauer trat nunmehr seinen Frühlingsurlaub in Cadenabbia an und mußte bald im Pressebild erkennen, daß sich eine Mehrheit für seinen ungeliebten Wirtschaftsminister abzeichnete. Beunruhigende Nachrichten über Differenzen zwischen den Verbündeten in der Berlin-Frage kamen hinzu. So begann er seine Entscheidung für die Kandidatur zu bereuen und zu sondieren, wie er sie rückgängig machen konnte. Dies geschah am 4. Juni und wirkte wie ein Paukenschlag. Es folgten Wochen heftiger öffentlicher und innerparteilicher Kritik, eine starke Solidarisierung mit Erhard und eine erkennbare dauerhafte Distanzierung nicht weniger von Adenauers Alleingängen und Führungsmethoden. Ein größerer informeller Kreis von Abgeordneten traf sich jetzt von Zeit zu Zeit mit dem Wirtschaftsminister, um Einfluß auf die Meinungsbildung in der Fraktion zu nehmen, die sogenannte »Brigade Erhard«. Aber auch Adenauers Favorit, Etzel, war durch die turbulenten Vorgänge dieser Wochen persönlich betroffen. In einem Abendgespräch mit einigen Parteifreunden bezeichnete er Adenauers Taktieren als einen schweren Schlag für die Union. »Bisher hatten wir in ihm eine unbezweifelbare Autorität. Wir waren geborgen. Das ist jetzt vorbei.«

In manchen Kommentaren jener Zeit und auch in historischen Rückblicken hieß es, die Abgeordneten der Union hätten Erhard als »Wahllokomotive« behalten wollen. Natürlich spielte seine Zugkraft bei den Wählern eine Rolle, aber die Gründe für die stärker werdende Unterstützung aus der Fraktion waren vielschichtiger. Erhard stand in singulärer Weise für die wirtschaftspolitische Kompetenz der Union, »ein Baum über Büschen«, wie damals der einflußreiche Wuppertaler Abgeordnete Otto Schmidt sagte. Weder Etzel, der 1959 in hohem Ansehen stand, noch andere sachkundige Politiker der CDU/CSU hatten eine vergleichbare Gestaltungs- und Wirkungskraft bewiesen, ganz abgesehen von dem außergewöhnlichen Ansehen, das Erhard auch international in der Wirtschaft und bei den Wirtschaftspolitikern besaß. Er war zudem eine gewinnende Persönlichkeit. Ich habe dies selbst erfahren und 1972 dazu geschrieben: »Er begegnete uns jungen Abgeordneten mit einer natürlichen Aufgeschlossenheit und Kollegialität, die mich beeindruckte und für meine politische Entwicklung viel bedeutete.«[28] Zunehmend irritierte viele Politiker der Union, daß Adenauer seine Abneigung gegen eine Nachfolge Erhards immer unverhohlener äußerte, aber eine eindeutige Festlegung auf eine andere führende Persönlichkeit der Union vermied. Etzel, von Hassel, Schröder, mehrfach Krone wurden von ihm in wechselnden Gesprächskreisen erwähnt, aber alle mit erkennbaren Vorbehalten oder, wie Krone, gegen ihren erklärten Willen.

Sicherlich hatte Erhard gewisse Schwächen, die auch im engeren Kreis seiner politischen Freunde nicht übersehen wurden. Er vertraute zu sehr auf das Gewicht der Argumente und den guten Willen seiner politischen Partner oder Kontrahenten. Taktische Raffinessen waren ihm fremd, Härte und Durchsetzungswille wenig entwickelt. Aber er hatte immer wieder durch seine hohe Kompetenz und Überzeugungskraft gute Politik gestalten können, und so hofften viele, daß er als Chef einer starken Mannschaft auch ein erfolgreicher Kanzler werden könne.

In der vierten Wahlperiode bewährte sich die Urteilsfähigkeit des Wirtschaftsministers erneut. 1957 und 1958 war es zu der gewünschten leichten Beruhigung einer zuvor fast überbordenden Binnenkonjunktur gekommen, ohne daß die Wachstumsdynamik gefährdet wurde. 1960 stieg die Beschäftigtenzahl erstmals auf mehr als 20 Millionen an, davon fast 280 000 Ausländer. Die Arbeitslosenquote fiel auf 1,3 Prozent. Die deutsche Industrie erzielte jetzt hohe zweistellige Zuwachsraten auf den Exportmärkten. Der Handelsbilanzüberschuß verdoppelte sich in wenigen Jahren auf nahezu 8,5 Milliarden DM. Das wachsende Vertrauen in die D-Mark führte zu einem starken Zustrom an Auslandskapital, während Frankreich Ende der fünfziger Jahre den Franc zweimal abwerten mußte. Im Dezember 1958 vereinbarten Deutschland und zehn weitere europäische Länder die volle Konvertibilität ihrer Währungen.[29] Nach fast drei Jahrzehnten deutscher Devisenzwangswirtschaft wurde in diesem wichtigen Bereich die volle Freiheit für die Kaufleute, die Anleger und alle anderen Bürger im Inland und im Verhältnis zu den meisten Staaten Westeuropas wiederhergestellt. Die Bundesbank schrieb in ihrem Geschäftsbericht 1958: »Man kann sagen, daß die Wirtschaft dem berühmten magischen Dreieck – optimale Beschäftigung, Preisstabilität und Gleichgewicht der Zahlungsbilanz – näher war als wohl in jedem der vorhergehenden Jahre.«

1959 und 1960 beschleunigte sich das Wachstum erneut, zuletzt mit einem Jahrestrend von real neun Prozent.[30] Die Sorge vor einer importierten Inflation, die enorm verbesserte Wettbewerbsfähigkeit der deutschen Industrie und das wachsende Vertrauen in die D-Mark zogen in rasch zunehmendem Tempo ausländisches Kapital an. Der deutsche Aktienindex stieg von Ende 1958 bis Ende 1959 um 75 Prozent. So begannen Wissenschaftler und Kommentatoren eine Aufwertung der D-Mark zu fordern. Im Juni 1960 versuchte die Bundesbank durch eine Kombination verschiedener

Maßnahmen der Überhitzung entgegenzuwirken. Der Diskontsatz wurde von vier auf fünf Prozent erhöht, die Mindestreserven ebenfalls angehoben. Hinzu kam ein Verzinsungsverbot für ausländische Bankanlagen und die Erschwerung von Kreditaufnahmen im Ausland. Die beiden letzten Punkte bedeuteten einen Rückfall in den Dirigismus und lösten internationale Kritik aus. Aber die Wirkung des Gesamtpakets entsprach nicht den Erwartungen. Für Erhard und seine engsten Mitarbeiter war ohnehin eine Verteuerung des Exports der erforderliche Ansatz zur Konjunkturdämpfung. Sie zogen eine Aufwertung dem zweiten denkbaren Weg, einer Umsatzausgleichssteuer speziell für Ausfuhren, vor. Erhard wußte, daß er auf beträchtlichen Widerstand stoßen würde. Nicht nur Adenauer und der BDI, sondern auch führende Vertreter der Banken, allen voran Hermann Josef Abs, und die Bundesbank lehnten eine Aufwertung ab. Vom Sommer 1960 an brachte der Wirtschaftsminister in Briefen und Gesprächen immer wieder seine Argumente vor, unbeirrt durch verschiedene Zurückweisungen und neuauflebende persönliche Spannungen. Er lehnte Etzels Vorstoß für einschneidendere Devisenbewirtschaftungen ab. Den Kurswechsel der Bundesbank, die im Herbst 1960 plötzlich zweimal den Diskontsatz senkte, betrachtete der Wirtschaftsminister als Ausdruck der zunehmenden Ratlosigkeit seiner Kritiker.

Am 27. Februar 1961 kam es zu dem entscheidenden Gespräch Erhards mit Etzel und dem Präsidenten der Bundesbank, Karl Blessing. Nach einer stundenlangen bewegten Debatte schwenkten beide schließlich auf die Linie des Wirtschaftsministers ein. Dieser suchte unverzüglich weitere Verbündete in der Regierung, bevor er sich an Adenauer wandte. Am 2. März gab der Bundeskanzler nach einer ausführlichen Erörterung mit Erhard schließlich nach. Am 3. März beschloß das Bundeskabinett eine Aufwertung der D-Mark um fünf Prozent gegenüber dem Dollar. Blessing verhehlte nicht die zuvor geäußerten Vorbehalte der Notenbank, erkannte aber letztlich die Gründe des Wirtschaftsministers an. Das Echo im In- und Ausland war überwiegend positiv. Manche Experten in Westeuropa und in den USA hätten einen noch höheren Aufwertungssatz vorgezogen. Im Jahresverlauf 1961 kam es durch einen verstärkten Geldexport in andere Länder zu dem wünschenswerten Umschwung in den Kapitalbewegungen. Das reale Wachstum verlangsamte sich in diesem Wahljahr auf 4,3 Prozent, ohne daß der anhaltend positive Trend bei den privaten Investitionen und auf dem Arbeitsmarkt gefährdet wurde.

6. Kapitel

Veränderte Erwartungen und Prioritäten im zweiten Jahrzehnt der Bundesrepublik

Die programmatische Diskussion in der SPD während der fünfziger Jahre bestätigte eine alte Erfahrung: Niederlagen können zum stärksten Ansporn für eine kritische Selbstprüfung und neue Standortbestimmung werden.[1] Nach der zweiten verlorenen Bundestagswahl setzte 1953 eine Programmdebatte ein, zunächst von kleinen Gruppen in Gang gebracht, nach der großen Enttäuschung 1957 dann von einer erneuerten Partei- und Fraktionsführung nachdrücklich gefördert. Neben dem allmählichen Kurswechsel in der Außen- und Sicherheitspolitik ging es den Reformern vor allem um ein neues Konzept zur Wirtschafts- und Gesellschaftspolitik, das die unbestreitbaren Erfolge des Erhardschen Kurses beachtete und dennoch unverwechselbare linke Positionen des demokratischen Sozialismus neu formulierte. Immer mehr Mitglieder und Anhänger der SPD diskutierten, ob die großen Fortschritte in den Jahren des Wiederaufbaus, die sich auch in den wachsenden Beschäftigtenzahlen und dem beträchtlichen Anstieg der Reallöhne niederschlugen, weiterhin in einer antikapitalistischen Fundamentalkritik bagatellisiert werden konnten, nachdem das mehrfach beschworene Scheitern des marktwirtschaftlichen Kurses ausgeblieben war. Karl Schiller vertrat schon früh ein neues Denken in seiner Partei. Im Februar 1953 plädierte er auf einer Fachtagung der SPD in Bochum für bestimmte liberale und marktwirtschaftliche Grundsätze, wie Sicherung der Gewerbefreiheit, wirksame Wettbewerbsregeln und Erweiterung der Bilanz- und Publizitätsvorschriften als essentielle Punkte künftiger SPD-Politik. Zugleich hielt er am Konzept einer staatlichen Rahmenplanung fest: »Wettbewerb soweit wie möglich, Planung soweit wie nötig.«[2] Auch Erik Nölting hatte bereits 1952 gefordert, die freiheitliche, wettbewerbsorientierte Grundidee sozialdemokratischer Wirtschaftspolitik unmißverständlicher zu formulieren und konsequent gegen Vorstellungen einer Zwangswirtschaft abzugrenzen. Das waren zunächst nur einzelne Stimmen. Der Wechsel im Parteivorsitz von Schumacher zu Erich Ollenhauer im Sommer 1952 gab der Programmdebatte keine besonderen Impulse. Vielmehr beschäftigten sich die Führungsgremien der SPD in dieser Zeit ausführlich mit Initiativen für die Verstaatlichung der Grundstoffindustrie, von Unternehmen der Energiewirtschaft und der Großbanken.

Mitte der fünfziger Jahre versuchten einige SPD-Politiker in Bundestag und Bundesrat stärkeren Einfluß auf die Gesetzgebung bei wichtigen wirtschafts- und sozialpolitischen Vorlagen zu gewinnen. Dies brachte, wie die Meinungsbildung zur Rentenreform und Kartellgesetzgebung zeigte, durchaus gewisse Erfolge, die von der interessierten Öffentlichkeit wahrgenommen wurden. Ein solcher Weg erforderte Flexibilität und Kompromißbereitschaft. Zum wichtigsten Vorkämpfer für die programmatische Erneuerung in der Wirtschaftspolitik wurde jetzt der Bochumer Abgeordnete Heinrich Deist.[3] Als gelernter Wirtschaftsprüfer und als Aufsichtsratsmitglied mehrerer Unternehmen der Montanindustrie besaß er die nötige Kompetenz und gewann bald im Parteivorstand wie in der Fraktion eine herausgehobene Sprecherfunktion. Für Deist war die öffentliche Kontrolle wirtschaftlicher Macht zur zentralen politischen Aufgabe geworden. Dafür sollte ein Instrumentarium aus mehr Mitbestimmung, wirksameren Kartellverboten, mehr Publizität und einer effektiveren Rahmenplanung entwickelt werden. Die Verstaatlichung von Produktionsmitteln sah er nicht als eine Kernfrage sozialdemokratischer Politik an. Dies löste zunächst lautstarken Widerspruch linker Gruppen in der Partei aus, ohne daß Deist im unermüdlichen Werben für seine Konzeption nachließ. Er spitzte die Kritik an der einseitigen Vermögensbildung in den Jahren des Wiederaufbaus und an den Konzentrationsvorgängen in Industie und Handel zu. Damit versuchte er auch im Mittelstand Zustimmung für die Positionen der Sozialdemokratie zu gewinnen.

Nach der schweren Niederlage 1957 begann die Erneuerung mit erheblichen Personalveränderungen. Carlo Schmid, Fritz Erler und Herbert Wehner wurden jetzt stellvertretende Vorsitzende der Bundestagsfraktion, Deist und der Sozialexperte Professor Ernst Schellenberg mit den höchsten Stimmenzahlen zu Beisitzern gewählt. Zu jener Zeit kam auch die stagnierende Debatte über ein neues Grundsatzprogramm der SPD mit neuen Ideen und frischen Kräften voran. 1958 legte die Führung zwei Entwürfe für eine breite innerparteiliche und öffentliche Debatte vor. Dies führte zu mehreren hundert Stellungnahmen aus den regionalen Gliederungen und fand auch in den Medien starke Beachtung. Eine totale Ablehnung der Entwürfe, wie sie der Marburger Professor Wolfgang Abendroth aussprach, blieb die Ausnahme, der Wunsch nach einer stärkeren Berücksichtigung sozialistisch-klassenkämpferischer Traditionen war stärker verbreitet. Aber neben Ollenhauer vertraten nunmehr die beiden Präsidiumsmitglieder Erler und Wehner vehement das Konzept des Vorstands.

So war der außerordentliche Parteitag vom 13. bis 15. November 1959 in Bad Godesberg in jeder Hinsicht sorgfältig vorbereitet.[4] Der Programmentwurf unterschied sich bewußt in der Sprache wie auch in wichtigen inhaltlichen Punkten von den früheren Aussagen der Partei vor 1933 und nach 1945. Die marxistische Traditionslinie wurde nahezu völlig verlassen; die Begriffe des Klassenkampfes fehlten fast ganz. Das Bekenntnis zur parlamentarischen Demokratie war eindeutig. Die Landesverteidigung wurde bejaht, zur Atlantischen Allianz keine Stellung bezogen und die europäische Einigungspolitik vorsichtig unterstützt. Im Zentrum standen die Kapitel Wirtschaft und Sozialordnung. Hier wurden als vorrangige Ziele eine stabile Währung, Vollbeschäftigung und steigender Wohlstand für alle genannt. Wichtige Orientierungspunkte sollten eine volkswirtschaftliche Gesamtrechnung und ein Nationalbudget sein, das vom Parlament als Richtlinie für die Regierungspolitik und Rahmen für die Wirtschaft zu beschließen war. »Vorausschauende Konjunkturpolitik« lautete ein anderer Schlüsselbegriff für die angestrebte moderne Planung. In diesem Rahmen bekannte sich die Partei zur freien Unternehmerinitiative, zur freien Wahl des Arbeitsplatzes und freier Konsumwahl. Durch wirksame Instrumente der Machtkontrolle sollte der Staat das Entstehen wirtschaftlicher Übermacht verhindern. »Gemeineigentum« konnte eine legitime Form dieser Kontrolle sein. Breitere Streuung des Eigentums auch in großen Betrieben, eine staatliche Mindestrente, Ausbau der Mitbestimmung und volle wirtschaftliche Sicherung im Krankheitsfall waren weitere markante Punkte.

Das mit großer Mehrheit verabschiedete Godesberger Programm fand in der deutschen Öffentlichkeit ein starkes und überwiegend recht positives Echo. Auch wenn die wirtschafts- und gesellschaftspolitischen Aussagen der Partei seit Jahren in den Debatten der Fachgremien weitgehend vorgeformt waren, empfanden sie die meisten Kommentatoren jetzt als eine bemerkenswerte Wende zu überwiegend marktwirtschaftlich geprägten Positionen. Es gab allerdings auch manche Zweifel an der Konsequenz und Glaubwürdigkeit der neuen Parolen. Sie bezogen sich mehrfach auf eine Passage in Wehners erster stark beachteter Parteitagsrede[5], in der er betont hatte, »wirkliche Bewegung« sei wichtiger als Programmformulierungen: »Ich würde mich gegen ein Programm wenden, das es den Sozialdemokraten erschwert ..., das zu tun, was sie ... für das Wohl dieses Volkes zu tun für notwendig halten, wenn sie die Macht haben. Unser Programm enthält keinen solchen Vorschlag, keinen solchen Riegel ...« Mit diesen Argumenten gewann Wehner eine beträchtliche Zahl noch unentschlossener Delegierter und galt von jetzt an als der strategische Kopf in der Führung seiner Partei. Godesberg wurde zweifellos zu einem herausragenden Ereignis für ein neues Erscheinungsbild der SPD, für eine Strategie, die neue Wählerschichten ansprach und schließlich auch gewinnen sollte.

Die programmatische Neuorientierung der Sozialdemokratie erfolgte in einer Zeit, die auch in den Wirtschaftswissenschaften zu veränderten Fragestellungen und Lehrmeinungen führte. Mit der zunehmenden Öffnung und internationalen Orientierung der deutschen Universitäten und Forschungseinrichtungen nahm vor allem der Einfluß angelsächsisch geprägter Ökonomie zu. Zum einflußreichsten Wirtschaftswissenschaftler seiner Generation war seit den zwanziger Jahren John Maynard Keynes geworden.[6] Nach einer intensiven und profunden akademischen Lehrzeit in Cambridge trat er 1915 mit 32 Jahren in das Londoner Schatzamt ein. 1919 gehörte er der britischen Delegation der Versailler Friedensverhandlungen an. Hier erlebte er aus nächster Nähe, wie gegen den Rat mancher Experten dem besiegten Deutschen Reich überhöhte finanzielle Lasten aufgebürdet wurden, die in der Folgezeit zur wirtschaftlichen Destabilisierung über Deutschland hinaus beitrugen. Dies beeinflußte sein Denken nachhaltig. Seit 1929 kamen der Schock der Weltwirtschaftskrise und die anfängliche Hilflosigkeit der meisten Regierungen hinzu.

In diesen aktuellen Bezügen war er den Neoliberalen nahe, jedoch nicht in seinen Folgerungen für die Theorie und Praxis, die er in einer Reihe stark beachteter Bücher entwickelte. Schon zu Lebzeiten galt er als »Revolutionär des ökonomischen Denkens«. Nach seinem Tod 1946 wurde er international als der bisher bedeutendste Ökonom des zwanzigsten Jahrhunderts gewürdigt. Keynes war an den theoretischen Fragen seiner Disziplin interessiert, aber ihn beschäftigte vor allem, welche Konsequenzen sich für politisches Handeln ergaben. So lautete sein Credo »Economics ist eine Wissenschaft des Denkens in Modellen, verbunden mit der Kunst, Modelle zu wählen, die für die gegenwärtige Welt relevant sind.« Zu seiner »Allgemeinen Theorie« gehörte die folgende zentrale Aussage: Bei gegebenen Preisen und Einkommen ist der Beschäftigungsstand eine direkte Funktion der Gesamtnachfrage. Aus ihr ergibt sich das Produktionsvolumen. Die Höhe des Konsums ist dabei wichtig, kann aber für eine angemessene volkswirtschaftliche Leistung niemals ausreichen. Eine Schlüsselrolle haben die Investitionen, die Gegenwart und Zukunft verbinden. Ihr Umfang wiederum beruht auf dem erwarteten Ertrag.[7] Zu den essentiellen Erfordernissen gehörten für Keynes eine Geldpolitik, die den jeweils gegebenen Spielraum für niedrige Zinsen ausschöpfte, und bei drohender überhöhter Erwerbslosigkeit Entscheidungen des Staates zur Stimulierung der Nachfrage. Diese sollte über »Multiplikatorprozesse« Vollbeschäftigung herbeiführen. So wurde das berühmte »deficit spending« begründet, natürlich als befristete Maßnahme gedacht, ohne daß die Vorbedingungen und Grenzen dieser Politik exakt beschrieben wurden.

Diese knappe Skizze kann nicht den Reichtum und die Komplexität seiner Gedanken umfassen. Bis heute sind sich die Wirtschaftswissenschaftler über die praktischen Konsequenzen seines großen Werks nicht einig, und schon zu seiner Zeit wurden Elemente seines Konzepts in verschiedenen Staaten recht unterschiedlich ausgelegt und umgesetzt. Keynes sah jedenfalls den Staat in einer wesentlich aktiveren Rolle als seine neoliberalen Zeitgenossen. Sein Entwurf war auch deshalb so attraktiv, weil er einem optimistischen Zeitgeist der Machbarkeit nicht nur im technischen Bereich, sondern auch in der Gestaltung ökonomischer und sozialer Prozesse durch eine wissenschaftlich fundierte, aufgeklärte Politik entsprach. Der Staat sollte vom Schiedsrichter zu einem maßgeblichen Akteur werden, ohne die Rolle des Marktes und die demokratischen Freiheiten im Kern in Frage zu stellen. Nach Keynes' Auffassung sollte eine antizyklische Prozeßpolitik die Rahmendaten für die einzelwirtschaftlichen Entscheidungen ständig den Erfordernissen einer günstigen Wirtschaftsentwicklung anpassen, um so Wachstum, Vollbeschäftigung, Preisstabilität und außenwirtschaftliches Gleichgewicht zu erreichen.[8]

Für die Mehrheit der Wirtschaftswissenschaftler in den angelsächsischen Ländern und zunehmend auch in Deutschland bestand Keynes' Botschaft vor allem in der Idee der antizyklischen Finanzpolitik. Sie glaubten, damit einen Weg gefunden zu haben, um Wirtschaftskrisen des zuvor erlebten Ausmaßes auszuschließen, ohne ihre Zuflucht zu ausgesprochen dirigistischen, planwirtschaftlichen Methoden zu nehmen. Sie beanspruchten, die Wirtschaftsentwicklung planvoll beeinflussen zu können. Depressionen nach Art der dreißiger Jahre gehörten nach der Überzeugung vieler der Vergangenheit an.[9] So wurden die Politiker immer dringlicher aufgefordert, Instrumente für eine Globalsteuerung und speziell eine antizyklische Finanzpolitik zu schaffen und dann auch anzuwenden. Diese umfaßten einen Ausbau der volkswirtschaftlichen Gesamtrechnung, eine verbesserte Konjunkturbeobachtung, die Einrichtung wissenschaftlicher Beratergremien und gesetzlicher Instrumente, damit die Politik im Bedarfsfall schnell haushalts- und steuerpolitische Mittel zur Konjunktursteuerung einsetzen konnte.

Ordnungspolitik bedeutete im Kern die Schaffung und Weiterentwicklung von Rahmenbedingungen, von verläßlichen Regeln für die Entfaltung der produktiven Kräfte in einer Marktwirtschaft und beinhaltete die Aufgabe des Staates, über ihre Einhaltung zu wachen. Die Theoretiker der Sozialen Marktwirtschaft hatten, wie wir sahen, die Funktion des Staates schon in einigen Punkten weiter definiert: die soziale Ausgleichsfunktion zu gestalten, Arbeitsschutz zu gewährleisten und unter gewissen Bedingungen auch die Instrumente der Geld- und Kreditpolitik zur Verstetigung der Konjunktur einzusetzen.

Die Begriffe Ordnungs- und Prozeßpolitik bezogen sich auf unterschiedliche Aspekte des Wirtschaftsgeschehens, sie standen nicht unbedingt konträr zueinander. Es war jedoch kein Zufall, sondern Ergebnis bestimmter Denktraditionen, daß sie gerade in Deutschland von vielen nicht als Ergänzung, sondern als Gegensatz empfunden wurden. Gerade hier stand die Erhardsche Wirtschaftspolitik in den fünfziger und sechziger Jahren in einer betonten Distanz zu keynesianischem Gedankengut. In den angelsächsischen Ländern übernahm der Keynesianismus demgegenüber früh in der Wissenschaft und bald auch in der Politik die Meinungsführerschaft, allerdings bei wechselnden politischen Mehrheiten mit unterschiedlichen Gewichtungen. Als er sich in Deutschland in der Ära Schiller politisch durchsetzte, entwickelte in den USA bereits die Chikagoer Schule ihren monetaristischen Gegenentwurf.

Die Skepsis Erhards und vieler seiner engen Mitstreiter in der Politik wie auch neoliberaler Wissenschaftler war nicht zuletzt eine Reaktion auf den technokratischen Zug, der für die Hauptströmung des Keynesianismus charakteristisch war. Die Vorstellung, der Wirtschaftsablauf lasse sich im Rahmen einer freiheitlichen Ordnung von zentralen Institutionen steuern, erschien ihnen anmaßend. Die Neoliberalen sahen im Konzept einer staatlichen Globalsteuerung die Gefahr einer Schwächung der Marktkräfte und eines ständigen punktuellen Interventionismus.[10] Sie befürchteten, eine antizyklische Konjunkturpolitik könne längerfristig zu planwirtschaftlichen Formen führen.

Sozialdemokratische Wirtschaftspolitiker erblickten in Keynes weniger den Bewahrer als den Umgestalter des »Kapitalismus«. Sie interpretierten ihn so, daß Ziele wie Vollbeschäftigung, Ausbau des Wohlfahrtsstaates und Nivellierung der Einkommensverteilung nicht im Widerspruch zum Wirtschaftswachstum stehen sollten, wie es die Wissenschaft lange Zeit behauptet hatte. Der Keynesianismus erfüllte eine doppelte Funktion: Er erleichterte den meisten sozialdemokratischen Parteien in Westeuropa den Verzicht auf die Forderung nach umfassender Verstaatlichung und Planwirtschaft, indem er versprach, sozialdemokratische Wohlfahrtsziele auch in einem domestizierten »kapitalistischen« Wirtschaftssystem verwirklichen zu können.[11] Zugleich aber bot der Keynesianismus auch eine Rechtfertigung für stärkere Staatseingriffe in den Wirtschaftsablauf und eine expandierende Sozialpolitik, wie sie durchgehend von sozialdemokratischen Parteien in allen Ländern befürwortet wurden.[12] Diese Auslegung der meisten demokratischen Sozialisten trug dazu bei, daß der Keynesianismus zeitweise zur thematischen Grundlage einer »gemischten« Wirtschaftsordnung wurde, die sich nach 1945 in verschiedenen Ausprägungen in einer Reihe westlicher Länder etablierte.[13]

Ende der fünfziger Jahre erhoben Keynesianer aus dem linken Spektrum in den USA und in Europa immer stärker die Forderung nach einer Ausweitung des Staatsanteils am Bruttosozialprodukt. Der Harvard-Professor John Kenneth Galbraith, ein Ökonom von beachtlicher literarischer Ausdruckskraft und großem persönlichem Charme, vertrat 1958 in seinem aufsehenerregenden Buch »The Affluent Society« die These vom verbreiteten privaten Wohlstand und dem unzulänglichen Status der öffentlichen Dienstleistungen und Güter in Nordamerika.[14] John F. Kennedy und vor allem Lyndon B. Johnson traten dann in den sechziger Jahren für eine starke Expansion des Staates in der Sozial- und Infrastrukturpolitik ein.[15] 1967 erläuterte Galbraith in einem zweiten grundlegenden Werk »Die moderne Industriegesellschaft« seine Überzeugung, man könne das System der Industrie nicht länger als eine vom Staat getrennte Einheit ansehen. Der moderne Großbetrieb sei nicht mehr voll den Regeln des Marktes unterworfen. Die Manager begründeten ihre Autorität nicht mehr auf Privateigentum, statt dessen bestehe eine immer engere Verflechtung der Großunternehmen mit der staatlichen Bürokratie. Hier funktioniere weder der Markt noch der Wettbewerb im klassischen Verständnis. Deshalb sei mehr gesellschaftliche Kontrolle über das System der Industrie erforderlich, um die Freiheitsrechte der Menschen und das Gemeinwohl zu gewährleisten. Diese aufsehenerregenden Thesen wurden in Europa, und nicht zuletzt in Deutschland, von der intellektuellen und politischen Linken mit großer Zustimmung aufgenommen.

Ein Trend zu verstärkten öffentlichen Investitionen, einer expandierenden Sozialpolitik und – in manchen Fällen – höheren Staatsdefiziten war etwa seit 1960 in den meisten westlichen Ländern erkennbar. Der Optimismus, der Staat könne Wirtschaftskrisen vermeiden, führte dazu, daß sich die Aufmerksamkeit den Möglichkeiten staatlicher Wachstums- und Strukturpolitik zuwandte. Engpässe, nicht nur im Produktionsbereich, sondern auch im Bildungswesen und in der Gesundheitsfürsorge sollten durch öffentliche Investitionen überwunden werden. Die Befürworter einer solchen Politik übersahen aber, daß sich die gesamtwirtschaftlichen Rahmenbedingungen seit den dreißiger Jahren fundamental geändert hatten. In den sechziger Jahren waren in den meisten westlichen Staaten nicht mehr Nachfragemangel und Massenarbeitslosigkeit, sondern sektorale Konjunkturüberhitzung und schleichende Inflation das vordringliche Problem. Die staatliche Wachstums- und Strukturpolitik konnte nicht frei bleiben von politischen Opportunitätserwägungen, sie wurde auch zunehmend in Verteilungskämpfe hineingezogen.[16] Gerade die mit keynesianischen Argumenten begründete Expansion des Staatssektors sollte sich später als eines der Haupthindernisse für eine stabilitätsorientierte antizyklische Konjunkturpolitik erweisen.

Die Diskussion in der Bundesrepublik Deutschland wurde dadurch beeinflußt, daß die Aufnahme keynesianischen Gedankenguts in einer Zeit langsam steigender Inflationsraten erfolgte.[17] Die Wahrung der Stabilität blieb seit der zweiten Hälfte der fünfziger Jahre überwiegend der Geldpolitik der Zentralbank überlassen. Schäffer gehörte noch zu den Vertretern einer konservativen Finanzpolitik, die der Idee des Haushalts als Steuerungsmittel skeptisch bis ablehnend gegenüberstanden.[18] Dagegen forderte der Wissenschaftliche Beirat beim Bundesministerium für Wirtschaft schon 1956 eine aktive »Konjunkturpolitik« und formulierte in diesem Zusammenhang erstmals die Ziele des später sogenannten »magischen Dreiecks«.[19] Aber auch die SPD übte Kritik an der angeblichen Untätigkeit der Regierung. Ihre führenden Wirtschaftsexperten hatten sich seit Beginn der fünfziger Jahre keynesianischen Vorstellungen zugewandt. Während Deist daneben an weitreichenden Umverteilungszielen festhielt, vertrat Schiller eine moderate Variante des Keynesianismus und erkannte die Erfolge der Sozialen Marktwirtschaft ausdrücklich an. In einer Bundestagsdebatte am 22. und 26. Juni 1956, im Anschluß an Adenauers Gürzenich-Rede, prallten die Auffassungen Erhards und der SPD aufeinander.[20] Deist warf dem Wirtschaftsminister vor, daß seine Maßhalteappelle nicht ausreichten, und empfahl den Ausbau der volkswirtschaftlichen Gesamtrechnung, die Aufstellung eines Nationalbudgets als Orientierungsrahmen für die Volkswirtschaft und die Einsetzung eines »Konjunkturrates«. Erhard zeigte sich diesen Forderungen gegenüber zurückhaltend. Er befürwortete zwar die volkswirtschaftliche Gesamtrechnung als Mittel der Analyse, warnte aber vor allen Entwicklungen, die zu einem umfassenden und verbindlichen Planungssystem führen konnten.

Derartige Vorstellungen gewannen nach der Gründung der EWG auch bei der Brüsseler Kommission an Einfluß. In Frankreich waren nach 1945 die meisten großen Industrieunternehmen, Banken und Versicherungen verstaatlicht worden. Es folgte ein System der staatlichen Planifikation, um sektorale Schwerpunkte für die Investitionen festzulegen.[21] Die Planungsbehörde bestimmte zunächst selbst für die Zukunft besonders wichtige Basisbereiche mit verbindlichen Entwicklungszielen. Eine »soziale Konzertierung« der Administration, der Betriebe und Gewerkschaften bezog den privaten Sektor in die Abstimmungsprozesse ein. Nach Artikel 104 des EWG-Vertrages hatten die Mitgliedstaaten als Ziele ihrer Politik einen hohen Beschäftigungsstand, ein stabiles Preisniveau und eine ausgeglichene Zahlungsbilanz formuliert. Die Kommission schlug 1962 vor, die bereits üblichen globalen Vorausschätzungen für die gesamtwirtschaftliche Entwicklung durch quantitative Prognosen für die einzelnen Sektoren zu ergänzen. Daraus sollten Folgerungen für die Verwendung öffentlicher Fördermittel auch zugunsten privater Investitionen gezogen werden.[22] Dies begegnete dem entschiedenen Widerspruch Erhards.[23] In einer Kontroverse mit dem Präsidenten der Kommission, Walter Hallstein, betonte er im November 1962 vor dem Europaparlament, es komme in erster Linie auf den richtigen Ordnungsrahmen an. Von Planungsbürokratien erstellte detaillierte Zielvorstellungen seien zumeist lebensfremd und gäben den Investoren falsche Signale. Die veränderte Grundstimmung in weiten Teilen der deutschen Öffentlichkeit zeigte sich in den Kommentaren der Presse, die überwiegend Partei für die angeblich modernere Haltung der Kommission ergriffen.

Erhards skeptische Einstellung gegenüber den Möglichkeiten staatlicher Konjunktursteuerung und Wirtschaftsplanung hätte allein nicht ausgereicht, um eine Entfremdung zwischen ihm und der Mehrzahl der Wirtschaftswissenschaftler zu bewirken oder das Vertrauen in seine Politik zu schwächen. Gravierender war, daß die Bundesregierung nach 1961 zunehmend Schwierigkeiten hatte, die auseinanderstrebende Entwicklung der einzelnen Wirtschaftsbereiche, die zeitweise Überhitzung der Konjunktur und die dadurch mitverursachte Erosion der Stabilität in den Griff zu bekommen.

Die Haushalts- und Steuerpolitik begünstigte diesen Trend sogar zeitweise. Der Preisstabilität kam aber im Verständnis Sozialer Marktwirtschaft zentrale Bedeutung zu. So entstanden auch Spannungen mit der Bundesbank. In dieser Situation nahm die Kritik aus der Wirtschafts- und Finanzwissenschaft an der vermeintlichen Rat- und Tatlosigkeit der Regierung zu, und die SPD-Opposition erhielt Gelegenheit, sich auf Kosten Erhards zu profilieren.

Als langfristig noch bedeutsamer erwies sich, daß im Zuge der Keynes-Rezeption die Scheu vor staatlichen Defiziten abnahm. Schon Etzel war bereit, aus ordnungs- und verteilungspolitischen Gründen begrenzte strukturelle Fehlbeträge in Kauf zu nehmen. Seine schwächeren Nachfolger hatten dann noch größere Schwierigkeiten, die Ausgaben unter Kontrolle zu halten. Als dann die erste Nachkriegsrezession 1966/67 scheinbar leicht mit Hilfe staatlicher Ausgabenprogramme überwunden wurde, war eine wichtige psychologische Voraussetzung für die Hinnahme der enormen Haushaltsdefizite der siebziger Jahre gegeben.

In einigen bemerkenswerten Beiträgen setzten sich namhafte Vertreter der Neoliberalen mit den neuen Strömungen des progressiven Keynesianismus und ihrer Rezeption durch die intellektuelle wie politische Linke Deutschlands auseinander. So reflektierte Alfred Müller-Armack Ende der fünfziger und Anfang der sechziger Jahre in mehreren Aufsätzen über den veränderten Zeitgeist und neue Antworten in einer »zweiten Phase der Sozialen Marktwirtschaft«.[24] Er registrierte die wachsende Zahl »kritischer Angriffe von Theologen, Soziologen und Ökonomen gegen das Fundament Sozialer Marktwirtschaft«. Das fördere eine Stimmung, »in der aus dem Ausland importierte Begriffe wie Le Plan, Planification und Concertée wie Zauberworte wirkten«.[25] Deshalb müsse man an die grundlegenden Ziele und Wertvorstellungen anknüpfen und zugleich in einer veränderten Zeit neue Prioritäten begründen und durchsetzen. Mit steigendem Einkommen sei ein höheres Maß persönlicher Selbstverantwortung in den Sozialsystemen geboten. Der Staat habe andererseits seine Anstrengungen für das Angebot an qualifizierten Ausbildungs- und Studienmöglichkeiten, damit auch für den Ausbau der Hochschulen und Fachschulen zu steigern. Nötig sei auch mehr Vorsorge für eine gestaltete Umwelt, für Nationalparks nach dem Beispiel der USA sowie andere Vorhaben des Naturschutzes. Auch bei den Verkehrsplanungen müsse das Erfordernis einer sinnvollen Umweltordnung stärker beachtet werden. »Die Gestaltung der Umwelt vermochte der produktionell-technischen Entwicklung nicht zu folgen.« Müller-Armack betonte auch, daß eine »Verbreiterung der Eigentumsbildung« dem sozialen Ausgleich dienen könne. Im nationalen wie internationalen Rahmen sollten neue Wege zur Verstetigung der Konjunkturentwicklung beschritten werden. Als wichtigste Aufgabe nannte er die Stärkung der tragenden gemeinsamen Überzeugungen und Werte, damit die freiheitliche Ordnung lebendig bleibe. Dies sei auch in einer pluralistischen Gesellschaft unverzichtbar. Aber die Umsetzung weiterführender Ideen in politisches Handeln gelang in diesen letzten Jahren der Ära Adenauer zumeist nicht mehr.

1960 richtete sich in der bundesdeutschen Politik der Blick zunehmend auf die Bundestagswahl des folgenden Jahres. Die SPD erkannte, daß sie nach der programmatischen Erneuerung durch das Godesberger Programm jetzt auch einen neuen, attraktiven Spitzenmann brauchte. Am 24. August 1960 nominierte sie den Berliner Regierenden Bürgermeister Willy Brandt als Kanzlerkandidaten. Der 46jährige Brandt sollte im Kontrast zu Adenauer die jüngere Generation verkörpern. Er stand seit seiner Wahl zum Berliner Bürgermeister im Herbst 1957 über Deutschland hinaus im Blickfeld und fand als hervorragender Redner wie auch als unermüdlicher Anwalt der alten Hauptstadt viel Zustimmung. 1958 hatte er einen großen Wahlerfolg erzielt, dennoch gewann er die Zustimmung seiner Partei, in der Stadt die Koalition mit der CDU fortzuführen. Brandt stand für eine konsequente Westbindung, insbesondere sehr enge Beziehungen zu den USA.

Nach seiner Nominierung stiegen die demoskopischen Werte für die SPD an. Ende 1960 waren bei der Kanzlerfrage vierzig Prozent für Brandt und nur noch dreißig Prozent für Adenauer.[26] Dennoch gab es in der Union keine ernsthafte Debatte über einen Wechsel an der eigenen Spitze. So traten der 85jährige Adenauer und sein 64jähriger potentieller Nachfolger, Erhard, im Wahljahr erneut gemeinsam an. Es gab auch in den eigenen Reihen zunächst manche Zweifel über die Reaktion der Wähler. Im Mai 1961 hatte ich als Vorsitzender der Jungen Union ein Gespräch mit Adenauer über die Wahlkampfführung. Es ging natürlich vor allem um den Zugang zu den jungen Leuten, und ich berichtete über unsere Pläne. Adenauer fand sie gut, erzählte dann aber ausführlich von seinen eigenen Erfahrungen bei der ersten Wahlkampagne, die er als junger Mann mitgemacht hatte. Ich fragte ihn: »Wann war denn das, Herr Bundeskanzler?« Er antwortete: »Es ging um die Kommunalwahl 1895 in Köln.« Ich sagte: »1895 – das war das Geburtsjahr meines Vaters.«

Brandt gewann neue Helfer für seine Wahlwerbung, Schriftsteller, Publizisten und Intellektuelle. Die eigene Partei zeigte sich mo-

Mit dem Bau der Berliner Mauer erreichte der Kalte Krieg einen neuen Höhepunkt. Adenauer verkannte die Bedeutung dieses Ereignisses: Er setzte sein Wahlkampfprogramm ungerührt fort und besuchte erst nach neun Tagen die bedrängte Westhälfte der Stadt. Die Berliner Bevölkerung – hier vor dem Rathaus Schöneberg – reagierte mit Empörung auf das Verhalten des Kanzlers.

tiviert und optimistisch. Aber im Frühjahr 1961 zeichnete sich ein Stimmungswechsel zugunsten der Union ab. Die günstige wirtschaftliche Entwicklung half jetzt der Regierungspartei, während Brandts fehlende Kompetenz in allen ökonomischen Fragen zunehmend von zahlreichen Kommentatoren als Mangel beschrieben wurde. Trotz aller Kritik und Konflikte der vorhergehenden Zeit standen die beiden großen alten Männer der Regierung für die meisten Deutschen erneut für Erfahrung und Erfolg, und sie konnten weiterhin die Menschen auf zahllosen Wahlveranstaltungen in allen Bundesländern wirkungsvoll ansprechen. An einem glühendheißen Julitag redeten Adenauer und Erhard auf einer regionalen Kundgebung der Jungen Union in Frankfurt vor 20 000 begeisterten Jugendlichen. Mehrere Veranstaltungen für junge Wähler zwischen Hamburg und Regensburg verzeichneten ebenfalls einen beachtlichen Zuspruch. Die demoskopische Zustimmung für Adenauer stieg bis zum Sommer auf fünfzig Prozent an; bei einer großen Zahl von Unentschiedenen lag er jetzt deutlich vor Brandt. Es zeichnete sich eine Wiederholung des Grundmusters von 1953 und 1957 ab: Mit dem Näherkommen des Wahltages verstärkte sich der Trend für die Regierungspartei.

Am 13. August 1961 veränderte sich mit einem Schlag die weltpolitische Lage und vor allem die Stimmung im geteilten Deutschland. In der Nacht zu diesem Sonntag wurden alle Zugänge zu den Berliner Westsektoren durch ein großes Aufgebot von Volkspolizei der DDR hermetisch abgeriegelt. Der Bau einer Trennmauer begann, begleitet von drohenden Erklärungen aus Ost-Berlin und Moskau. Dieser Schritt traf die Westmächte unvorbereitet und wirkte auf die Bevölkerung in beiden Teilen Deutschlands wie ein Schock.

Das freie West-Berlin war für die Deutschen seit der Zeit der Blockade mehr und mehr ein Symbol der Hoffnung auf Überwindung der Teilung geworden und sehr konkret der einzige Ort, in dem noch relative Freizügigkeit zwischen Ost und West bestand. Der Bundestag hatte die wirtschaftliche und finanzielle Förderung der Lebensfähigkeit und Attraktivität West-Berlins immer wieder einmütig mit neuen Programmen und Subventionen gestärkt. Im Westen, vor allem in den USA, gab es seit der Blockade 1948/49 eine beachtliche emotionale Solidarisierung mit seinen standfesten Einwohnern. Über Nacht war dies jetzt alles in Frage gestellt. Das elementare Sicherheitsbedürfnis der Menschen wurde schwer erschüttert.

Die Westmächte und die Bonner Regierung schienen zunächst ratlos. Brandt erkannte sofort die völlige Änderung der psychologischen Lage. Er unterbrach seinen Wahlkampf und wurde mit großer medialer Wirkung zum beredten Sprecher der bedrohten Stadt.[27] Adenauer setzte seine Wahlkampagne demgegenüber fort, am Abend des 14. August in Regensburg noch mit verletzenden persönlichen Angriffen gegen seinen Kontrahenten, und lehnte es überdies ab, Berlin unverzüglich zu besuchen und Brandt zu treffen. So brach eine Welle massiver Kritik in den Medien über ihn herein. Die Stimmung schlug um. Am 25. August registrierte eine

Blitzumfrage des Allensbacher Instituts für die SPD 46, für die Union nur noch 35 Prozent. In den folgenden Wochen bis zum Wahltag am 17. September ergab sich eine erneute Verschiebung. Die CDU gewann einen Teil der zunächst verlorenen Wähler zurück, noch stärker war die Hinwendung vieler zur FDP. Präsident John F. Kennedy hatte inzwischen demonstrativ die Streitkräfte der USA in Berlin verstärkt, die Schutzgarantien für die Westsektoren bekräftigt und den früheren populären Stadtkommandanten, General Lucius D. Clay, als persönlichen Beauftragten in die alte Hauptstadt entsandt. Allerdings machte Kennedy zur bitteren Enttäuschung Brandts und vieler anderer deutscher Politiker auch deutlich, daß er die Mauer und damit die gewaltsame Teilung Berlins hinnehme und sich das Engagement des Westens künftig auf die Sicherung des freien Teils und der Zugangswege beschränken werde.

Am 17. September erhielten CDU und CSU 45,3 Prozent der Stimmen, fast 5 Prozent weniger als 1957. Die SPD gewann 4,4 Prozentpunkte hinzu und kam auf 36,2 von Hundert. Noch höher war mit 5,1 Prozent der Zuwachs für die FDP, die mit ihrem neuen Parteivorsitzenden Erich Mende 12,8 Prozent erreichte. Schon Monate zuvor hatte Mende als Wahlziel der Liberalen eine Erneuerung der Koalition mit der Union angekündigt, allerdings möglichst ohne einen Bundeskanzler Adenauer und mit erkennbaren Sympathien für Erhard als seinen Nachfolger. Adenauer wußte am Tag nach der Wahl, daß er schnell handeln mußte, wenn er das Heft noch in der Hand behalten wollte. Führende Politiker der Union, wie der neue CSU-Vorsitzende Strauß und Bundestagspräsident Eugen Gerstenmaier, gingen erkennbar auf Distanz zu ihm. Strauß wollte jetzt Erhard als Kanzler durchsetzen, Gerstenmaier trat nach dem schweren Schock des Mauerbaus für eine Allparteien-Koalition oder eine Große Koalition ein. Adenauer erklärte am Dienstag vor dem CDU-Bundesvorstand schon in seinen Eingangsbemerkungen, daß er erneut als Kanzler zur Verfügung stehe, aber etwa in der Mitte der Wahlperiode zurücktreten werde, damit seinem Nachfolger genügend Zeit bis zur Wahl 1965 bleibe.[28] Mit dieser überraschenden Ankündigung wollte er seinen innerparteilichen Kritikern den Wind aus den Segeln nehmen. Dennoch gab es eine mehrstündige, ungewöhnlich bewegte Debatte. Nach manchen Loyalitätsbekundungen wurden zunehmend kritische Töne laut. Als Erik Blumenfeld und Professor Adolf Süsterhenn sich dafür aussprachen, bereits jetzt eine Meinungsbildung für die Nachfolge des Bundeskanzlers herbeizuführen, reagierte Adenauer mit außerordentlicher Bewegung. Mit Tränen in den Augen rief er aus, wer jetzt Kanzler werde, nehme schwerste Belastungen auf sich. »Ich bin wirklich nicht hier, um zu bitten und zu betteln, daß ich Kanzler werde. Wenn es nach mir ginge, wäre ich morgen weg. Aber das darf ich nicht tun.« Wenn einige meinten, man solle jetzt Erhard als seinen Nachfolger nominieren, dann erweise man dem Wirtschaftsminister den denkbar schlechtesten Dienst. Er habe Erhard am Vortag persönlich gesagt: »Ich wüßte keinen anderen wie Sie.« Aber dies jetzt formell zu beschließen, wäre ein kardinaler Fehler. Erhard antwortete nur kurz und betont distanziert: »Ich habe dem Herrn Bundeskanzler gesagt, es sei nicht interessant, daß er vor der Fraktion erklärt, daß er keinen besseren weiß, das hätte er zu einem geeigneten Zeitpunkt vor der deutschen Öffentlichkeit sagen müssen.« Viele, so auch ich, verließen diese Sitzung niedergeschlagen. Die Autorität der uneinigen Führung war sichtbar geschwächt. Noch einmal erhielt Adenauer das Mandat, die Koalitionsverhandlungen zu führen und zugleich den Auftrag für eine erneute Kanzlerschaft, aber jetzt erstmals auf Zeit.

Die folgenden Verhandlungen mit der FDP verliefen außerordentlich schwierig. Zahlreiche Politiker der Liberalen wollten auf die Kompromißformel der befristeten Kanzlerschaft nicht eingehen. Daß Mende diesen Schritt schließlich tat, löste vielfältige öffentliche Kritik aus und führte zu anhaltenden Spannungen in den eigenen Reihen. So war die neu gebildete Koalition von Anfang an durch beträchtliche Hypotheken belastet. Am 7. November wurde Adenauer nur mit einer knappen Mehrheit erneut zum Bundeskanzler gewählt. 44 Abgeordnete der Regierungsfraktionen versagten ihm ihre Stimme. Das Kabinett wurde in mehreren wichtigen Ressorts neu besetzt. Franz Etzel schied als Finanzminister aus. Die Härte des Amtes, gesundheitliche Probleme und private Schicksalsschläge hatten ihn verzichten lassen. Sein Nachfolger wurde der FDP-Abgeordnete Heinz Starke, zuvor Hauptgeschäftsführer der Industrie- und Handelskammer Bayreuth und ein überzeugter Anhänger der Erhardschen Politik. Aber der selbstbewußte Mann war wenig kooperativ und bald in heftige Auseinandersetzungen verwickelt. Schnell ging in Bonn das geflügelte Wort aus Schillers »Wilhelm Tell« um: »Der Starke ist am mächtigsten allein.« Gegen Erhards Votum setzte die FDP die Bildung eines Entwicklungshilfeministeriums mit Walter Scheel als Ressortchef durch. Hans Lenz (FDP), ein anerkannter Haushaltsfachmann, wurde Schatzminister. Das Außenministerium übernahm Gerhard Schröder, sein Nachfolger als Innenminister wurde der CSU-Politiker Hermann Höcherl.

In den letzten beiden Jahren der Ära Adenauer standen nach der

Am 10. September 1964 wurde der millionste Gastarbeiter, der Portugiese Armando Rodriguez, in Deutschland begrüßt. Vetreter der Arbeitgeberverbände überreichten ihm als Geschenk ein Moped. Die Anwerbung von Arbeitskräften im Ausland hatte bereits zehn Jahre zuvor begonnen und wurde aufgrund des anhaltenden Wirtschaftswachstums in den sechziger Jahren noch vorangetrieben. Erst 1973 führten konjunkturelle Rückschläge zu einem Anwerbestopp. Damals hatte die Zahl der ausländischen Erwerbstätigen in der Bundesrepublik mit 2,6 Millionen ihren Höhepunkt erreicht.

dramatischen Verschärfung der Berlinkrise die außenpolitischen Fragen im Vordergrund. Es bedurfte großer Anstrengungen, um die westliche Politik mit Blick auf die Sowjetunion und den massiven Druck in Richtung Anerkennung der deutschen Teilung, bei teilweise auseinanderstrebenden Überlegungen in Washington, Paris und London einigermaßen zu koordinieren. Bereits im Herbst 1962 erschütterte die sogenannte *Spiegel*-Affäre die deutsche Innenpolitik. Das Hamburger Nachrichtenmagazin hatte streng geheime Unterlagen über die Verteidigungsplanungen der Atlantischen Allianz veröffentlicht und damit ein politisches Erdbeben in Deutschland wie auch bei den Verbündeten ausgelöst. Verteidigungsminister Strauß, der sich seit einigen Jahren als Objekt unfairer Attacken der Zeitschrift sah, veranlaßte mit rechtsstaatlich umstrittenen Methoden die Verhaftung des *Spiegel*-Redakteurs Ahlers in Spanien. Diese Maßnahme löste eine breite Protestbewegung aus, es folgte eine Koalitionskrise durch den Rücktritt der FDP-Minister, denen sich die Minister der Union anschlossen. Erst als ernsthaft die Alternative einer Großen Koalition im Gespräch war, fanden sich die zerstrittenen Regierungsfraktionen wieder zusammen. Neben Strauß und einigen älteren Ministern der Union schied auch Starke aus dem Kabinett aus. Für ihn kam der Hamburger FDP-Abgeordnete Rolf Dahlgrün als neuer Finanzminister. Starke hatte in knapp einem Jahr viele seiner Kollegen persönlich verärgert. Dahlgrün war ein beliebter, umgänglicher Mann, als leitender Mitarbeiter eines großen Industrieunternehmens wirtschaftlich erfahren. Aber es fehlte ihm an Durchsetzungskraft, und so geriet auch er bald in erhebliche Schwierigkeiten. Aus dem Atomministerium wurde ein Bundesministerium für wissenschaftliche Forschung mit erweiterten Zuständigkeiten unter Hans Lenz (FDP). Damit sollte der allgemeinen Forderung nach einer aktiveren Wissenschaftspolitik unter Beteiligung des Bundes Rechnung getragen werden. Für Lenz übernahm Werner Dollinger (CSU) das Schatzministerium.

Zu den einschneidenden Folgen des Berliner Mauerbaus gehörte eine veränderte Situation auf dem Arbeitsmarkt der Bundesrepublik. Von der Gründung der DDR 1949 bis zum 13. August 1961 waren 2,7 Millionen Menschen aus dem »Arbeiter- und Bauernstaat« in die Bundesrepublik geflohen. Jetzt versiegte der Flüchtlingsstrom fast völlig. Die Nachfrage nach qualifizierten Arbeitnehmern hielt bei einer weiterhin günstigen Konjunkturentwicklung an, die Zahl der unbesetzten Stellen nahm zu. Der Zustrom ausländischer Arbeitnehmer verstärkte sich: 1960 waren 280 000 in der Bundesrepublik tätig, 1963 bereits 770 000. Die Gewerkschaften nutzten die veränderte Marktlage zu einer expansiveren Lohnpolitik. Zur selben Zeit stiegen die Preise stärker an. 1960 nahm der Index der Lebenshaltungskosten um 1,5 Prozent zu, 1961 waren es 2,5, zwei Jahre später 3,1 Prozent. So wurde die »schleichende Inflation« zu einem Hauptthema der Wirtschaftswissenschaft und der politischen Debatte. Trotz aller Appelle der Minister Starke und Dahlgrün wuchsen die Staatsausgaben mit hohen Zuwachsraten weiter. Vor allem die anhaltende Forcierung des Wohnungsbaus trug zur stärkeren Preisbewegung bei. Dies führte zu kritischen Reaktionen der Bundesbank; seit den Auseinandersetzungen um die Aufwertung der D-Mark waren die Beziehungen zwischen Frankfurt und Bonn ohnehin abgekühlt. Die Bundesregierung sah demgegenüber die Hauptursache für die Preisentwicklung in einem Inflationsschub, der zuvor mehrere westliche Partnerländer getroffen hatte, und in einem seit 1963 erneut verstärkten Zustrom von Auslandskapital.

Auch die Debatte über eine aktivere Rolle des Staates führte zu wachsenden Anforderungen an die öffentlichen Etats. Die Dynamisierung eines Teils der Sozialleistungen wirkte sich ebenso aus wie die schon erwähnten neuen Schwerpunkte, insbesondere die Familien- und Vermögenspolitik. Nach der Stockung in der Aufbauzeit bis 1958 beanspruchte die Bundeswehr jetzt beträchtliche Mittel, und die neuen, von einer breiten Öffentlichkeit wie allen Parteien geforderten Prioritäten Wissenschaft, Forschung, Hochschulen und (in der alleinigen Verantwortung der Länder wie Kommunen) Schulwesen führten zu einem deutlichen Anstieg der entsprechenden Haushaltsansätze.

Dies blieb nicht ohne Folgen, sowohl für die Steuer- und Abgabenquote als auch für die Kreditaufnahme. 1960 beanspruchten Steuern und Sozialbeiträge 32,6 Prozent des Bruttosozialprodukts, 1963 waren es 34,4 Prozent.[29] In derselben Zeit verlief der Anstiegswinkel der Staatsausgaben noch steiler, von 32,9 auf 36,7 von Hundert. Die Neuverschuldung des Bundes betrug 1,26 Milliarden DM im Jahr 1961 und erreichte 1963 mit 2,2 Milliarden DM einen ersten Höchststand in der Finanzgeschichte der Bundesrepublik. Im Lichte späterer Entwicklungen erscheinen diese Zahlen nicht alarmierend. Mehrere Bundesländer erzielten aufgrund ihrer wesentlich stärker steigenden Steuereinnahmen in jenen Jahren sogar noch Überschüsse. Aber der zugrundeliegende Trend beunruhigte verständlicherweise manche ordnungspolitisch orientierte Anhänger der Sozialen Marktwirtschaft. Wenn in Zeiten eines verhaltenen, aber kontinuierlichen Wirtschaftswachstums keine Stabilisierung der wesentlichen ökonomischen und finanziellen Daten erreicht wurde, dann war dies ein Warnzeichen für eine ungewisse Zukunft.

7. Kapitel

Wirtschafts- und Finanzpolitik in den sechziger Jahren

In den sechziger Jahren gewann die Entwicklung der EWG wachsende Bedeutung für die Politik Deutschlands und seiner fünf Partnerländer. Der Ausbau der Gemeinschaft wirkte immer stärker auch auf die innenpolitischen Strukturen und Entscheidungen ein. Die erste Kommission entwickelte zahlreiche Initiativen, um die Ziele des Vertrages zu erreichen und weltwirtschaftliche Entwicklungen mitzugestalten. Als erster Präsident der Kommission genoß Professor Walter Hallstein sehr bald Ansehen und Autorität, auch Hans von der Groeben bewies als zweites deutsches Kommissionsmitglied erneut seine hohe Kompetenz.

Die größten Schwierigkeiten für den europäischen Einigungsprozeß gingen von Frankreich unter de Gaulle aus. Die Gaullisten hatten die Europäischen Verträge 1957 abgelehnt. Zwar war die neue französische Regierung nun bereit, sie einzuhalten, de Gaulle strebte aber eine organisierte Zusammenarbeit der europäischen Staaten an, nicht ein vereintes Europa mit supranationalen Institutionen. Besonders die EWG-Kommission, mögliche Keimzelle einer europäischen Regierung, und das europäische Parlament erweckten sein Mißtrauen. Sie sollten sich nach seiner Meinung auf beratende Funktionen beschränken. Im Grunde wollte de Gaulle ein »Europa der Vaterländer«, nicht ein »Vaterland Europa«. Ein starkes Europa sollte dabei weltpolitisch ein Gegengewicht zu den USA bilden, deren politische und wirtschaftliche Führungsrolle er nie völlig akzeptierte.

Deshalb lehnte er auch die Mitgliedschaft Großbritanniens prinzipiell ab, dessen starke Bindungen an die Vereinigten Staaten ihn störten. Washington hatte die europäische Einigung von Beginn an unterstützt. Die Amerikaner verbanden damit aber Ordnungsvorstellungen, die sich von denen de Gaulles grundlegend unterschieden. Der amerikanisch-französische Gegensatz trat vor allem seit Beginn der sechziger Jahre deutlich zutage. Unter Präsident Kennedy bemühten sich die USA, ihre Vormachtstellung im westlichen Lager auch auf wirtschaftlichem Gebiet zu stärken. Das amerikanische Zahlungsbilanzdefizit war größer geworden, der Dollar verlor an Vertrauen. Kennedy wollte einen Teil der weltpolitischen

Verpflichtungen auf die Schultern eines geeinten Europa verlagern, um eine finanzielle Überbürdung der USA zu vermeiden. Für diesen 1962 skizzierten »grand design« war eine britische EWG-Mitgliedschaft wesentlich. 1964 begannen die Verhandlungen der sogenannten »Kennedy-Runde« im Rahmen des Allgemeinen Zoll- und Handelsabkommens (GATT) über eine globale Zollsenkung. Ein Zollabbau entsprach den Vorstellungen der Bundesregierung, begegnete jedoch in Frankreich einigen Vorbehalten.

Unter diesen weltpolitischen Rahmenbedingungen schritt die wirtschaftliche Integration der EWG schnell voran. Hierbei war die positive Entwicklung der Volkswirtschaften der sechs Länder hilfreich. Der Handel zwischen den Mitgliedstaaten, aber auch mit Drittländern, wuchs stärker als der Welthandel insgesamt. Eine erste Senkung der Binnenzölle zwischen den EWG-Staaten erfolgte schon zum 1. Januar 1959. Die Bundesrepublik verringerte ihre Außenzölle gegenüber den EWG-Partnern um zehn Prozent. Zugleich wurden die mengenmäßigen Beschränkungen im Warenverkehr durch eine Erhöhung der Kontingente abgebaut.[1] 1960 folgte eine weitere Zollsenkung um zwanzig Prozent. Vor allem Frankreich und Italien hatten ursprünglich befürchtet, ihre Industrie werde dem innereuropäischen Wettbewerbsdruck nicht gewachsen sein. Die erwähnte günstigere Entwicklung förderte aber das Einvernehmen, eine dritte zehnprozentige Zollsenkung bereits ein Jahr vor dem geplanten Termin, am 31. Dezember 1960, vorzunehmen. In seinem »Beschleunigungsbeschluß« legte der Ministerrat auch fest, mit der Anpassung der nationalen Außenzölle für gewerbliche Produkte an die Sätze des Gemeinsamen Zolltarifs der EWG früher als vorgesehen zu beginnen. Dies war ein Beitrag zu einer liberaleren Welthandelspolitik.[2] Der gemeinsame Markt machte in den folgenden Jahren weitere Fortschritte. Am 1. Juli 1963 wurden die Binnenzölle bei gewerblichen Waren auf vierzig Prozent, bei Agrarprodukten auf 55 Prozent des Ausgangszolls gesenkt; die Außenzölle wurden im Hinblick auf die Kennedy-Runde an einen um zwanzig Prozent verminderten Außentarif angeglichen.[3] Nach weiteren Senkungen der Binnen- beziehungsweise Außenzölle Anfang 1966 konnte die Zollunion schon zum 1. Juli 1968 verwirklicht werden. Die Binnenzölle wurden damit abgeschafft, von nun an galt der gemeinsame Außenzoll.

Damit war eines der wichtigsten Ziele der Römischen Verträge verwirklicht und zugleich ein bedeutsamer Beitrag zum Erfolg der GATT-Verhandlungen geleistet. Tatsächlich konnte die Kennedy-Runde 1967 erfolgreich abgeschlossen werden. Sie führte bei gewerblichen Erzeugnissen zu Zollsenkungen von etwa dreißig Prozent. Die EWG war kein abgeschotteter Handelsblock geworden, sondern fügte sich in eine liberalere Weltwirtschaft ein.

Die größten Probleme bei den GATT-Verhandlungen ergaben sich auf dem Agrarsektor, der für die meisten Regierungen aus innenpolitischen Gründen von besonderer Bedeutung war. Schon im Juli 1958 hatte eine EWG-Ministerkonferenz in Stresa weitreichende Beschlüsse zur gemeinsamen Landwirtschaftspolitik gefaßt. Die wichtigsten Ziele waren die Erhaltung der Familienbetriebe bei angemessenen Einkommen und der freie Handelsverkehr mit Agrarprodukten innerhalb der EWG. Direkte Einkommensbeihilfen nach englischem Vorbild wurden vor allem von den Bauernverbänden und der Mehrheit der Regierungen abgelehnt.[4] Im Laufe der Jahre 1959 und 1960 einigte man sich auf ein System der Preis- und Absatzgarantien für wichtige landwirtschaftliche Produkte bei gemeinsamem Außenschutz. Durch Abschöpfungen sollten die Importpreise auf das Niveau der EWG gebracht werden. 1962 wurden Marktordnungen für die wichtigsten Erzeugnisse beschlossen; die Finanzierung des gemeinsamen Agrarmarktes sollte bis zum 30. Juni 1965 endgültig geregelt werden. Bei einem relativ hohen Preisniveau lag in diesem System der Stützung und Absatzförderung ein in Brüssel zunächst unterschätzter Anreiz zur nachhaltigen Produktionssteigerung, die bald zu beträchtlichen Überschüssen führen sollte.

Ein Hauptstreitpunkt war der Getreidepreis. Die deutsche Landwirtschaft bestand auf einem möglichst hohen Niveau. Erhard erzielte schließlich Ende 1964 über den Kopf der zuständigen Minister hinweg mit dem Präsidenten des Bauernverbandes, Edmund Rehwinkel, einen Kompromiß, der für Preissenkungen beträchtliche Ausgleichszahlungen aus dem Bundeshaushalt an die Landwirtschaft vorsah.[5] Der Bundeskanzler wurde wegen dieser Zusagen, die die Haushalte 1965 und 1966 stark belasteten, heftig kritisiert. Dabei übersah man aber, daß er durch einen finanz- und ordnungspolitischen Sündenfall einen Erfolg für die GATT-Verhandlungen erzielte. 1966 wurde beschlossen, die Ausgaben der gemeinsamen Agrarpolitik vom 1. Juli des folgenden Jahres auf den EWG-Haushalt zu übernehmen. Die Bundesrepublik Deutschland war Nettozahler, Frankreich und Italien aufgrund ihrer stärker landwirtschaftlich geprägten Struktur Nettoempfänger. Die Mengen und Kosten stiegen bald erheblich an. So verstärkte sich bereits Ende der sechziger Jahre die Kritik aus marktwirtschaftlicher Sicht. Rindfleisch- und Butterberge sowie die kostspielige Vermarktung und Vernichtung überschüssiger Vorräte erregten bald auch die breite Öffentlichkeit.[6]

Bis 1964 konnte die Freizügigkeit der Arbeitskräfte innerhalb der EWG erreicht werden. Die volle Verwirklichung der Niederlassungsfreiheit und des freien Dienstleistungsverkehrs stieß demgegenüber in mehreren Bereichen auf erhebliche Schwierigkeiten, vor allem beim öffentlichen Dienst. Ein weiteres wichtiges Ziel des EWG-Vertrages war die Harmonisierung der indirekten Steuern, wobei der Umsatzsteuerausgleich an den Binnengrenzen ein besonderes Problem darstellte. Um ihn zu erleichtern, einigte sich der Ministerrat am 9. Februar 1967 auf zwei Richtlinien, die das System der Mehrwertsteuer für alle Mitgliedstaaten vorschrieben.[7] Diese Verständigung war möglich geworden, nachdem Deutschland, das lange an der Allphasen-Bruttoumsatzsteuer festgehalten hatte, die grundsätzliche Entscheidung für ein Mehrwertsteuersystem getroffen hatte. Allerdings gelang die Annäherung des Steuerrechts nur sehr langsam; erst in den achtziger Jahren bekam dieses Thema durch die Verwirklichung des Binnenmarktes eine besondere Dringlichkeit.

Angesichts der negativen französischen Haltung zu einer Erweiterung der Gemeinschaft hatte Großbritannien mit sechs anderen OEEC-Ländern 1960 die Europäische Freihandelszone gegründet. 1961 stellte London schließlich doch einen formellen Antrag auf Mitgliedschaft in der EWG. Im selben Jahr hatten Gespräche über eine Politische Union begonnen. Obwohl der französische Delegationsleiter Christian Fouchet den Vorsitz der gemeinsamen Arbeitsgruppe übernommen hatte, lehnte de Gaulle 1962 den vorgelegten Entwurf ab. Im Januar 1963 legte er ein Veto gegen den Beitritt Großbritanniens zur Gemeinschaft ein. Dies löste in Deutschland, Italien und den Benelux-Ländern heftige Kritik aus.

Auch über die Finanzierung des Agrarmarktes kam es 1965 zu einem ernsthaften Streit. Am 30. Juni begann die Pariser Regierung die Sitzungen des Ministerrats zu boykottieren. Die Agrarfragen gaben jedoch nur den Anlaß für die Obstruktion. Die »Politik des leeren Stuhls« richtete sich gegen die allmähliche Entwicklung der EWG zu einer supranationalen Organisation. Erst im Januar 1966 wurde im »Luxemburger Kompromiß« eine Verständigung erzielt. Frankreich erreichte keine Vertragsänderung, aber eine informelle bindende Absprache, daß künftig keine Mehrheitsentscheidung getroffen werden sollte, wenn ein Land vitale nationale Interessen bei seiner Ablehnung geltend machte.

In dieser Zeit wurde eine wichtige Reform verwirklicht. Am 8. April 1965 konnte der Vertrag über die Vereinigung von EWG, Montanunion und Euratom zur Europäischen Gemeinschaft unterzeichnet werden. Es gab jetzt nur noch eine Kommission mit umfassenderen Vollmachten. Am 1. Juli 1967 trat die Neuregelung in Kraft; damit war die Europäische Gemeinschaft geschaffen.

In der deutschen Innenpolitik hatte sich seit Herbst 1962 in der CDU/CSU der Druck verstärkt, den angekündigten Kanzlerwechsel spätestens in der Mitte der Wahlperiode zu vollziehen. Heinrich von Brentano, nach dem Wechsel Krones in das Bundeskabinett seit 1961 erneut Vorsitzender der Fraktion, notierte schon während der *Spiegel*-Affäre: »Es wird sichtbar, daß die Krise in Wahrheit eine Krise um den Bundeskanzler ist.«[8] Adenauer müsse jetzt den Zeitpunkt seines Rücktritts bestimmen und die Personalentscheidungen im Einvernehmen mit seinem »Nachfolger Erhard« treffen. Dazu war der Bundeskanzler jedoch nicht bereit. Noch im April 1963 widersetzte er sich in der Unionsfraktion der jetzt von einer deutlichen Mehrheit geforderten formellen Nominierung Erhards. Den erstaunten und teilweise empörten Abgeordneten erklärte er: »Es kann jemand der beste Wirtschaftsminister sein, ohne daß er deswegen für die politischen Fragen dasselbe Verständnis aufbringt ...« Aber diese letzte Intervention gegen den ungeliebten Nachfolger blieb vergebens. Erhard wurde in geheimer Abstimmung mit 159 von 225 abgegebenen Stimmen als nächster Bundeskanzler benannt. Das war mehr als eine Zweidrittel-Mehrheit. Eine beachtliche Minderheit brachte freilich Zweifel an seiner Eignung für das höchste Regierungsamt zum Ausdruck. Zu ihr gehörten besonders enge persönliche Weggefährten Adenauers ebenso wie eine Reihe von Abgeordneten, die den Wechsel zu einem jüngeren profilierten Politiker, wie Außenminister Schröder, vorgezogen hätten.

Am 16. Oktober 1963 wurde der Wechsel vollzogen. Der Bundestag wählte Ludwig Erhard mit 279 Stimmen zum zweiten Kanzler der Bundesrepublik. 180 Nein-Stimmen kamen im wesentlichen von der SPD, 24 Enthaltungen überwiegend aus den Koalitionsfraktionen. Erhard hatte sich in den Sommermonaten gründlich auf die Kanzlerschaft vorbereitet. Er empfing in seinem Haus am Tegernsee viele Besucher, Parteifreunde, Wissenschaftler, Publizisten, unabhängige Persönlichkeiten, die er schätzengelernt hatte. Auch ich war mit einer Reihe von Fraktionskollegen bei ihm zu Gast. Erhard wirkte wie befreit. Die Last der zermürbenden jahrelangen Auseinandersetzungen mit Adenauer schien der Vergangenheit anzugehören. Er hoffte auf neue Formen des politischen Dialogs und persönlichen Umgangs in der Republik, offener, partnerschaftlicher, sachorientierter. Die Rolle der Verbandsführer sollte zurückgeführt werden, wissenschaftliche und fachliche Kompetenz ein höheres Gewicht erhalten. Den von ihm schon länger

Die letzten Amtsjahre Adenauers waren von permanenten Auseinandersetzungen um seine Nachfolge überschattet. Erst unter massivem Druck seiner Partei trat Adenauer im Oktober 1963 zugunsten von Ludwig Erhard zurück. Wiederholt hatte er Zweifel an der Eignung seines Wirtschaftsministers zum Kanzler geäußert, und damit stand er, wie die Ironimus-Karikatur zeigt, nicht allein. Die Skepsis war nicht unberechtigt: Erhard reichte in Führungskompetenz und Durchsetzungsfähigkeit nicht an seinen Vorgänger heran. Nur drei Jahre blieb er an der Spitze der Bundesregierung.

geplanten Sachverständigenrat für die Begutachtung der gesamtwirtschaftlichen Entwicklung sah er als ein Modell für anspruchsvolle Beratung und Kommunikation an. Die politisch Verantwortlichen müßten ein Beispiel geben, das der deutschen Demokratie zugute komme und vor allem junge Menschen aus ihrer Skepsis herausführen könne.

Dieser hohe Anspruch, eine neue Ära deutscher Politik im Stil und in den Inhalten prägen zu können, entsprach weit verbreiteten Erwartungen. Die Meinungsforschungsinstitute registrierten im Sommer und Herbst 1963 eine ungewöhnlich große Sympathie für den Wechsel und für die Person des zweiten Bundeskanzlers.[9] Mit Elan hatte sich Erhard nach seiner Nominierung im Frühjahr schwierigen Aufgaben zugewandt.[10] Er schlichtete einen ernsten Lohnkonflikt in der südwestdeutschen Metallindustrie. Im niedersächsischen Landtagswahlkampf setzte er sich nachhaltig für einen Erfolg der CDU ein. Und Ende Mai trug er bei den GATT-Verhandlungen in Genf maßgeblich zur Verständigung zwischen den USA und Frankreich bei.

Erhard nahm im Oktober nur wenige Veränderungen an dem erst vor einem Jahr gebildeten Kabinett vor. Zum Chef des Bundeskanzleramtes berief er seinen langjährigen Vertrauten, Staatssekretär Westrick, und ernannte ihn zugleich zum Bundesminister. Damit fand er ein geteiltes Echo: Ein 66jähriger Bundeskanzler brachte einen 69jährigen in die wichtigste politische und administrative Schaltstelle der Regierung. Erhards engster Berater im Wirtschaftsministerium, Karl Hohmann, wechselte als Abteilungsleiter für politische Planung und Öffentlichkeitsarbeit in das Palais Schaumburg. Bundeswirtschaftsminister wurde der 44jährige Kurt Schmücker. Der Buchdruckereibesitzer aus dem oldenburgischen Löningen war ein bekannter und geschätzter Mittelstandspolitiker der Unionsfraktion, ein guter Debattierer, Erhard in den Kämpfen der vorausgegangenen Jahre eng verbunden. Aber bald zeigte sich, daß der bewährte Praktiker Schwierigkeiten hatte, das große Erbe Erhards weiterzuführen und im Dialog mit der Bundesbank, den Interessenverbänden, in den internationalen Organisationen die Autorität seines Vorgängers zu gewinnen. Jetzt trat auch der FDP-Vorsitzende Mende in die Regierung ein; als Bundesminister für Gesamtdeutsche Fragen verdrängte er Rainer Barzel, der erst zwölf Monate zuvor diese Aufgabe übernommen hatte.

Immer wieder haben Journalisten, Nationalökonomen und Historiker über das Ende der Ära Adenauer nach vierzehn Jahren und die Folgen für die Entwicklung der Bundesrepublik reflektiert. Eher selten wurde dabei erörtert, daß der Oktober 1963 nicht nur der Beginn einer dann kurzen Kanzlerschaft Erhards, sondern auch das Ende seiner mehr als fünfzehnjährigen Ressortverantwortung für die Wirtschaftspolitik in Frankfurt und Bonn war. Nachdem zuvor schon im Finanzministerium auf Schäffer und Etzel zwei vergleichsweise schwächere Minister gefolgt waren, gab es jetzt auch im Wirtschaftsressort eine Zäsur.

In der ersten Hälfte der sechziger Jahre begannen manche Kommentatoren, vom Ende der Nachkriegszeit zu schreiben. Erhard nahm diese Formel zwei Jahre später in seine Regierungserklärung nach der Wahl 1965 auf. In den siebziger Jahren wandten sich Wirtschaftswissenschaftler und Historiker stärker der Zeit des Wiederaufbaus und den Ursachen für die eindrucksvollen Erfolge jener Periode zu. Mehrere Autoren, besonders pointiert Werner Abelshauser, entwickelten aus vorhergehenden Trend- und Rekonstruktionstheorien die These, die ungewöhnliche Dynamik der Aufbauzeit sei im wesentlichen auf Bedingungen zurückzuführen, die im Jahr 1945 gegeben waren.[11] In dieser Sichtweise hatten die grundlegenden politischen Entscheidungen von der Währungsreform bis zur Umsetzung der Sozialen Marktwirtschaft nur nachgeordnete Bedeutung. Diese Interpretation löste Widerspruch in einer Reihe empirischer Untersuchungen und ordnungspolitischer Beiträge aus,[12] aber vor allem in zeitkritisch orientierten Publikationen der akademischen Linken schlug sich diese These nieder.

Besondere Beachtung verdient sicherlich, was Karl Schiller 1989 im Abstand von drei Jahrzehnten über die Politik seines Vorgängers und zeitweisen Kontrahenten Erhard in den Aufbaujahren der Bundesrepublik formulierte.[13] Schiller sprach von einem »im Ganzen positiven Bild«, von der beachtlichen Fähigkeit, weitreichende Grundsatzentscheidungen durchzuhalten und verschiedene Bereiche der Politik zu koordinieren: »Das Ganze war nur möglich

1. durch die Wiederherstellung des inneren Wirtschaftsgleichgewichts zwischen Nachfrage und Angebot,
2. durch eine erstaunliche innere Preisberuhigung ab 1952,
3. durch eine Finanzpolitik, die nicht nur ein Gleichgewicht, sondern zeitweise auch Überschüsse erzielt …«

Die Stabilität sei mit einem bemerkenswert guten Wirtschaftswachstum verbunden gewesen. »Die Marktwirtschaft ging gestärkt aus der Korea-Krise hervor. Politisch war sie für Erhard die schwerste Bewährungsprobe.« Zu den wichtigsten Errungenschaften zählte Schiller ein Steuersystem, das den dynamischen Kräften freiere Bahn gab, die Sicherung eines freien Wettbewerbs durch das Kartellgesetz, die konsequente Liberalisierung des internationalen Handels und den Ausbau des Sozialsystems mit der Rentenreform.

Sehr kritisch setzte er sich mit der Tendenz einiger Wirtschaftswissenschaftler auseinander, die Triebkräfte des Aufschwungs nach 1948 von den marktwirtschaftlichen Grundsatzentscheidungen Erhards und seiner Mitstreiter abzukoppeln. Schiller verwarf Abelshausers These von einem originären »Rekonstruktionsprozeß« ebenso entschieden wie die staatsinterventionistischen Konzepte von Galbraith und Gunnar Myrdal, die er beide zur Schule der »Vulgärmarxisten« zählte. Zusammenfassend hob er hervor: »Die Währungsreform war die Voraussetzung für jede neue Wirtschaftspolitik; die alte war offensichtlich gescheitert. Mit ihr war nicht zwangsläufig verbunden, daß nun ein betont marktwirtschaftlicher Kurs eingeschlagen wurde. Dies war eine gesonderte politische

Entscheidung. Die Alternative etwa einer stark etatistischen, nachfrageexpansiven Politik wäre mit großer Sicherheit nicht so erfolgreich gewesen – auf kurze wie vor allem auf längere Sicht.«

Erhard erklärte nach seiner Wahl zum Bundeskanzler mehrfach, es sei jetzt vordringlich, die Staatsausgaben wieder unter strenge Kontrolle zu nehmen. Die erste Probe kam schnell und ging nicht gut aus. Seit vielen Monaten wurde über eine Regierungsvorlage zur Kriegsopferversorgung verhandelt. Dies war schon in früheren Zeiten ein besonders empfindliches Thema gewesen. So hatte die Koalition 1959 eine Novelle mit einem Finanzvolumen von zusätzlich 550 Millionen jährlich gegen den anfänglichen Widerstand von Etzel und Blank auf über eine Milliarde DM ausgeweitet.[14] Auch diesmal verlangten vor allem die Abgeordneten im federführenden Fachausschuß mit der streitbaren CSU-Politikerin Maria Probst (»Maria Hilf«) als Sprecherin eine beträchtliche Aufstockung.

Am 15. November 1963 sollte in einem Koalitionsgespräch unter dem Vorsitz des Bundeskanzlers abschließend die Linie festgelegt werden. Erhard, der sein Leben lang die Folgen einer Verwundung aus dem Ersten Weltkrieg zu tragen hatte, war zu einer spürbaren Erhöhung der Ausgleichsrenten bereit, die den kleinen Einkommensbeziehern zugute kamen. Er lehnte zugleich eine wesentlich kostspieligere Anhebung der Grundrenten ohne Rücksicht auf die wirtschaftliche Lage der Betroffenen ab und kündigte an, daß die Regierung notfalls von Artikel 113 des Grundgesetzes Gebrauch machen, also ein Veto gegen überhöhte Ausgabenbeschlüsse des Parlaments einlegen werde. Wolfgang Mischnick versicherte, die FDP-Fraktion sei bereit, den von Erhard und Dahlgrün beschriebenen Finanzrahmen einzuhalten, wenn die Union dazu stehe. Ich saß in diesem Kreis neben Strauß, der zunächst während längerer Erörterungen zu den Strukturproblemen in einem Lehrbuch zur Einführung in die Nationalökonomie las und sich Notizen machte. Offensichtlich bereitete er sich auf seine Studien in Innsbruck bei Professor Clemens Andreae vor. Plötzlich schaltete er sich mit Zwischenrufen in die Debatte ein und erklärte dann, die Lage habe sich geändert. Man könne die Kriegsopfer nicht abweisen, nachdem in den letzten Jahren Konzessionen an andere Gruppen gemacht worden seien. Die CSU werde am Sonntag auf einer Landesversammlung ihre Beschlüsse fassen, die auch für die Bonner Landesgruppe gelten würden. Ich notierte mir: »Durch die Erklärung von Strauß kam politische Hochspannung auf. So will er also die Kraftprobe, die Konfrontation mit Erhard bei diesem populären Thema. Eine erste Krise zeichnet sich ab. Ich riet Westrick und Hohmann nach der Sitzung dringend, Erhard möge Dienstag (im Kabinett) einen Eventualbeschluß über Artikel 113 herbeiführen und jeden Minister fragen und festlegen.« Andere anwesende CSU-Vertreter, Bundesratsminister Alois Niederalt und der Haushaltsexperte Walter Althammer, zeigten tiefe Bestürzung. Der stellvertretende FDP-Fraktionsvorsitzende Siegfried Zoglmann erwiderte sofort, das werde Konsequenzen haben, die FDP müsse ihre Haltung überprüfen.

So kam es wenige Wochen nach der Kanzlerwahl zu einer ersten Niederlage für Erhard. Der Bundestag beschloß die Erhöhung der Ausgleichs- wie auch der Grundrente mit einem Gesamtvolumen von 1,2 Milliarden DM, mehr als das Doppelte des Regierungskonzepts. Erhard unterließ nach einer Intervention der Unionsführung die beabsichtigte Anwendung von Artikel 113. So mißlang die Rückkehr zu einer strikten Haushaltsdisziplin und Stabilitätspolitik.

In anderen Bereichen gab es in der folgenden Zeit einige Fortschritte und Erfolge. Noch in den letzten Tagen der Kanzlerschaft Adenauers war das Gesetz über die Bildung eines Sachverständigenrates zur Begutachtung der gesamtwirtschaftlichen Entwicklung verabschiedet worden. Erhard hatte seit 1957, gegen manche Widerstände in der Regierung und auch im eigenen Ressort, die Schaffung eines solchen Gremiums betrieben und schließlich die Koalitionsfraktionen überzeugt. Es sollte, wie man mit dem damals verbreiteten Optimismus hoffte, die wirtschaftspolitische Diskussion versachlichen und zu einem stabilitätsbewußteren Verhalten von Staat, Unternehmen und Gewerkschaften beitragen.[15] Sicherlich versprach sich Erhard davon auch Unterstützung für seine öffentlichen Appelle für Augenmaß und Vernunft. Unter den am 20. Februar 1964 ernannten »Fünf Weisen« standen Staatssekretär a.D. Paul Binder und die Professoren Herbert Giersch und Fritz W. Meyer Erhards Prinzipien besonders nahe. Die beiden anderen Mitglieder waren der frühere Staatsminister Harald Koch und Professor Wilhelm Bauer. In seinem Jahresgutachten sollte der Sachverständigenrat »die jeweilige gesamtwirtschaftliche Lage und deren absehbare Entwicklung darstellen« und »untersuchen, wie im Rahmen der marktwirtschaftlichen Ordnung gleichzeitig Stabilität des Preisniveaus, hoher Beschäftigungsstand und außenwirtschaftliches Gleichgewicht bei stetigem und angemessenem Wachstum gewährleistet werden können«. Damit war das »magische Viereck« erstmals gesetzlich verankert worden. Die Aufgabe, »Fehlentwicklungen ... auf(zu)zeigen«, nahmen die Fünf Weisen in der Folgezeit mit einer Unabhängigkeit und Ernsthaftigkeit wahr, die der Bundesregierung nicht immer Freude bereitete.

Vom Schwung des Anfangs beflügelt, gelang Erhard einen Monat nach seiner Amtsübernahme eine Einigung mit den Ländern über die Schaffung einer Sachverständigenkommission zur Erarbeitung einer umfassenden Finanzreform. Die Notwendigkeit einer Neuordnung der Finanzbeziehungen zwischen Bund und Ländern war seit Etzels Amtszeit unbestritten. Unter Starke hatte sich das Klima zwischen beiden Seiten aber deutlich verschlechtert, und erst Erhards persönlicher Einsatz brachte die Verhandlungen wieder voran. Am 20. März 1964 wurde eine Kommission unter dem ehemaligen hessischen Finanzminister Heinrich Troeger (SPD) gebildet, die ihre Arbeiten drei Jahre später mit einem inhaltsreichen Gutachten abschloß. Erhard erreichte auch eine Verständigung mit den Ländern in der schwierigen Frage der Steuerverteilung. Für 1963 wurde der Anteil des Bundes an der Einkommensteuer von 35 auf 38 Prozent, für die Folgezeit bis 1966 auf 39 Prozent angehoben. In zwei Gesetzen wurde 1964 und 1965 die Einkommensteuer um insgesamt vier Milliarden DM gesenkt. Diese Entscheidungen milderten die Progression im unteren und mittleren Einkommensbereich, erhöhten eine Reihe von Freibeträgen und führten neue Freibeträge und Vergünstigungen ein, darunter einen Arbeitnehmerfreibetrag von 240 DM. Die Senkung der Einkommensteuer kam sechs bis sieben Jahre nach der Etzelschen Reform zweifellos zeitgerecht, um die Mehrbelastungen durch die Progression für die Arbeitnehmer und kleinen Selbständigen abzubauen. Doch konjunkturpolitisch erfolgten sie unter ungünstigen Vorzeichen. Da vorwiegend die unteren Einkommensbezieher entlastet wurden, wirkten sie ausgesprochen expansiv. Vor allem fehlte es an der notwendigen Flankierung durch eine restriktive Ausgabenpolitik. Der Wissenschaftliche Beirat beim Bundesministerium der Finanzen hatte deshalb vergeblich zu einer Verschiebung der Gesetzgebung geraten.

Eine wichtige Initiative auf dem Gebiet des Steuerrechts war ein Gesetzentwurf zur Reform der Umsatzsteuer, der am 30. Oktober 1963 eingebracht wurde.[16] Vorausgegangen waren jahrelange Diskussionen innerhalb der Regierungsfraktionen, in denen die Befürworter eines Mehrwertsteuersystems allmählich die Mehrheit gewannen. In der CDU/CSU-Fraktion setzten sich vor allem die Erhard nahestehenden Abgeordneten Curt Becker und Otto Schmidt für diese Lösung ein. Obwohl die Mehrwertsteuer Wettbewerbsverzerrungen zu Lasten einstufiger, zumeist mittelständischer Betriebe beseitigt und die vertikale Konzentration weniger attraktiv gemacht hätte, gelang die Verabschiedung des Entwurfs unter der Regierung Erhard nicht mehr. Dahlgrün schreckte vor den vielfältigen Bedenken aus der Wirtschaft und der Finanzverwaltung zurück.

1963 hatte sich die Nachfrage ausländischer Anleger am deutschen Kapitalmarkt erneut verstärkt. Ausländer kauften in zwölf Monaten für zwei Milliarden DM festverzinsliche Wertpapaiere.[17] Die Sorge vor einem neuen inflationären Schub nahm zu. So entschied sich die Bundesregierung im März 1964 zur Einführung einer Couponsteuer von 25 Prozent für Ausländer. Diese Entscheidung wirkte bei aller verständlichen ordnungspolitischen Kritik nachhaltig, 1965 floß sogar Liquidität in andere Staaten ab.

Dennoch blieb es bei einer steigenden Inflationsrate, die anhaltende Sorgen verursachte. 1964 und 1965 nahmen die Löhne und Gehälter um je neun Prozent zu. In diesen beiden Jahren belief sich die Kreditaufnahme von Bund, Ländern und Gemeinden auf insgesamt vierzehn Milliarden DM. Der Zins für die öffentlichen Anleihen erhöhte sich von 6,4 auf 7,7 Prozent, ein deutliches Zeichen für die Überforderung des Kapitalmarktes. Im Dezember 1964 warnte Bundesbankpräsident Blessing eindringlich: »Auch die überproportionalen Steuereinnahmen, die zum Teil Begleiterscheinungen der schleichenden Inflation sind, werden einmal ein Ende finden. Wenn also der Zuwachs eines Tages aufhören sollte, würden die öffentlichen Etats, einschließlich der Sozialetats, defizitär werden.«

Aus solchen Erwägungen kam es zu den ersten restriktiven Entscheidungen der Notenbank. Schon im August wurden die Mindestreserven der Banken um zehn Prozent erhöht.[18] Im Januar und August 1965 wurde dann der Diskontsatz in zwei Schritten von drei auf vier Prozent angehoben, was in der Wirtschaft einige Unruhe auslöste. Von 1963 bis 1966 wuchsen die Einkommen aus unselbständiger Arbeit um insgesamt vierzig Prozent, aus Unternehmertätigkeit und Vermögen lediglich um 21 Prozent; das Volumen der nicht entnommenen Gewinne verringerte sich zeitweise sogar. So gewann die Fremdfinanzierung eine größere Bedeutung. Ihre Verteuerung beförderte bereits im zweiten Halbjahr 1965 einen leichten Rückgang der privaten Investitionen. Die gesamtwirtschaftlichen Daten dieses Jahres waren für die große Mehrheit der Menschen jedoch nicht beunruhigend. Das reale Wachstum betrug im Wahljahr 5,4 Prozent, die industrielle Produktion nahm um 5,5 von Hundert zu, die Arbeitslosenquote erreichte mit 0,7 Prozent einen neuen Tiefstand.[19] Der Anstieg der Lebenshaltungskosten um 3,1 Prozent stieß allerdings zunehmend auf Kritik.

Erhards und Dahlgrüns Appelle an die Koalitionsfraktionen, einen restriktiveren Ausgabenkurs durchzusetzen, hatten keine nachhaltige Wirkung; mit dem Näherkommen der Bundestagswahl stieg vielmehr die Zahl der kostenwirksamen neuen Gesetze noch an. Strukturverbesserungen für die Rentner, eine weitere Novelle für das Kindergeld, höhere Fördersätze für die Vermögensbildung, neue Ausgleichszahlungen für die Bauern aufgrund einer Senkung der Getreidepreise in der EWG, die Unterstützung von älteren Schülern (das »Pennälergehalt«) und anderes mehr belastete den Bundesetat zusätzlich mit jährlich fünf Milliarden DM. Das öffentliche Echo in den führenden Zeitungen wurde freilich immer kritischer, und Erhard mußte erkennen, daß seine Maßhalteappelle an die Bürger, die Verbände und die Tarifpartner schnell verhallten. Es erwies sich als ein Fehler, daß er Ende 1963 nach der Kanzlerwahl versäumt hatte, den Vorsitz der CDU zu beanspruchen. So verblieb dieses Amt noch bis 1966 bei Adenauer, der sehr bald wieder auf Distanz zu ihm ging. Fraktionsvorsitzender wurde nach dem Tod Brentanos im Herbst 1964 Rainer Barzel, der bei allen Loyalitätsbekundungen gegenüber dem Kanzler einen betont eigenständigen Kurs steuerte. Damit fehlte Erhard ein wirksamer Hebel für die Durchsetzung seiner Vorstellungen im Bundestag und gegenüber den unionsgeführten Ländern im Bundesrat. Seine engsten Mitarbeiter erwiesen sich zudem für diese Aufgabe als wenig geeignet.

Diese Enttäuschungen verstärkten Erhards Interesse an einem neuen konzeptionellen Ansatz, den in seinem persönlichen Beraterkreis vor allem der Publizist Rüdiger Altmann entwickelte. Es war die Vorstellung einer »Formierten Gesellschaft«, die maßgeblich durch einen anspruchsvollen öffentlichen Diskurs, allgemein akzeptierte Verhaltensweisen und anerkannte Institutionen bestimmt, in der Lage sein sollte, an Gemeinwohl orientierte Entscheidungen zu treffen.[20] Dies sollte eine gedankliche Antithese zu der von Erhard immer heftiger kritisierten Interessenpolitik der Verbände und dem sich verstärkenden Materialismus jener Zeit sein. Aber der Begriff blieb blaß und wurde sofort von zahlreichen Kritikern als angeblich gefährliche Wendung zu einer autoritären Denkweise denunziert. Anschaulicher war das zweite Element der neuen Erhardschen Programmatik, das er vor dem CDU-Parteitag in Düsseldorf am 31. März 1965 unter der Bezeichnung »Deutsches Gemeinschaftswerk« entwickelte. Bund, Länder und Gemeinden sollten einen Teil ihrer Steuereinnahmen, bis zu einem Volumen von einem Prozent des Bruttosozialprodukts, einem Fonds zur Verfügung stellen, der Zukunftsinvestitionen vor allem für die Wissenschaft, die Hochschulen und die Infrastruktur über die regulären Etatansätze hinaus finanzieren würde. Damit traf Erhard die Erwartungen vieler. Auch wenn dieses Konzept nicht verwirklicht wurde, so gab es doch gedankliche Verbindungen zu den 1969 von der Großen Koalition in die Verfassung aufgenommenen Bund-Länder-Gemeinschaftsaufgaben.

Die zunehmende innenpolitische Polarisierung, erkennbare Differenzen in der Union und die öffentlichen Warnungen vor einer Fehlentwicklung in der Finanz- und Wirtschaftspolitik führten 1965 zu einem heftigen Wahlkampf mit unsicherem Ausgang. Im Sommer meldeten die demoskopischen Institute übereinstimmend ein offenes Rennen mit vielen noch unentschiedenen Wählern. So war es für viele eine Überraschung, als am 19. September die CDU/CSU mit 47,6 Prozent und 251 Mandaten einen klaren Vorsprung vor der SPD hatte, die auf 39,3 Prozent und 217 Sitze kam. Die FDP erreichte 9,5 Prozent und zählte 50 Abgeordnete. Erhard war als strahlender Sieger aus der Wahl hervorgegangen, aber es folgten sofort Wochen harter innerparteilicher Auseinandersetzung. Brandt verkraftete seine zweite Niederlage nur schwer. In der Wahlnacht hatte er erklärt, daß er für eine dritte Kanzlerkandidatur nicht mehr zur Verfügung stehe. Es dauerte längere Zeit, bis er seine Ämter wieder mit voller Kraft wahrnahm.

Im Januar 1965 hatte mir Erhard bei einem Gespräch in Berlin gesagt, daß er mich nach der Bundestagswahl in sein Kabinett berufen wolle; es gehe ihm um Verjüngung und Integration. Die anhaltende, teils offene, teils verdeckte Kritik seitens der Parteivorsitzenden Adenauer und Strauß sei eine schwere Belastung. Ich empfahl ihm, Strauß trotz aller Spannungen in die nächste Regierung aufzunehmen, am besten mit einem wichtigen innenpolitischen Ressort. Ohne die Einbeziehung des CSU-Vorsitzenden werde es nicht zu einer gedeihlichen Arbeit kommen. Erhard stimmte zu und meinte, um so notwendiger sei es, das Kabinett auch in einigen anderen Positionen stärker zu besetzen, um Strauß »auszubalancieren«. Erhard wußte, daß die Finanzpolitik und mit ihr eine mögliche Erosion der Geldwertstabilität zum größten Risiko für die kommenden Jahre geworden war. Am 4. Juli hatten er und ich bei einer Großkundgebung der Jungen Union in Hamburg gesprochen. Während des Rückfluges nach Bonn berichtete er, daß Dahlgrün zunehmend Probleme in der eigenen Fraktion habe und amtsmüde sei. Adenauer hätte das Finanzministerium 1961 nicht an die FDP abgeben dürfen; im Herbst müsse die CDU es zurückholen, und sein Wunsch sei, daß ich diese Aufgabe übernehme. Ich schickte ihm Anfang August einen von ihm gewünschten Text zu den finanzpolitischen Aufgaben der kommenden Wahlperiode.

Die Koalitionsverhandlungen waren längere Zeit durch Auseinandersetzungen zwischen den Unionsvertretern belastet. Adenauer und Strauß verlangten einen Kurswechsel in der Außenpolitik und betrieben die Ablösung von Schröder. Der enge Schulterschluß mit Frankreich und damit ein Eingehen auf die Vorstellungen de Gaulles sei erforderlich, um die europäische Entwicklung voranzubringen und den anhaltenden sowjetischen Druck auf West-Berlin sowie für die Anerkennung der DDR abzuwehren. Erhard widersetzte sich diesem Verlangen. Er hielt die enge Bindung an die USA aus sicherheits-, wirtschafts- und handelspolitischen Gründen für unverzichtbar. Hinzu kamen die anhaltenden Differenzen mit de Gaulle über die Zukunft der EWG. Schröder blieb Außenminister. Aber diese Auseinandersetzungen kosteten viel Zeit und Kraft. So kam es zu einer in wichtigen innenpolitischen Punkten unscharfen Koalitionsabsprache und einer erheblichen Verstimmung der FDP. Sie bestand jetzt auf der Beibehaltung des Finanzministeriums mit Dahlgrün neben dem Gesamtdeutschen Ministerium mit Mende. Nach den Stimmenverlusten von mehr als drei Prozent gab sie das Forschungsministerium auf, und Ewald Bucher wechselte vom Justiz- in das Wohnungsbauressort. Lücke wurde Innenminister, Hermann Höcherl Landwirtschaftsminister. Anstelle von Blank übernahm der Vorsitzende der Sozialausschüsse in der CDU, Hans Katzer, das Ressort Arbeit und Soziales. Erhard benannte mich als Bundesminister für wissenschaftliche Forschung.

Sehr bald führten neue internationale Entwicklungen zu innenpolitischen Belastungen.[21] Das verstärkte Engagement der USA im Vietnamkrieg rief wachsende Kritik in großen Teilen der Öffentlichkeit hervor; diese wurde mehr und mehr von Politikern der SPD verschärft. Zu den Kriegsfolgen für die Vereinigten Staaten gehörte eine sich verschlechternde Zahlungsbilanz. Um so nachhaltiger versuchte Amerika, höhere Beschaffungen Deutschlands für die Bundeswehr und für andere staatliche Aufgaben aus den USA durchzusetzen. Seit 1961 hatte sich die Bundesrepublik im Hinblick auf die Devisenausgaben der USA für ihre Soldaten in Deutschland verpflichtet, derartige Käufe in den Vereinigten Staaten zu tätigen. Dabei geriet die deutsche Seite in einen Rückstand, was 1966 zu unerquicklichen Auseinandersetzungen führte. Sie waren dem Ansehen der Bundesregierung abträglich und gaben den Befürwortern einer stärkeren Orientierung auf Frankreich neuen Auftrieb. Diese Differenzen zwischen »Gaullisten« und »Atlantikern« lieferten erneut negative Schlagzeilen. De Gaulle wiederum bereitete auch vielen seiner deutschen Anhänger Schwierigkeiten, als er am 7. März 1966 überraschend den Austritt Frankreichs aus der militärischen Integration der NATO erklärte. Dieser Schritt wurde durchweg als Hinwendung zu einer autonomen nationalen

Politik verstanden, die im Widerspruch zu den deutschen Sicherheitsinteressen stand.

Dabei hatte die Bundesregierung mit der »Friedensnote« vom Februar 1966 eine international überwiegend positiv kommentierte Initiative eingeleitet. Es war, wie Erhard später sagte, eine »Auflockerung der Ostpolitik«. Bonn bekräftigte das Ziel der Wiedervereinigung, sprach aber seine Bereitschaft aus, mit den osteuropäischen Staaten Verträge über einen Gewaltverzicht und die Nichtverbreitung von Kernwaffen zu schließen. Auch wenn Moskau diesen Vorschlag ablehnte, begann damit in Osteuropa eine vorsichtige Neubewertung der Bundesrepublik, ihrer Rolle in Europa und möglicher späterer bilateraler Beziehungen. Zugleich verstärkte sich in der SPD wie auch in der Evangelischen Kirche, bei Teilen der FDP und vielen Intellektuellen die Tendenz, konkrete Beziehungen mit der DDR über die ersten Passierscheinabkommen für Berlin hinaus zu fordern.

Sofort nach der Regierungsbildung wurde ein Kabinettsausschuß eingerichtet, der Sparvorschläge für den Bundeshaushalt erarbeiten sollte. Diesem »Streichquartett« gehörten Dahlgrün, Schmücker, Niederalt und ich an. Vergeblich hatte vor allem der angesehene Staatssekretär im Bundesfinanzministerium, Walter Grund, vor der Wahl immer wieder gedrängt, den Artikel 113 des Grundgesetzes anzuwenden.[22] Statt dessen wurde im Juli für den Etat 1965 eine lineare Sperre der gesetzlich nicht gebundenen Ausgaben von zehn Prozent verhängt, ohne daß damit eine durchgreifende strukturelle Entlastung verbunden war. Unter großem Zeitdruck arbeitete dieser Ausschuß Kürzungsvorschläge für den Bundeshaushalt 1966 aus. Es wurden die Leistungen für die Schülerförderung eingeschränkt, der Bundeszuschuß an die Sozialversicherung vorübergehend gesenkt, zuvor beschlossene Verbesserungen in mehreren Bereichen zeitlich gestreckt und die Mittel für den Straßenbau reduziert. Dies bedeutete alles in allem Entlastungen von rund drei Milliarden DM.[23] Die SPD erhob den Vorwurf der Wählertäuschung. »Jetzt werden die Wahlgeschenke wieder eingesammelt«, rief der Abgeordnete Erler in einer erregten Bundestagsdebatte.

Anfang 1966 trübten sich die wirtschaftlichen Erwartungen. Die Lebenshaltungskosten stiegen weiter, mit 3,7 Prozent in diesem Jahr auf den höchsten Stand seit 1951. Auch die Zinsen gingen weiter nach oben. Die Liquidität der Banken war nach den Restriktionsmaßnahmen der Bundesbank äußerst angespannt. Denn zur gleichen Zeit nahm auch der Kreditbedarf der Bundesländer um mehrere Milliarden DM zu, nachdem sie bis 1964 im Saldo noch eine ausgeglichene Etatbilanz erzielt hatten.[24] Erstmals in der Geschichte der Bundesrepublik kam es zu einer Verdrängung des privaten durch den öffentlichen Kredit (»crowding out«). Dies führte jetzt zu einem stärkeren Einbruch bei den privaten Investitionen und zu einer Vielfalt an pessimistischen Krisenszenarien in der Publizistik. Seinen sichtbarsten Ausdruck fanden die verschlechterten Erwartungen in den schweren Konflikten um die Zukunft des Steinkohlenbergbaus im Ruhrgebiet, der seit Ende der fünfziger Jahre mit dem raschen Vordringen der billigen Mineralölprodukte Marktanteile und Arbeitsplätze verloren hatte. Dies war zunächst dank einer großzügigen sozialen Flankierung ohne tiefere politische Erschütterungen vor sich gegangen. Aber 1965 öffnete sich die Preisschere zwischen dem Mineralöl und der Steinkohle noch stärker, Förderung und Absatz des Bergbaus gingen kurzfristig stark zurück.[25] So begannen trotz erhöhter staatlicher Subventionen Gespräche über weitere Zechenstillegungen im Ruhrgebiet. Dies führte zu Protesten mit großen Demonstrationen, schwarzen Fahnen und Warnstreiks. Erhard kam bei einigen politischen Veranstaltungen in beträchtliche Bedrängnis, und im beginnenden Fernsehzeitalter konnten jetzt Millionen Menschen dies unmittelbar mit verfolgen.

Mit dem Näherkommen der Landtagswahl in Nordrhein-Westfalen verschärften die Bergarbeitergewerkschaft und die SPD-Opposition die Auseinandersetzungen. Dieser Wahlsonntag am 10. Juli brachte einen politischen Erdrutsch. Die Sozialdemokraten gewannen im bevölkerungsreichsten Bundesland 49,5 Prozent der Stimmen und verfehlten mit 99 von 200 Mandaten die absolute Mehrheit nur knapp. Die CDU verlor fünf Prozentpunkte und kam mit 42,8 Prozent zusammen mit der FDP (7,4 v.H.) nur noch auf 101 Sitze. Erst nach schwierigen Verhandlungen kam es mit Blick auf Bonn zu einer vorläufigen Erneuerung der bürgerlichen Koalition, die aber nur bis zum Herbst Bestand hatte. Von den psychologischen Folgen dieses Schlages erholte sich die Regierung Erhard nicht mehr. In der Deutschlandpolitik sowie in den Debatten über innere Reformen übernahm die SPD zunehmend die Meinungsführerschaft, und nun verlor die Union auch in ihren klassischen Domänen, in der Wirtschafts- und Finanzpolitik, an Kompetenz und Vertrauen. Immer mehr Stimmen erhoben sich für eine Große Koalition, die Wehner, Erler und andere führende Persönlichkeiten der SPD seit Ende der fünfziger Jahre beharrlich anstrebten. Sogar Adenauer zeigte im Gegensatz zu seiner eigenen politischen Biographie in der ganzen Nachkriegszeit Sympathien für diesen vermeintlichen Ausweg. Erhard hatte ihn am 22. März auf dem Bun-

Erhard räumt die Regierungsbank. Am 27. Oktober 1966 zerbrach nach siebzehn Jahren die Koalition aus CDU/CSU und FDP. Die erste große Rezession seit dem »Wirtschaftswunder« Anfang der fünfziger Jahre hatte die Auseinandersetzung um den Haushaltsausgleich ins Unversöhnliche gesteigert. Erhard hatte das »Ende der Nachkriegszeit« nicht meistern können. Die Zeit für eine neue Regierung und einen neuen Kanzler war gekommen: die Große Koalition unter Kiesinger.

desparteitag in Bonn als Bundesvorsitzenden der Union abgelöst und zugleich Barzels Ambitionen auf dieses Amt durchkreuzt. Aber bei einem sich beschleunigenden Verlust der Regierungsautorität half ihm jetzt auch diese Personalunion nicht mehr.

Am 12. September 1966 kennzeichnete Strauß vor der Bundestagsfraktion der Union in seiner plastischen Ausdrucksweise den Stimmungseinbruch in der Bevölkerung mit den »5 U's«: »Ungewißheit, Unsicherheit, Unbehagen, Unruhe und potentielle Unzufriedenheit«. Die Stimmung war schlechter als die Lage. Im September gab es bei 600 000 offenen Stellen und fast 1,4 Millionen Gastarbeitern rund 100 000 Arbeitslose, allerdings mit steigender Tendenz. Das Jahr schloß immer noch mit einem realen Wachstum von 2,3 Prozent ab. Aber im Herbst erwarteten zwanzig Prozent der Bundesbürger eine große Wirtschaftskrise, vergleichbar der von 1929/30, 42 Prozent sahen eine solche Entwicklung als eher wahrscheinlich an.[26]

Zur Nagelprobe wurde die Haushaltspolitik. Schon im März hatte Erhard die Mitglieder des »Streichquartetts«, erweitert um Arbeitsminister Katzer, mit den Vorarbeiten für den Haushalt des kommenden Jahres beauftragt. Dieser Kreis stellte eine Reihe neuer gesetzlicher Kürzungen und anderer Korrekturen zur Diskussion. Aber nach der Juliwahl ließ im Kabinett und in der Koalition die Bereitschaft zu härteren Eingriffen nach. Am 15. September trat Westrick aufgrund zunehmender Kritik an seiner Amtsführung zurück. Im Oktober kam die Stunde der Wahrheit. Wenn Einschnitte im neuen Jahr rechtzeitig wirksam werden sollten, auch um der Bundesbank den Spielraum für Zinssenkungen zu eröffnen, mußten der Etatentwurf und die Begleitgesetze jetzt im Bundesrat und Bundestag eingebracht werden. Die Union befürwortete eine Kombination von Streichungen und begrenzten Steuererhöhungen. Dahlgrün und Mende schlossen ebenfalls die Anhebung einzelner Verbrauchssteuern nicht aus, während die Sprecher der FDP-Fraktion dies entschieden ablehnten.

Am 24. Oktober versuchte Erhard in einem Abendgespräch im Kanzlerbungalow noch einmal die zerstrittenen Partner zusammenzubringen. Seine Formel lautete, das Defizit vorrangig durch Streichungen zu verringern, aber eine begrenzte Anhebung einiger Verbrauchssteuern nicht auszuschließen. Ich habe damals notiert: »In der FDP zeigten sich erneut zwei Tendenzen. Vor allem Mende und Dahlgrün waren bereit, eine solche Lösung zu akzeptieren. Andere lehnten dies ab. Als Mende zur späten Stunde ausrief, an Schnaps und Tabak lasse er diese Regierung nicht scheitern, antwortete ihm Zoglmann: ›Wenn Du das morgen in der Fraktion sagst, mache ich Dich ein Bein kürzer.‹ Erhards Verhandlungsführung war nicht straff genug. Es wurde deutlich: Die radikale Gruppe der FDP um Zoglmann und Starke wollte den Bruch, die Führung unserer Fraktion unter Barzel und Strauß zumindest nichts Nachhaltiges tun, um ihn zu vermeiden.«

Erhard spürte in diesen Tagen, daß er die Koalition nicht mehr zu retten vermochte. Die pausenlosen Konflikte der letzten Zeit hatten ihn sichtlich gezeichnet und ihm seinen sprichwörtlichen Optimismus genommen. Zwei Tage später sagte er mir: »Ja, ich habe allmählich die Lieb' und Lust zur Arbeit verloren.« Bald scheiterten die letzten Versuche, das zerrüttete Bündnis zu erneuern.

Am 10. November 1966 wählte die CDU/CSU-Fraktion den baden-württembergischen Ministerpräsidenten Kurt Georg Kiesinger im zweiten Wahlgang zu ihrem Kanzlerkandidaten. Schröder erzielte ein beachtliches Ergebnis, während Barzel als dritter Bewerber weit abfiel. Die Beratungen und Gespräche der Abgeordneten erfolgten in einer eigentümlichen Stimmungslage. Die meisten hatten erkannt, daß ein Neuanfang mit Erhard nicht mehr möglich war. Aber stark verbreitet war auch die Auffassung, ihm sei übel mitgespielt worden und die Position der Partei durch die Vorgänge der letzten Monate empfindlich geschwächt.

8. Kapitel

Stationen auf dem Weg zum ersten Machtwechsel 1969

Kiesingers erste Aufgabe war es, durch Verhandlungen eine neue Mehrheit im Parlament zu schaffen und möglichst schnell ein Kabinett zu bilden. Er war schon in den fünfziger Jahren ein einflußreicher, stark beachteter Abgeordneter des Bundestages gewesen. Hochgebildet und ein glänzender Redner, hatte er sich vor allem in der Außenpolitik profiliert. 1953 und 1957 wurde er bei den Kabinettsbildungen im Koalitionspoker um Ämter zweimal übergangen. 1958 wählte ihn dann der Stuttgarter Landtag zum Ministerpräsidenten seines Heimatlandes Baden-Württemberg; seit 1960 regierte er mit einer CDU/FDP-Koalition. Kiesinger erzielte sehr gute Landtagswahlergebnisse und galt, mittlerweile im 62. Lebensjahr, als einer der Anwärter für Spitzenaufgaben in Bonn. Er war in sehr bescheidenen Verhältnissen, in »schwäbischer Kargheit«, aufgewachsen, geprägt von einem katholischen Elternhaus. 1933 trat der junge Jurist in Berlin, wie viele seiner Generation, in der vagen Hoffnung auf eine politische Erneuerung in die NSDAP ein. Bald folgten Ernüchterung und Distanzierung. Mit seiner Nominierung als nächster Bundeskanzler setzte eine Kampagne wegen seiner »braunen« Vergangenheit ein. Da waren es die Chefs des *Spiegel*, die aus ihrem umfangreichen Archiv Kiesinger ein Dokument aus den Kriegsjahren zuleiteten. Es war ein Protokoll des Reichssicherheitshauptamtes, in dem er beschuldigt wurde, antijüdische Aktionen in der Rundfunkabteilung des Auswärtigen Amtes zu sabotieren.

Zunächst erschien der Ausgang der Regierungsbildung ganz offen. Alle denkbaren Kombinationen wurden intensiv erörtert.[1] Eine Koalition von SPD und FDP begegnete starken Einwänden; schon die knappe Mehrheit begründete Zweifel. Kiesinger selbst hatte nach seinen Stuttgarter Erfahrungen durchaus Sympathie für ein neues Zusammengehen mit der FDP. Aber starke Kräfte in der Union waren aus einer tiefgehenden Verärgerung über die jüngsten Vorgänge bei den Freien Demokraten dagegen. So setzten sich schließlich die Befürworter einer Großen Koalition durch. Sie erfuhren auch durch die öffentliche Meinung nachdrückliche Unterstützung. Die drohende Rezession, weitgespannte Erwartungen an innere Reformen, die schwierigen außen- und deutschlandpolitischen Probleme – dies alles sprach nach einer verbreiteten Auffassung für ein Zusammengehen der beiden großen Parteien. Zudem verfolgte eine Reihe wichtiger Politiker der Union das Ziel, ein Mehrheitswahlrecht einzuführen, für das die SPD vor allem durch Wehners Zustimmung Sympathien zeigte.

In der Sozialdemokratischen Partei gab es erheblichen Widerstand gegen den Eintritt in eine Regierung mit einem Kanzler der Union. Nur mühsam konnte die Mehrheit in der Fraktion gewonnen werden, und vor allem im Kreis der linken Intellektuellen und Schriftsteller, die im Vorjahr engagiert für Brandt Wahlkampf geführt hatten, erhob sich lauter Protest. Aber schließlich setzten sich die Argumente Wehners und Helmut Schmidts durch, die eindringlich dafür warben, nach siebzehn Jahren Opposition die Chance für eine Regierungsbeteiligung zu ergreifen.

Am 1. Dezember wählte der Bundestag Kiesinger zum Bundeskanzler. Anschließend wurden zehn Minister der Union und neun der SPD berufen und vereidigt. Die wichtigsten Persönlichkeiten im Kabinett Kiesinger waren Brandt als Vizekanzler und Außenminister, Wirtschaftsminister Schiller und Finanzminister Strauß. Schiller hatte nach seiner Wahl in den Bundestag im Herbst 1965 als sachkundiger und eloquenter Sprecher der SPD schnell Profil gewonnen. Seinen ersten Auftritt im Parlament Anfang Dezember beschrieb der *Spiegel* so: »Von der vorderen SPD-Bank erhob sich ein schmächtiger Eierkopftyp, braune Hornbrille, Twen-Kleidung mit Röhrenhosen, kleiner als Ludwig Erhard und nicht einmal halb so schwer ... Der Bundestagsnovize ließ kaltes Neonlicht ins neblige Dämmerlicht der formierten Gesellschaft fallen. Das Parlament hatte einen neuen Star.«[2]

Schiller war in der Wissenschaft wie der Politik ein Mann der Synthese.[3] Er suchte die Verbindung von Kernaussagen des Neoliberalismus und des Keynesianismus, also der Wettbewerbsordnung der Märkte mit einer Globalsteuerung, die ein gesamtwirtschaftliches Gleichgewicht und zugleich die Sicherung der Beschäftigung gewährleistete. Wenn der Versuch der Synthese an Grenzen stieß, optierte Schiller in der Regel für den Keynesianismus. Sein betonter Glaube an die prägende Wirkung wissenschaftlicher Erkenntnisse auch in der Politik beeindruckte zunächst, löste allerdings bald Widerspruch bei manchen Fachkollegen aus. Schiller hatte 1964 erklärt: »Unternehmensführung, ökonomische Gruppenstrategie und staatliche Wirtschaftspolitik, sie alle stehen unter dem Bann durchdringender Bewußtseinserhellung und Verwissenschaftlichung!«[4]

Wie vor ihm nur Erhard, gelang es Schiller, den Anspruch auf hohe Kompetenz mit einer anschaulichen, bilderreichen Sprache zu verbinden und so die öffentliche Meinung nachhaltig zu beeinflussen. Er popularisierte eine Reihe wissenschaftlicher Begriffe der Nationalökonomie und fügte neue, einprägsame Wortschöpfungen hinzu. So gingen Formeln wie »Aufschwung nach Maß«, »soziale Symmetrie«, »Konzertierte Aktion«, »antizyklische Finanzpolitik« und »Globalsteuerung« schnell in den allgemeinen politischen und journalistischen Sprachgebrauch ein. Schiller war in Kiel aufgewachsen. 1936 übernahm er kurz nach seiner Promotion in Heidelberg bereits mit 25 Jahren die Leitung einer Forschungsgruppe am Kieler Institut für Weltwirtschaft. 1939 habilitierte er sich bei Mackenroth. Schiller war mit 26 Jahren in Kiel Mitglied der NSDAP und kurz danach politischer Leiter einer Ortsgruppe geworden. 1946 schloß er sich der SPD an; 1947 wurde er Ordinarius an der Universität Hamburg. Als Universitätslehrer beeindruckte er bald eine neue Generation junger Nationalökonomen; er gehörte zu den ersten, die in ihren Vorlesungen die Konzepte von Keynes und anderer führender angelsächsischer Wirtschaftswissenschaftler in Deutschland bekannt machten.[5] Politisch-administrative Erfahrungen gewann er nach 1948 als Hamburger Senator für Wirtschaft und von 1961 bis 1965 im Berliner Senat.

Für Strauß erfüllte sich mit der Übernahme des Finanzministeriums ein lang gehegter Wunsch. Er hatte die Jahre der »Verbannung« aus dem Kabinett genutzt, um sich gründlich auf diese neue Aufgabe vorzubereiten, die er mit Elan anpackte. Für ihn war es offenkundig, daß die Finanzpolitik mit den Instrumenten des Haushalts und der Steuern einen wesentlichen Beitrag zur Überwindung der Rezession leisten müsse. In diesem Ansatz stimmten Strauß und Schiller überein, und dieses Einvernehmen in den ersten Entscheidungen der Großen Koalition weckte bald neues Vertrauen. Verkehrsminister wurde der angesehene Vorsitzende der Bauarbeitergewerkschaft, Georg Leber (SPD), das Wohnungsbauministerium übernahm Lauritz Lauritzen (SPD). Schmücker wechselte in das Schatz- und Dollinger in das Postministerium.

In den Koalitionsverhandlungen hatte die Wirtschafts-, Finanz- und Sozialpolitik besonders viel Zeit erfordert. Am 17. November legte der nach Dahlgrüns Ausscheiden für einige Wochen amtierende Finanzminister Schmücker der Führung beider Parteien ein neu erarbeitetes Zahlenwerk für die Haushaltsperspektiven der kommenden Jahre vor.[6] Helmut Schmidt, der nach dem Tod Fritz Erlers jetzt als Fraktionsvorsitzender der SPD gewählt war, sprach von einem »blanken Entsetzen«, das die Adressaten ergriffen habe. Das Defizit für das nächste Jahr war auf sechs Milliarden, für die Folgezeit auf neun bis knapp elf Milliarden jährlich geschätzt worden. Sicher waren die wirtschaftlichen Prognosen sehr pessimistisch, aber es wurde klar, daß sofort erhebliche Einschnitte in die Ausgaben des Bundes erfolgen mußten, um Vertrauen zu gewinnen und die Bundesbank zu den dringend gewordenen Zinssenkungen zu veranlassen. Diese Kürzungen mit einer wachstumsfördernden Wirtschaftspolitik und einer glaubwürdigen Perspektive für die Sozialpolitik zu verbinden, verlangte von beiden bisher gegensätzlichen Partnern eine beträchtliche Anstrengung.

Kiesinger stellte am 13. Dezember in seiner Regierungserklärung dem Bundestag und der Öffentlichkeit das gemeinsame Programm vor. Er begann, abweichend von der Praxis seiner Vorgänger, mit einer ausführlichen Begründung der neuen Finanz- und Wirtschaftspolitik. Einschnitte in die konsumtiven Staatsausgaben und zugleich verstärkte öffentliche Investitionen, niedrigere Haushaltsdefizite und eine mit den Bundesländern abgestimmte mittelfristige Finanzplanung sollten die Budgetpolitik qualitativ verbessern und stärker mit der Wirtschaftspolitik verzahnen. Kiesinger schloß Steuererhöhungen nicht aus, die allerdings auf keinen Fall den wirtschaftlichen Aufschwung beeinträchtigen dürften. Er bekräftigte die Rentenformel ausdrücklich, kündigte aber an, daß der Bundeszuschuß zur Rentenversicherung für mehrere Jahre zurückgeführt werden müsse. Bei den sozialen Transfers seien stärker als bisher Einkommensgrenzen einzuführen. Die Reform der Finanzverfassung müsse jetzt gemeinsam mit den Ländern erfolgen.

Kiesinger nannte eine »expansive und stabilitätsorientierte Wirtschaftspolitik« das Gebot der Stunde. Ein Konjunkturprogramm im Umfang von 2,5 Milliarden DM könne die Investitionstätigkeit wirksam beleben. In einer »Konzertierten Aktion« sollten Gewerkschaften und Unternehmensverbände für eine »freiwillige und gemeinsame« Bemühung um einen stabilitätsgerechten und beschäftigungsfördernden Aufschwung gewonnen werden: »Wachstumsförderung und Zusammenwirken mit allen verantwortlichen Kräften müssen in eine neue Politik der Globalsteuerung eingeordnet werden.« Kiesinger appellierte mit ungewöhnlicher Direktheit an die Bundesbank, »eine entscheidende Lockerung der Kreditrestriktionen« vorzunehmen.

Das Konzept der neuen Regierung und seine wirkungsvolle Präsentation fanden ein positives Echo. Aber zunächst kam es in den Wintermonaten zu dem befürchteten stärkeren Einbruch – die Rezession wurde Anfang 1967 Realität. In kurzer Zeit stieg die Zahl der Arbeitslosen auf fast 700 000. Nach Meinung vieler stand die Politik vor einem Dilemma: Erhöhte der Staat seine Ausgaben, um die Konjunktur zu beleben, so waren weiterhin hohe Zinsen und eine Verschärfung der Lage am Kapitalmarkt zu befürchten. Setzte man die eigentlich notwendige Konsolidierung des öffentlichen Haushalts fort, würde der Abschwung noch tiefer werden. Selbst ein so erfahrener Mann wie Müller-Armack sah jetzt Parallelen zur Krise der dreißiger Jahre.[7] So war es vordringlich, einer allgemeinen Vertrauenskrise entgegenzuwirken.[8] Schiller gelang es, die Bundesbank von der Notwendigkeit eines sofortigen Kurswechsels zu überzeugen. Auch in Frankfurt erkannte man, daß der Restriktionskurs nunmehr zur Verschärfung der Rezession beitrug. Am 5. Januar und 17. Februar wurde der Diskontsatz in zwei Schritten von fünf auf vier Prozent zurückgeführt. Vor weiteren Zinssenkungen wollte die Notenbank jedoch Fortschritte bei der Haushaltskonsolidierung sehen. Erst im April und Mai reduzierte sie den Diskont schließlich auf drei Prozent. Damit wurden nicht nur die Unternehmen entlastet; die Belebung des Kapitalmarktes schuf auch eine Voraussetzung für die kreditfinanzierten Ausgabenprogramme des Bundes, die den Wirtschaftsaufschwung unterstützten.

Die Regierung hatte schon am 10. Februar Sonderabschreibungen für Unternehmensinvestitionen beschlossen, die entsprechende Verordnung beruhte auf einer seit 1961 bestehenden gesetzlichen Ermächtigung. Das von Kiesinger angekündigte Ausgabenprogramm in Höhe von 2,5 Milliarden DM wurde am 23. Februar, noch vor dem Haushalt 1967, verabschiedet. Es sah Investitionen im Straßenbau, bei Bahn, Post und für Wissenschaft und Forschung vor.

Diese Entscheidungen hätten wahrscheinlich nur begrenzten Erfolg gehabt, wenn nicht »ein außenwirtschaftlicher Nachfragesog die internen Auftriebskräfte verstärkt« hätte.[9] Die Rezession war hausgemacht und daher auf Deutschland beschränkt. Der Rückgang der privaten und staatlichen Nachfrage führte auch bei den Preisen zu einer Trendwende: Sie stiegen 1967 um weniger als ein Prozent an. Dadurch verbesserte sich die deutsche Wettbewerbsposition gegenüber dem Ausland wieder; die Exporte nahmen bereits im zweiten Halbjahr 1967 kräftig zu. Ein zweites, im Sommer 1967 verabschiedetes Konjunkturprogramm des Bundes umfaßte zunächst 2,7 Milliarden DM und wurde dann auf 5,3 Milliarden DM aufgestockt.[10] Mit ihm machte der Bund zum ersten Mal Gebrauch von dem Anfang Juni ergangenen Stabilitäts- und Wachstumsgesetz, das eine Überschreitung der im Haushalt festgestellten

Neuer Schwung für die Wirtschaft. Im Herbst 1967 warb die Regierung in der Tagespresse um Vertrauen für ihre Konjunkturprogramme. Tatsächlich sahen viele in dem raschen Ende der Rezession den unmittelbaren Erfolg der Großen Koalition mit Wirtschaftsminister Schiller, Sozialminister Katzer und Finanzminister Strauß. Das Stabilitäts- und Wachstumsgesetz stärkte das Vertrauen in die Möglichkeiten staatlicher Wirtschaftssteuerung und bedingte dadurch manche Fehlentwicklung der folgenden Jahre.

Kreditermächtigung bei einer Störung des gesamtwirtschaftlichen Gleichgewichts erlaubte. Als die zusätzlichen Ausgaben 1968 voll wirksam wurden, trug der Aufschwung sich bereits selbst. Hier zeigten sich zum ersten Mal in dieser Deutlichkeit die für die staatliche Konjunkturpolitik charakteristischen zeitlichen Verzögerungen, die einen zielgenauen Einsatz finanzpolitischer Mittel erschwerten. 1967 schien die konjunkturelle Entwicklung aber noch ganz offen zu sein. Im Dezember plante Schiller sogar ein drittes Ausgabenprogramm, doch setzte sich der Finanzminister im Kabinett mit seinem Standpunkt durch, die Auftriebskräfte seien jetzt stark genug, weitere Ausgabenprogramme gefährdeten das Vertrauen in die Haushaltspolitik.

Nach Ansicht der meisten Zeitgenossen hatten die Konjunkturprogramme des Bundes eine entscheidende Bedeutung für den Umschwung. Doch diese Einschätzung ist im Rückblick anfechtbar. Während der Bund seine Investitonsausgaben aufstockte, setzten Länder und Gemeinden ihren restriktiven Kurs fort, ihre Investitionen gingen 1967 und 1968 zurück. Die Kreditaufnahme der Länder stieg 1967 wegen der beträchtlichen Steuerausfälle an, die Neuverschuldung der Gemeinden sank jedoch gegenüber den Vorjahren deutlich und verharrte bis 1969 auf einem niedrigen Stand.[11] Vom öffentlichen Gesamthaushalt gingen daher weder 1967 noch 1968 nennenswerte Impulse aus. Die Konjunkturprogramme des Bundes glichen ungefähr den Rückgang der Investitionen von Ländern und Gemeinden aus.[12] Beide Erfahrungen – die falsche Einschätzung der Entwicklung des Sozialprodukts und das prozyklische Verhalten der öffentlichen Hand – sollten sich in künftigen Konjunkturzyklen wiederholen. So hätte bereits die Erfahrung der Jahre 1967 und 1968 zu einer zurückhaltenden Beurteilung der Möglichkeiten staatlicher Globalsteuerung führen müssen. Aber die zeitliche Parallelität von spektakulären Konjunkturprogrammen und schneller wirtschaftlicher Belebung führte für lange Zeit zu einer unkritischen Überschätzung der Möglichkeiten antizyklischer Finanzpolitik.

Optimistische Erwartungen bestimmten auch die Beratungen über das »Gesetz zur Förderung der Stabilität und des Wachstums der Wirtschaft«. 1967 kamen Überlegungen und Pläne zu einem Abschluß, die in den fünfziger Jahren begonnen hatten; Inhalt und Ziele des Gesetzes erfuhren in der langen Vorbereitungszeit aber beträchtliche Veränderungen. Die Kritik in Wissenschaft und Öffentlichkeit an der unzulänglichen Konjunkturpolitik des Bundes hatte Erhard um die Jahreswende 1963/64 bewogen, die Vorarbeiten zu einem Rahmengesetz in die Wege zu leiten. Dieses Projekt verfolgte zwei Ziele: Zum einen sollte das konjunkturpolitische Instrumentarium erweitert werden. Dabei ging es um erweiterte Handlungsmöglichkeiten für die Regierung; sie sollte schneller und flexibler gegensteuern können. Verfassungsrechtlich gesehen, bestand also das Ziel darin, die Exekutive gegenüber der Legislative zu stärken. Zum anderen sollte die Finanzpolitik von Bund, Ländern und Gemeinden wirksamer koordiniert werden.

Der Situation der frühen sechziger Jahre entsprechend, war anfangs mit Vorrang ein Gesetz zur Dämpfung der Konjunktur im Interesse der Preisstabilität geplant. So trug der erste Entwurf, den die Bundesregierung am 2. September 1966 vorlegte, die Überschrift »Gesetz zur Förderung der wirtschaftlichen Stabilität«. Restriktive Maßnahmen zur Sicherung der Geldwertstabilität überwogen. Besonders umstritten war eine für die Bundesbank vorgesehene Ermächtigung zur Kreditplafonierung, also zur Beschränkung der Kreditvergabe der Geschäftsbanken. Die Regierung Erhard hoffte auf eine schnelle Verabschiedung ihrer Vorlage, um die Bundesbank zur Änderung ihrer Zinspolitik zu veranlassen. Die Beratungen kamen jedoch vor dem Regierungswechsel nicht mehr zum Abschluß. Nachdem Schiller als Wirtschaftsminister die Federführung übernommen hatte, wurde die politische Zielrichtung des Gesetzes erheblich verändert.[13] Auf die Kreditplafonierung wurde verzichtet, dafür erhielt der Bund die Möglichkeit, die Bildung von Konjunkturausgleichsrücklagen auch bei den Ländern zu veranlassen. Dieses Instrument ging ebenso wie die im Gesetz vorgesehene antizyklische Variation der Einkommensteuer- und Abschreibungssätze auf Vorschläge des Bundesministeriums für Wirtschaft und des Wissenschaftlichen Beirates beim Bundesministerium der Finanzen zurück. Die »Wachstumskomponente« des Gesetzes kam in weniger präzisen Bestimmungen zur Geltung. In § 1 wurden Bund und Länder nun zur Einhaltung des – schon im Gesetz über den Sachverständigenrat enthaltenen – »magischen Vierecks« verpflichtet. Eine Konzertierte Aktion sollte ein abgestimmtes Verhalten von Staat und Tarifparteien zur Förderung von Stabilität und Wachstum erreichen. Die Bundesregierung hatte gemäß § 3 »im Falle der Gefährdung eines der Ziele nach § 1 Orientierungsdaten ... zur Verfügung zu stellen und zu erklären«. Damit war auch die Einkommenspolitik in den institutionellen Dialog einbezogen. § 4 verpflichtete die Bundesregierung zur außenwirtschaftlichen Absicherung des gesamtwirtschaftlichen Gleichgewichts, ohne aber konkrete Handlungsparameter zu benennen. Weitere Bestimmungen bezogen sich auf die Finanz- und Haushaltsreform. Dies galt vor allem für die Schaffung von Projektions-

und Planungsinstanzen des Bundes und der Länder, wie den Finanzplanungs- und den Konjunkturrat. So wurden die Organe des Bundes gegenüber den Ländern gestärkt, ohne allerdings die verfassungsrechtlich verankerte Eigenverantwortung ihrer Haushaltspolitik im Kern in Frage zu stellen.

Die meisten Zeitgenossen begrüßten das Stabilitäts- und Wachstumsgesetz fast enthusiastisch. Es wurde als »Magna Charta der Konjunkturpolitik« (Fritz Neumark) oder als »prozeßpolitisches Grundgesetz« gefeiert.[14] In diesem Urteil stimmten manche Vertreter einer mehr ordnungspolitischen Richtung mit Keynesianern überein. Der verbreitete Eindruck, es habe sich eine tiefgreifende Strukturveränderung für die wirtschafts- und finanzpolitischen Entscheidungen vollzogen, traf jedoch nicht zu. Viele der Instrumente waren schon lange diskutiert, einige schon vorher gesetzlich verankert, wieder andere in der Praxis versucht worden. Das Gesetz markierte eher »das Endstadium eines jahrzehntelangen Suchprozesses«, wie Norbert Kloten formulierte. Die neuen Institutionen erwiesen sich als nützliche Foren der Diskussion und im begrenzten Umfang auch der informellen Abstimmung. Aber ihr Gestaltungsspielraum blieb angesichts der kaum veränderten Entscheidungskompetenzen der Parlamente und Kabinette von Bund und Ländern wesentlich geringer als erwartet.

Die überraschend dynamische Wirtschaftsentwicklung der Jahre 1968 und 1969 zeigte bereits Grenzen der prognostischen Möglichkeiten und der neuen Instrumente auf. 1967 ging das Bruttosozialprodukt um knapp ein Prozent zurück. Es folgten mit 6,5 und 7,9 Prozent die höchsten jährlichen realen Wachstumsraten seit Anfang des Jahrzehnts. Eine solche Entwicklung hatte zu Beginn des neuen Aufschwungs niemand vorhergesehen. So plädierte der Wirtschaftsminister in den Sitzungen der Konzertierten Aktion noch im Herbst 1968 mit Erfolg für eine zurückhaltende Einkommenspolitik der Gewerkschaften. 1967 und 1968 wurden die niedrigsten Lohnsteigerungen seit den fünfziger Jahren vereinbart. Unter dem Vorzeichen der Krise gab es in den Beratungen der Konzertierten Aktion zunächst eine starke wechselseitige Solidarität aller Beteiligten.[15]

Schiller sprach hochbefriedigt vom »Tisch der kollektiven Vernunft«. Aber bald wurden überkommene und neue Spannungen sichtbar. In mehreren Einzelgewerkschaften nahm die Sorge zu, ohne Willensbildung in den eigenen satzungsmäßigen Organen durch politische Vorgaben der Runde fremdbestimmt zu werden. Auch in einigen Verbänden der Wirtschaft wurden Befürchtungen laut, globale Orientierungsdaten könnten den recht unterschiedlichen Bedingungen in den einzelnen Branchen nicht gerecht werden. Ordnungspolitisch orientierte Wissenschaftler warnten vor einer neuen Spielart des Korporatismus. Zu einer schweren Krise kam es 1969, als kurz vor der Bundestagswahl wilde Streiks die vereinbarten Tarifverträge in Frage stellten und die Arbeitgeber schließlich unter Druck zusätzliche Leistungen gewährten. Dies war sowohl für die Gewerkschaften als auch für die Unternehmensverbände eine bittere Niederlage und verringerte spürbar die Bereitschaft, Prognosen und Orientierungsdaten der Regierung oder des Sachverständigenrates bei künftigen Lohnforderungen zu berücksichtigen. Die Erwartungen der meisten Arbeitnehmer waren mit der schnellen Aufhellung der Konjunktur, beträchtlich höheren Unternehmensgewinnen und der verbesserten Lage am Arbeitsmarkt rapide gewachsen.

Trotz der offenkundigen prognostischen Irrtümer gab es zunächst nur wenige Stimmen, die das Konzept der Globalsteuerung prinzipiell in Frage stellten.[16] Allerdings setzte sich allmählich eine nüchternere, differenziertere Bewertung durch.[17] Die institutionell erweiterte und vertiefte Diskussion zwischen Politik und Wissenschaft, in verschiedenen Gremien auch unter Einbeziehung der Spitzenverbände, galt überwiegend als Bereicherung und Orientierungshilfe. In diesen Jahren gewann sie auch international an Bedeutung, in den Arbeitsgruppen der OECD und den vertieften Länderanalysen des Internationalen Währungsfonds ebenso wie in den Projektionen der Europäischen Gemeinschaft. Aber die euphorische Phase des Glaubens an eine gelingende Verwissenschaftlichung der wirtschafts- und finanzpolitischen Entscheidungen dauerte nur kurze Zeit. Im Rückblick wird auch deutlich, daß die Überwindung der Rezession 1967 keineswegs überwiegend auf »keynesianischen« Instrumenten beruhte, vielmehr wirkten klassische Maßnahmen (Diskontsenkung) und antizyklische fiskalpolitische Entscheidungen (Abschreibungserleichterungen, Ausgabenprogramme) mit Absprachen in neuen Foren, vor allem der Konzertierten Aktion, zusammen.

Ein Erfolg der Großen Koalition war die Sanierung des Bundeshaushalts. Nach dem Ausscheiden der FDP aus der Regierung Erhard hatte das Rumpfkabinett noch im November dem Bundesrat und Bundestag zwei Gesetzentwürfe zugeleitet, die Kürzungen bei der Sparförderung, der Ausbildungszulage und der Kilometerpauschale sowie eine Erhöhung der Mineralölsteuer vorschlugen. Sie konnten mit einigen Änderungen durch die neue Mehrheit der Großen Koalition noch vor Jahresende verabschiedet werden und brachten immerhin eine Verbesserung für den Bundeshaushalt

1967 von vier Milliarden DM. Zum 1. Januar 1968 traten dann zwei Gesetze zur »Verwirklichung der mehrjährigen Finanzplanung des Bundes« in Kraft. Sie kürzten den Bundeszuschuß zur Rentenversicherung und erhöhten zum Ausgleich erstmals seit 1957 den Beitragssatz von vierzehn auf fünfzehn Prozent. Die Pflichtversicherungsgrenze für Angestellte wurde aufgehoben, was weitere zusätzliche Einnahmen brachte. Die Rentner mußten künftig einen zweiprozentigen Beitrag zur Krankenversicherung leisten. Schon 1969 wurden weitere Entscheidungen für die Finanzierung der sozialen Systeme erforderlich. Die Beiträge für die Rentenversicherung stiegen jetzt auf sechzehn Prozent; eine weitere Anhebung auf 18 Prozent wurde für 1972 angekündigt. Bei der Rücklagenbildung galt von jetzt an ein reines Umlageverfahren mit einer Schwankungsreserve von nur noch drei Monatsausgaben.

Strauß setzte bei den jährlichen Etatberatungen beträchtliche Einsparungen bei den gesetzlich nicht gebundenen Kapiteln durch. Besonders hart betroffen waren der Verteidigungsetat, aber auch einige Subventionen für die Wirtschaft und Landwirtschaft. Gegen vielfältige Bedenken trat der Finanzminister mit Erfolg für die Einführung der Mehrwertsteuer zum 1. Januar 1968 ein. Zu dieser Zeit war der private Verbrauch noch verhalten, und so blieb der befürchtete Preisschub aus. Dabei wurde der Regelsatz statt der ursprünglich geplanten zehn auf elf Prozent festgesetzt. Für Nahrungsmittel und einige andere Güter des täglichen Bedarfs galt der halbe Satz von 5,5 Prozent. Bald stellten sich die Vorzüge des neuen Systems heraus. Es erwies sich als einfacher, ließ sich für die Verwaltung und die Betriebe leichter handhaben und war zudem wettbewerbsneutraler als die vorherige Allphasensteuer mit zahlreichen Ausnahmen und Sonderregelungen. Die zum selben Zeitpunkt erstmals erhobene Ergänzungsabgabe zur Lohn- und Einkommensteuer von drei Prozent mit einer Freigrenze für die unteren Einkommensgruppen konnte auch als ein Schritt zur Wahrung der »sozialen Symmetrie« verstanden werden. Dem Bund flossen hierdurch jährlich zusätzliche Einnahmen von drei Milliarden DM zu.

Die angekündigte anteilige Erhöhung der investiven Ausgaben des Bundes am Gesamtetat wurde nur vorübergehend erreicht. Sie stiegen 1967 auf 18,2 Prozent, aber schon in den nächsten beiden Jahren betrugen sie nur noch 16,8 beziehungsweise 17 Prozent.[18] Konjunkturpolitisch entsprach dies für 1969 im Ergebnis bei der unerwartet starken Expansion der privaten Investitionen einem antizyklischen Verhalten. Im übrigen ergab sich auch hier die erwähnte zeitliche Verzögerung bei öffentlichen Ausgabenprogrammen. Die im Sommer 1967 beschlossenen zusätzlichen Vorhaben wurden großenteils erst nach zwölf bis fünfzehn Monaten vergeben. Recht spät, Anfang 1969, entschied das Bundeskabinett, Ausgaben im Umfang von 1,8 Milliarden DM zu sperren, um einer Überhitzung im Bauwesen entgegenzuwirken. Im Mai folgte erstmals ein Beschluß, nach dem Stabilitätsgesetz 3,6 Milliarden DM staatlicher Mittel einer Konjunkturausgleichsrücklage zuzuführen, davon ein Drittel aus Einnahmen der Länder.

Die Nettokreditaufnahme des Bundes war 1967 auf die Rekordhöhe von 6,6 Milliarden DM angestiegen, 1968 betrug sie noch 5,8 Milliarden.[19] Durch ein überraschend hohes Steueraufkommen konnte sie 1969 auf Null zurückgeführt werden; es ergab sich sogar ein kleiner Einnahmeüberschuß. Da die Ergänzungsabgabe aus koalitionspolitischen Gründen beibehalten wurde, verstärkte sich im Wahljahr erneut der Druck auf neue Leistungsgesetze. So wurden die zuvor gekürzten Ansätze für die Spar- und Ausbildungsförderung fast wieder auf den alten Stand gebracht.

Zu Mehrausgaben und Mindereinnahmen führte auch die Neuordnung des Bergbaus. Daß die Krise an der Ruhr erheblich zum Sturz der Regierung Erhard beigetragen hatte, war allgemein in lebendiger Erinnerung. Schiller wollte den Prozeß der Strukturanpassung mit zusätzlichen Hilfen für die Stillegung unrentabler Zechen erträglich machen und eine betriebswirtschaftlich günstige Konzentration der Unternehmen fördern. Es gelang ihm, durch eine »Konzertierte Aktion Kohle« die zunächst enttäuschten Vertreter der Bergarbeiter in die Meinungsbildung einzubeziehen. 1969 kam es unter seiner Vermittlung zur Bildung der Ruhrkohle AG. Sie übernahm die Kohlezechen der Montanunternehmen. Diese blieben Gesellschafter, konnten aber jetzt mit einer dauerhaften finanziellen Flankierung durch den Bund und das Land Nordrhein-Westfalen rechnen. Höhere Subventionen für den Steinkohlenbergbau waren somit vorgegeben.

Die weitreichendste sozialpolitische Entscheidung der Großen Koalition bildete die gesetzliche Einführung der Lohnfortzahlung im Krankheitsfall für alle Arbeitnehmer. Seit zwei Jahrzehnten hatten sich die Gewerkschaften hierfür eingesetzt. Es war in der Tat immer schwerer zu begründen, weshalb die volle Lohnfortzahlung im Regelfall für Angestellte galt, jedoch nicht für die meisten Arbeiter. Seitdem Ende der fünfziger Jahre die IG Metall durch einen mehrwöchigen Streik für Deutschlands größten Schiffbaubetrieb, die Howaldt-Werft in Kiel und Hamburg, eine tarifvertragliche Regelung mit voller Lohnfortzahlung durchgesetzt hatte, waren mehrere andere Großbetriebe gefolgt. Aber gegen die allgemeine gesetzliche Normierung leisteten vor allem die mittelständischen Unternehmensverbände starken Widerstand. Kiesinger tat sich mit dieser Entscheidung schwer. In einem Gespräch mit mehreren Bundesministern der Union schlugen wir ihm vor, eine gesetzliche Gleichstellung aller Arbeitnehmer mit zwei oder drei Karenztagen für Arbeiter und Angestellte zu verbinden. Aber schließlich setzten sich die SPD und die Sozialausschüsse der CDU mit ihrer Forderung nach uneingeschränkter Lohnfortzahlung durch. Dies führte in den nächsten Jahren zu einem beträchtlichen Anstieg des Krankenstandes in den Betrieben und Verwaltungen – ein wesentlicher Faktor bei der erheblichen Zunahme der Lohnnebenkosten in den siebziger Jahren.

Zu den anerkannten Leistungen der Großen Koalition gehörte die Reform der Finanzverfassung.[20] Seit den Entscheidungen des Jahres 1956 waren in der Öffentlichkeit die Forderungen nach einer Stärkung der Bundeskompetenzen lauter geworden. In den fünfziger Jahren ging es vor allem um die gesamtstaatliche Verantwortung und Finanzausstattung zur Lösung der Kriegsfolgenprobleme und des Aufbaus. Jetzt nahmen die Erwartungen zu, der Bund müsse für die übergreifende Planung und Finanzierung der inneren Reformen in Wissenschaft, Hochschulen, Bildung und Infrastruktur gestärkt werden. Die von der Regierung Erhard beauftragte Kommission hatte im Februar 1966 empfohlen, einige zentrale Bereiche öffentlicher Zukunftsinvestitionen als Gemeinschaftsaufgaben von Bund und Ländern in die Verfassung aufzunehmen. Für diese Sektoren waren ein gemeinsames Planungsverfahren und ein fester Finanzierungsschlüssel zu bestimmen. Die Gemeinschaftssteuern sollten durch die Aufnahme der Umsatzsteuer zu einem »großen Steuerverbund« erweitert werden. Auf diese Weise konnten die Länder für einen niedrigeren Anteil an der Einkommen- und Körperschaftsteuer aus dem Aufkommen der weniger konjunkturempfindlichen Mehrwertsteuer entschädigt werden. In beiden zentralen Bereichen gab es zunächst erhebliche Auffassungsunterschiede, bei den Gemeinschaftsaufgaben zwischen Bund und Ländern, bei dem Konzept eines großen Steuerverbundes zwischen finanzstarken und -schwachen Ländern. Die Bundesregierung schlug insgesamt neun Gemeinschaftsaufgaben vor, was für die Länder nicht diskutabel war. Die meisten Ressorts sahen eine Chance, auf diesem Weg Planungs- und Finanzierungskompetenzen im bisherigen Bereich der Länderaufgaben zu gewinnen. In schwierigen Verhandlungen einigte man sich bis zum Frühjahr 1968 auf drei Gemeinschaftsaufgaben: den Neubau und Ausbau der Hochschulen, die Verbesserung der regionalen Wirtschaftsstruktur sowie die Verbesserung der Agrarstruktur und des Küstenschutzes. Ferner wurde dem Bund die Möglichkeit eingeräumt, durch Bundesgesetz mit Zustimmung des Bundesrates den Ländern und Kommunen Finanzhilfen »zur Abwehr einer Störung des gesamtwirtschaftlichen Gleichgewichts oder Ausgleich unterschiedlicher Wirtschaftskraft im Bundesgebiet oder zur Förderung des wirtschaftlichen Wachstums« zu bewilligen. In der Folgezeit erwiesen sich die Befürchtungen mancher Landespolitiker als nicht unbegründet, daß dies ein Ansatzpunkt zur Aushöhlung ihrer verbleibenden Kompetenzen werden könne.

In der Ausgestaltung des Steuerverbundes wollten die finanzschwachen Länder unter der Führung Niedersachsens das Steueraufkommen für die Bundesländer nach dem Finanzbedarf aufteilen. Damit wäre der horizontale Finanzausgleich überflüssig geworden. Statt des regionalen Aufkommens sollten andere Kriterien, wie die Einwohnerzahl, maßgeblich sein. Das lehnten die finanzstarken Länder entschieden ab. Sie verwarfen auch die Einbeziehung der Umsatzsteuer in den Steuerverbund. Die Bundesregierung schlug in ihrem Entwurf vom März 1968 demgegenüber einen Verbund der Einkommen-, Körperschaft- und Umsatzsteuer vor; die Verteilung auf die Länder sollte nach dem örtlichen Aufkommen erfolgen. Der Kompromiß lautete hier schließlich, die Umsatzsteuer nach der Einwohnerzahl, die Einkommen- und Körperschaftsteuer nach dem örtlichen Aufkommen zu zerlegen. Es erforderte lange, schwierige Verhandlungen, ehe im Frühjahr 1969 Bundestag und Bundesrat die umfassende Neuregelung verabschiedeten. Einkommen- und Körperschaftsteuer entfielen je zu gleichen Teilen, anfangs zu je 43 Prozent, auf Bund und Länder. Die Quoten wurden im Grundgesetz festgeschrieben und waren daher nur noch schwer zu ändern. Die Zerlegung wurde durch Gesetz geregelt. Die Gemeinden erhielten vorab einen Anteil von vierzehn Prozent am Aufkommen dieser Steuern und sollten dafür vierzig Prozent ihrer Gewerbesteuereinnahmen an Bund und Länder abführen. Für die Besserstellung der Gemeinden hatte sich vor allem die SPD eingesetzt. Das bewegliche Element in der Steuerverteilung zwischen Bund und Ländern bildete die Umsatzsteuer, deren Beteiligungsquoten durch Gesetz festgelegt waren und laufend dem Bedarf angepaßt werden sollten. Der anfängliche Verteilungsschlüssel betrug siebzig zu dreißig Prozent zugunsten des Bundes.

Mit starkem persönlichem Engagement war es Strauß gelungen, die Bedenken einer Reihe von Ländern, vor allem auch der heimischen Münchener Staatsregierung, gegen eine weitere Stärkung des Bundes zu überwinden. Erneut machte ein bayerischer Bundesfinanzminister ein solches Konzept mehrheitsfähig. In den siebziger Jahren zeigte sich allerdings auch, daß die Neuregelungen dem Bundesrat mehr Möglichkeiten der Mitgestaltung eröffneten. Der horizontale Finanzausgleich wurde intensiviert. Hierdurch erhöhte sich die Finanzkraft der schwachen Länder von 91 auf 95 Prozent des Durchschnitts aller Bundesländer. Die Bundesergänzungszuweisungen gewannen für sie an Bedeutung.

Mit der Haushaltsrechtsreform gelang Strauß eine zweite wichtige Neuordnung. Das neue Recht sah das Budget weniger unter dem fiskalischen Gesichtspunkt des Haushaltsausgleichs, sondern betonte vielmehr seine Funktion als volkswirtschaftliches Planungs- und Steuerinstrument. Das nach dem geänderten Artikel 109 verabschiedete Haushaltsgrundsätzegesetz machte die wichtigsten Bestimmungen der Haushaltsordnung auch für die Länder verbindlich. Einige der neuen Vorschriften waren aber bereits seit Mitte der fünfziger Jahre entweder gesetzlich eingeführt oder in der Praxis angewandt worden. Auch das Stabilitätsgesetz hatte einzelne Elemente, wie die mittelfristige Finanzplanung, vorweggenommen. So war auch die Haushaltsrechtsreform weniger ein Bruch mit der Vergangenheit als der Abschluß einer längeren Experimentierphase und die systematische Zusammenfassung verschiedener Einzelbestimmungen.[21] Die größten Erwartungen richteten sich auf die mittelfristige Finanzplanung, eine gleitende fünfjährige Einnahmen- und Ausgabenprojektion, von der man sich eine disziplinierende Wirkung auf das Ausgabeverhalten der Parlamente erhoffte, die Fehlleistungen wie 1965/66 verhindern sollte. Für die Finanzplanung hatte sich seit 1961 besonders der SPD-Abgeordnete Alex Möller eingesetzt, der seiner auf finanzpolitischem Gebiet eher farblosen Fraktion stärkeres Profil verlieh.

Eine der wichtigsten Maßnahmen war die Neuregelung der staatlichen Kreditaufnahme. Bis dahin durften Kredite »in der Regel« nur zur Deckung von Investitionen aufgenommen werden. Der neue Artikel 115 des Grundgesetzes ermöglichte die Kreditaufnahme ausdrücklich auch, um eine Störung des gesamtwirtschaftlichen Gleichgewichts abzuwehren. Dies entsprach der Auffassung von einer antizyklischen Finanzpolitik. Damit war auch die rechtliche Grundlage für eine erhebliche, nicht immer sachgerechte Ausweitung des Staatskredites geschaffen. Im Regelfall sollte die Nettoneuverschuldung die Summe der für investive Zwecke veranschlagten Ausgaben nicht überschreiten. Aber in Zukunft wurde über Jahre hinweg die Ausnahme zur Regel. Die Trennung in einen ordentlichen und einen außerordentlichen Haushalt wurde abgeschafft. Der Investitionsbegriff war aber nicht eindeutig definiert, die in Artikel 115 geforderte gesetzliche Regelung kam nie zustande. Der Glaube an die wachstumsfördernde Wirkung staatlicher Investitionen war damals noch groß; die Wissenschaft stand dem Instrument der Staatsverschuldung in jener Zeit mehrheitlich positiv gegenüber und ging davon aus, es lasse sich zielgerecht anwenden.

In knapp drei Jahren hatte Strauß eine beachtliche Bilanz aufzuweisen. Der Bundeshaushalt war im Wahljahr 1969 ausgeglichen, auch wenn erhebliche Steuererhöhungen dazu beigetragen hatten. Die Einführung der Mehrwertsteuer wurde als beachtlicher Erfolg anerkannt. Die Finanzverfassungs- und die Haushaltsreform legten Fundamente für die kommenden Jahrzehnte. Strauß' intellektuelle Brillanz und Durchsetzungskraft fand insbesondere im Kreis seiner engeren Mitarbeiter Anerkennung. Staatssekretär Grund schrieb in seinen persönlichen Aufzeichnungen über den Minister: »Er war seit Schäffer, dem ersten Bundesfinanzminister, mit Abstand der beste von allen (einschließlich Schäffer). In meiner fast 40jährigen Tätigkeit in der Finanzverwaltung ... bin ich nie einem Mann mit einer so extrem hohen Intelligenz, mit einer so schnellen Auffassungsgabe ... sowie einer so sicheren Entschluß- und Entscheidungsfreudigkeit begegnet.«[22] Einen Dissens zu Strauß sah Grund in der unterschiedlichen Einschätzung der Aufwertungsthematik. Damit berührte er zugleich den schwersten politischen Fehler, den Strauß in jener Zeit beging.

In der deutschen Öffentlichkeit galt Schiller als der dominierende Wirtschaftspolitiker, als Hauptakteur bei der Überwindung der Rezession und Architekt für den neuen Aufschwung. Nach der engen Zusammenarbeit im ersten Jahr der Großen Koalition kam es zwischen den zwei selbstbewußten Persönlichkeiten bald zu Spannungen. Auch das Verhältnis der beiden Koalitionsparteien war stets durch ein kompliziertes Miteinander von Kooperation und Konkurrenz geprägt. Zunächst sah es so aus, als ob die Union stärker von der neuen Politik profitieren werde. Sie erzielte 1967 bei mehreren Landtagswahlen recht zufriedenstellende Ergebnisse. Kiesinger berichtete mir schon Anfang April in Schleswig, Wehner habe ihm gesagt, er sehe wohl, daß der Erfolg dieser Regierung auf ihn, Kiesinger, fallen und er, Wehner, die Prügel bekommen werde.

Es war aber noch harte Arbeit auf vielen Feldern zu leisten, bevor Bilanz gezogen werden konnte. Die Regierung Kiesinger/Brandt sah sich auch in der Außenpolitik mit großen Problemen und Erwartungen konfrontiert. Es ging zunächst um die Neubestimmung der Beziehungen zu den beiden wichtigsten Verbündeten, den USA und Frankreich, und damit um die Überwindung des schädlichen innenpolitischen Gegensatzes zwischen »Atlantikern« und »Gaullisten«. Das neue Kabinett bekräftigte unverzüglich die schicksalhafte Bedeutung der Atlantischen Allianz mit den Vereinigten Staaten als Fundament deutscher und europäischer Sicherheit. Dies erleichterte die Zusammenarbeit mit der Johnson-Administration, die zunehmend durch den Vietnamkrieg belastet wurde und deshalb die für Europa stabilisierende Politik der Bundesrepublik höher einschätzte als zuvor. Kiesingers Werben um de Gaulle ohne Veränderung der zentralen deutschen Positionen hatte Erfolg. Der französische Präsident mußte schon vor der schweren inneren Krise des Mai 1968 Grenzen seiner ambitionierten Großmachtpolitik erkennen. Signale des Entgegenkommens gab es auch mit Blick auf die osteuropäischen Staaten. So zeigte der Bundeskanzler ausdrücklich Verständnis für den Wunsch des polnischen Volkes, »in gesicherten Grenzen« zu leben, und er ließ die Bereitschaft zu einem pragmatischen Umgang mit der Führung der DDR erkennen, ohne eine offizielle Anerkennung der Zweistaatlichkeit ins Auge zu fassen. Manches blieb in der Schwebe. Es wurden in der Ost- und Deutschlandpolitik auch mehrfach Differenzen zwischen den Koalitionspartnern sichtbar. Die SPD drängte auf engere und formellere Beziehungen zur Ost-Berliner Regierung und mehr Offenheit für gesamteuropäische Vereinbarungen.

Zu den wichtigsten innenpolitischen Vorhaben der Großen Koalition gehörte die Verabschiedung einer Notstandsverfassung. Die Vorbehaltsrechte der westlichen Alliierten galten immer noch im vollen Umfang für den inneren und äußeren Notstandsfall. Seit Ende der fünfziger Jahre hatte es verschiedene Anläufe gegeben, diese Sondersituation durch einen Verfassungszusatz und eine ergänzende deutsche Gesetzgebung zu beenden. Aber es fehlte zunächst an dem erforderlichen Konsens zwischen Regierung und Opposition.[23] Kiesinger und die Führung der Union waren jetzt bereit, der SPD entgegenzukommen. Man einigte sich auf eine Lösung, bei der auch im Notstandsfall durch Krieg oder schwere innere Unruhen ein Notparlament aus Mitgliedern von Bundestag und Bundesrat die Aufgaben der gesetzgebenden Körperschaften wahrnehmen sollte. Im Mai 1968 stimmte der Bundestag mit 384 gegen 100 Stimmen der Ergänzung des Grundgesetzes zu. Das engagierte Für und Wider in der öffentlichen Auseinandersetzung war vor dem Hintergrund der jüngsten deutschen Geschichte verständlich, Besorgnis löste aber bei manchen Beteiligten eine erschreckende Radikalisierung der Sprache vieler Kritiker aus dem intellektuellen Bereich aus. So erklärte eine große Zahl von Universitätsprofessoren in einem Aufruf, Ziel der Bundesregierung sei

Die Jahre der Großen Koalition waren geprägt von Studentenbewegung, Vietnamkrieg und Aufarbeitung der NS-Vergangenheit. Gegen die Notstandsgesetzgebung wurden 1968 heftige Proteste laut – keineswegs nur von seiten der rebellischen Studentenschaft. Auch kirchliche Kreise zeigten sich besorgt über die geplante Einschränkung von Grundrechten im Krisenfall und sahen die Demokratie bedroht.

es, die Freiheitsrechte zu beseitigen und mit »Waffengewalt gegen das eigene Volk« vorzugehen.[24]

Schon vor der großen Auseinandersetzung über die Notstandsgesetze hatte eine Polarisierung auf dem äußersten rechten und linken Spektrum des politischen Lebens eingesetzt. Seit 1964 versuchte die Nationaldemokratische Partei (NPD) mit nationalistischen und systemkritischen Kampfparolen Proteste gegen die Entwicklung in der Bundesrepublik zu organisieren. Im November 1966 begann bei den Landtagswahlen in Hessen und Bayern mit 7,9 beziehungsweise 7,4 Prozent der Stimmen ihr Einzug in die meisten Länder- und eine Reihe von Kommunalparlamenten. Die krisenhafte Grundstimmung gegen Ende der Kleinen Koalition kam der NPD entgegen. Aber noch im April 1968 erreichte sie bei der baden-württembergischen Landtagswahl mit 9,8 Prozent ein Spitzenergebnis. Seit dem Bau der Mauer war die Hoffnung auf eine baldige Verwirklichung der deutschen Einheit geschwunden. Die anfängliche Begeisterung für die europäische Einigung hatte in den Konflikten der sechziger Jahre nachgelassen. Starke soziale Veränderungen im Gefolge der dynamischen wirtschaftlichen und technischen Entwicklung empfanden manche Gruppen des kleinen Mittelstandes und der weniger qualifizierten Arbeitnehmer als Bedrohung. Solche Ängste und Stimmungen wurden in der Propaganda der radikalen Rechten ausgenutzt.

Aus ganz anderen Antrieben entstand 1967 eine Protestbewegung unter linken Vorzeichen. Es war die vielzitierte »Studentenrevolution«, die 1966/67 in zunächst kleinen Zirkeln der Berliner Universitäten begann und dann rasch große Gruppen der akademischen Jugend und Intellektuellen ergriff. Sie war Teil einer internationalen Zeitströmung, aber auch durch spezifisch deutsche Themen und Eigenarten geprägt. In den westlichen Demokratien begann die Erinnerung an die Ideale und Leiden der Kriegsjahre zu verblassen. Für Millionen alliierter Soldaten und Bürger war die Behauptung gegen die Expansion Hitler-Deutschlands ein prägendes Erlebnis geworden, wie auch der Wiederaufbau in Freiheit und die neue Konfrontation mit der totalitären Sowjetmacht. Jetzt wuchs, zwei Jahrzehnte später, eine Jugend heran, die schärfer die Widersprüche zwischen den verkündeten Grundsätzen der westlichen Staaten und ihren Unvollkommenheiten im Alltagsleben registrierte und dramatisierte. Überkommene Institutionen und Verhaltensweisen wurden von Berkeley bis Berlin erst theoretisch und dann im Protest revolutionärer Parolen herausgefordert.

Die Universitäten bildeten nicht nur in Deutschland den Ausgangspunkt zunehmender Kritik. In der Bundesrepublik waren seit dem Ende der fünfziger Jahre die Mittel für ihren Ausbau beträchtlich erhöht, die Personaletats aufgestockt worden. Aber die selbstverwalteten, maßgeblich von den Ordinarien bestimmten Hochschulen zögerten zu lange, notwendige Strukturreformen zu verwirklichen, vor allem durch die stärkere Partizipation der außerplanmäßigen Professoren und wissenschaftlichen Mitarbeiter. Jetzt begann 1967 durch direkte Aktionen eine Phase einschneidender Veränderungen, die Neufassung von Statuten, der Erlaß wenig koordinierter Landesgesetze in kürzester Zeit und vor allem ein tiefgreifender Wandel der Verhaltensweisen.[25] »Demokratisierung«, »Partizipation« und »Selbstbestimmung« waren Schlüsselworte, die auch auf andere gesellschaftliche und politische Bereiche übertragen wurden. Viele der Aktivisten bedienten sich dabei des Vokabulars der Neomarxisten, der Neuen Linken. Auch dies war ein überraschender Umschwung in kurzer Zeit. 1964 noch hatte Professor Abendroth beklagt, daß sich die westdeutsche Gesellschaft jeder Diskussion neuer Strömungen des Marxismus verweigere. Jetzt schien diese Ideologie zeitweise eine Meinungsführerschaft im intellektuellen Bereich zu übernehmen.

Marxistische und psychoanalytische Erklärungsmuster wurden auch bei der Auseinandersetzung mit der Vätergeneration wichtig. Sie hatte in der Regel große Schwierigkeiten, in einem Abstand von fünfundzwanzig, dreißig Jahren ihren Kindern zu erläutern, weshalb die meisten Hitler gefolgt waren und nur wenige entschiedenen Widerstand geleistet hatten. Die Vielfalt der neuen Parolen war groß. Sie reichte von reformerischen Forderungen bis zu extremistischen Aufrufen zur Systemzerstörung und der Bejahung von Gewalt als Mittel der Veränderung. Auch die Parteien, Kirchen, Medien und andere Institutionen wurden von diesem plötzlichen Wandel tiefgreifend erfaßt. Es gab entschiedenden Widerspruch, Bemühungen um einen ernsthaften Dialog und auch viel Anpassungsbereitschaft. Bald wurde gefragt, inwieweit man die »unruhige Jugend« integrieren könne. Unmittelbare politische Wirkungen hatte die neue Entwicklung auf die staatlichen Planungen im Bildungswesen. Aber es entstand auch ein erheblich kritischeres Umfeld für die Privatwirtschaft, die Unternehmer, die Legitimation von Marktwirtschaft schlechthin.

Seit den ausgehenden fünfziger Jahren hatte die Zahl der Schüler an weiterführenden Schulen sowie der Studenten an Universitäten und Fachhochschulen kontinuierlich zugenommen. 1968 machten etwa zehn Prozent eines Jahrganges Abitur; die meisten von ihnen nahmen ein Studium auf. Im Frühjahr 1969 berichtete mir mein Staatssekretär Hans von Heppe, im Wissenschafts- und Bildungsrat würden Gespräche über ein völlig neues Zukunftskonzept geführt. Man denke daran, eine Erhöhung der Abiturienten auf 50 und der Studentenzahlen auf mindestens 25 Prozent eines Jahrgangs vorzuschlagen. Ich fragte ihn, ob dies mit den politisch Verantwortlichen der Bundesländer erörtert worden sei und ob seriöse Kostenschätzungen angestellt würden. Er verneinte beides. Ich trug ihm auf, den Initiatoren mitzuteilen, sie könnten auf keinen Fall mit einer Zustimmung der Bundesregierung rechnen. Eine so massive Abkoppelung der Bildungsplanung von den erkennbaren beruflichen Chancen sei ein gefährlicher Weg. Der Machtwechsel 1969 brachte dann in dieser Hinsicht einen Umschwung. Brandt wurde schon früh von einigen Beratern empfohlen, sich an die Spitze der neuen Bewegungen zu stellen.

In verschiedenen Fragen nahmen 1968 die Gegensätze in der Koalition zu. Es kam nicht zu der Ende 1966 angesprochenen Einführung des Mehrheitswahlrechts; die SPD-Führung verwies auf zu große Widerstände in der eigenen Partei. Damit erreichte sie zugleich eine Annäherung an die FDP mit Blick auf neue Konstellationen für die Zeit nach der nächsten Bundestagswahl.

1968 verbesserten sich die Wirtschaftsdaten schneller als erwartet. Als am 20. Juni zum zwanzigsten Jahrestag der Einführung der Deutschen Mark viele Kommentatoren eine Bilanz zogen, war die Geldwertstabilität zunächst wieder gefestigt.[26] Der Preisanstieg betrug in diesem Jahr trotz der beginnenden kräftigen Konjunkturbelebung und der Einführung der Mehrwertsteuer nur 1,6 Prozent. Dies wurde auf einem unruhigen internationalen Hintergrund erreicht. Das britische Pfund mußte Ende 1967 beträchtlich abgewertet werden, der Dollar verlor angesichts der steigenden Belastungen des Vietnamkrieges erneut an Vertrauen, und im Frühjahr 1968 kam auch der Franc nach den schweren Maiunruhen in Frankreich in Bedrängnis.[27] Bald setzte ein stärkerer Zustrom von Auslandsgeld nach Deutschland ein, wodurch sich der Handlungsspielraum der Bundesbank verringerte. Im Herbst 1968 gab es erste Anzeichen für eine konjunkturelle Überhitzung. Auf einen Arbeitslosen entfielen jetzt drei offene Stellen, die Erzeugerpreise gerieten in Bewegung. Zur gleichen Zeit setzten die Spekulationen über eine Wechselkurskorrektur ein. Im November strömten in wenigen Tagen Devisen im Gegenwert von über acht Milliarden DM in die Bundesrepublik. Auch ausländische Politiker drängten jetzt auf eine Aufwertung der D-Mark.

In Deutschland waren es vor allem einige namhafte Wissenschaftler, die früh diese Forderung erhoben. Schon im Juli hatte der Sachverständigenrat in einem Sondergutachten für die Bundesregierung geschrieben, »daß es auch in diesem fünften Wachstumszyklus der westdeutschen Wirtschaft nicht möglich sein« werde, »das außenwirtschaftliche Ungleichgewicht anders zu beseitigen als durch eine Anpassungsinflation im Inneren oder durch eine Aufwertung«.[28] Schiller und Strauß wandten sich im November in einem Gespräch mit dem Bundeskanzler erneut gegen einen solchen Schritt, denn die Konjunktur schien ihnen nicht hinreichend gefestigt zu sein. Die Erinnerung an die Rezession war noch sehr lebendig. Schließlich entschied sich das Bundeskabinett am 19. November für ein Absicherungsgesetz mit einer befristeten Umsatzausgleichssteuer von vier Prozent auf die Exporte und eine entsprechende Entlastung der Einfuhren. Kiesinger ließ sich nach diesem Beschluß zu dem Ausruf verleiten: »Solange ich Bundeskanzler bin, wird es keine Aufwertung der D-Mark geben!« Die Bundesbank erhöhte am 1. Dezember die Mindestreservesätze der Kreditinstitute für den Zuwachs von Auslandsanlagen auf hundert Prozent.[29]

Kurzfristig gab es eine Entlastung, ein Großteil der spekulativen Auslandsgelder floß wieder ab. Aber die Debatte über die Wechselkurse ging weiter und gewann an Gewicht. Der Sachverständigenrat äußerte am 4. Dezember in seinem Sondergutachten 1968/69 Sorgen wegen eines drohenden Preisauftriebs und forderte eine Aufwertung der D-Mark. Der Zentralbankrat hatte in einer vertraulichen Stellungnahme für die Bundesregierung bereits zuvor diese Auffassung vertreten. Durch eine Indiskretion wurde sein Votum bekannt. Dies löste eine breite öffentliche Debatte in Deutschland mit vielen entgegengesetzten Empfehlungen von Verbänden, Instituten und Kommentatoren aus.[30] Sie verstärkte die internationalen Spekulationen weiter.

Schiller blieb zunächst bei seiner ablehnenden Haltung. Ende Januar 1969 sagte er in Frankfurt, die Stabilität sei ein wichtiges wirtschaftspolitisches Ziel, aber eines neben anderen. Als dann in den Auslandsaufträgen und der Preisbewegung noch stärkere Zeichen einer Überhitzung erkennbar wurden, änderte er seine Position. Bei der traditionell sehr beachteten Rede zur Eröffnung der Frankfurter Frühjahrsmesse erklärte er am 24. Februar: »Unser kategorischer Imperativ 1969 heißt Wahrung der Stabilität des Preisniveaus, die heute am meisten gefährdet erscheint.« Dies wurde, unterstützt durch gezielte Informationen an die Presse, allgemein als ein Einschwenken des Wirtschaftsministers auf die Position der Notenbank und des Sachverständigenrates verstanden.

Am 18. April erhöhte die Bundesbank den Diskontsatz von drei auf vier und den Lombard von vier auf fünf Prozent. Diese Entscheidung war schwierig, weil die Verteuerung des Geldes auch den Zufluß von Auslandskapital attraktiver machte. Strauß lehnte in zwei stark beachteten Reden am 24. und 29. April eine einseitige Aufwertung der D-Mark erneut ab, aber seine Ausführungen wurden als Bereitschaft verstanden, an einer multilateralen Neufestsetzung der Wechselkurse mitzuwirken.[31] Dies beförderte eine neue Spekulationswelle. Von Ende April bis zum 9. Mai mußte die Bundesbank für 16,7 Milliarden DM Devisen ankaufen. Jetzt begann sich die Auseinandersetzung innerhalb der Regierung zu verschärfen. Am 6. Mai kritisierte Schiller vor der SPD-Bundestagsfraktion »mißverständliche und wenig durchdachte Äußerungen eines Mitglieds der Bundesregierung«. Der Wirtschaftsminister warf den Unionsparteien vor, wer dem deutschen Volk Preisstabilität verspreche, sich aber gegen »gewisse außenwirtschaftliche Absicherungsaktionen« wende, sei nicht redlich und fördere eine Anpassungsinflation. Dies reizte die Union so sehr, daß die Fraktion in der Nacht zum 9. Mai beschloß, selbst auf die Gefahr eines Bruchs der Koalition sei Schillers Aufwertungsverlangen abzulehnen.

Am 9. Mai kam es zu einer ausführlichen Erörterung im Bundeskabinett. Kiesinger hatte in den vorausgegangenen Tagen zahlreiche Einzelgespräche geführt. Die Spitzenverbände der Wirtschaft blieben vom BDI bis zum Bauernverband ganz überwiegend bei ihrer ablehnenden Haltung. Aber es gab auch entgegengesetzte Voten. So plädierte der Präsident des Sparkassenverbandes, Ludwig Poullain, seit Wochen für eine Aufwertung der D-Mark. Der Deutsche Genossenschaftsverband, die Organisation der Volksbanken und die Bank für Gemeinwirtschaft schlossen sich dieser Auffassung an. Auch einige exportorientierte Großunternehmen, wie die Siemens-AG, bezeichneten die Aufwertung öffentlich als das kleinere Übel gegenüber der befürchteten Alternative einer Devisenbewirtschaftung. Kiesinger berichtete vor der Kabinettssitzung bei einem Treffen der Unionsminister über seine Gespräche. Besonderen Eindruck hatten die Argumente seines persönlichen Freundes Hanns-Martin Schleyer und des großen alten Mannes der Banken, Josef Hermann Abs, gegen die Veränderung der Parität bei ihm hinterlassen. Aber zu seinem Freundeskreis gehörte auch Otmar Emminger, Mitglied des Direktoriums der Bundesbank, ein anerkannter Experte mit beachtlicher Überzeugungskraft. Kiesinger tat sich schwer. Er hatte erkannt, daß die Aufwertungsfrage von Schiller im Wahlkampf zu einem gefährlichen Streitthema gegen die Union gemacht werden könnte. Allerdings war die SPD keineswegs einig. Der Kanzler las uns aus einer vertraulichen Aufzeichnung vor, die ihm der stellvertretende Fraktionsvorsitzende der SPD, Alex Möller, übersandt hatte. Dieser, als »Genosse Generaldirektor« Chef der Karlsruher Lebensversicherung, verfügte über eine hohe fachliche Kompetenz. Er hatte die Pro- und Kontra-Argumente aufgelistet, mit einem erkennbaren Übergewicht der letzteren. In unserem Gespräch nahm Strauß erneut mit aller Entschiedenheit gegen eine Wechselkursveränderung Stellung. Wenn man Schillers polemischen Attacken jetzt nachgebe, werde der Vertrauensverlust in der Wirtschaft, bei den Landwirten und vielen anderen Mitbürgern gewaltig sein.

So lehnte Kiesinger in der Kabinettssitzung die Forderung des Wirtschaftsministers ab, die D-Mark um 6,25 Prozent aufzuwerten. Die innenpolitische Auseinandersetzung ging weiter und verschärfte sich. Am 12. Mai erklärten 61 Professoren der Wirtschaftswissenschaften in einem Offenen Brief, sie hätten »von der Weigerung der Bundesregierung, jetzt oder in naher Zukunft den Außenwert der D-Mark den tatsächlichen Marktverhältnissen anzupassen, mit Bestürzung Kenntnis genommen«[32]. Das sei eine schwerwiegende Fehlentscheidung und bedrohe die Preisstabilität.

Der Sachverständigenrat bekräftigte und aktualisierte seine bekannte Position in einem Sondergutachten vom 30. Juni. Die Argumente der Sparkassen und Volksbanken erreichten Millionen ihrer Kunden.

Zu Beginn der Sommerpause zeichnete sich überraschend noch einmal die Möglichkeit eines Kompromisses ab. Schiller leitete dem Bundeskanzler Ende Juni ein Memorandum zu, in dem er eine Verdoppelung der bis dahin geltenden Sätze des Absicherungsgesetzes als Alternative zu einer Aufwertung vorschlug.[33] Jetzt empfahlen mehrere Minister der Union bei einem Gespräch mit Kiesinger, einem höheren Satz des Absicherungsgesetzes zuzustimmen. Es war erkennbar, daß die von Schiller geführte Kampagne erheblichen Eindruck auf große Wählergruppen machte. Aber vor allem Strauß und Schröder warnten entschieden vor einem Kurswechsel, und der Bundeskanzler war nicht bereit, im Vorwahlkampf einen Konflikt mit seinem Finanzminister und damit dem Vorsitzenden der CSU auszutragen. In Frankreich hatte der Rücktritt de Gaulles im April 1969 beträchtliche Turbulenzen ausgelöst. Der neugewählte Präsident Georges Pompidou kündigte am 10. August eine Abwertung des Franc um 11,1 Prozent an. Aber bei aller Bedeutung, die Frankreich als Handelspartner hatte, nahm der internationale Druck, die D-Mark aufzuwerten, mit dem Näherkommen des Bundestagswahltermins vom 28. September erneut zu.

Im Laufe des Wahljahres hatte sich die Position der SPD im Konkurrenzkampf der Parteien erkennbar verbessert. Ein Ereignis mit starker Signalwirkung war am 5. März die Wahl von Justizminister Gustav Heinemann zum Bundespräsidenten. Ausschlaggebend für diesen Erfolg der Sozialdemokraten war, daß es der neuen Führung der FDP gelang, nahezu alle Stimmen ihrer Vertreter in der Bundesversammlung für den Kandidaten der SPD zu mobilisieren. 1968 hatte Walter Scheel Erich Mende als Parteivorsitzenden abgelöst, und Scheel setzte mit der Mehrheit des Bundesvorstandes auf ein Zusammengehen mit der Sozialdemokratie. Heinemann selbst sprach nach seiner Wahl zum Staatsoberhaupt von einem Stück »Machtwechsel«. Die SPD trat als nunmehr regierungserprobte Reformpartei mit einer attraktiven Mannschaft an. Brandt als Außenminister, Leber, Carlo Schmid, Wehner, Helmut Schmidt und – mit den höchsten Zustimmungswerten von allen – Schiller bildeten den Kern. Der Union fehlte nach drei Jahren Großer Koalition eine überzeugende Formel der Abgrenzung und Polarisierung. Sie setzte auf die hohe Popularität Kiesingers, der in einem engagierten Wahlkampf viele Menschen mobilisierte.

Aber die Parole »Auf den Kanzler kommt es an« fanden auch manche ihrer eigenen Anhänger wenig zukunftsweisend. Kiesinger spürte diese Kritik. Nach einer Großkundgebung der Union in Karlsruhe am 20. September lud er mich zu einem Gespräch zu zweit ein, um die Perspektiven für den Wahltag und die Zeit danach zu erörtern. Er sagte, wir hätten nach allen demoskopischen Analysen bei keinem wichtigen Thema einen eindeutigen Kompetenzvorsprung. In der Außenpolitik sei die Situation ausgewogen, in der Sozialpolitik das Übergewicht der SPD groß. Selbst in der Innen- und Rechtspolitik liege die Sozialdemokratie knapp vor der Union. Die Wirtschafts- und Finanzpolitik werde von den meisten Menschen als ein Bereich wahrgenommen, und auf diesem Feld stehe Schiller eindeutig vor Strauß. Deshalb habe er der Zuspitzung des Wahlkampfes auf die Kanzlerfrage zugestimmt.

Kiesinger war besorgt, aber nicht pessimistisch. Und in der Tat sah es am Abend des 28. September zunächst so aus, als ob die Union die Mehrheit erreichen werde. Aber dann gab es doch eine knappe Majorität für SPD und FDP. CDU und CSU erhielten 46,1 Prozent der Stimmen und 242 Mandate.[34] Die SPD gewann 3,4 Prozent hinzu und bekam mit 42,7 Prozent 224 Sitze. Ihr Wunschpartner, die FDP, verlor 3,7 Prozent und zählte mit 5,8 nur noch 31 Abgeordnete. Die NPD verfehlte mit 4,3 Prozent den Einzug in den Bundestag und verlor dann rasch an Bedeutung.

Namhafte Sozialdemokraten, wie Wehner, zweifelten, ob ein Vorsprung von zwölf Sitzen für eine stabile Regierung ausreichen würde. Aber Brandt war entschlossen, im dritten Anlauf jetzt Kanzler zu werden, und Scheel sah in der Koalition mit der SPD die einzige Chance für seine Partei, nach der Wahlniederlage wieder Attraktivität zu gewinnen. So kam es zu dem von Heinemann im März angekündigten »Machtwechsel«, der bisher tiefsten Zäsur in der politischen Entwicklung der Bundesrepublik.

Für die Ergebnisse nationaler Wahlen gibt es immer eine Reihe von Ursachen. Aber schon im Herbst 1969 war es für viele Akteure und Beobachter offenkundig, daß die Kontroverse um die Währungspolitik eine hervorragende Bedeutung für das Resultat hatte.[35] Den Ausschlag gaben die oft zitierten »Schiller-Wähler«, die überwiegend erstmals der Sozialdemokratie ihre Stimme gaben. 1961 hatte Erhard die Aufwertung gegen die Bundesbank, Adenauer und die Sprecher der wichtigsten Wirtschaftsverbände durchsetzen können. Diese Entscheidung erwies sich als völlig richtig. 1968, spätestens Anfang 1969, sprachen mindestens genauso viele Gründe für eine erneute Aufwertung. Aber diesmal gab es keinen Politiker in der Führung der Union, der annähernd über die wirtschaftspolitische Kompetenz und Autorität Erhards verfügte. So wuchs diese Rolle Schiller und damit in den Augen der Öffentlichkeit der SPD zu.

Am 29. September, dem Tag nach der Wahl, befreite die Bundesregierung die Bundesbank von ihren Interventionsverpflichtungen gegenüber dem Dollar. Der freie Kurs pendelte sich in den kommenden Wochen bei etwa 3,70 DM pro Dollar ein. Das neue Kabinett Brandt entschied dann am 24. Oktober, die Parität auf 3,66 DM für einen Dollar festzusetzen; das entsprach einer Aufwertung von 9,3 Prozent.

9. Kapitel

Sozialliberale Politik in Zeiten des Wachstums und der Krise

Brandt und Scheel schlugen nach der Bundestagswahl ein schnelles Tempo für die Regierungsbildung an. So gelang es ihnen, Vorbehalte in den eigenen Reihen zu überwinden, die eine Minderheit in der FDP-Fraktion deutlich artikulierte. Die Koalitionsverhandlungen wurden unter beträchtlichem Zeitdruck geführt. Sie ergaben in den Grundlinien der künftigen Außen- und Deutschlandpolitik ein hohes Maß an Einvernehmen, wenn auch wichtige Einzelfragen offen blieben.[1] Bei den inneren Reformvorhaben zeichnete sich schnell Übereinstimmung für eine expansive Bildungspolitik und eine Hochschulreform ab. Die Freien Demokraten verstanden sich hier unter dem Einfluß von Hildegard Hamm-Brücher als Schrittmacher tiefgreifender Veränderungen. Schiller und Möller galten Scheel und seinen Parteifreunden als Garanten marktwirtschaftlicher Kontinuität. So verzichtete die FDP darauf, eines der Schlüsselressorts für die Wirtschafts- und Finanzpolitik zu fordern. Differenzen ergaben sich in der Frage einer Weiterentwicklung der Mitbestimmung und dem Wunsch der FDP, die Ergänzungsabgabe sofort abzuschaffen, was die SPD ablehnte. Die FDP besetzte das Außenministerium mit Scheel, der auch Vizekanzler wurde, das Innenministerium mit ihrem Parlamentarischen Geschäftsführer Hans-Dietrich Genscher und das Landwirtschaftsministerium mit dem bayerischen Abgeordneten Josef Ertl, der sich als ein Sprecher des nationalliberalen Flügels verstand. Schiller, Leber und Lauritzen wurden in ihren Ressorts bestätigt. Möller übernahm das Finanz-, Schmidt das Verteidigungsministerium; statt seiner wurde Wehner Vorsitzender der SPD-Fraktion. Als Arbeitsminister benannte Brandt den Gewerkschafter Walter Arendt, als Bundesminister für Bildung und Wissenschaft den parteilosen Professor Hans Leussink. Das bisherige Schatzministerium wurde dem Finanzministerium angegliedert. Bundesminister und Chef des Kanzleramtes wurde Horst Ehmke.

Der Bundestag wählte Brandt schon am 21. Oktober mit 251 von 495 Stimmen zum Bundeskanzler. Am 28. Oktober gab er vor dem Parlament seine erste Regierungserklärung ab. Sie verdeutlichte den Anspruch, eine neue Phase deutscher Politik mit sehr weitgespannten Zielen zu gestalten. Auch wenn mehrfach Kontinuität und Augenmaß betont wurden, kündigte Brandt in einer ausdrucksstarken Sprache eine tiefgreifende Umgestaltung des politischen und gesellschaftlichen Lebens an. »Wir wollen mehr Demokratie wagen«, rief er aus und fügte später hinzu: »Wir stehen nicht am Ende unserer Demokratie, wir fangen erst richtig an.« Jeder Bürger sollte durch eine offene Arbeitsweise der Regierung, neue Formen der Partizipation und umfassenden Dialog die Möglichkeit erhalten, »an der Reform von Staat und Gesellschaft mitzuwirken«. Brandt stellte im einzelnen mehr als fünfzig neue Gesetzesinitiativen und Programme in nahezu allen Bereichen der Politik in Aussicht. Sie bedeuteten in ihrer Gesamtheit eine erhebliche Ausweitung der staatlichen Tätigkeit und damit auch des Staatsanteils am Ertrag der Volkswirtschaft. Diese Botschaft fand weithin Zustimmung, sie weckte Hoffnungen und mobilisierte Kräfte. Aber es wurde sofort auch Sorge und Kritik laut, die neue Regierung werde sich übernehmen und das Gemeinwesen überfordern.

Zur Deutschland- und Ostpolitik wählte Brandt vorsichtige Formulierungen. Er wolle den vom Kabinett Kiesinger eingeleiteten Kurs bei den angestrebten Verhandlungen mit Ost-Berlin fortsetzen; eine völkerrechtliche Anerkennung der DDR schloß er aus. Parallel hierzu wünsche die Bundesregierung eine Verständigung mit der Sowjetunion, ohne ihre feste Verankerung im westlichen Bündnis aufzugeben. Ziel sei, eine gesamteuropäische Friedensordnung zu schaffen.

Ende Januar 1970 begannen die vertraulichen Gespräche Egon Bahrs mit dem sowjetischen Außenminister Andrej Gromyko in Moskau. Im Mai wurden die schon im Detail ausgehandelten »Leitsätze« für den angestrebten Vertrag durch eine Indiskretion bekannt. Ein Kernpunkt war, daß die 1966 von der Bundesregierung ausgesprochenen Gewaltsverzichtserklärungen jetzt auf die uneingeschränkte Achtung und Anerkennung des territorialen Status quo in Europa erweitert werden sollten. Beide Staaten sollten sich verpflichten, »keine Gebietsansprüche gegen irgend jemand« zu haben und auch nicht in Zukunft zu erheben. Bahr betonte, daß ein künftiger gesamtdeutscher Souverän dadurch rechtlich nicht präjudiziert werde. Dies bedeute keine völkerrechtliche Anerkennung der DDR, allerdings ihre faktische Einbeziehung in die internationale Staatengemeinschaft. Aber Moskau war nicht bereit, einen förmlichen Friedensvertragsvorbehalt zu vereinbaren. Nach den Leitsätzen sollte sich die Bundesrepublik verpflichten, entsprechende Abkommen mit Polen, der Tschechoslowakei und der DDR abzuschließen.[2]

Willy Stoph begrüßt Willy Brandt auf dem Erfurter Hauptbahnhof. Am 19. März 1970 begegneten sich die Regierungschefs der beiden deutschen Staaten zum ersten Mal. Die Ostpolitik war eines der Hauptanliegen des neuen Bundeskanzlers. Binnen weniger Monate leitete er die bahnbrechenden Gespräche mit den Regierungen des Ostblocks ein, schon nach zehn Monaten war der Moskauer Vertrag unterzeichnet. Der Grundlagenvertrag mit der DDR allerdings kam erst Ende 1972 zum Abschluß.

Dieses Zwischenergebnis löste eine leidenschaftliche Kontroverse in der Bundesrepublik aus, die das innenpolitische Klima der nächsten drei Jahre maßgeblich bestimmte. CDU und CSU wandten sich entschieden gegen das Bahr-Gromyko-Konzept, das keinen Hinweis auf eine mögliche spätere Herstellung der deutschen Einheit auf dem Verhandlungsweg enthielt. Aber auch bei den Kabinettsberatungen wurden Korrekturen und ergänzende Klarstellungen gefordert. Bald war erkennbar, daß auch einige Abgeordnete der SPD und FDP mit dem neuen Kurs nicht einverstanden waren und die knappe Mehrheit der Koalition gefährdet schien. So gab es bei den abschließenden Verhandlungen im Sommer einige Änderungen und ergänzende Interpretationen. Die Sowjetunion akzeptierte insbesondere, daß eine Politik der Bundesrepublik für die friedliche Herstellung der deutschen Einheit nicht ausgeschlossen werde. Am 15. August 1970 unterzeichnete Brandt in Moskau den deutsch-sowjetischen Vertrag.

Das Prinzip des erweiterten »materiellen Gewaltverzichts«, also der Anerkennung der Grenzen, bestimmte auch den deutsch-polnischen Vertrag und den Grundlagenvertrag mit der DDR. Erneut wurde in Bonn versichert, das Ziel der friedlichen Vereinigung sei nicht aufgegeben, und die abschließende völkerrechtlich wirksame Festlegung der Grenze bleibe einem wiedervereinigten Deutschland und seinen Verhandlungspartnern vorbehalten. Aber über die Hauptstädte des Warschauer Paktes hinaus verstand die internationale Öffentlichkeit diese neuen Normen durchweg als faktische Besiegelung der deutschen Zweistaatlichkeit. Die vier Mächte erreichten Vereinbarungen über West-Berlin, die einige wichtige Verbesserungen für seine Vertretung durch die Bundesrepublik in internationalen Organisationen, die Einbeziehung in den Austausch auch mit den Staaten Osteuropas und den Transitverkehr nach Westen brachten. Bedeutsam war, daß nun der permanente Druck der Sowjetunion auf die Westsektoren der Stadt nachließ und ein Stück Entspannung Wirklichkeit wurde.

Die Auseinandersetzungen über die neue Außen- und Deutschlandpolitik führten zu einer Polarisierung in der Bundesrepublik wie kein zweites Thema seit ihren Anfängen. Brandt und seinen Mitstreitern gelang es, für die immer wieder bekundeten Ziele der Entspannung und Versöhnung erhebliche ideelle und emotionale Zustimmung bei großen Gruppen der Bevölkerung zu gewinnen. Das internationale Echo war auch im Westen überwiegend positiv und half der Koalition in den innenpolitischen Auseinandersetzungen. Aber sehr viele Menschen lehnten den neuen Kurs und seine konkreten Ergebnisse in den Vertragstexten ebenso entschieden ab. Weit über die Vertriebenen und Flüchtlinge hinaus waren sie nicht bereit, die Teilung Deutschlands, in welcher Form auch immer, vertraglich festzuschreiben und vor einem Friedensvertrag mit ganz Deutschland die Ostgrenze formal anzuerkennen. Die offenkundigen, später teilweise korrigierten Mängel in der Verhandlungsführung Bahrs verschärften die Kritik, auch die problematischen Formen der Geheimdiplomatie.

Die Innenpolitik, die in der ersten Regierungserklärung Brandts ganz im Vordergrund stand, trat jetzt zeitweise gegenüber der dominierenden, enorme Kräfte bindenden Außenpolitik zurück. Aber diese Situation änderte sich bald wieder. Die Auseinandersetzung über die inneren Reformen, die in der Regierung selbst aufbrechenden Konflikte über die Wirtschafts- und Finanzpolitik gewannen eine besondere Dramatik. Die Regierung Brandt begann unter den günstigsten Bedingungen einer dynamischen Wirtschaftsentwicklung und geordneter Staatsfinanzen. Das Wachstum erreichte 1969 mit 7,5 Prozent einen Wert wie zuletzt 1960; die Arbeitslosenquote fiel mit 0,7 Prozent 1970 auf einen Tiefstand. Die Zahl der Gastarbeiter erreichte schon 1970 einen neuen Höchststand mit 1,8 Millionen. Auch der Schuldenstand des Bundes (45 Milliarden DM) war im internationalen Vergleich gering.

Diese Zahlen spiegelten die Stärke der deutschen Volkswirtschaft wider. Der industrielle Sektor leistete 1970 den wichtigsten Beitrag zum Bruttoinlandsprodukt. Sein Anteil war von 44,5 Prozent im Jahre 1950 auf 57,6 Prozent gestiegen.[3] Entgegen dem Trend in anderen westlichen Industrieländern nahm auch der Anteil der in der Industrie Beschäftigten noch zu. Er betrug 42,3 Prozent im Jahre 1950 und zwanzig Jahre später 48,9 Prozent. In den fünfziger Jahren war die stärkere Industrialisierung Westdeutschlands hilfreich, um Millionen von Flüchtlingen und Vertriebenen eingliedern zu können. Sie erreichte auch ärmere, bis dahin agrarisch geprägte Gebiete wie Bayern und Schleswig-Holstein. Der Beitrag der Landwirtschaft zum Bruttoinlandsprodukt ging von 1950 bis 1970 von 9,1 auf 3,9 Prozent zurück, ihr Anteil an den Beschäftigten von 23,2 auf 8,5 von Hundert. Die Entwicklung des tertiären Sektors verlief auf den ersten Blick widersprüchlich. Während hier der Anteil der Beschäftigten von 32,3 auf 42,6 Prozent stieg, nahm sein Beitrag zum Inlandsprodukt von 46,6 auf 38,7 Prozent ab. Die Arbeitsabläufe im Dienstleistungsbereich waren damals noch nicht in demselben Maße rationalisiert wie in der Industrie, daher blieb der Produktivitätsfortschritt zunächst verhalten. Mit dem Aufkommen der Datenverarbeitung und Büroautomatisierung änderte sich das Bild. In den sechziger Jahren verlangsamte allerdings die zumeist unterbewertete D-Mark den Strukturwandel.[4]

Die realen Durchschnittseinkommen der Arbeitnehmer verdreifachten sich zwischen 1950 und 1970.[5] Da seit Mitte der fünfziger Jahre erhebliche Arbeitszeitverkürzungen vereinbart wurden, war der Wohlstandszuwachs in Wirklichkeit noch größer.[6] Seit Beginn der sechziger Jahre hatte sich auch die Verteilungsposition der Arbeitnehmer verbessert. Die bereinigte Lohnquote, die in den fünfziger Jahren zurückgegangen war, stieg seit 1960 wieder an. Die Zahl der Erwerbstätigen verblieb seit der Überwindung der Rezession auf hohem Niveau. Die Kapitalverzinsung ging schon in den sechziger Jahren deutlich zurück, was sich aber zunächst noch nicht stärker auf das Investitionsvolumen auswirkte.[7] Neben den Arbeitnehmern partizipierten vor allem die Rentner am steigenden Ertrag der Wirtschaft. Nach der kräftigen Anhebung 1957 erhöhten sich die Durchschnittsrenten in der Arbeiter- und Angestelltenversicherung bis 1970 auf mehr als das Dreifache. Sie stiegen damit noch stärker als das durchschnittliche beitragspflichtige Bruttoentgelt.[8]

Nach der Befriedigung der elementaren Verbraucherwünsche brachten die sechziger Jahre einen Trend zu höherwertigen Konsumgütern, geräumigerem und komfortablerem Wohnen und Urlaubsreisen. Die Sparquote der Arbeitnehmer, die 1950 erst 2,6 Prozent betragen hatte, erhöhte sich bis 1967 auf 11 Prozent.[9] Der Anteil der Arbeitnehmer an der Ersparnis der privaten Haushalte nahm in diesem Zeitraum von 43,7 auf 57,7 Prozent zu. Bei den Sparformen überwog das Konten- und Bausparen,[10] die Anlage in Aktien oder Aktienfonds blieb dagegen sehr verhalten. Das Sparen in festverzinslichen Wertpapieren nahm erst in den siebziger Jahren in breiteren Berufsgruppen zu. 1962/63 besaßen nur 57 Prozent aller Arbeiterhaushalte ein Sparbuch, 1969 dagegen schon 90 Prozent. Auch bei dem langfristigen Vorsorgesparen gab es beachtliche Steigerungsraten, überwiegend durch Kapitallebensversicherungen. Insgesamt waren die zwei Jahrzehnte von 1949 bis 1969 nicht nur eine Zeit wirtschaftlicher, sondern auch gesellschaftlicher Dynamik. Die Lebensformen und Verbrauchsgewohnheiten zuvor stark unterschiedlicher sozialer Schichten näherten sich etwas an. So sprach der Soziologe Helmut Schelsky optimistisch von einer entstehenden »nivellierten Mittelstandsgesellschaft«. Es gab aber auch Gruppen, die einen Abstieg hinnehmen mußten. Dazu gehörten manche kleinen Selbständigen, Kleinbauern und ältere Vertriebene.

Der beeindruckende Wohlstandszuwachs hatte jedoch, wie Müller-Armack schon 1960 konstatierte, keineswegs eine allgemeine Zufriedenheit zur Folge. Die Maßstäbe für soziale Gerechtigkeit wurden erheblich anspruchsvoller formuliert. Die Neigung, tatsächliche oder vermeintliche Nachteile »unterprivilegierter« Gruppen anzuprangern, nahm über die gesellschaftskritische neue Linke hinaus zu. Im Jahr des Machtwechsels 1969 verkündete Heinrich Böll vor der ersten Bundeskonferenz des neuen Verbandes deutscher Schriftsteller »das Ende der Bescheidenheit«[11]. Diese Formel wurde über Bölls aktuelle Bezugspunkte hinaus ein Motto für die neuen Verhaltensweisen und weit überzogenen Forderungen vieler gesellschaftlicher Gruppen.

Schon in seiner ersten Regierungserklärung stand für Brandt die Bildungspolitik »an der Spitze der Reformen«. Das entsprach verbreiteten Erwartungen, aber auch seinen persönlichen Vorstellungen. Als Schüler hatte er in Lübeck selbst erlebt, wie schwierig für begabte Kinder aus sozial beengten Verhältnissen der Zugang zu weiterführenden Schulen war. Die Bildungschancen für junge Leute aus allen sozialen Schichten nachhaltig zu verbessern, wurde schon in den sechziger Jahren ein Ziel der demokratischen Parteien. Ihre Kultusminister wetteiferten um die besten Lösungen, mehr Aufstiegchancen für begabte Kinder in einem gegliederten, aber durchlässigeren Schulsystem zu schaffen.[12] 1967 besuchten 19 Prozent der 13jährigen Gymnasien, 16 Prozent Realschulen und noch 60 von Hundert die Volksschulen. Der Anteil der Abiturienten hatte sich in den vorhergehenden elf Jahren bereits von 4,8 auf 9,2 Prozent fast verdoppelt. Um mehr als 130 Prozent war von 1955 bis 1968 die Zahl der Studènten an den Hochschulen angestiegen, von 152 000 auf 363 000.

Im Juni 1970 legte das Bundesministerium für Bildung und Wissenschaft einen Bildungsbericht der Bundesregierung vor. Er trug die Handschrift von Frau Hamm-Brücher und führte sofort zu einer grundlegenden Kontroverse zwischen den Parteien. Die Länder zeigten sich irritiert, weil im Kernbereich ihrer Zuständigkeiten keine Abstimmungsgespräche geführt worden waren. Der Bildungsbericht forderte ein »umfassendes integriertes und differenziertes Gesamtschul- und Gesamthochschulsystem« für die Bundesrepublik.[13] Das löste sofort den entschiedenen Widerspruch der Union und zahlreicher Verbände aus. Der Bericht plädierte ferner dafür, die Bildungs- und Forschungsausgaben bis Anfang der achtziger Jahre mindestens zu verdreifachen. Dies empfanden vieler Vertreter der Länder und Kommunen als eine gefährliche Überforderung ihrer finanziellen Leistungskraft.

So prallten in der Bund/Länderkommission zur Bildungsplanung die Gegensätze zwischen den verschiedenen politischen Lagern aufeinander. Sie bezogen sich auch auf die Bildungsinhalte. »Antiautoritäre Erziehung« war eine Parole der progressiv gestimmten Linken, »Bildung zur verantwortungsbewußten Persönlichkeit« eine Antwort der Konservativen und vieler Liberaler. Der im Juni 1973 schließlich verabschiedete Bildungsgesamtplan war ein Torso. Die Gegensätze in den Fragen der Organisation der Schulen und der Finanzierung blieben bestehen. Die Forderung, die Abiturientenzahl auf etwa 50 Prozent und die der Studenten auf 25 bis 30 Prozent eines Jahrgangs zu erhöhen, wurde von den unionsregierten Ländern nicht akzeptiert. Die Erwartung, die Ausgaben für den Bildungssektor müßten von 30 Milliarden im Jahr 1970 auf etwa 90 Milliarden DM 1985 anwachsen, begegnete auch in Teilen der SPD erheblichen Zweifeln.[14]

Gegen Ende der siebziger Jahre war erkennbar, daß sich diese Zielvorstellungen trotz beträchtlicher Steigerungsraten in den öf-

Überfüllte Hörsäle waren schon zu Beginn der siebziger Jahre ein vertrautes Bild. Hinter der Bildungsexpansion stand nicht nur die Sorge, der wachsenden Volkswirtschaft könnten auf Dauer die akademisch qualifizierten Arbeitskräfte ausgehen, sondern auch der Wunsch nach sozialer Chancengleichheit. Gefordert wurde eine Vervielfachung des Bildungswesens – mit weitreichenden Folgen. Die Zahl der Studenten stieg in den folgenden Jahrzehnten sprunghaft an. 1968 besuchten 363 000 junge Frauen und Männer westdeutsche Hochschulen, 1994 waren es in ganz Deutschland 1,86 Millionen.

fentlichen Haushalten nicht erreichen ließen. Es gab Fortschritte, so bei den verbesserten Chancen für Kinder aus sozial schwachen Familien und in ländlichen Gebieten, beim Ausbau des zweiten Bildungsweges und bei der Förderung für behinderte und schwererziehbare Jugendliche. Zu den Auswirkungen gehörten aber auch überfüllte Hochschulen, längere Studienzeiten, ein starker Anstieg der Studienabbrecher, bedenkliche Qualitätseinbußen in manchen Bildungsgängen und zunehmende Defizite in der Unterrichtssituation vieler Schulen. Nordrhein-Westfalens sozialdemokratischer Ministerpräsident Heinz Kühn sagte uns schon 1976 im Kreis der Regierungschefs, die Bildungsreform verlaufe schlechter als erhofft; sie sei vor allem eine Besoldungsreform für Lehrer geworden. Grundsätzlicher äußerte sich der bei allen Parteien angesehene langjährige Generalsekretär der Kultusministerkonferenz, Kurt Frey, im Jahr 1978. Er bedauerte, »wie grob, unpsychologisch und ohne fachlich fundierte Vorbereitung, nahezu einfältig arrogant die Sache ... einer Reform des Bildungswesens aufgegriffen wurde«[15].

Wohnungs- und Städtebau bildeten einen weiteren Schwerpunkt der sozialliberalen Politik. Die öffentlichen Mittel wurden zunächst beträchtlich aufgestockt. Die Zahl der fertiggestellten Wohnungen stieg von 478 000 im Jahre 1970 innerhalb von drei Jahren auf 714 000 an, ging dann allerdings wieder zurück. Schwerwiegender waren Strukturveränderungen. Das stark von den Vorstellungen der gewerkschaftseigenen »Neuen Heimat« geprägte Städtebauförderungsgesetz legte das Gewicht auf eine verdichtete Bebauung in den Ballungsgebieten.[16] Die Rolle der großen öffentlichen und privaten Bauträger wurde gestärkt. Entsprechend ging der Anteil der von Privaten für den Eigenbedarf geschaffenen Wohnungen zurück. Die Unionsmehrheit im Bundesrat setzte einige Korrekturen durch; dennoch begann in vielen Städten eine massive Hochhausbebauung, die oft nicht den Ansprüchen an ein humanes und soziales Wohnumfeld entsprach.

Einvernehmen zwischen Bund und Ländern bestand bei den verstärkten Anstrengungen für den Ausbau der Krankenhäuser und flankierender Einrichtungen des Gesundheitswesens.[17] Der Bund setzte Rahmendaten, die Länder entwickelten langfristige Bedarfs- und Ausbaupläne. Allerdings stellte sich zehn Jahre später heraus, daß in manchen Bundesländern Überkapazitäten entstanden waren.

Minister Leber hatte bereits zur Zeit der Großen Koalition eine Steigerung der Mittel für den Ausbau der Verkehrswege durchgesetzt. Jetzt wurden die Planungen vor allem für den Autobahn- und Bundesstraßenbau noch einmal erweitert. 1970 verabschiedete die Regierung einen Bedarfsplan, der bis 1985 den Bau von 12 500 Kilometern neuer Autobahnen und die Umwandlung von weiteren 2 500 Kilometern Straßen in Autobahnen ankündigte.[18] Leber erklärte, keine Gemeinde im Bundesgebiet solle weiter als dreißig Kilometer von einem Anschluß an das Autobahnsystem entfernt liegen. Der Zielkonflikt dieser ehrgeizigen Konzeption mit den gleichzeitig beginnenden Initiativen für den Umweltschutz konnte nicht lange übersehen werden. Mitte der siebziger Jahre begann eine Korrektur, bei der vor allem dem Öffentlichen Personennahverkehr eine größere Bedeutung zugesprochen wurde.

In der Vermögenspolitik blieben nach 1970 mehrere Anläufe zu neuen großen Lösungen erfolglos, weil die Differenzen zwischen den Parteien und auch den gesellschaftlichen Gruppen zu ausgeprägt waren. Dies galt für den Entwurf eines »Beteiligungslohngesetzes« der Union ebenso wie für die Grundlinien eines »Vermögensbeteiligungsgesetzes« der Koalition.[19] So beschränkte sich die legislative Bilanz der siebziger Jahre auf die Erweiterung der bisherigen Sparförderung. 1970 trat das Dritte Vermögensbildungsgesetz in Kraft, das aber schon unter der Großen Koalition konzipiert worden war. Die Förderung wurde von der Steuer- und Sozialabgabenbefreiung der vermögenswirksamen Leistungen auf eine Arbeitnehmersparzulage umgestellt und eine Einkommensgrenze eingeführt. Die Umwandlung von Steuervergünstigungen in direkte Transfers entsprach den Vorstellungen der SPD und hatte Parallelen in der Familienpolitik. Der Förderungshöchstbetrag wurde auf 624 DM verdoppelt, worauf die Inanspruchnahme des Vermögensbildungsgesetzes deutlich zunahm. Zu einer Harmonisierung der Sparförderung kam es nicht, das Spar- und das Wohnungsbauprämiengesetz blieben bestehen. Die Aufwendungen für die Vermögensbildung stiegen daher weiter an. Im Zuge der Steuerreform 1974 wurde dann auch für die Prämienförderung eine Einkommensgrenze eingeführt.

Eine wichtige ordnungspolitische Entscheidung traf die Koalition mit der Novellierung des Kartellrechts. Damit wurden einige schon erwähnte Schwächen des Gesetzes von 1957 beseitigt. 1971 brachte Schiller die Vorlage ein; sie wurde nach manchen Auseinandersetzungen 1973 verabschiedet. Unternehmensverbindungen waren ab einer gewissen Größe anzeigepflichtig, bei Vorliegen einer marktbeherrschenden Stellung hatte das Bundeskartellamt die Möglichkeit, sie zu untersagen; der Bundeswirtschaftsminister konnte jedoch die Erlaubnis erteilen. Außerdem wurde eine Monopolkommission eingesetzt und zur regelmäßigen Berichterstattung verpflichtet. Weitere Änderungen betrafen die Abschaffung der vertikalen Preisbindung und eine verschärfte Mißbrauchskontrolle. Auch diese Neugestaltung und ihre Handhabung blieben nicht ohne Kritik. Vor allem die Einzelentscheidungen aufgrund der Ministererlaubnis bei Fusionen führten immer wieder zu öffentlichen Kontroversen.

Die Erweiterung der Unternehmensmitbestimmung blieb auch nach der Gesetzgebung von 1952 für die Gewerkschaften ein wichtiges Ziel. Zunächst konzentrierten sich ihre Bemühungen darauf, den 1951 erreichten Besitzstand bei der Montanmitbestimmung zu wahren. 1956 wurde ihre Geltung auf Holdings erweitert, wenn mindestens fünfzig Prozent des Konzernumsatzes im Montanbereich erwirtschaftet wurden. 1967 erreichte die SPD in der Großen Koalition eine zeitweilige Fortgeltung der Montanmitbestimmung auch in diversifizierten Konzernen. 1971 wurde die Besitzstandssicherung fortgeschrieben. Die Große Koalition setzte 1967 eine Kommission unter Professor Kurt Biedenkopf ein, um die Erfahrungen mit der geltenden Mitbestimmungsregelung zu untersuchen und Änderungsvorschläge zu erarbeiten. Sie legte im Februar 1970 ihren Bericht vor. Darin wurde die Mitbestimmungspraxis positiv beurteilt und empfohlen, die Zahl der Arbeitnehmervertreter im Aufsichtsrat zu erhöhen, ohne bis zu der vom DGB gewünschten Parität zu gehen. Wie der Biedenkopf-Vorschlag, so sahen auch andere Modelle die Auffüllung des Aufsichtsrats durch Kooptation, auf Vorschlag des Vorstandes oder durch Vertreter der leitenden Angestellten vor.

Die Union änderte ihre Positionen mehrfach, SPD und FDP konnten sich auf keines der Modelle verständigen. Daher beschränkten sich die Regierungsparteien auf eine Novellierung des Betriebsverfassungsgesetzes, die vor allem erweiterte Mitwirkungsrechte einführte. Erst 1974 konnten die parlamentarischen Beratungen über eine grundlegende Neugestaltung der Mitbestimmung aufgenommen werden. Die FDP setzte mit Unterstützung der oppositionellen Union eine eigenständige Vertretung der leitenden Angestellten und das Abgehen von der vollen Parität durch. Bei Stimmengleichheit im Aufsichtsrat sollte die Stimme des Vorsitzenden doppelt zählen, bei dessen Wahl wiederum der Wille der Anteilseigner ausschlaggebend war. In dieser Form wurde das Mitbestimmungsgesetz 1976 von einer großen Mehrheit des Bundestages verabschiedet. Es gilt für alle Unternehmen mit eigener Rechtspersönlichkeit, die mehr als 2000 Arbeitnehmer beschäftigen. Während die Gewerkschaften sich enttäuscht zeigten, daß die volle Parität nicht durchgekommen war, lehnten die Arbeitgeber das Gesetz grundsätzlich ab. Ihre Klage wurde aber 1979 vom Bundesverfassungsgericht abgewiesen, das die Grenze der Sozialbindung des Eigentums nicht überschritten sah. Das neue Mitbestimmungsgesetz führte nicht dazu, daß die Strategie der Unternehmensleitungen von den Gewerkschaften bestimmt wurde, aber es bewirkte in vielen Firmen kompliziertere und damit langsamere Entscheidungsprozesse. Dies wurde neben den oft hervorgehobenen Vorteilen der Sozialpartnerschaft von vielen Unternehmern mehr und mehr als ein Nachteil im verschärften internationalen Wettbewerb angesehen.

Zu den angekündigten inneren Reformen gehörten auch mehrere Vorhaben der Innen- und Rechtspolitik, eine weitreichende Neuordnung des Steuersystems und ein Ausbau der sozialen Sicherung. Hierauf wird noch näher einzugehen sein. Unabhängig von der Bewertung der einzelnen Entscheidungen hatte schon vor der Ölkrise Ende 1973 eine starke Ernüchterung angesichts der zunehmenden Kluft zwischen Anspruch und Wirklichkeit eingesetzt. Arnulf Baring hat diesen Stimmungswandel wie folgt beschrieben: »Bei allen diesen Problemen mangelte es nicht an Vorschlägen. Wohl aber fehlte die schöpferische Phantasie und geduldige Beharrlichkeit, sie in praktische Politik umzusetzen.«[20] Schon früh hatte die Union als Opposition im Bundestag ihre Kritik an Inhalten und Methoden der unstrukturierten Reformankündigungen zugespitzt. Uns gelang es vor allem in einer großen Debatte am 25. März 1971, Brandt und Ehmke nachhaltig zu bedrängen und für unsere Argumente ein starkes, überwiegend positives Echo in den Medien zu erreichen.[21]

Bald nach dem Regierungswechsel verschlechterten sich die wirtschaftlichen Daten und Erwartungen.[22] Das Wachstum verlangsamte sich und betrug 1970 fünf Prozent, 1971 nur noch drei Prozent. Es war eine »Entspannung ohne Stabilität«[23]. Denn die Inflationsrate stieg bis 1971 von 2 auf 5,1 Prozent an, den bis dahin höchsten Wert in der Geschichte der Bundesrepublik. Dafür waren weltwirtschaftliche und binnenwirtschaftliche Faktoren gleichermaßen verantwortlich. Weltweit wurden die frühen siebziger Jahre durch rasch expandierende Liquidität, zunehmende Geldentwertung und stärkere Verteilungskämpfe geprägt. Die USA waren politisch und wirtschaftlich durch die Kosten des Vietnamkrieges belastet. So ging das Vertrauen in den Dollar weiter zurück, mit weitreichenden internationalen Folgen. Die Bundesrepublik verzeichnete weiterhin hohe Außenhandelsüberschüsse; die D-Mark-Aufwertung von 1969 hatte nur vorübergehend Entlastung gebracht, der Zustrom an Dollars und anderen Devisen nahm bald wieder zu. Dadurch war der geldpolitische Handlungsspielraum der Bundesbank eingeschränkt, denn zu hohe Zinsen hätten weiteres spekulatives Kapital angezogen. Die »offene außenwirtschaftliche Flanke« erschwerte jede Stabilitätspolitik. Sie diente aber auch der öffentlichen Hand und den Gewerkschaften als Ausrede für eine weit überzogene Ausgaben- und Tarifpolitik. So kam es bald zu Meinungsverschiedenheiten mit der Bundesbank. Im Dezember 1969 hatte Karl Klasen die Nachfolge von Blessing angetreten. Klasen war zuvor einer der Sprecher der Deutschen Bank, er stammte aus einer Hamburger Arbeiterfamilie und gehörte seit seiner Jugend der SPD an. Nach einer zunächst harmonischen Zusammenarbeit mit Schiller gab es seit 1971 eine Entfremdung.

Der DGB schlug jetzt einen aggressiven, einseitig verteilungsorientierten Kurs ein. Sicher wirkten dabei die beunruhigenden Erfahrungen mit den wilden Streiks im Sommer 1969 nach, aber es bleibt im Rückblick doch erstaunlich, daß sich die Gewerkschaftsführer in dieser zentralen Frage nicht zu einer Kooperation mit der ersten sozialdemokratisch geführten Bundesregierung bereit fanden. So stiegen die Löhne 1970 um 15,4 und 1971 um 11,1 Prozent an.[24] Damit wurde eine Lohn/Preisspirale mit schwerwiegenden negativen Folgen in Gang gesetzt. Dieser Kurs des DGB bedeutete zugleich eine Absage an Schillers Konzeption der Konzertierten Aktion, von der sich diese vielgerühmte Institution nie mehr völlig erholte.

Es wäre die Aufgabe der Bundesregierung gewesen, eine konsequente Stabilitätspolitik einzuleiten. Nicht nur die Opposition, auch der Sachverständigenrat und viele Kommentatoren forderten dies nachdrücklich. Aber das Kabinett war in sich uneinig. Schiller schlug schon im Frühjahr 1970 zur Inflationsbekämpfung vor, einen befristeten Zuschlag zur Einkommensteuer und eine Konjunkturausgleichsrücklage der öffentlichen Hand einzuführen. Brandt lehnte dies mit Blick auf die bevorstehenden Landtagswahlen ab. Im Sommer kam es dann doch angesichts der zunehmenden Kritik zu der Entscheidung über den erwähnten Zuschlag, dessen Aufkommen bei der Bundesbank stillgelegt wurde. Aber das Kabinett wich erheblich von dem Stabilitätsgesetz ab. So wurde auch das zweite bedeutsame Instrument der neuen »aufgeklärten Marktwirtschaft« beschädigt. Eine großzügige Freigrenze führte dazu, daß nur 10 von 25 Millionen Steuerpflichtigen einbezogen wurden. Ferner setzte die Bundesregierung die degressive Abschreibung auf Anlagegüter und Wirtschaftsgebäude für sieben Monate aus. Schon bald zeigte sich, daß diese halbherzigen Maßnahmen keine nachhaltigen Wirkungen zeitigten.

Im Mai 1971 beschloß die Bundesregierung ein zusätzliches Stabilisierungsprogramm, das Minderausgaben, Beschränkungen der Kreditaufnahme und die Bildung von Konjunkturausgleichsrücklagen durch Bund und – in geringerem Maße – Länder vorsah. Doch die entscheidenden Impulse gegen die Überhitzung kamen von der Geld- und Währungspolitik. Der Diskontsatz war 1970 zeitweise auf 7,5 Prozent erhöht worden. Angesichts des Devisenzustroms senkte die Bundesbank ihn bis zum März 1971 auf fünf Prozent und erhöhte zum Ausgleich die Mindestreservesätze. Eine zeitweilige Wende brachte dann die Freigabe der Wechselkurse im Mai 1971. Erst im Smithsonian Agreement vom Dezember wurden wieder feste Relationen vereinbart, der Dollar stand nun bei 3,22 DM. Im Inland ging das Wachstum zunächst deutlich zurück. Die Bundesbank unterstützte daher den außenwirtschaftlichen Kurs durch eine weitere Senkung des Diskonts. Die Mindestreservesätze wurden aus konjunkturellen Gründen verringert. Die Wirtschaftsprognosen für 1972 lauteten eher ungünstig; eine leichte Rezession wurde nicht ausgeschlossen. Es kam aber im Jahresverlauf zu einer spürbaren Belebung. Die Tarifabschlüsse waren gegenüber den Exzessen der beiden Vorjahre moderater; die Preissteigerungsrate ging mit 4,4 Prozent etwas zurück. Die Auslandsaufträge nahmen kräftig zu, und so wurde im Wahljahr ein reales Wachstum von 4,2 Prozent erreicht. Im Januar war das Gesetz zur Einführung einer Depotpflicht für Auslandsverbindlichkeiten in Kraft getreten, um dem Zustrom von spekulativem Kapital entgegenzuwirken.

Die öffentlichen Haushalte wirkten seit 1970 eindeutig expansiv. Die Finanzplanung des Bundes ging für die Zeit bis 1974 von einer jährlichen Steigerung der Ausgaben um 8,25 Prozent aus. Tatsächlich wuchsen sie 1971 bis 1973 jeweils um zehn bis dreizehn Prozent an. Noch stärker expandierten die Etats der Länder. Hier begannen sich vor allem die rasche Zunahme der Bildungsausgaben und eine entsprechende Steigerung der Personalkosten auszuwirken. Es ergab sich insgesamt eine Erhöhung des öffentlichen Gesamtetats um 12,5 Prozent für 1970, 15,7 für 1971, 11,3 für 1972 und rund 12 Prozent für 1973. Die Lohnentwicklung und der inflationäre Schub führten andererseits zu unerwartet hohen Mehreinnahmen.[25] So blieb die Nettokreditaufnahme des Bundes in jenen Jahren stets niedriger, als bei den Voranschlägen unterstellt. Sie erreichte 1972 mit vier Milliarden DM zunächst den höchsten Wert. Finanzpolitiker der Koalition und Opposition waren jedoch übereinstimmend besorgt, daß die enormen Ausgabesteigerungen auf Dauer nicht solide finanziert werden könnten. Schon ein dringend erforderlicher Rückgang der Inflationsrate mußte die Deckungsprobleme verschärfen. Möller hatte seit seinem Amtsantritt heftige Auseinandersetzungen mit zahlreichen Kabinettskollegen und der SPD-Fraktion über die Etatgestaltung zu führen. Dabei mußte er mehrfach weitgehende Konzessionen machen. Der Finanzminister vermißte die nachhaltige Unterstützung des Bundeskanzlers, worüber er in persönlichen Gesprächen Klage führte. Möller fühlte sich im Wort, die Einkommen- und Lohnsteuer kräftig zu senken, und sah die Spielräume hierfür schwinden. So erklärte er am 17. Mai 1971 seinen Rücktritt.[26] In mehreren Interviews bekräftigte er seine Solidarität mit der SPD, mahnte aber zugleich den dringend notwendigen Kurswechsel zur strikten Ausgabendisziplin und zu einer glaubwürdigen Stabilitätspolitik an.

Natürlich erregte das Ausscheiden Möllers großes Aufsehen. Brandt war sofort um Schadensbegrenzung bemüht. Ihm erschien es als die beste Lösung, Karl Schiller für die Doppelaufgabe eines

Wirtschafts- und Finanzministers zu gewinnen. Schillers Ansehen war von den Konflikten und Fehleinschätzungen der letzten achtzehn Monate nicht unberührt geblieben. Aber trotz kritischerer Urteile in Wissenschaft, Politik und Publizistik besaß er nach wie vor ein hohes Maß an öffentlicher Zustimmung. Überraschend war, daß Schiller auf dieses Angebot einging. Er wußte aus fast fünfjähriger Erfahrung im Kabinett, daß jedes der beiden Ressorts die volle Arbeitskraft bis zum äußersten beanspruchte, und er hatte erlebt, daß sich sowohl in der Regierung als auch in der SPD Kräfte Geltung verschafften, die mit seinen marktwirtschaftlichen und stabilitätspolitischen Überzeugungen nicht übereinstimmten. In persönlichen Gesprächen machte er seit Anfang 1970 kein Hehl aus seiner Sorge über die viel zu großzügige Ausgabenpolitik. Er sagte, die Koalition erinnere ihn an Leute, die einmal das große Los gezogen hätten und nun ständig ungedeckte Wechsel auf die Zukunft ausstellten. Aber der eindringliche Appell des Bundeskanzlers und seine sehr hohe Selbsteinschätzung veranlaßten ihn, die kaum lösbare Aufgabe zu übernehmen.

Seitdem war Schiller ein ständig überlasteter Mann, der mit Konflikten leben mußte. Brandt hatte akzeptiert, daß mit dem Entwicklungshilfeminister Erhard Eppler ein Hauptkritiker Schillers den Vorsitz der Kommission für die Vorbereitung eines SPD-Parteitages zur Steuerpolitik übernahm. So kam es noch 1971 zu einer großen Kontroverse. Eppler schlug beträchtliche Steuererhöhungen für die »Besserverdienenden« und die Wirtschaft vor, die weitgehende Umstellung von Freibeträgen, bezogen auf die Bemessungsgrundlage, auf Festbeträge mit Abzug von der Steuerschuld und eine Einschränkung des Steuergeheimnisses.[27] Linke Delegierte beantragten auf dem Bonner Parteitag im November noch weitergehende Systemveränderungen, mit denen sie durchaus Resonanz fanden. Der SPD-Landesvorsitzende Schleswig-Holsteins, Jochen Steffen, verlangte unter starkem Beifall, »die Grenzen der Belastbarkeit« der Unternehmen zu testen. Schiller mußte sich mit großer Entschiedenheit gegen diese Bestrebungen zur Wehr setzen. »Was die wollen, ist ja eine ganz andere Republik.« Brandt intervenierte schließlich, um seinen hart bedrängten Minister zu entlasten, und betonte, daß es für ihn kein imperatives Mandat geben könne.

Schlaglichtartig erhellten diese Auseinandersetzungen die Spannungen in einer neuen SPD. Brandts Öffnung der Partei für die marxistisch orientierte Neue Linke führte ihr zahlreiche Mitglieder und manche Wähler zu. Aber zugleich entstand ein tiefer Gegensatz zwischen den vom Godesberger Programm geprägten sozialen Demokraten und den Kräften der radikalen Systemveränderung, der über die Ära Brandt hinaus immer wieder zu Richtungskämpfen führte. Für die FDP hatte die Wende von 1969 erhebliche Probleme anderer Art geschaffen. Ein Teil ihrer Mitglieder und traditionellen Wähler verließ die Partei. 1970 fiel sie aus mehreren Landtagen heraus. Daher war eine neue programmatische Profilierung dringend geboten. Sie erfolgte im November 1971 auf dem Bundesparteitag in Freiburg.[28] Dem Bundesgeschäftsführer Karl-Hermann Flach und dem Rechtswissenschaftler Werner Maihofer gelang es, mit den »Freiburger Thesen« einen prägnanten Text vorzulegen, der breite Zustimmung fand. Die FDP wurde als Partei der Menschenrechte, des Fortschritts, der gesellschaftlichen Demokratisierung und der »Reform des Kapitalismus« präsentiert. Jetzt folgte eine Zeit der inneren Festigung und günstigerer Wahlergebnisse.

Die Union hatte als Partei zunächst Mühe, den Wechsel in die Opposition konsequent zu vollziehen.[29] Kiesinger wurde im November 1969 erneut zum Vorsitzenden gewählt, zog sich aber bald aus der Tagespolitik zurück. So gewann die Fraktionsführung mit Barzel an Gewicht. Katzer übernahm im Bundestag die Federführung für Arbeit und Soziales, Ernst Benda für Inneres und Recht, ich, bis zu meinem Wechsel nach Kiel im Mai 1971, für die Wirtschafts- und Finanzpolitik. Bei den Landtagswahlen erzielten CDU und CSU recht gute Ergebnisse. In Nordrhein-Westfalen wurde die CDU im Juni 1971 wieder stärkste Partei, ohne allerdings die sozialliberale Koalition ablösen zu können. In Niedersachsen schmolz der Vorsprung der SPD auf 0,6 Prozent zusammen; Ministerpräsident Alfred Kubel regierte nun mit 75 gegen 74 Abgeordnete. Nach Bayern gewann die Union nunmehr im Saarland, in Rheinland-Pfalz, Schleswig-Holstein und Baden-Württemberg in den folgenden zwanzig Monaten erstmals in der Geschichte der Bundesrepublik absolute Mehrheiten. Seitdem besaßen die von ihr regierten Länder die Majorität im Bundesrat und behaupteten sie während der gesamten sozialliberalen Regierungszeit. Damit gewannen sie eine begrenzte, aber wichtige Korrektivfunktion für weite Bereiche der Bundesgesetzgebung.[30]

1971 mußten sich Brandt und Schiller auch noch mit der Neuverteilung der Steuern zwischen Bund und Ländern befassen. Die Ministerpräsidentenkonferenz hatte Kühn und mich beauftragt, diese Verhandlungen zu führen. Alle Länder betonten erneut, daß die von der Bundesregierung bei den inneren Reformen gesetzten Schwerpunkte durchweg im Finanzierungsbereich der Länder lagen und deshalb eine deutliche Erhöhung ihrer Steueranteile notwendig sei. Ihre Experten begründeten, daß eine Forderung auf zusätzliche zwölf Prozent des Mehrwertsteueraufkommens rechnerisch geboten war. Dies lehnten die Sachverständigen des Bundes natürlich ab, sie machten vielmehr in einer Denkschrift vor allem wegen der steigenden Abführungen an die EWG Gegenansprüche geltend. Am 22. November trafen wir uns zu viert. Brandt und Schiller waren noch sichtbar von den schweren Auseinandersetzungen auf dem Steuerparteitag gezeichnet. Zunächst ziemlich ratlos, neigten sie zu einer Vertagung auf das nächste Jahr. Kühn und ich erklärten, das werde die Verhandlungen erheblich erschweren. Wenn uns der Bund nicht weit entgegenkomme, müßten alle elf Länder die Nichtfinanzierbarkeit der meisten Reformprojekte feststellen. Wir verabredeten schließlich, das Gespräch in Kürze fortzuführen und zu einem Ergebnis zu kommen.

Schiller sagte mir nach Schluß der Sitzung, man habe sich wegen des SPD-Parteitages nicht angemessen vorbereiten können. In großer Erregung kritisierte er den Ablauf und die Beschlüsse, vor allem in bezug auf die angestrebte Erhöhung der Spitzensteuersätze. Dies könne er nicht vertreten: »Hier sind völlig uninformierte und ideologisierte Leute am Werk.« Bei dem folgenden Treffen zu viert kam es dann zu einer Verständigung. Der Länderanteil an der Mehrwertsteuer wurde ab 1. Januar 1972 um 5 Prozent auf 35 von Hundert erhöht. Das waren zu jener Zeit fast zwei Milliarden DM jährlich. Außerdem stiegen die Bundesergänzungszuweisungen an die finanzschwachen Länder von 100 Millionen auf 550 Millionen DM pro Jahr an. Im Bundesfinanzministerium sprach man anschließend von unvertretbaren Konzessionen der Chefs.

Schon achtzehn Monate später forderten die Länder eine erneute Korrektur. Wir erreichten nach längeren Auseinandersetzungen eine Verständigung mit dem Bundeskanzler und dem Bundesfinanzminister. Der Länderanteil an der Mehrwertsteuer sollte danach in zwei Stufen auf 37 Prozent angehoben werden. Noch wichtiger war für die finanzschwachen Länder Schleswig-Holstein, Niedersachsen, Rheinland-Pfalz, Bayern und Saarland die beträchtliche Erhöhung der Bundesergänzungszuweisungen auf 1,5 Prozent des Umsatzsteueraufkommens. Vor allem die Dynamisierung trug in der Folgezeit zu einer erheblichen Stärkung ihrer Finanzkraft bei.

In den ersten Monaten des Jahres 1972 nahmen die innenpolitischen Spannungen zu. Verschiedene Entwicklungslinien und Konfliktfelder überkreuzten sich mit wachsender Dramatik. In der Regierung hielten die Differenzen über die Haushaltspolitik an.

Mit großer Anteilnahme reagierte die Bevölkerung, als die CDU/CSU am 24. April 1972 ihren Mißtrauensantrag ankündigte. Spontane Demonstrationen und Streiks zur Unterstützung Willy Brandts zeigten, wie populär der Kanzler und seine Politik zu dieser Zeit waren. Das Mißtrauensvotum scheiterte jedoch, wie sich später herausstellen sollte, weniger an den energischen öffentlichen Kundgebungen als vielmehr an der Bestechung eines Abgeordneten.

Schillers Beziehungen zu mehreren Kabinettsmitgliedern verschlechterten sich rapide; ihm wurde Überheblichkeit und mangelnde Dialogbereitschaft vorgeworfen. Nach dem Abschluß des Berlin-Abkommens leitete das Kabinett das Ratifizierungsverfahren für die Ostverträge ein. Damit standen Barzel, der im Oktober 1971 zum Vorsitzenden der CDU gewählt worden war, und die Führung der Union vor der Aufgabe, die Position der Partei abschließend zu bestimmen. Es gab zwei verschiedene Denkschulen. Einige Politiker empfahlen, auf weitere substantielle Verbesserungen des Vertragswerkes zu drängen, andere plädierten für einen Kurs vorbehaltloser Ablehnung. Die öffentlichen Auseinandersetzungen verschärften sich weiter. Im April verließen die SPD-Abgeordneten Herbert Hupka und Klaus-Peter Schulz ihre Partei und Fraktion. Nachdem bereits im Herbst 1970 Erich Mende, Heinz

Starke und Siegfried Zoglmann aus der FDP ausgetreten waren, verfügte die Koalition nur noch über eine Mehrheit von zwei Stimmen. Bonn war von Gerüchten und Spekulationen erfüllt. Am 23. April gewann die CDU bei der Landtagswahl in Baden-Württemberg die absolute Mehrheit mit einem spektakulären Ergebnis von 52,9 Prozent.

Als wir uns am folgenden Tag im Präsidium der Union in Bonn trafen, war auch Strauß zugegen. Barzel berichtete, daß weitere Abgeordnete der FDP vertraulich ihre Bereitschaft zum Wechsel signalisiert hätten. Er könne jetzt mit einer Mehrheit rechnen und sei mit Strauß dafür, den Regierungswechsel sofort durch ein konstruktives Mißtrauensvotum herbeizuführen. Im Präsidium fand dieser Plan zunächst nur Zustimmung. Katzer und ich sprachen als letzte und warnten vor diesem Schritt. Mit Abgeordneten der Koalition, die sich nicht öffentlich überzeugend bekannt hätten, sei ein Regierungswechsel äußerst riskant und kaum zu begründen. Eine Regierung Barzel müsse sofort sehr schwierige Probleme angehen, Neuverhandlungen über die Ostverträge und eine konsequente Stabilitätspolitik angesichts der wirtschafts- und finanzpolitischen Fehlentwicklungen. Dazu brauche man eine stabile, durch gemeinsame Überzeugungen geprägte Mehrheit. Als Barzel und Strauß unsere Einwände nicht akzeptierten, schlossen wir uns selbstverständlich dem Votum der anderen Kollegen an. Im Bundesvorstand war es zwei Stunden später Richard von Weizsäcker, der als einziger dieselben Erwägungen gegen die Initiative vortrug.

Die Ankündigung des Mißtrauensvotums gegen Brandt löste bei seinen Anhängern große Erregung aus. Spontane Demonstrationen in vielen Städten, Unterschriftenaktionen und massive Attacken gegen die »Verräter« zeigten das Ausmaß der emotionalen Polarisierung. Am 27. April prallten im Bundestag noch einmal die Argumente aufeinander, bevor die geheime Abstimmung begann. Barzel verfehlte die Mehrheit um zwei Stimmen. Mindestens zwei Mitglieder der eigenen Fraktion hatten gegen ihn votiert, und diese schwere Niederlage wirkte bei vielen in der Union lange Zeit wie ein Trauma.[31] In den folgenden Wochen ergab sich im Parlament mehrfach eine Patt-Situation. Um so stärker wuchs die Spannung, wie die Union zu den Ostverträgen votieren werde. Barzel hatte seit einiger Zeit versucht, die nachgebesserten Texte durch zusätzliche verbindliche Interpretationen zustimmungsfähig zu machen. Im Mai 1972 sah es so aus, daß er auch Strauß hierfür gewinnen könne. In interfraktionellen Gesprächen wurde eine gemeinsame Resolution zur deutschen Einheit erarbeitet, die den Vorstellungen der Union weit entgegenkam. Aber Strauß schwenkte am 15. Mai auf die kompromißlose Linie eines Teils seiner Parteifreunde ein. Zwei Tage später enthielt sich die große Mehrheit der Unionsfraktion im Bundestag bei der Verabschiedung des Vertragswerks der Stimme. Das war in kurzer Zeit die zweite Niederlage für Barzel.

Jetzt wurden die Weichen für vorgezogene Neuwahlen im Herbst gestellt. Zuvor fielen aber noch einige wichtige Entscheidungen im Bundestag; zu ihnen gehörte die Rentenreform. Die Jahre nach 1970 galten als »goldene Jahre der Sozialpolitik«[32]. In der Krankenversicherung waren Leistungsverbesserungen beschlossen; zugleich wurde sie für weitere Bevölkerungsgruppen geöffnet. Zu der schon erwähnten beträchtlichen Ausweitung von Einrichtungen der Gesundheitsvorsorge sollte jetzt auch eine Neuordnung der Rentengesetzgebung kommen. Die Regierung legte eine Projektion mit sehr optimistischen Annahmen über anhaltend hohes Wachstum und beträchtliche Lohnsteigerungen vor, die rechnerisch bis 1986 einen Finanzierungsspielraum von 169 Milliarden DM ergab.[33] Davon sollten 139 Milliarden DM für Leistungsverbesserungen verwendet werden. Im einzelnen sah das Kabinett die Einführung einer flexiblen Altersgrenze, eine verbesserte Rente nach Mindesteinkommen und ein sogenanntes »Babyjahr« vor. Außerdem sollte die Rentenversicherung für Selbständige und Hausfrauen geöffnet werden. Die Union beantragte als Alternative, den Termin der Rentenanpassung um sechs Monate vorzuziehen. Dies sah sie als eine einfachere und im Falle einer ungünstigeren Entwicklung leichter zu korrigierende Verbesserung gegenüber den von der Koalition geplanten Strukturveränderungen an. Die erwähnte Patt-Situation im Bundestag führte zu dem absurden Ergebnis, daß beide konkurrierenden Vorlagen eine Mehrheit fanden. Nur das »Babyjahr« wurde fallengelassen. Damit entstand eine Vorbelastung für die Zukunft, die sich bald rächen sollte. Der Gedanke, einen Teil der erwarteten Mehreinnahmen für Beitragssenkungen zu verwenden, spielte in den Debatten keine Rolle. Dabei stiegen die Sätze kräftig an: 1969 hatten Arbeitgeber und Arbeitnehmer für die sozialen Sicherungssysteme ein Finanzvolumen von elf Prozent des Bruttosozialprodukts zu leisten, 1974 waren es bereits vierzehn Prozent.

Auch bei etwas günstigeren gesamtwirtschaftlichen Daten blieben 1972 der anhaltende Zustrom ausländischen Kapitals und der Aufwertungsdruck für die D-Mark Anlaß zur Sorge. Seit Ende 1971 stand der Dollar bei 3,22 DM. Eine höhere Bewertung der deutschen Währung sollte nach Auffassung der Regierung und der Notenbank möglichst vermieden werden. Daher senkte der Zentralbankrat den Zins auf drei Prozent,[34] ein angesichts der immer noch überhöhten Inflationsrate ungewöhnlicher Schritt. Aber ein noch stärkerer Zinsrückgang auf dem Eurodollarmarkt ließ den Währungshütern kaum eine andere Wahl. Schiller warb in der EWG für ein gemeinsames Floaten der europäischen Währungen gegenüber dem Dollar, ohne auf Gegenliebe zu stoßen. In der ersten Jahreshälfte 1972 erwarben ausländische Käufer deutsche Anleihen für elf Milliarden DM, und mit einem Schwächeanfall des Pfundes und der Lira nahm die Nachfrage nach Anlagen in deutscher Währung noch zu.

Bevor diese Spannungen sich innenpolitisch entluden, kam es zu einer scharfen Konfrontation in der Haushaltspolitik.[35] Am 16. Mai, am Tag vor der Abstimmung über die Ostverträge, gab Schiller dem Kabinett einen dramatischen Bericht über die Entwicklung der Finanzen: Bereits für 1972 seien Kürzungen im verabschiedeten Etat notwendig; für 1973 zeichne sich bei den weit überzogenen Anforderungen eine Deckungslücke von mehr als 16 Milliarden DM ab. Das Echo der angesprochenen Kollegen war unfreundlich und heftig. Schiller antwortete zwei Tage später mit einer Kabinettsvorlage, in der er formell beantragte, für das laufende Jahr 2,5 Milliarden DM zu kassieren, davon im Verteidigungsetat seines Hauptkritikers Schmidt 800 Millionen DM. Dies erzeugte Schlagzeilen und zahlreiche Kommentare, die zumeist in der Sache Schiller recht gaben. So wurden am 9. Juni in einer gereizten Atmosphäre auf Zureden Brandts gezielte Kürzungen von 1,3 Milliarden und eine globale Minderausgabe von weiteren 1,2 Milliarden DM beschlossen.

Die Gelegenheit zur Revanche an Schiller kam bald. Am 26. Juni informierte Bundesbankpräsident Klasen das Kanzleramt, er wolle dem Kabinett in der nächsten Sitzung vorschlagen, zur Abwehr der Spekulationsgelder Devisenkontrollen nach dem Außenwirtschaftsgesetz einzuführen. Schiller war ahnungslos, als dieser Punkt am 28. Juni aufgerufen wurde. Er widersprach als zuständiger Minister entschieden, sowohl mit ordnungspolitischen wie mit praktischen Argumenten. Klasen beeindruckte die Ministerrunde jedoch mit der Aussage, auf diese Weise werde man für vier bis fünf Monate, also für die Zeit bis zur Bundestagswahl, »Ruhe an der Währungsfront« haben. Schiller fand keine Unterstützung. Einmütig votierten seine Kollegen für Klasens Vorschlag. Am 2. Juli schrieb der Minister sein Rücktrittsgesuch. Er rechnete noch mit der Möglichkeit, daß Brandt in den strittigen Fragen Konzessionen machen werde, um ihn zu halten. Aber darin täuschte er sich. Conrad Ahlers, damals einer der engsten Vertrauten Brandts, berichtete später: »Die Aufwertungsmüdigkeit im Kabinett war so groß wie die Schillermüdigkeit ... So billig werden wir Karl niemals mehr los, faßte Kanzleramtsminister Horst Ehmke am Abend des 28. Juni die Lage in klassischer Kürze zusammen.«[36]

Schillers Nachfolger wurde Helmut Schmidt, der immer mehr als die einzige in vielen Bereichen starke Führungsreserve der Partei für Spitzenpositionen galt. Schmidt war bereit, bis zur Wahl im Herbst die Last des Doppelministers zu tragen. Schillers abruptes Ausscheiden aus der Regierung löste wenige Monate vor der Bundestagswahl eine Fülle von Spekulationen aus. Nur wenige glaubten, daß dies ein Ende seiner aktiven politischen Laufbahn bedeute. Mitte Juli lud Schiller mich zu einer privaten Begegnung ein. Am 31. Juli redeten wir viele Stunden im Haus eines seiner Freunde bei Lugano über die Gründe für den Bruch, die politischen Folgen und seine Pläne für die Zukunft. Schiller sagte, die Radikalisierung in der SPD nehme in bestürzender Weise zu. Im Präsidium habe man sich nie auf eine gemeinsame Strategie gegen diese Kräfte verständigt. Wehner sei für Entgegenkommen, Schmidt zeitweise für größere Härte eingetreten. Brandt habe stets zu vermitteln versucht. Im Kabinett seien die Regeln der Geschäftsordnung immer mehr mißachtet worden. Das hätte ihn als Finanzminister in eine untragbare Lage gebracht, zuletzt bei dem Alleingang von Klasen. »Ein derart willkürliches Verfahren wäre bei Professor Carstens (dem Chef des Bundeskanzleramtes in der Zeit der Großen Koalition) unvorstellbar gewesen«, meinte er. Ich sagte Schiller, er habe in der Koalition mit der Union eine wesentlich stärkere Position gehabt als in der späteren Kombination mit der FDP, denn vor 1969 gab es mit Ausnahme der Währungsprobleme ein großes Maß an Einvernehmen in der Wirtschafts- und Finanzpolitik; und für die SPD war er in ihrem Bestreben, Wähler der Mitte zu gewinnen, von unschätzbarem Wert. Dies hatte sich seit 1969 mit der neuen Priorität einer progressiven linken Reformpolitik geändert. Schiller stimmte dieser Beurteilung uneingeschränkt zu.

Sein Wunsch, weiter politisch zu wirken, war eindeutig. Für kurze Zeit erwog er ein volles Engagement in der CDU mit Blick auf die bevorstehenden Wahlen – offensichtlich hatte Strauß in einem langen Telefongespräch hierfür geworben. Aber Schiller war bewußt, daß dies seine Glaubwürdigkeit beschädigen könne und daß die stärkeren Gründe dagegen sprachen. Ich riet ihm, seine Kompetenz und Autorität als unabhängige Persönlichkeit in die politische Auseinandersetzung einzubringen, ohne jetzt ein Regierungsamt oder Mandat anzustreben. Wenn die Union die Wahl gewinne, ließen sich andere Formen seiner für uns sehr erwünschten

Mitwirkung finden. Schiller zeigte Sympathien für diesen Weg, aber er sprach auch nachdenklich und offen über die Möglichkeit, daß der endgültige Abschied von der Politik bald unvermeidbar werden könne.

In die Auseinandersetzungen der folgenden Monate griff Schiller gemeinsam mit Erhard ein. In mehreren Erklärungen plädierten die früheren Kontrahenten für eine konsequent marktwirtschaftliche Politik. Gemeinsam wandten sie sich gegen jede Verharmlosung der starken Preissteigerungen und warnten vor Reformprojekten ohne Augenmaß, die zur Zerrüttung der Staatsfinanzen führen würden. Sie kritisierten die neuen Strömungen einer übersteigerten Polemik gegen die Staats- und Wirtschaftsordnung und forderten statt dessen soziale Partnerschaft und die Orientierung am Gemeinwohl. Zu den emotional stärksten Themen wurde vor dem Wahltag jedoch die Zukunft der Entspannungspolitik und der inneren Reformen. Brandt erreichte den Höhepunkt seiner Popularität. Große Wählerinitiativen mit Beteiligung zahlreicher Schriftsteller, Journalisten und Intellektuellen engagierten sich für ihn. Dies wirkte wiederum nachhaltig auf die Berichterstattung der Medien. Barzel und seiner Mannschaft gelang durchaus die Mobilisierung der Unionsanhänger. Mit 91,4 Prozent erreichte die Wahlbeteiligung am 19. November einen Spitzenwert. Das Ergebnis war jedoch eindeutig. Die SPD wurde mit 45,8 Prozent der Zweitstimmen und 230 Mandaten erstmals stärkste Fraktion im Bundestag. Die Union kam auf 44,9 Prozent und 225 Sitze. Die FDP verbesserte sich auf 8,4 Prozent und 41 Abgeordnete. Die Gewinner der Kabinettsbildung waren die FDP und Schmidt. Die Freien Demokraten übernahmen zusätzlich das Wirtschaftsministerium mit dem Mainzer Staatssekretär Hans Friedrichs. Schmidt erreichte, daß die Abteilung Geld und Kredit und damit die Federführung für die Währungspolitik in das Finanzministerium überging. Hans-Jochen Vogel wurde Wohnungsbau-, Lauritzen Verkehrsminister. Leber hatte bereits im Frühjahr Schmidts Nachfolge auf der Hardthöhe angetreten. Ehmke wechselte in die Doppelaufgabe des Ministers für Forschung und Post; Klaus von Dohnanyi übernahm das Bildungsministerium.

Brandts Regierungserklärung vom 18. Januar 1973 war im Vergleich zu seinem Beginn 1969 durch mehr Realismus bestimmt und kündigte wesentlich weniger neue Vorhaben an. Der Kanzler warnte davor, weitere Forderungen zu stellen, ohne zu neuen Leistungen bereit zu sein. Bald brachen in der SPD offene Flügelkämpfe aus.[37] Vierzig Bundestagsabgeordnete und Spitzenfunktionäre der Linken schlossen sich zu einem »Leverkusener Kreis«

zusammen. Jetzt kam es zu wiederholten Auseinandersetzungen in Kernfragen der Wirtschafts- und Gesellschaftspolitik, was dem Erscheinungsbild der Partei schadete. Zugleich verschlechterten sich wichtige ökonomische Daten. Die Inflationsrate stieg auf nahezu 7 Prozent an; die Flucht in die Sachwerte verstärkte sich, vor allem mit spekulativen Investitionen in Immobilien, in das »Betongold« und andere Abschreibungsobjekte. Die Folge war eine zunehmende Fehlleitung von Kapital. In der wissenschaftlichen Diskussion und dann auch in den Entscheidungen der Notenbanken gewann jetzt die Steuerung der Geldmenge, also das Konzept der Monetaristen, an Gewicht. Die Bundesbank erhöhte Anfang 1973 den Diskont wieder auf fünf Prozent, ohne den Zustrom von Auslandsgeld verhindern zu können. Er verstärkte sich noch, als Ende Januar die Außenhandelszahlen für das Vorjahr veröffentlicht wurden. Die Bundesrepublik hatte mit 6,3 Milliarden Dollar ihren bis jetzt höchsten Exportüberschuß erzielt. Die USA verzeichneten demgegenüber mit einem Handelsdefizit von 6,4 Milliarden ebenfalls einen Rekord. Im Februar 1973 beschloß die Regierung ein Stabilitätsprogramm. Bezieher von Einkommen über 100 000 DM sollten ab 1. Juli für zwölf Monate eine »Stabilitätsabgabe« als zehnprozentigen Zuschlag zur Einkommensteuer entrichten. Hinzu kam eine »Stabilitätsanleihe« von vier Milliarden DM, die ebenfalls bei der Bundesbank stillgelegt werden sollte. Erneut war also die große Mehrheit der Bürger ausgenommen und damit die Wirkung notwendigerweise abgeschwächt. 1973 war jedoch die Finanzpolitik nach wie vor expansiv.[38]

Im März kam es zu einer grundlegenden Entlastung für die Bundesbank. Die Finanzminister der EWG-Staaten vereinbarten, die Wechselkurse ihrer Länder gegenüber Dritten freizugeben. Es war eine Entscheidung, für die Schiller zwölf Monate zuvor vergebens geworben hatte. Sie bedeutete zugleich das Ende für das in Bretton Woods 1944 geschaffene Weltwährungssystem. Es folgte eine starke Abwertung des Dollars; Anfang Juli erreichte er mit 1 : 2,28 DM einen Jahrestiefstand. Die Bundesbank zog unverzüglich die Zügel der Geldpolitik an. Der Diskont stieg auf sieben Prozent. Die Geldmengenentwicklung wurde beschnitten. Im August schwankte der Tagesgeldzins zwischen sieben und vierzig Prozent, die Zinsen für Hypothekenkredite und öffentliche Anleihen stiegen auf zehn bis elf Prozent. Im Mai entschied sich auch die Regierung für einen konsequenteren Kurs. Der Stabilitätszuschlag wurde auf alle Steuerpflichtigen mit Jahreseinkommen von mehr als 24 000 DM (Ledige) und 48 000 (Verheiratete) erweitert, ferner eine elfprozentige Investitionssteuer eingeführt, die degressive Abschreibung für zehn Monate ausgesetzt. Endlich zeichnete sich ein Gleichklang der Finanz- und Geldpolitik zur Wiedergewinnung der Stabilität ab.

Zunächst erreichte aber die Inflation eine Rekordhöhe von acht Prozent. Die Unruhe wuchs vor allem in den Betrieben. Zu stark war der Gegensatz zwischen den neuen Belastungen und den verheißungsvollen Versprechungen im Wahlkampf wenige Monate zuvor. Mehrere wilde Streiks veranlaßten die Gewerkschaften zu zusätzlichen massiven Forderungen. Die Folge war eine Steigerung der nominalen Arbeitnehmereinkommen um durchschnittlich 13,5 Prozent im Jahr 1973 und damit ein neuer Inflationsschub.

In dieser labilen, angespannten Situation trafen die Entscheidungen der von arabischen Staaten dominierten OPEC vom Oktober und November für eine Drosselung der Produktion und massive Preissteigerungen um das Drei- bis Vierfache Deutschland und die anderen westlichen Länder wie ein Schock.[39] Bis dahin hatte die wiederholte Aufwertung der D-Mark den seit 1971 beträchtlichen Anstieg der internationalen Rohstoffpreise fast ganz neutralisieren können. Jetzt schlug das politisch motivierte Diktat des größten Erzeugerkartells durch. Von 1972 bis 1974 verdoppelte sich in der Bundesrepublik der Preisindex für importierte Rohwaren.[40] Die beunruhigten Menschen sahen sich einer Vielzahl widerspruchsvoller Prognosen und Vorschläge ausgesetzt, die von einem Preisstopp für alle Ölprodukte über Preiskontrollen bis zur Ausgabe von Bezugscheinen reichten. Die Bundesregierung versagte sich vernünftigerweise solchen extremen Dirigismen. Vor allem Friedrichs und Schmidt wehrten zahlreiche hierauf gerichtete Forderungen entschieden ab. Zugleich begann eine intensive Diskussion, wie mittelfristig die übergroße Abhängigkeit vom importierten Erdöl durch den schnellen Ausbau anderer Energieträger und durch rationellere Energieverwendung verringert werden könne. Zur selben Zeit nahm das Bundeskabinett die soeben eingeführten Stabilitätsmaßnahmen fast ausnahmslos wieder zurück.

Zum Jahreswechsel 1973/74 war offenkundig, daß die dramatische Verschlechterung der Kostensituation zu einem scharfen Rückgang der Wachstumsaussichten und einem insgesamt ungünstigen Datenkranz führen mußte. Dennoch wurden die ersten Monate des neuen Jahres durch den schwersten Lohnkonflikt der Nachkriegszeit bestimmt. Noch im Dezember hatten die Tarifparteien für die Stahlindustrie eine Steigerung der Einkommen von über zwölf Prozent vereinbart, als ob sich die Welt in den vorhergehenden Wochen nicht drastisch verändert hätte.[41] Die entscheidende Kraftprobe folgte dann im Öffentlichen Dienst. Die

Gewerkschaft ÖTV mit dem selbstbewußten, kämpferischen Vorsitzenden Heinz Kluncker verlangte eine Lohnerhöhung von fünfzehn Prozent, mindestens aber 185 DM sowie 400 DM Urlaubsgeld. Brandt beschwor zunächst die Länder und Kommunen, bei einem Angebot von 7,5 Prozent zu bleiben. Am 11. Februar begann ein bundesweiter Streik. Schon zwei Tage später wichen die Arbeitgeber zurück und willigten in einen Abschluß von elf Prozent mit einem Mindestbetrag von 170 DM ein. Auch wenn, wie so oft, die Kommunen als erste ein Nachgeben signalisierten, wurde dies allgemein als eine schwere Niederlage des Bundeskanzlers verstanden und als ein Sieg kompromißlosen Gewerkschaftsdrucks über den sozialdemokratischen Regierungschef. Damit war eine Marke gesetzt, die in den folgenden Verhandlungen der privaten Wirtschaft kaum mehr unterschritten wurde.

Die Folgen waren schwerwiegend. Die Bundesbank blieb im Gegensatz zur Regierung bei ihrem restriktiven Kurs; sie hielt trotz rückläufiger Auftragseingänge und steigender Arbeitslosigkeit den Diskont bis Oktober 1974 bei 7 Prozent. So stiegen die Kapitalmarktzinsen bald wieder auf 9,5, 1974 sogar auf 10,6 Prozent an. Demgegenüber hatte das Kabinett bereits am 6. Februar ein erstes Konjunkturprogramm mit 900 Millionen DM Finanzhilfen für die kommunale Infrastruktur und den Wohnungsbau beschlossen. Die weiterhin expansive Finanzpolitik bei anhaltend restriktiver Geldpolitik führte jetzt zu Warnungen vor einer Verdrängung der privaten Investitionen.[42] Arbeitslos waren im November 1973 etwa 332 000 Menschen, im folgenden Januar 620 000. Wenn es 1974 mit 0,5 Prozent Wachstum und einer Inflationsrate von sieben Prozent zunächst bei einer Stagflation blieb, dann lag dies an einer vorübergehenden unerwarteten Belebung der Auslandsnachfrage. Eine Reihe westlicher Länder verzeichnete noch höhere inflationäre Auftriebstendenzen, außerdem erwies sich das technisch moderne und leistungsstarke Angebot der meisten deutschen Firmen als ein Vorteil. 1975 kam es dann mit einem Rückgang des Sozialprodukts um 1,4 Prozent zur tiefsten Rezession seit der Gründung der Bundesrepublik.

Für die Weltwirtschaft markierte diese Zeit einen Epochenwechsel.[43] Das System stabiler Wechselkurse war zu Ende gegangen; es folgte für die Industrieländer eine lange Zeit schwächeren Wachtums, häufigerer Intervalle der Stagnation oder Rezession, höherer Inflationsraten und struktureller Arbeitslosigkeit. Dabei gab es, je nach der Qualität der nationalen Politik, durchaus signifikante Unterschiede zwischen den verschiedenen Staaten. In Deutschland wurde dieser Wandel als besonders einschneidend empfunden. Denn die überdurchschnittlichen Ergebnisse der ersten beiden Nachkriegsjahrzehnte hatten gegen 1970 zunächst zu einer Überschätzung der Steuerungsmöglichkeiten wirtschaftlicher Prozesse und dann zu noch weitergehenden Machbarkeitsillusionen geführt.

Der schwere Einbruch von 1973 war somit mehr als nur ein Problem der Ökonomie, er entzog auch den ehrgeizigen Zukunftsprogrammen, der Hochstimmung der Ära Brandt die psychologischen und materiellen Grundlagen. Vor allem im linken Meinungsspektrum der Bundesrepublik schlug die Wachstumseuphorie in Wachstumsskepsis, bei wichtigen Gruppen sogar in prinzipielle Ablehnung um. Die Thesen des Club of Rome über schwindende Rohstoffreserven und zunehmende Umweltzerstörung trafen Mitte der siebziger Jahre in Deutschland auf ein besonders aufnahmebereites Publikum. So gingen von den Auswirkungen der Ölkrise auch starke Wirkungen auf das Entstehen einer grünen Ideologie und Bewegung aus. Der Wirtschaft der westlichen Industriestaaten stand ein schmerzhafter Anpassungsprozeß an veränderte Daten bevor. Dies bedeutete allerdings nicht, daß die großen gesellschaftlichen Gruppen jetzt bereit waren, ihre eigenen Ansprüche an zusätzliche öffentliche Leistungen und steigende Einkommen konsequent zu reduzieren.

Schon vor dem Ölschock hatte in der Bundesrepublik eine starke Veränderung des politischen Meinungsklimas eingesetzt. Die Konflikte in der SPD und die Spannungen mit den Gewerkschaften sowie eine Phase der Stagnation in der Ostpolitik wirkten hier ebenso wie manche unangenehmen Affären. Im Frühjahr 1973 wurde berichtet, daß Wehners engster Vertrauter, Karl Wienand, den früheren CDU-Abgeordneten Julius Steiner bei der Abstimmung über das Mißtrauensvotum gegen Brandt mit 50 000 DM bestochen hatte.[44] Die Wirkung dieser Enthüllung war verheerend. Im September übte Wehner in Moskau gegenüber deutschen Journalisten verletzende Kritik am Bundeskanzler, den er als »entrückt« und »abgeschlafft« bezeichnete.

In dieser Zeit des starken Vertrauensverlustes für die SPD gelang der CDU ein Neuanfang. Am 9. Mai 1973 war Barzel als Partei- und Fraktionsvorsitzender zurückgetreten, nachdem eine knappe Majorität seinen Vorschlag abgelehnt hatte, dem Beitritt der Bundesrepublik zu den Vereinten Nationen zuzustimmen und damit auch die Mitgliedschaft der DDR in Kauf zu nehmen. Am 12. Juni wählte ein Sonderparteitag den Ministerpräsidenten von Rheinland-Pfalz, Helmut Kohl, zum neuen Bundesvorsitzenden; Fraktionsvorsitzender wurde Professor Karl Carstens. Bei den

Bundeskanzler Brandt nimmt Abschied von seinem Finanzminister und Nachfolger Schmidt. Am 6. Mai 1974 war er aufgrund der Affäre um den DDR-Spion Guillaume zurückgetreten. Der Wechsel von Brandt zu Schmidt brachte auch einen neuen Politikstil mit sich. An die großen Hoffnungen und Visionen, die sein Vorgänger geweckt hatte, konnte und wollte der Pragmatiker Schmidt nicht anknüpfen.

Bürgerschaftswahlen in Hamburg und den Kommunalwahlen in Schleswig-Holstein erlitt die SPD im März und April 1974 schwere Verluste, während die CDU mit 40,6 beziehungsweise 53,1 Prozent ihre bisher besten Ergebnisse erreichte. So waren die Vorzeichen einer Kanzlerkrise schon erkennbar, als dann im Mai mit der Verhaftung des Spions Guillaume das Ende der Ära Brandt kam.

Am 6. Mai 1974 trat der Bundeskanzler zurück. Schon zehn Tage später wurde Helmut Schmidt zu seinem Nachfolger gewählt. Kurze Zeit darauf trat Scheel die Nachfolge Heinemanns als Bundespräsident an. So kam es auch zu einer größeren Kabinettsumbildung. Genscher wurde neuer Außenminister, Maihofer Innenminister. Das Finanzministerium übernahm der Hamburger SPD-Abgeordnete Hans Apel, Hans Matthöfer das Ressort Forschung und Technologie, Helmut Rohde Bildung und Wissenschaft, Kurt Gscheidle Verkehr und Post sowie Karl Ravens Raumordnung, Bauwesen und Städtebau.

In der Zeit des Kanzlerwechsels kam es nach jahrelangen Diskussionen über eine Steuerreform zu gesetzgeberischen Entscheidungen. Schon 1968 hatte Strauß hierzu eine hochrangige Sachverständigenkommission eingesetzt, 1971 beschloß die Regierung Brandt »Eckwerte und Grundsätze«[45]. Die wichtigsten Punkte waren: Der Grundfreibetrag bei der Einkommensteuer sollte erhöht, der Arbeitnehmerfreibetrag verdoppelt werden. Zugleich war eine Erhöhung des Spitzensteuersatzes auf 56 Prozent geplant. Sonderausgaben sollten nur noch zu zwanzig Prozent und nur bis zu bestimmten Höchstbeträgen von der Steuerschuld abgezogen werden können. Der Beschluß sah weiterhin eine Beseitigung des Sonderausgabenabzuges der Vermögensteuer und die Ablösung des »dualen Systems« von Kinderfreibeträgen und Kindergeld durch ein einheitliches Kindergeld vor.

Dies waren im wesentlichen Vorstellungen der SPD. Ihre Absicht, den Spitzensteuersatz noch stärker zu erhöhen und das Ehegattensplitting einzuschränken, mußte sie allerdings aufgrund eines Widerspruchs der FDP aufgeben. Erst im Herbst 1973 kam es zu einer Regierungsvorlage für die Neuordnung der Einkommensteuer und verschiedene Änderungen vor allem bei der Vermögens- und Erbschaftsteuer. Jetzt sprach sich die Koalition auch für eine spürbare Steuersenkung aus, die von der Opposition seit längerem gefordert wurde, während 1971 noch eine nahezu aufkommensneutrale Lösung angestrebt worden war. Die Bundesregierung gab hierfür selbst eine bemerkenswerte Begründung: Die Belastung durch die Einkommen- und Lohnsteuer sei in den letzten Jahren stark angestiegen. Während sie bis 1960 knapp ein Viertel des Gesamtsteueraufkommens erbrachte, stieg ihr Anteil 1965 auf über 30 Prozent an; 1971 wurden 36,7 Prozent erreicht, für 1975 fast 43 Prozent vorhergesagt. Dies war vor allem die Folge der erwähnten ungewöhnlich starken nominalen Lohnsteigerungen und der hohen Inflationsrate seit 1970. Die Kritik an den progressionsbedingten »heimlichen Steuererhöhungen« hatte in der deutschen Öffentlichkeit ständig zugenommen. Das Konzept der Regierung sah hier eine Entlastung um elf Milliarden DM vor, die den unteren Einkommensgruppen zugute kommen sollte. Im einzelnen wurden die Eckwerte von 1971 mit einigen Ergänzungen übernommen. Der Satz für die untere Proportionalzone sollte von 19 auf 22 Prozent steigen. Die Ergänzungsabgabe entfiel mit Inkrafttreten des neuen Gesetzes. Ferner sollten die Freibeträge bei der Vermögens- und Erbschaftsteuer auf Drängen der FDP erhöht werden; im Ergebnis war jedoch in diesen Bereichen eine zusätzliche Belastung für die große Mehrzahl der Steuerpflichtigen vorgesehen.

Eine Steuersenkung für die unteren Einkommen und eine Anhebung des Spitzensteuersatzes mußte zu einer Verstärkung der Progressionswirkung und damit einer höheren Grenzbelastung für eine wachsende Zahl von Steuerpflichtigen führen. Verschärfend wirkten in diesem Konzept noch die Folgen der geplanten Abschaffung der Kinderfreibeträge im Steuerrecht und der vorgesehene Ersatz der Steuerabzugsfähigkeit von Vorsorgeaufwendungen und Sonderausgaben sowie des Arbeitnehmerfreibetrages von der Bemessungsgrundlage durch einen nivellierenden Teilabzug von der Steuerschuld. Die Koalition schlug ferner ein Kindergeld für das erste Kind von 50 DM, für das zweite von 70 DM, jedes weitere von 120 DM vor; dabei konnte sie sich auf entsprechende Empfehlungen des Wissenschaftlichen Beirates des Finanzministeriums berufen. In der Union gestaltete sich die Meinungsbildung zu diesem Punkt schwierig. Schließlich setzten sich die Befürworter eines deutlich erhöhten einheitlichen Kindergeldes durch. Dagegen lehnten die Sprecher der unionsregierten Länder und der Bundestagsfraktion die vorgesehenen Eingriffe bei den Sonderausgaben und Vorsorgeaufwendungen sowie die Umstellung des Arbeitnehmerfreibetrages ab. Sie forderten auch einen sanften Progressionsverlauf durch den Verzicht auf die Erhöhung des Spitzensteuersatzes.

Nachdem im Vermittlungsverfahren zunächst keine Verständigung erzielt werden konnte, lud der neue Bundeskanzler zu einem Spitzengespräch ein. Am 17. Juli trafen Schmidt, Genscher und Apel mit Kohl, Strauß und mir im Bundeskanzleramt zusammen. Es war eine schwierige Verhandlung. Zeitweise wurde es notwendig, die Debatte härter zu führen, um den Bundeskanzler zu den wichtigsten Konzessionen zu bewegen, was bei ihm eine zornige Reaktion auslöste. Erst gegen 1.00 Uhr morgens wurde nach zweimaliger Unterbrechung ein Kompromiß erzielt. Wir konnten durchsetzen, daß sowohl die Sonderausgaben und Vorsorgeaufwendungen als auch der Arbeitnehmerfreibetrag weiterhin auf die Bemessungsgrundlage bezogen blieben und in einigen Punkten für die Steuerzahler verbessert wurden. Das Entlastungsvolumen betrug jetzt vierzehn Milliarden DM. Gesetzlich verankert wurde auch, daß bis 1978 ein durchgehend progressiver Einkommensteuertarif in Kraft treten sollte. Aber es gelang uns nicht, das Tarifkonzept der Koalition jetzt zu ändern. Schmidts Unwille hielt über den Abend hinaus lange an. Am 20. September erklärte er vor dem Bundestag in einer Replik auf Strauß mit polemischer Zuspitzung: »Für mich war das besonders Lehrreiche (an jenem Abend): Herr Strauß sagte relativ wenig. Aber was er sagte, hatte Hand und Fuß.

Herr Kohl sagte gar nichts, und Herr Stoltenberg redete am meisten, und er hat die Steuerreform teurer gemacht, als die Herren Strauß und Kohl wollten.«

Der anfänglich verbreiteten Zustimmung zu den Neuregelungen folgte bald eine kritischere Debatte. Vor allem die Verschärfung der Progressionswirkung brachte nach 1975 für viele Steuerzahler unangenehme Überraschungen. Auch die angekündigte periodische Anhebung des Kindergeldes für alle Eltern und die gesetzlich verankerte Reforminitiative für einen neuen Tarif wurden nicht realisiert. Apel bekannte seine Fehleinschätzung freimütig mit dem später oft zitierten Satz: »Ich glaub', mich tritt ein Pferd.«

Als besonders schwierig erwies sich schließlich eine Verständigung zwischen Bund und Ländern über die Folgen der neuen Kindergeldregelung. Während bei den nunmehr abgeschafften Kinderfreibeträgen 57 Prozent der Steuerausfälle auf die Länder und Kommunen entfielen, hatte der Bund die Ausgaben für das Kindergeld allein zu tragen. Er forderte dafür eine Erhöhung seines Anteils an der Umsatzsteuer um zehn Punkte auf 72 Prozent, also um fast fünf Milliarden DM jährlich. Das führte zu einer langanhaltenden Auseinandersetzung. Schließlich gaben die Länder dem Bund 6,25 Prozent für das Jahr 1975 und ab 1976 sieben Prozent zurück.

Zu einer erfolgreichen Teilreform geriet demgegenüber die 1976 einmütig von Bundestag und Bundesrat verabschiedete Neuregelung der Körperschaftsteuer. Das Problem der Doppelbelastung ausgeschütteter Gewinne stand seit den fünfziger Jahren auf der Tagesordnung; jetzt wurde ein Anrechnungsverfahren eingeführt. Der Aktionär erhielt eine Gutschrift in Höhe der auf seine Dividende entfallenden Körperschaftsteuer, die mit der Einkommensteuerschuld verrechnet wurde. Die so erheblich begünstigte Körperschaftsteuer auf den ausgeschütteten Gewinn wurde auf 36 Prozent angehoben. Für den einbehaltenen Gewinn betrug sie 56 Prozent. Die Neuregelung sollte unter dem Motto »schütt' aus, hol' zurück« die Mobilität des Kapitals und die Attraktivität der Anlagen in Risikokapital fördern. Dies war eine ordnungspolitisch wichtige Entscheidung, auch wenn die Bereitschaft zum Erwerb von Aktien in der Bundesrepublik nur langsam zunahm.

10. Kapitel

Der Ausbau der Europäischen Gemeinschaft – Deutschland und die Veränderungen der Weltwirtschaft

Der Einfluß der weltwirtschaftlichen Entwicklungen auf die Bundesrepublik Deutschland nahm seit 1970 zu, den meisten Menschen kam dies allerdings erst durch den Schock der Ölkrise von 1973 zu Bewußtsein. Aber bereits vorher vollzogen sich tiefgreifende Umbrüche im Weltwährungssystem. Der über zwei Jahrzehnte hinweg stabile institutionelle Rahmen hatte den Wiederaufbau in Deutschland und Europa erheblich gefördert. Jetzt zerbrach er unter den Verwerfungen einer veränderten Weltwirtschaft und gewaltig angewachsener Kapitalströme.

1944 hatten sich 44 Teilnehmerstaaten im Abkommen von Bretton Woods auf ein neues System geeinigt. Die Konferenz war maßgeblich von den Vertretern der USA und Großbritanniens bestimmt worden. John Maynard Keynes übte einen beträchtlichen Einfluß aus. In der Frage, ob die Einzelstaaten vorrangig das binnenwirtschaftliche oder das außenwirtschaftliche Gleichgewicht anstreben sollten, wurde ein Kompromiß gefunden. Die Währungen sollten für die laufenden Transaktionen konvertibel, ihre Wechselkurse prinzipiell fest sein, aber ausnahmsweise angepaßt werden können. So hoffte man, Wechselkursmanipulationen zur Erreichung binnenwirtschaftlicher Ziele auszuschließen und einen Abwertungswettlauf wie in den dreißiger Jahren zu vermeiden. Die Paritäten wurden in einem festen Goldgewicht ausgedrückt oder im Verhältnis zu einer in Gold konvertierbaren Währung festgesetzt. Der neu geschaffene Internationale Währungsfonds (IWF) konnte unter präzise beschriebenen Bedingungen Länder, die temporäre Zahlungsbilanzprobleme hatten, mit Krediten unterstützen, wobei als wichtigste Voraussetzung ein mit dem Fonds abgestimmtes Anpassungsprogramm galt. Wechselkursveränderungen von mehr als zwei Prozent bedurften seiner Zustimmung. Insgesamt hatte sich die amerikanische Konzeption einer offenen Weltwirtschaft unter Führung der stärksten Wirtschaftsmacht, der USA, weitgehend durchgesetzt.[1]

Das Weltwährungssystem von Bretton Woods hatte bis Anfang

der siebziger Jahre Bestand. Es schuf relativ stabile Rahmenbedingungen für das Wiederaufblühen des Welthandels und unterstützte den Aufstieg Westeuropas und Japans; allerdings wurde erst 1959 die volle Dollarkonvertibilität der europäischen Währungen hergestellt. Schon Ende der vierziger Jahre waren die meisten europäischen Währungen gegenüber dem Dollar abgewertet worden, um einen Ausgleich der Zahlungsbilanz zu erreichen; in den fünfziger Jahren hatten Zahlungsbilanzdefizite vor allem den Volkswirtschaften Großbritanniens und Frankreichs erneut zu schaffen gemacht.

Mit dem Übergang zur Konvertibilität entwickelte sich ein Gold-Dollar-Standard. Der US-Dollar, die führende Reservewährung, war zu einem fixierten Kurs in Gold konvertierbar, der Wechselkurs der übrigen Währungen gegenüber dem Dollar festgelegt. Es gab eine Verpflichtung der US-Notenbank, Dollarreserven anderer Regierungen und Zentralbanken in Gold umzutauschen. Bald wurde jedoch erkannt, daß sich in diesem System innere Spannungen entwickelten. Da die Goldreserven der Welt kaum zunahmen, konnte eine Erhöhung der internationalen Liquidität nur über die Ausweitung von Dollar-Guthaben erfolgen. Dies setzte aber eine dauerhaft defizitäre Zahlungsbilanz der USA voraus, die wiederum das Vertrauen in den Dollar allmählich untergraben mußte. Hielten dagegen die USA durch binnenwirtschaftliche Restriktion ihre Zahlungsbilanz im Gleichgewicht, so drohte dem Rest der Welt eine schwere Krise, die möglicherweise die Rückkehr zum Protektionismus bewirken würde.[2]

Auf einen solchen möglichen Konflikt hatte Robert Triffin bereits 1959 theoretisch hingewiesen. Er entwickelte sich in der Realität freilich anders, als es die meisten Experten angenommen hatten. Unter dem Eindruck der zeitweisen »Dollarlücke« der späten vierziger Jahre konzentrierten sich die Reformbemühungen zunächst darauf, eine vom Gold und vom Dollar unabhängige Quelle internationaler Liquidität zu schaffen. 1969 beschloß die Zehner-Gruppe des IWF, in der die führenden Wirtschaftsnationen vertreten waren, die Schaffung von »Sonderziehungsrechten« (SZR), einer künstlichen Reserveeinheit, die den Mitgliedern im Verhältnis ihrer Beitragsquoten zugeteilt werden konnten. Als Voraussetzung galt, daß eine globale Verknappung der Liquidität eindeutig gegeben war. Die ersten Sonderziehungsrechte wurden 1970 ausgegeben.[3]

Zu diesem Zeitpunkt hatte sich die internationale Lage aber schon tiefgreifend gewandelt: Die Dollarlücke wurde durch eine Dollarschwemme abgelöst. In Europa und Amerika interpretierte man diesen Sachverhalt unterschiedlich. Aus deutscher Sicht war das Problem der »importierten Inflation« beunruhigend. Bundesregierung und Bundesbank warfen den USA und anderen Staaten vor, die binnenwirtschaftliche Stabilität zu vernachlässigen. Frankreich kritisierte zunehmend die monetäre Vorherrschaft der Vereinigten Staaten, denen es vorhielt, sie kümmerten sich nicht um den Ausgleich ihrer Zahlungsbilanz; statt dessen könnten sie Vermögenswerte in Übersee mit überbewerteten Dollars günstig erwerben. Die USA hielten Japan und einigen europäischen Staaten vor, ihre Märkte gegen amerikanische Exporte abzuschotten, notwendige Aufwertungen ihrer Währungen zu unterlassen und darüber hinaus keinen angemessenen Beitrag zur gemeinsamen Verteidigung zu leisten.

Die Ursachen für die Dollarabflüsse aus Amerika und das schwindende Vertrauen in die Leitwährung waren komplex. Seit Mitte der fünfziger Jahre wurde die Zahlungsbilanz der USA defizitär. Washington führte dies auf die hohen finanziellen Transfers für seine Streitkräfte im Ausland sowie auf seine Militär- und Entwicklungshilfe zurück. Aber auch die wachsenden privaten Direktinvestitionen amerikanischer Firmen in anderen Ländern waren hierfür von Bedeutung. Die Handelsbilanz blieb dagegen bis 1971 positiv, wenngleich mit abnehmender Tendenz.[4] Die USA konnten, vereinfacht gesagt, ihr weltweites Engagement nicht aus Exportüberschüssen finanzieren. Die amerikanische Regierung übte daher in den sechziger Jahren zunehmend Druck auf ihre Verbündeten aus, sich an den Stationierungskosten (»Devisenausgleich«) und der Entwicklungshilfe zu beteiligen und den Dollar durch Kapitalexport zu stabilisieren. Der Dollarschwäche lagen jedoch tiefere Ursachen zugrunde, wie der private Kapitalexport, vor allem aber der abnehmende Handelsbilanzüberschuß zeigten. Inflationsdifferenzen zwischen den USA und den Überschußländern, also insbesondere Deutschland und Japan, spielten entgegen einer weitverbreiteten Meinung nur eine geringe Rolle. Dieser Faktor war eher für die Schwäche des britischen Pfundes und des französischen Franc gegenüber der D-Mark verantwortlich. In den USA lag die Inflationsrate bis in die siebziger Jahre hinein kaum über den deutschen Werten.[5] Entscheidend war vielmehr der wirtschaftliche Aufholprozeß Europas und Japans, der eine Steigerung der Wettbewerbsfähigkeit, der Exporte und damit der Dollarguthaben ermöglichte. Unter dem Eindruck der Zahlungsbilanzschwäche der ersten Nachkriegsjahre beseitigten in der Folgezeit viele Länder überdies nur zögernd ihre Handelsschranken für amerikanische Produkte. Dies war auch der Hintergrund für das geschilderte starke Engagement der USA in der Kennedy-Runde des GATT.

Mit dem nachlassenden Vertrauen in den Dollar nahmen die Devisenspekulationen zu. Wir haben schon gesehen, wie bei unterschiedlicher Konjunkturentwicklung und abweichendem Zinsniveau immer wieder Ströme von Dollar in Anlagen von Ländern mit starken Währungen flossen, wobei die Deutsche Mark eine besondere Anziehungskraft entwickelte. Zugleich waren aber Überschußländer, also insbesondere die Bundesrepublik, nur sehr zögernd bereit, ihre Währung aufzuwerten. Sie konnten sich hierbei auf die geschilderten Prinzipien von Bretton Woods berufen; aber im Ergebnis erwiesen sich unterlassene oder verspätete Aufwertungen nicht nur für die Bundesrepublik als nachteilig. Defizitländer scheuten wiederum aus politischen Gründen vor Abwertungen zurück. So bauten sich zunehmende Spannungen im Festkurssystem auf. Sie entluden sich schon 1967 und 1969 in Attacken gegen das britische Pfund und den französischen Franc, wobei das Pfund als Reservewährung weiter an Bedeutung verlor. Danach richtete sich die Spekulation gegen den Dollar. Die expansive Haushaltspolitik der amerikanischen Regierung zur Finanzierung des Vietnam-Krieges und ehrgeiziger Wohlfahrtsprogramme führte zu einer drastischen Verschlechterung der Zahlungsbilanz und schwächte das Vertrauen in die US-Währung weiter.

Unter dem Eindruck dieser Entwicklung nahmen in Wissenschaft und Politik die Stimmen zu, die eine Reform des Weltwährungssystems forderten. Besondere Bedeutung erlangten die Vorschläge, die auf eine Änderung des Anpassungsmechanismus zielten. Die Bandbreiten des Wechselkurssystems sollten ausgeweitet, die Kurse häufiger angepaßt oder besser noch ganz den Marktkräften überlassen werden (floaten). In den USA entwickelte die monetaristische Schule um Milton Friedman diese Konzepte, in Deutschland fanden sie vor allem beim Sachverständigenrat Zustimmung.[6]

Es war kein Zufall, daß liberale Wissenschaftler mit besonderem Nachdruck den Übergang zum freien Floaten forderten. Sie versprachen sich davon die außenwirtschaftliche Absicherung einer inneren Stabilisierungspolitik. Die Befürworter frei schwebender Wechselkurse nahmen an, die Anpassungen würden sich in unmerklichen Schritten vollziehen. Sie rechneten weder mit einem krassen »Überschießen« der Kurse noch mit deren längerfristiger Ablösung von den realwirtschaftlichen Daten. Zunächst entsprach die Entwicklung an den Märkten dieser Erwartung, aber gegen Ende der siebziger Jahre gab es zunehmend auch kurzfristige erratische Schwankungen, die ein neues Element der Unsicherheit in die internationalen Wirtschaftsbeziehungen brachten.

Zwischen 1968 und 1971 hatte sich in den USA allmählich die Tendenz durchgesetzt, den Ausgleich der Zahlungsbilanz zu vernachlässigen und statt dessen die eigenen Prioritäten in bewußter Mißachtung der Regeln von Bretton Woods zu verfolgen. Washington zeigte sich in einer Phase hoher außenpolitischer Belastungen immer weniger bereit, einen Restriktionskurs einzuschlagen, der in der Johnson-Ära einen Verzicht auf die Vorstellungen einer großen Sozialreform bedeutet hätte. Seit der Pfundabwertung von 1967 vertraten die USA die Auffassung, notwendige Anpassungen sollten Sache der Überschußländer sein.[7] Da die Golddeckung des Dollars immer weiter zurückging, stieg auch der Preis des Goldes am freien Markt kräftig an. Gold erschien in einer Zeit weltweit steigender Inflationsraten vielen als einzige Sicherheit. Der Zustrom amerikanischer Gelder nach Europa führte dort zur Ausbildung eines Eurodollar-Marktes. Die Eurodollars beseitigten, global gesehen, das Problem fehlender Liquidität, so daß die Sonderziehungsrechte schon bald ihre Bedeutung verloren.[8]

Mit der Aufwertung anderer Währungen gegenüber dem Dollar, verstärkt durch den Übergang wichtiger europäischer Länder zum freien Floaten im Mai 1971, wuchs die Gefahr, daß Dollars in Gold umgetauscht wurden. Eine Erhöhung des offiziellen Goldpreises wollte die amerikanische Regierung aber nicht akzeptieren, statt dessen verkündete sie am 15. August 1971 drastische Maßnahmen.[9] Die Verpflichtung, Gold in Dollar umzutauschen, wurde aufgehoben, hinzu kam eine zehnprozentige Importsteuer. Damit verlagerten die Vereinigten Staaten erneut einen Teil der Anpassungslast auf das Ausland. Mit der Goldkonvertibilität des Dollars fiel ein Grundpfeiler des Systems von Bretton Woods.

Sein endgültiger Zusammenbruch wurde jedoch noch einmal hinausgeschoben. Am 14. Dezember 1971 fanden der amerikanische Präsident Richard Nixon und der französische Staatschef Georges Pompidou bei einem Treffen auf den Azoren einen Kompromiß. Die Amerikaner stimmten einer Abwertung des Dollars gegenüber dem Gold zu, dafür akzeptierte Frankreich bis auf weiteres die Preisgabe der Goldkonvertibilität. Im Smithsonian Agreement vom 18. Dezember beschloß der Zehner-Club des IWF eine Rückkehr zu festen Wechselkursen, allerdings mit neuen Paritäten und einer auf 4,5 Prozent erweiterten Bandbreite. Der Dollar wurde dabei erneut abgewertet. Zum Ausgleich hoben die USA die Einfuhrsteuer auf. Nixon pries das Abkommen voreilig als »the most significant monetary agreement in the history of the world«[10].

Eine Straße in der Frankfurter Innenstadt im Herbst 1973, oben während des sonntäglichen Fahrverbots, unten bei normalem Werktagsverkehr. Die Ölkrise machte schmerzlich bewußt, daß die Räder in der Bundesrepublik ohne arabisches Erdöl stillstünden. Alternative Energiequellen zu finden war indes keine leichte Aufgabe, wie die Energiepolitik der nächsten Jahre zeigte. Doch auch auf dem internationalen Finanzmarkt sorgten die massiven Preissteigerungen beim Erdöl jahrelang für Turbulenzen und verstärkten die Spannungen im Währungsgefüge.

Diese Neuordnung führte nicht zu einer anhaltenden Stabilität. Bald wurde deutlich, daß die amerikanische Regierung die Abwertung des Dollars immer noch für unzureichend hielt. Das löste eine neue Spekulationswelle aus; zahlreiche Staaten gingen dazu über, ihre Währungen gegenüber dem Dollar floaten zu lassen. Am 11. März 1973 folgten auch die Bundesrepublik Deutschland, Frankreich, die Benelux-Staaten und Dänemark. Damit hatte das Währungssystem von Bretton Woods aufgehört zu bestehen.

Bereits 1972 hatte im IWF eine Diskussion über die Reform des Weltwährungssystems begonnen. Hauptziel war zunächst, günstigere Voraussetzungen für einen schnelleren Ausgleich in Unordnung geratener Zahlungsbilanzen zu schaffen.[11] Die USA hatten vorgeschlagen, durch eine Reihe »objektiver Indikatoren« eindeutige Signale für rechtzeitigere Auf- und Abwertungen zu erreichen. Man ging noch 1973 davon aus, daß die freischwebenden Wechselkurse nur eine vorübergehende Erscheinung sein würden und bald ein neuer, stabilerer Rahmen gefunden werde. Mit den Verwerfungen im Gefolge der Ölkrise schwand dieser Optimismus. Aber mit anderen Meinungsführern betonte auch der Vizepräsident der Bundesbank Emminger, es bleibe erforderlich, für floatende Kurse »neue Orientierungszeichen« zu setzen.

1976 kam es schließlich nur zu einer kleinen Reform. Die Differenzen zwischen den wichtigsten Staaten blieben ausgeprägt. Frankreich drängte unverändert auf die baldige Rückkehr zu festen Paritäten, Washington wollte den einzelnen Mitgliedern die Wahlfreiheit zwischen verschiedenen Wegen, also völlig freischwebenden Kursen, einem Gruppenfloaten, oder anderen Kombinationen verschiedener Staaten überlassen. Die Neufassung der Statuten des Fonds eröffnete diese Option auch formell. Etwa fünfzig Länder entschieden sich für eine völlige oder weitgehende Bindung ihrer Währung an den Dollar, andere orientierten sich an einem Korb verschiedener Währungen. Bedeutung gewann die schon 1974 geschaffene neue Ölfazilität des Fonds. Sie eröffnete Mitgliedern, die große Schwierigkeiten aufgrund der Kostenexplosion zu meistern hatten, eine weitere Finanzierungsmöglichkeit. Allein 1975/76 erhielten so fünfzig Staaten zusätzlich 8,3 Milliarden DM. Dabei blieb die Konditionalität gewahrt; auch hier war ein glaubwürdiges Anpassungsprogramm zur Überwindung der Zahlungsbilanzprobleme Voraussetzung für die Hilfe.

In den Jahren 1974 bis 1977 wuchsen die Überschüsse der Ölförderländer auf mehr als 170 Millionen Dollar. Hier übernahmen die führenden privaten Banken der westlichen Industriestaaten die Aufgabe des »Recycling«, vor allem durch die Gewährung großzügiger Kredite an die optimistisch beurteilten Schwellenländer Lateinamerikas. Was damals als ein gutes Beispiel für die Leistungsfähigkeit und Flexibilität der großen privaten Finanzinstitutionen gepriesen wurde, erwies sich freilich Anfang der achtziger Jahre als wesentliche Ursache für eine gefährliche Schuldenkrise wichtiger Länder. Ab 1977 gingen die Überschüsse der OPEC-Staaten erheblich zurück; dies bewirkte vor allem rasch ansteigende Importe aus den Industriestaaten.

Obwohl der Übergang zum freien Floaten von den Europäern ausgegangen war, fanden die USA bald, daß dieser Zustand für sie vorteilhaft war. Die Rolle des Dollars als Reservewährung war durch den völligen Bedeutungsverlust des britischen Pfundes in den siebziger Jahren noch gestärkt worden. Nur sehr allmählich nahm sein Anteil an den Reserven zugunsten der D-Mark, des Yen und des Schweizer Franken ab. Als Verrechnungseinheit war die amerikanische Währung schon aus praktischen Gründen unverzichtbar. So machten sich die USA zeitweise um ihre Zahlungsbilanz wenig Gedanken. Durch eine Abwertung des Dollars glaubten sie überdies in der Lage zu sein, im Bedarfsfall einen Überschuß herbeiführen zu können.[12] Indem sie gegenüber dem fallenden Dollar eine Haltung des »benign neglect« einnahmen, konnten sie ihre Partner auch zu handelspolitischen Zugeständnissen veranlassen. Die übrigen westlichen Industrieländer waren mehr als je zuvor gezwungen, sich den von der Führungsmacht gesetzten Daten anzupassen.[13]

Für die Exportnation Bundesrepublik Deutschland waren die Veränderungen im Währungssystem von erheblicher Bedeutung. Anfangs fürchteten viele, die erwartete Sanierung der amerikanischen Zahlungsbilanz werde ein scharfes Abbremsen der dynamischen Ausfuhrentwicklung bewirken. Doch 1974 erreichten die deutschen Handelsbilanzüberschüsse neue Rekordwerte und blieben auch in den folgenden Jahren hoch. Für diese überraschende Entwicklung waren mehrere Faktoren verantwortlich. Der kurzfristige Abwertungsvorteil anderer Staaten wurde sehr oft durch erneut steigende Inflationsraten ausgeglichen. International führende Branchen, wie Maschinenbau, Chemie und Elektroindustrie, nahmen in Deutschland die schwierige Wettbewerbslage zum Anlaß, mit hohen Investitionen erhebliche Produktivitätssteigerungen zu erreichen. Für andere Branchen, die ohnehin unter Konkurrenz aus Niedriglohnländern litten, war die Aufwertung der D-Mark aber eine dauerhafte Belastung, die sektoral zu Arbeitsplatzverlusten führte. Die Außenhandelserfolge der deutschen Industrie waren ein wichtiger Grund dafür, daß die Bundesregierung und die

Notenbank - im Gegensatz zu anderen Ländern - nach 1973 die Folgen flexibler Wechselkurse ohne stärkere Kritik akzeptierten.

Nach einer »Phase der Rückschläge und der Stagnation« kam 1969 eine neue Aufbruchstimmung in Europa auf.[14] Mit dem Wechsel von de Gaulle zu Pompidou und von Kiesinger zu Brandt gewannen die beiden führenden Mitgliedstaaten der EWG mehr Handlungsspielraum. Die deutsche Politik strebte seit langem die Erweiterung der Gemeinschaft um Großbritannien an. Hinzu kam, daß Brandt seine Ostpolitik durch die Vertiefung der europäischen Einigung absichern wollte, auch im Hinblick auf eine mögliche Verringerung des politischen amerikanischen Engagements, das aufgrund des Vietnam-Krieges befürchtet wurde. Auf der Haager Konferenz der Staats- und Regierungschefs fielen im Dezember 1969 drei wegweisende Entscheidungen: Frankreich nahm sein Veto gegen einen britischen EG-Beitritt zurück, die EWG sollte mit eigenen Einnahmen ausgestattet werden, und der Rat wurde beauftragt, einen Stufenplan für die Wirtschafts- und Währungsunion auszuarbeiten. »Vollendung, Vertiefung, Erweiterung« lautete die in Den Haag aufgestellte Agenda.

Die Kommission legte schon im Februar 1970 einen Vorschlag für eine Wirtschafts- und Währungsunion vor. Im März beauftragte der Ministerrat den luxemburgischen Regierungschef und Finanzminister Pierre Werner, mit einem Ausschuß von Regierungsvertretern die Möglichkeiten einer gemeinsamen Währungspolitik zu untersuchen. Sein im Oktober vorgelegter Bericht sah eine Europäische Wirtschafts- und Währungsunion als Kern einer politischen Union an.[15] Er empfahl, in drei Stufen vorzugehen.[16] In der ersten Phase sollten die Koordinierung der Wirtschaftspolitik und die Harmonisierung in anderen Bereichen, vor allem der Steuerpolitik, erreicht werden. In der zweiten Etappe war die Koordinierung der nationalen Haushaltspolitiken zu realisieren. Ferner sollte ein gemeinsamer freier Kapitalmarkt geschaffen werden sowie eine koordinierte Geldpolitik und eine gemeinsame Währungspolitik nach außen gewährleistet sein. Die dritte Phase hatte die Schaffung einer zentralen Institution für die Währungsunion zum Ziel. Dabei wurde auf das amerikanische Notenbanksystem verwiesen; die institutionelle Ausstattung blieb jedoch noch offen. Es gab unter den Mitgliedstaaten der EWG zu mehreren Punkten Meinungsverschiedenheiten. Die französische und die italienische Regierung dachten wie der Ökonom und de Gaulle-Berater Jacques Rueff: »L'Europe se fera par la monnaie ou ne se fera pas.« Sie gingen davon aus, feste Wechselkurse oder eine gemeinsame Währung würden die notwendige Anpassung der Wirtschafts- und Finanzpolitik erzwingen. Die Deutschen und die Niederländer hielten dagegen eine fortgeschrittene Integration und ein hohes Maß an wirtschaftlicher Konvergenz für die Voraussetzung einer Währungsunion. Während der Stufenplan der Kommission zunächst stärker dem französischen Ansatz zuneigte, betonte der Werner-Plan die Bedeutung einer Koordinierung der nationalen Wirtschafts- und Finanzpolitiken. Die institutionell verankerte, allerdings nur allgemein beschriebene Konvergenz sollte eine Voraussetzung für die Währungsunion bilden.

Obwohl der Plan den deutschen Vorstellungen nahekam, machte Schiller aus seiner Skepsis keinen Hehl. Am 29. Januar 1971 sprach er im Bundestag von einer »kühnen Vision«, einer »Herausforderung«, aber auch von einem »Abenteuer«.[17] Schiller fügte hinzu, vor der Endstufe müsse die Gemeinschaft mit den erforderlichen Befugnissen für eine gemeinsame Geld- und Kreditpolitik, aber auch für die Steuer- und Budgetpolitik ausgestattet sein: »Einseitige währungspolitische Bindungen ohne wirtschaftspolitische Entsprechungen würden sich bald als ein stabilitätspolitischer Fehlschlag erweisen, als ein Kartenhaus, das bei jedem Windstoß zusammenstürzen würde.« Trotz dieser Einwände sprachen sich die Staats- und Regierungschefs der Gemeinschaft für die Umsetzung des Konzepts aus. Es blieb aber eine Wunschvorstellung. Bei genauer Betrachtung erkannte nicht nur Schiller beträchtliche Risiken. Hinzu kam, daß die Ölkrise und ihre Folgen zu einem Auseinanderdriften der nationalen Wirtschafts- und Finanzpolitiken führten. Von dem Harmonisierungsprogramm wurde lediglich die gemeinschaftsweite Einführung der Mehrwertsteuer zum 1. April 1973 verwirklicht.

Ein anderer Ansatz für eine Koordination europäischer Währungspolitik war die sogenannte »Schlange«. Zu den Gründungsmitgliedern gehörten im April 1972 die sechs EWG-Staaten; Großbritannien und Dänemark kamen sofort hinzu. Ein wichtiger Bezugspunkt war das schon erwähnte Smithsonian Agreement vom Dezember 1971. Die dort festgelegten Bandbreiten von je 2,25 Prozent nach oben und unten gegenüber dem Dollarleitkurs hätten Schwankungen der übrigen Währungen von bis zu 9 Prozent gegeneinander erlaubt. Demgegenüber einigten sich die beteiligten Länder darauf, die Bandbreiten zwischen ihren Währungen auf nur je 1,125 Prozent (insgesamt also 2,25 Prozent) zu verringern.[18] Ihre Notenbanken verpflichteten sich, zur Einhaltung des vereinbarten Rahmens auch in Währungen von Mitgliedstaaten auf den Märkten zu intervenieren. Für einen Saldenausgleich wurde ein Fonds für die währungspolitische Zusammenarbeit geschaffen. Die na-

Durch den Beitritt Großbritanniens, Irlands und Dänemarks erhielt die Europäische Gemeinschaft Anfang der siebziger Jahre neuen Auftrieb. Eines der entscheidenden Probleme der europäischen Einigung war immer wieder die Stabilität der Währungen. 1972 wurde zur Verringerung von Kursschwankungen die »Schlange« ins Leben gerufen – ein europäischer Wechselkursverbund, dem sich zunächst acht der neun EG-Staaten und zeitweise sogar die skandinavischen Länder anschlossen. Doch dauerhafter Erfolg war dieser Institution nicht beschieden: Immer wieder stützte sich die geschwächte »Schlange« auf die harte D-Mark, und schon bald begannen die weichen Währungen abzuspringen.

hezu stabilen Wechselkurse innerhalb der beteiligten Staatengruppe und das Gruppenfloaten gegenüber dem Dollar galten als ein beträchtlicher Vorzug. Norwegen und Schweden schlossen sich dem Verbund zeitweise an. Vereinbarte Kurskorrekturen erwiesen sich auch innerhalb der Gruppe gelegentlich als erforderlich. So wertete die D-Mark im März 1973 um drei Prozent und im Juni 1973 gemeinsam mit dem Gulden um 5,5 Prozent auf. Dann folgte eine Phase längerer Stabilität. Aber schon im Februar 1973 hatte Italien die Mitgliedschaft aufgegeben, weil der Druck auf die chronisch schwache Lira zu stark wurde. Im März 1976 schied auch Frankreich aus. 1978 waren neben der Bundesrepublik nur noch die Benelux-Staaten, Dänemark und Norwegen im Verbund geblieben.

Das wichtigste Ereignis in der Entwicklung der EWG war die Erweiterung um Großbritannien, Irland und Dänemark zum »Europa der Neun«; sie wurde am 1. Januar 1973 wirksam. In Norwegen hatte sich bei einer Volksabstimmung im November 1972 die Mehrheit gegen eine Mitgliedschaft entschieden. In der britischen Innenpolitik war vor allem die gemeinsame Agrarpolitik umstritten. Die oppositionelle Labour Party kritisierte die Anhebung der Nahrungsmittelpreise auf das höhere europäische Niveau und verlangte eine Reform des Agrarmarktes. 1974 erreichte die neue Labour-Regierung eine gewisse Reduzierung des britischen Beitrages zum gemeinsamen Haushalt. Damit sollte auch der vergleichsweise ungünstigeren wirtschaftlichen Entwicklung Großbritanniens Rechnung getragen werden. Aber diese Entscheidung löste erhebliche Verstimmung bei anderen Mitgliedsländern aus.

Die Staats- und Regierungschefs der EWG hatten 1969 in Den Haag auch beschlossen, die immer wieder umstrittenen Finanzbeiträge der einzelnen Länder durch ein System eigener Einnahmen der Gemeinschaft zu ersetzen.[19] Zunächst wurde ihr das Aufkommen aus den Abschöpfungen der Agrarimporte, dann schrittweise auch aus dem gemeinsamen Zolltarif zugewiesen. Hinzu kamen nach 1975 Mehrwertsteueranteile bis zu einem Prozent »einer steuerpflichtigen Bemessungsgrundlage« in allen Staaten. Die Ausgaben der Gemeinschaft wuchsen von 1970 bis 1980 mit hohen jährlichen Steigerungsraten, in D-Mark gerechnet von 17,9 auf 39,4 Milliarden. Vor allem die Folgen der Wechselkursveränderungen führten immer wieder zu Spannungen. Großbritannien drängte auf weitergehende finanzielle Entlastungen, in Deutschland wurde der überproportionale Anstieg des eigenen Beitrages kritisiert. Es wurde dabei erneut deutlich, daß sich das Kernstück der Integration, der 1968 geschaffene Agrarmarkt, schon bald zum Problemfall entwickelt hatte. Die Vorstellung zu Beginn der sechziger Jahre, eine vorgezogene sektorale Integration der Landwirtschaftspolitik werde Motor für eine schnelle Entwicklung in den anderen Bereichen sein, erwies sich als Illusion. Durch eine anhaltende Produktivitätssteigerung der bäuerlichen Betriebe wurden in den siebziger Jahren bei den meisten wichtigen Erzeugnissen zunächst eine Selbstversorgung und zunehmend auch Überschüsse erreicht. Die steigenden Kosten für subventionierte Exporte, Garantiefonds und Lagerung führten zu anhaltender Kritik. Die Agrarausgaben umfaßten nahezu drei Viertel der gesamten Aufwendungen der Gemeinschaft.

Positiv wirkte sich in den siebziger Jahren die 1968 geschaffene Zollunion für den Außenhandel der Mitgliedsländer aus.[20] 1958 gingen 35 Prozent der gesamten Exporte der EG-Staaten in andere Mitgliedsländer der Gemeinschaft; 1978 waren es bereit 50 von Hundert. Die Bundesrepublik wurde von 1960 bis 1980 mit einer Zunahme ihrer Exporte um das Siebenfache von 48 auf 350 Milliarden DM nach den USA die zweitgrößte Handelsnation der Welt.

Die regionalen Ungleichgewichte in der EWG verringerten sich bis 1980 kaum. In diesem Jahr lag das Bruttoinlandsprodukt pro Einwohner in den wohlhabendsten Ländern Deutschland und Dänemark immer noch mehr als doppelt so hoch wie in Irland und Süditalien. So nahm der politische Druck für eine aktivere Regionalpolitik zu. Noch 1975 wurde der Regionalfonds für besonders strukturschwache Gebiete geschaffen. In den nächsten drei Jahren standen 1,3 Milliarden Rechnungseinheiten zur Verfügung, in der folgenden Periode bereits 2,7 Milliarden.[21] Es gab einige Erfolge, ohne die zugrundeliegenden Strukturprobleme durch den neuen Ressourcentransfer lösen zu können.[22]

In anderen Bereichen kam die in den Römischen Verträgen verankerte Schaffung von gemeinsamen Normen oder eine Koordinierung nationaler Politiken wenig voran. Dies galt für die Abstimmung der nationalen Konjunkturpolitik ebenso wie für den Verkehrssektor.[23] Einige zukunftsweisende Entscheidungen verdienen Erwähnung, so die EWG-Richtlinien von 1978 für die Erhöhung der Sicherheit im Seeverkehr und von 1979 zur Verringerung der Lärmbelästigung durch Luftfahrzeuge. Bereits in den sechziger Jahren wurden die ersten Verordnungen zur Durchsetzung des im EWG-Vertrag verankerten Kartellverbots erlassen. Sie förderten das Ziel, auch eine rechtliche Einheit des großen Marktes zu schaffen und den Wettbewerb zu sichern. Aber es dauerte noch lange, bis die Gemeinschaft über die Instrumente verfügte, die geschaffenen Normen voll durchzusetzen. Erhebliche politische Belastungen brachten hier die periodischen Krisen der europäischen Stahlindustrie. Mehrfach bewilligten Kommission und Ministerrat beträchtliche nationale Subventionen, ohne daß der geforderte Kapazitätsabbau entsprechend vorankam. Im Rückblick erweist es sich als ein schwerer Fehler, daß in Brüssel die Zweckentfremdung von Finanzhilfen und andere Rechtsverstöße zu oft widerspruchslos hingenommen wurden. Die öffentliche Meinung in den meisten Mitgliedsländern zur Politik und Entwicklung der EWG zeigte sich Ende der siebziger Jahre erkennbar kritischer;[24] der Versuch, institutionelle Reformen voranzubringen, blieb zunächst erfolglos.

Deutschland und Frankreich schlugen 1978 ein neues System währungspolitischer Zusammenarbeit vor. Nachdem die Währungsschlange immer mehr hinter den Erwartungen ihrer Gründer zurückblieb, verstärkten sich in der Gemeinschaft die Diskussionen über Vor- und Nachteile des freien Floatens. Hans Roeper faßte 1978 die wichtigsten Argumente zusammen:[25] Vorteilhaft war vor allem für die Länder mit starken Währungen der erweiterte Spielraum einer eigenen stabilitätsorientierten Wirtschafts- und Währungspolitik. Die Hoffnung, daß mit dem System freier Wechselkurse die weltweite Inflationsgefahr geringer würde, erfüllte sich allerdings nicht. Vielmehr stiegen die Inflationsraten an. Dabei durften freilich die Folgen des Ölpreisschocks nicht übersehen werden. Der an sich heilsame Anpassungszwang für Länder mit schwachen Währungen führte häufig nicht zu den gewünschten Ergebnissen. Es blieben auch innerhalb der EWG schwerwiegende Unterschiede in den ökonomischen und finanzwirtschaftlichen Daten bestehen.

Von Juni 1977 bis März 1978 wertete der Dollar nach einer Phase relativer Stabilität erneut gegen die D-Mark ab, und zwar um fast zehn Prozent auf 1 : 2,06. Inzwischen war das Zahlungsbilanzdefizit der USA auf mehr als elf Milliarden Dollar gestiegen. Zugleich verstärkte sich der Druck auf mehrere schwache Währungen in Westeuropa. Dies löste insbesondere in Bonn und Paris neue Überlegungen für ein stabileres europäisches Währungssystem aus.[26] Bundeskanzler Schmidt und der französische Präsident Valéry Giscard d'Estaing bereiteten persönlich ein konkretes Projekt vor. Schmidt war ein Anhänger fester Wechselkurse, er hielt zumindest größere Stabilität und damit besser kalkulierbare Rahmenbedingungen für den Welthandel für dringend geboten. Er erwartete auch, daß eine stärkere institutionelle Einbindung der schwächeren Länder eine erfolgreiche Anpassungspolitik durch »externe Disziplin« bewirken könne. Ein neues europäisches System sollte größere Unabhängigkeit von den Schwankungen des Dollars herbeiführen.[27]

Bei einem Gipfeltreffen der Staats- und Regierungschefs der Gemeinschaft am 7. und 8. April in Kopenhagen trugen Schmidt und Giscard ihre Überlegungen vor. Die tragende Idee war, die nationalen Währungen durch ein Kooperations- und Interventionssystem stärker zu verbinden. Ein Teil der nationalen Währungsreserven sollte einem gemeinsamen Fonds zugeführt werden. Jetzt ging es um die Schaffung einer europäischen Verrechnungseinheit (European Currency Unit), aus der später vielleicht eine gemeinsame Währung entstehen konnte. Wenn die Marktkräfte zu stark auf eine

Wechselkursänderung drängten, sollten weiterhin Auf- und Abwertungen möglich sein. Aber man hoffte, daß durch zunehmende Konvergenz in der Wirtschafts- und Finanzpolitik derartige Veränderungen nur noch in immer größeren Abständen erforderlich würden. Für die deutsche Öffentlichkeit kam diese Diskussion völlig überraschend. Das Echo war überwiegend kritisch. Viele Stimmen aus Wissenschaft und Wirtschaft befürchteten, die vorgesehenen neuen Verpflichtungen in einem europäischen System würden die Stabilität der D-Mark gefährden. Dies war auch die Sorge der Bundesbank, die ihre Bedenken mehr intern als öffentlich artikulierte. Zunehmend traten zwei Einwände in den Vordergrund: Es drohte eine Geldschöpfung, wenn nationale Regierungen oder Zentralbanken ECUs durch die Umwandlung ihrer Währungen selbständig schaffen konnten. Und ohne eine gesicherte Konvergenz der Wirtschafts- und Finanzpolitik der Einzelstaaten mußte wie in jedem Festkurssystem ein Inflationsimport für die stabilitätsorientierten Volkswirtschaften befürchtet werden.[28] In Frankreich war demgegenüber die innenpolitische Lage eindeutig. Dort befürwortete man traditionell die Rückkehr zu festen Wechselkursen, und Giscard erhoffte sich durch die europäische Initiative Rückendeckung für eine konsequentere Stabilitätspolitik im eigenen Land.[29]

Schmidt hielt trotz der zahlreichen Einwände an seinem Konzept fest, mußte aber bald erkennen, daß bestimmte Korrekturen unvermeidlich waren. Zu seiner Enttäuschung ging Großbritannien trotz eines anfänglichen Interesses von Premierminister James Callaghan auf Distanz und trat schließlich dem Interventionsverbund nicht bei. Nach intensiven Expertengesprächen übernahmen die Finanzminister und Notenbankpräsidenten einen wesentlichen Teil der politischen Erörterungen. Anfang 1979 wurde eine Verständigung erreicht.[30] Der Vorschlag eines Europäischen Währungsfonds mit eigenen Reserven fand keine Zustimmung, der ECU blieb eine bloße Verrechnungseinheit. Seine Deckung erfolgte lediglich durch ein Swap-Abkommen, also eine Art Bürgschaft der Notenbanken ohne einen wirklichen Transfer von Ressourcen. Die nationalen Währungen durften nur um 2,25 Prozent nach oben und unten von den vereinbarten Paritäten abweichen. Italien wurde eine erweiterte Bandbreite von jeweils sechs Prozent konzediert. Wenn eine Währung eine signifikante Differenz zum Leitkurs (75 Prozent der Bandbreite) erreichte, begannen Interventionen. Das betreffende Land mußte ferner Entscheidungen treffen, um das Vertrauen in seine Währung zu stärken; hier bot sich kurzfristig vor allem die Zinspolitik an. Blieben diese Maßnahmen wirkungslos, war eine

Veränderung der Paritäten erforderlich, die einvernehmlich im Kreis der Finanzminister beschlossen wurde. Prinzipiell waren die Verpflichtungen für Aufwertungs- und Abwertungsländer vergleichbar. Aber bald beklagten die letzteren, daß sich eine gewisse Asymmetrie zu ihrem Nachteil ergebe. Sie hätten die Hauptlast der »intramarginalen« Intervention innerhalb der Bandbreiten zu übernehmen. Zwar gab es eine gut ausgestattete Kreditfazilität für sie, aber die Schulden mußten schon nach kurzen Fristen zurückgezahlt werden.

Auch mit den genannten Veränderungen war die Bundesbank nicht völlig zufriedengestellt. Da der Vertragsabschluß jetzt unmittelbar bevorstand, beschränkte sie sich auf ein Schreiben an die Bundesregierung, in dem sie vorsorglich auf mögliche Grenzen bei den Interventionsverpflichtungen im Hinblick auf ihre Aufgabe der Bewahrung der Geldwertstabilität hinwies.

Gegen Schluß der Verhandlungen führte ein deutsch-französischer Konflikt über die Zukunft der Währungsausgleichsbeträge für die europäische Landwirtschaft zu einer unerwarteten Verzögerung.[31] Dieses System wurde 1971 geschaffen, um die Wirkungen von Auf- bzw. Abwertungen für die Erzeuger zu mildern. Vor allem bei den damals beträchtlichen Aufwertungen der D-Mark, die über die Kaufkraftveränderungen hinausgingen, reklamierten die Bauern einen Teilausgleich. So wurden bei Importen in die Aufwertungsländer »Abschöpfungen« in einem festgelegten Umfang erhoben, die geringere Rückgänge bei den Orientierungs- und Richtpreisen vor allem für die deutschen Landwirte ermöglichten. Auch wenn diese Ausgleichsbeträge im Laufe von Jahren wieder allmählich abgebaut wurden, verteidigte Bonn dieses System entschieden. Dies geschah auch Ende 1978 bei den Verhandlungen mit Paris. Die Regierung Schmidt war nicht zu einem Verzicht bereit und nahm eine erhebliche Verstimmung des französischen Partners in Kauf.

Am 13. März 1979 trat der Vertrag über die Gründung des Europäischen Währungssystems (EWS) in Kraft. Die neue Ordnung wurde schon bald von den Märkten getestet. Bereits im September mußte die erste Wechselkursanpassung vorgenommen werden, bis Herbst 1982 folgten mehrere weitere Korrekturen. Anfang 1983 stellte eine krisenhafte Entwicklung in Frankreich das gesamte System in Frage. Dies gehörte schon zu einem neuen Kapitel der europäischen Entwicklung.

Das politische Ziel des EWS-Vertrages bestand darin, mehr Unabhängigkeit von den Schwankungen des Dollars und damit auch von Entscheidungen der USA zu erreichen. Aber seit dem ersten

Im November 1975 trafen die Regierungschefs der sechs wichtigsten Industrienationen zum ersten Weltwirtschaftsgipfel zusammen. Auf Schloß Rambouillet bei Paris berieten Aldo Moro, Harold Wilson, Gerald Ford, Valéry Giscard d'Estaing, Helmut Schmidt und Takeo Miki über Fragen des Welthandels, des Währungssystems und der Energiepolitik. Die jährliche Veranstaltung eines Weltwirtschaftsgipfels bedeutete einen großen Fortschritt für die globale Koordination der Wirtschaftspolitik, gerade angesichts der bedenklichen Abhängigkeit der Industrieländer vom arabischen Erdöl.

Ölpreisschock hatten sich, wie dargestellt, auch intensive Formen der Zusammenarbeit mit den Vereinigten Staaten entwickelt, vor allem im Währungsfonds und in der Handelspolitik. Seit 1973 trafen sich die Finanzminister und Notenbankpräsidenten der fünf führenden Industrieländer (USA, Großbritannien, Frankreich, Japan und Deutschland) jedes Jahr mehrfach zu vertraulichen Gesprächen. Schmidt, Giscard und George Shultz hatten diesen Kreis mitbegründet. Schmidt und Giscard ergriffen 1975 die Initiative für ein jährliches Gipfeltreffen der Staats- und Regierungschefs zu weltwirtschaftlichen Themen.[32] Vorangegangen waren 1974 schwierige Gespräche über ein abgestimmtes Vorgehen in der Energiepolitik, um mehr Versorgungssicherheit durch stärkere Diversifikation und Energieeinsparung zu erreichen. Eine internationale Energieagentur wurde gegründet, der vor allem die westlichen Industriestaaten angehörten, und es begann ein Dialog mit den ölproduzierenden Ländern.

Der erste Weltwirtschaftsgipfel fand vom 15. bis 17. November 1975 in Rambouillet bei Paris statt. Zu den großen Fünf kam Italien hinzu, ab 1977 auch Kanada. Die Chefs wurden von ihren Finanz- und Außenministern begleitet. Was als ein Gespräch in einem informellen kleinen Kreis begann, entwickelte sich in den folgenden Jahren zu einer riesigen Veranstaltung. Die begleitenden Delegationen wurden größer. Vor allem kamen aus allen Teilen der Erde zwei- bis dreitausend Journalisten, um vom Ort des Geschehens zu berichten. Dies verstärkte den öffentlichen Druck, in langen Kommuniqués möglichst bemerkenswerte Ergebnisse zu verkünden oder, soweit es sie nicht gab, jedenfalls wohlklingende Absichtserklärungen zu formulieren. Dennoch blieb der Kreis der Teilnehmer an den eigentlichen Beratungen überschaubar; er ging in den achtziger Jahren auch bei den Plenarsitzungen unter Beteiligung aller Minister nicht über 25 bis 28 hinaus.

In Rambouillet wurde vereinbart, das Floaten offiziell als Wechselkurssystem zu akzeptieren und der Kontrolle des Währungsfonds zu unterstellen. Ferner sollten die Anstrengungen für einen weiteren Liberalisierungsschritt im Welthandel verstärkt werden. Bei dem Treffen in San Juan im Juni 1976 wurde das Ziel einer stärkeren Förderung der Entwicklungsländer durch zusätzliche Instrumente von Weltbank und Währungsfonds verkündet. In London standen 1977 erneut die handelspolitischen Themen im Mittelpunkt. Es wurden »größtmögliche« Zollsenkungen und ein »erheblicher Abbau der nichttarifären Handelsschranken« verlangt. Die Staats- und Regierungschefs sprachen sich ferner für die stärkere Nutzung der Kernenergie und die schnellere Entwicklung energieschonender Verfahren aus. Der Bonner Gipfel befaßte sich im Juli 1978 vor allem mit einer Konzertierten Aktion zur Stärkung des Wirtschaftswachstums. Daneben ging es erneut um die Energiepolitik. Unter beträchtlichem Druck der Europäer sagte Präsident Jimmy Carter zu, die Öleinfuhren der USA »bis 1985 um rund 2,5 Millionen Barrel pro Tag« zurückzuführen und die Kohleförderung um zwei Drittel zu erhöhen. Der Ölpreis sollte in den Vereinigten Staaten bis 1980 auf das Weltpreisniveau angehoben werden, um stärkere Anreize für das Energiesparen zu schaffen. Die anderen Teilnehmer verpflichteten sich, die Abhängigkeit von importierter Energie auf maximal 50 Prozent abzubauen.

Europäer und Japaner gingen auf die Forderung der USA ein, zusätzliche Schritte für eine stärkere wirtschaftliche Expansion zu beschließen. Carter und seine Berater hielten stärkere Impulse für eine dynamische weltwirtschaftliche Entwicklung für dringend erforderlich. Neben den USA sollten dabei Deutschland und Japan eine Schrittmacherrolle übernehmen. Diese »Lokomotivtheorie« wurde schon im Vorfeld des Gipfels propagiert.[33] Schmidt kündigte an, die Bundesregierung werde den gesetzgebenden Körperschaften im August »zusätzliche substantielle Maßnahmen um bis zu ein Prozent des Bruttosozialprodukts« zur Stimulierung des Wachstums vorschlagen. Japan verpflichtete sich für 1978, »eine um 1,5 Prozent höhere Wachstumsrate als 1977« zu erreichen.

Mit einem derart detaillierten Katalog von Einzelmaßnahmen entfernte sich der Bonner Gipfel von den mehr grundsätzlichen Absprachen der Vorjahre. Das machte Eindruck, begegnete aber auch sofort prinzipiellen Einwänden. Es wurde bezweifelt, ob die Staats- und Regierungschefs seriöse Verpflichtungen über die exakten Größenordnungen künftiger Ölimporte oder Wachstumsraten übernehmen könnten. Aus einer wirtschaftspolitischen Konzertierung von Zielen und Themen in der originären Verantwortung der Regierungen drohte eine technokratische Detailplanung zu werden. Für die deutsche Wirtschafts- und Finanzpolitik erwuchsen aus der Bonner Verpflichtung beträchtliche Zielkonflikte. 1979 veränderte sich zudem das weltwirtschaftliche Szenario dramatisch: Am 27. Juni erhöhte die OPEC die Rohölpreise erneut um fünfzig Prozent; weitere Preissteigerungen folgten bald darauf.

11. Kapitel

Von Brandt zu Schmidt – Kontinuität und Korrekturen

Unter dem Vorzeichen einer schweren politischen und wirtschaftlichen Krise hatte sich die SPD ohne Verzug auf Helmut Schmidt als Nachfolger Brandts geeinigt. Es gab keine ernsthafte personelle Alternative; so stimmten auch die Linken in Fraktion und Partei zu. Schmidts hohe Begabung und Durchsetzungskraft waren unbestritten, seine politischen Konzepte und seine oft harten Umgangsformen stießen bei vielen Parteifreunden allerdings auf erhebliche Vorbehalte.[1] Aber er hatte sich über die Wähler der eigenen Partei hinaus Anerkennung und Respekt verschafft. Schmidt verstand es wie kein zweiter Politiker jener Zeit, das Fernsehen als neues, mittlerweile wichtigstes Medium zur Darstellung seiner Politik und Person zu nutzen. Der kleine Kreis besonders kompetenter Bonner Wirtschaftsjournalisten führender Zeitungen stand ihm zeitweise eher kritisch gegenüber. Schmidt erklärte ihnen 1973 in einem Abendgespräch, sie könnten schreiben, was sie wollten. Er erziele durch periodische Interviews im Ersten und Zweiten Fernsehen eine ungleich größere Wirkung als alle Leitartikler zusammen.

Als Schmidt 1972 Schillers Nachfolge als Finanzminister antrat, galt er als ein betont pragmatischer Expansionist, ordnungspolitisch wenig grundsatzfest und kaum stabilitätsbewußt.[2] Seine heftige Opposition gegen den Konsolidierungskurs Möllers und Schillers hatte diesen Eindruck verstärkt. Doch er erkannte im Finanzministerium deutlicher als zuvor, daß die von Brandt 1969 begonnene maßlose Expansion der staatlichen Programme und Versprechungen die Ressourcen der Bundesrepublik dauerhaft zu überfordern drohte. Die Distanz zum Bundeskanzler wurde in dieser Zeit größer. Mehrfach erklärte er mir gegenüber und wiederholte auch in größeren Kreisen, man müsse die »Bildungsphantasten« stoppen und den »Sozialutopisten« deutlich die Grenzen zeigen. Zeitweise neigte er zur Resignation. In einem Gespräch mit mehreren Regierungschefs der Länder sagte er uns im Juni 1973, die Belastungen des Finanzministers würden zu groß; er finde auch nicht die erforderliche Unterstützung in den eigenen Reihen. Spätestens nach der nächsten Bundestagswahl werde er die Konsequenzen ziehen. Aber zugleich erwies Schmidt sich als dialog- und lernfähig. 1972 hatte er heftige Kritik mit der Aussage ausgelöst, fünf Prozent Inflation seien besser als fünf Prozent Arbeitslosigkeit. Am 1. November 1973 erklärte er demgegenüber: »In der Bundesrepublik wird gegenwärtig die schärfste Restriktionspolitik in der ganzen Welt betrieben. Dadurch ist die Bundesrepublik wieder an das absolute Ende des internationalen Inflationskonvois gerückt. Bundesregierung und Bundesbank haben indessen nicht die Absicht, die Zügel vorzeitig zu lockern.«

Im Mai 1974 packte Schmidt die neuen Aufgaben energisch an. Unmittelbar nach seiner Wahl zum Bundeskanzler überraschte er seine Fraktion mit einer schonungslosen kritischen Analyse der aktuellen Lage. Die Sozialdemokraten hätten nach 1972 jedes Augenmaß verloren. Man sei jetzt nahe an dem Punkt, an dem sie für die siebziger Jahre die Regierungsfähigkeit verspielen würden. Schmidt erklärte seinen Parteifreunden, daß ein wirklicher Kurswechsel notwendig sei. Das immer noch viel zu weit gespannte Gesetzgebungsprogramm des Kabinetts Brandt sollte drastisch beschnitten werden. Im übrigen müßten die aktuellen Aufgaben der Überwindung der Wirtschafts- und Finanzkrise absolute Priorität gewinnen.[3]

Dies waren – in einer gemesseneren, aber eindeutigen Sprache – auch die Kernpunkte der Regierungserklärung vom 17. Mai. Die Schlüsselworte hießen »Kontinuität« und »Konzentration«. Es ging ihm zunächst um ein erfolgreiches Krisenmanagement, darüber hinaus aber um eine grundsätzlichere Kurskorrektur. Schmidt betonte, die Marktwirtschaft sei besser imstande, die wirtschaftlichen Aufgaben zu lösen, als jedes andere System, sie müsse jedoch immer wieder weiterentwickelt werden. Die Leistungs- und Wettbewerbsfähigkeit der Betriebe habe zentrale Bedeutung für arbeitsplatzschaffende und -sichernde Investitionen. Die überhöhten Zuwächse in den Haushalten müßten zurückgeführt werden. Mehr Preisstabilität sei ein vorrangiges Ziel. Nur mit diesen Einsichten und durch entschlossenes Handeln könne die Krise gemeistert werden.

Auf den Einbruch der Konjunktur reagierte die Regierung zunächst nach dem gewohnten Muster. So wurden die Restriktionsmaßnahmen vom Sommer 1973 aufgehoben, die Haushaltspolitik war 1974 eindeutig expansiv. Hinzu kamen mehrere gezielte Ausgabenprogramme, um zusätzliche Investitionen anzuregen. Der Anstieg der Haushaltsdefizite war jedoch überwiegend den konjunkturbedingten Einnahmeausfällen geschuldet. Dagegen war die Politik der Bundesbank bis in den Herbst 1974 restriktiv; der

Diskont blieb zunächst bei sieben Prozent. Für 1975 gab die Zentralbank erstmals ein Geldmengenziel bekannt; es sollte ein inflationsfreies Wirtschaftswachstum ermöglichen.

Die neue Orientierung an der Geldmenge hatte eine weitreichende Bedeutung. Die Bundesbank übernahm damit Vorstellungen des Monetarismus. Das Konzept dieser wirtschaftswissenschaftlichen Schule um Milton Friedman und seiner Chicagoer Kollegen reichte über die Geld- und Währungspolitik hinaus: Es bedeutete eine Absage an den antizyklischen Interventionismus der Keynesianer. Die Monetaristen forderten, der Staat solle weitgehend Abstinenz in der Prozeßpolitik üben und vorrangig die Rahmenbedingungen für Stabilität und Wachstum verbessern. Dafür seien flexible Wechselkurse und ein stabilitätsgerechtes Wachstum der Geldmenge im Innern die wichtigsten Bedingungen. Es gab Berührungspunkte zwischen diesem Denken und den Konzepten der deutschen Neoliberalen. Einige namhafte Wissenschaftler entwickelten ergänzend Vorstellungen zur dauerhaften Verbesserung der Konstitution der Volkswirtschaften. Hierzu sollten vor allem niedrigere Steuern und Abgaben, bessere Bedingungen für private Investitionen sowie Deregulierung und Privatisierung beitragen. Friedrich von Hayek in Europa und Martin Feldstein in den USA waren Meinungsführer in dieser Diskussion. Bei den deutschen Wirtschaftswissenschaftlern fanden diese Ideen vor allem im Sachverständigenrat Zustimmung.

Die unterschiedlichen Prioritäten der Finanz- und Geldpolitik wurden 1974 vom Sachverständigenrat als eine Arbeitsteilung interpretiert:[4] Die Bundesbank hatte die Wirtschaft wieder auf den Pfad der Stabilität zurückzuführen und zu verhindern, daß der Ölpreisanstieg mit einer zu massiven Verschuldung beantwortet wurde. Die Regierung wiederum sollte allzu drastische soziale und regionale Auswirkungen der Krise auffangen. Entgegen den meisten Prognosen folgte der Stagflation von 1974 im folgenden Jahr die bis heute schwerste Rezession in der Geschichte der Bundesrepublik. Das Bruttosozialprodukt schrumpfte um 1,4 Prozent, die Arbeitslosenrate schnellte von 2,5 auf 4,7 Prozent hoch. Im Unterschied zu 1967 entwickelte sich 1975 eine weltweite Rezession.[5] 1974 hatte die positive Nachfrageentwicklung aus dem weniger stabilitätsorientierten Ausland einen stärkeren Rückgang der Konjunktur verhindert, nun schlug die internationale Krise voll auf Deutschland durch. Der Außenbeitrag ging von 4,5 auf 2,9 Prozent des Bruttosozialprodukts zurück. Es handelte sich jedoch nicht nur um eine importierte Rezession. Mit dem allmählichen Rückgang der Inflation im Inland – von 6,9 Prozent 1974 auf 6,1 ein Jahr später und auf 4,4 Prozent 1976 – traten auch die Struktur- und Kostenprobleme der Unternehmen stärker hervor.[6]

Die Arbeitslosenzahl erreichte im Februar 1975 den Spitzenwert von 1,184 Millionen, das entsprach einer Quote von fast fünf Prozent. Auch im Sommer blieb die Erwerbslosenzahl oberhalb der Millionengrenze. Erstmals überstieg die Arbeitslosenquote der Ausländer die der Deutschen. Aufgrund des 1973 verhängten Anwerbestopps kehrten die meisten erwerbslosen Gastarbeiter nicht in ihre Heimatländer zurück. Die Ausländerbeschäftigung hatte ihre Funktion als Puffer am Arbeitsmarkt verloren.

Zum Ausgang des Jahres 1975 gab es erste Anzeichen für ein Ende der Rezession, ein neuer Aufschwung setzte ein. Seit Herbst 1974 hatte die Bundesbank ihren Kurs schrittweise gelockert; der Diskontsatz wurde bis September 1975 von 6,5 auf 3,5 Prozent zurückgeführt.[7] Verschiedene Entwicklungen trugen zu der Trendwende bei: Die Inflationsrate ging allmählich zurück; die Lohnpolitik war nach den Exzessen der Vorjahre maßvoller; die Steuersenkung und die zusätzlichen finanzpolitischen Maßnahmen zeigten ihre volle Wirkung. Insgesamt wurden von September 1974 bis August 1975 über die fünfzehn Milliarden DM Entlastung durch die Steuerreform hinaus neue Konjunkturprogramme mit einem Gesamtvolumen von sechzehn Milliarden DM beschlossen, vor allem befristete Investitionszulagen für die Wirtschaft und zusätzliche Mittel für kommunale Bauvorhaben. Das Defizit des öffentlichen Gesamthaushalts erreichte mit 63,8 Milliarden DM die außerordentliche Größe von 6,2 Prozent des Sozialprodukts.[8] 1976 setzten sich in den anderen westlichen Industrieländern nach dem schweren Einbruch des Vorjahres ebenfalls die Auftriebskräfte durch; die deutschen Exporte stiegen um fast zehn Prozent. Insbesondere die Ausfuhren und der private Verbrauch trugen zu dem realen Wachstum von 5,4 Prozent bei. Die privaten Investitionen nahmen verhaltener um 3,6 Prozent zu. Das Budgetdefizit der öffentlichen Hand ging von der Rekordgröße des Vorjahres auf 4,3 Prozent zurück. Die Arbeitslosigkeit verharrte allerdings immer noch auf einem hohen Niveau.

Unter dem Eindruck der steil ansteigenden Defizite hatte die Regierung bereits im Spätsommer 1975 erste Konsolidierungsschritte eingeleitet. Parallel zur Stärkung der öffentlichen Investitionen sollten die Voraussetzungen für eine mittelfristige Rückführung der Fehlbeträge geschaffen werden. Ende August und Anfang September wurde in einem Nachtragshaushalt ein Programm zur weiteren Verstärkung von Investitionen in Höhe von 5,75 Milliarden DM vorgelegt.[9] Ausgabenkürzungen und die Erhöhung von Steuern und Sozialabgaben sollten in den folgenden vier Jahren den Etat um fast hundert Milliarden DM entlasten. Ein Drittel dieser Größenordnung entfiel auf Steuererhöhungen und den Abbau von steuerlichen Subventionen. Ein Schwerpunkt der Einsparungen lag bei den Zuschüssen für die Bundesanstalt für Arbeit; auch hier war allerdings eine Beitragserhöhung geplant. Ferner wurden die Prämiensätze bei der Sparförderung verringert und quer durch die Ressorts Ansätze gekürzt. Die ohne Zustimmung der Ländermehrheit mögliche Anhebung der Tabak- und Brandweinsteuer erfolgte 1977. Dem weitaus größeren Teil der geplanten zusätzlichen Steuermehreinnahmen versagte jedoch der Bundesrat seine Zustimmung.

Der Aufschwung und die mit ihm verbundene Verbesserung der Stimmung kamen für die Koalitionsparteien noch rechtzeitig vor der Bundestagswahl im Oktober 1976. Die politischen und wirtschaftlichen Krisenjahre seit 1973 hatten der Union zusätzliche Schubkraft verliehen und zu den wieder sehr guten Ergebnissen bei den Landtags- und Kommunalwahlen beigetragen. Ihre neue Führung unter Kohl und Generalsekretär Kurt Biedenkopf war bestrebt, der Partei ein modernes programmatisches Profil zu geben, um für die kritischen Wechselwähler attraktiver zu werden und Tuchfühlung mit der FDP zu gewinnen.[10] Der Hamburger Parteitag legte im November 1973 neue Positionen zur Vermögenspolitik und beruflichen Bildung, zum Unternehmensrecht und sozialen Bodenrecht fest. Die »Mannheimer Erklärung« von 1975 war besonders von Aussagen zur »Neuen Sozialen Frage« bestimmt,[11] und im Wahlprogramm 1976 wurden die Ziele der Union in der Außen- und Innenpolitik prägnant formuliert. Das Interesse der Meinungsführer in der Publizistik und den gesellschaftlichen Organisationen an der Union nahm erkennbar zu, der Aufwärtstrend bei den Mitgliederzahlen hielt an. Dies waren positive Ergebnisse der vor allem von Biedenkopf immer wieder initiierten Programmdebatten. Aber bald kam es auch zu Zielkonflikten. Schon 1973 mußten wir, die Wirtschafts- und Finanzpolitiker, vor dem Hamburger Parteitag in Präsidium und Bundesvorstand vor kostspieligen neuen Versprechungen warnen. Wir wiesen darauf hin, daß unsere ständige Kritik an der maßlosen Ausgabenpolitik der Regierung Brandt, unsere Forderungen nach Ausgabendisziplin und Steuersenkungen anderenfalls unglaubwürdig würden. Erhard griff als Ehrenvorsitzender der Partei mit Nachdruck in die interne Diskussion ein, und mit ihm erreichten wir die erforderlichen Korrekturen der ersten Entwürfe.

Diese Differenzen wurden noch ausgeprägter, als Anfang 1977

der rheinland-pfälzische Sozialminister Heiner Geißler Biedenkopfs Nachfolge als Generalsekretär antrat. Biedenkopf hatte die »Neue Soziale Frage« als ordnungspolitisches Problem definiert, als Aufgabe einer Umgestaltung der Sozialsysteme zugunsten der sozial Schwachen außerhalb der gesellschaftlichen Großorganisationen, ohne Erhöhung des seit 1969 zu stark gewachsenen Staatsanteils. Nach 1976 traten verteilungspolitische Ziele in den Vordergrund. Zur »eigenständigen sozialen Sicherung« der Frauen kamen Forderungen nach einer finanziellen Absicherung der Pflegeleistungen, Erziehungsjahren im Rentenrecht und Erziehungsgeld. Gleichzeitig bekannte sich die Union weiterhin zu einer Rückführung der öffentlichen Defizite, zu Steuersenkungen und einer Stärkung des privaten Sektors der Volkswirtschaft. Auf Drängen der Finanz- und Wirtschaftspolitiker wurden die neuen sozialpolitischen Vorhaben mit Finanzvorbehalten versehen und als langfristiges Konzept nach einer vorhergehenden Sanierung der öffentlichen Finanzen bezeichnet. Aber die zugrundeliegenden Divergenzen blieben bestehen.

Die Union hatte bereits im November 1975 nach einigen Auseinandersetzungen zwischen CDU und CSU Helmut Kohl einmütig als Kanzlerkandidaten nominiert. Damit wurde eine langfristige politische und organisatorische Vorbereitung des Wahlkampfes möglich, der sowohl durch ein modernes werbliches Konzept als auch den engagierten Einsatz vieler Mitglieder bestimmt war. SPD und FDP setzten auf die günstigeren wirtschaftlichen Daten, den Amtsbonus und die hohe Popularität ihrer Spitzenkandidaten Schmidt und Genscher. Die SPD warb mit der Parole vom »Modell Deutschland«. Sie wollte damit besondere Vorzüge der deutschen Situation im Vergleich zu vielen anderen westlichen Ländern verdeutlichen – Sozialpartnerschaft, vergleichsweise günstigere wirtschaftliche Daten, ein hoher Lebensstandard der meisten Bürger, eine weitgespannte Sozialgesetzgebung. Aber die Enttäuschungen der Vorjahre, das klägliche Ende der Ära Brandt und die negativen Wirkungen der Rezession für viele Millionen Menschen waren noch nicht vergessen. Eine starke Signalwirkung ging im Februar 1976 von dem Regierungswechsel in Niedersachsen aus. Als Ministerpräsident Alfred Kubel (SPD), der seit Jahren mit der Mehrheit von einer Stimme regiert hatte, aus gesundheitlichen Gründen zurücktrat, wurde überraschend der CDU-Politiker Ernst Albrecht zu seinem Nachfolger gewählt. Die FDP, vormals der Koalitionspartner der SPD, erklärte sich zur Tolerierung des neuen CDU-Kabinetts bereit. Das war ein sichtbares Zeichen für die größere Offenheit der Liberalen gegenüber der

»Würden Sie mir bitte unauffällig runterhelfen?« Mitte der siebziger Jahre war die CDU/CSU wieder im Aufwind. Der inhaltliche und personelle Wandel verschaffte ihr bei den Wahlen in Bund und Ländern beachtliche Zugewinne. Im Zuge dieses Neuanfangs wurde allmählich auch das kategorische Nein zu Brandts Ostpolitik zurückgenommen. Ein Signal dafür war das neue deutsch-polnische Abkommen, das Anfang 1976 auch bei großen Teilen der Union Unterstützung fand.

Union über Niedersachsen hinaus. Jetzt regierte die Union in sechs Bundesländern, und ihre bisher knappe Mehrheit im Bundesrat wurde größer und stabiler.

In der Außenpolitik traten Kohl, Biedenkopf und das Präsidium der CDU seit 1973 für einen Kurs ein, der die Ostverträge nicht nur als rechtlich verbindlich hinnahm, sondern im Interesse Deutschlands aktiv nutzen wollte. Zugleich bekräftigte die Union den unverzichtbaren Anspruch der Deutschen auf Selbstbestimmung und damit das Ziel einer Wiedervereinigung in Frieden und Freiheit. Anfang 1976 kam es zu einem Test für den neuen Kurs der Opposition. Am 9. Oktober 1975 war ein deutsch-polnisches Abkommen unterzeichnet worden.[12] Es sah einen zinsgünstigen Kredit von 1,4 Milliarden DM und die Zahlung einer Rentenpauschale an Warschau vor. Die polnische Regierung verpflichtete sich, Ausreiseanträge von 120 000 Bürgern deutscher Abstammung in die Bundesrepublik zu genehmigen. Die Unionsfraktion bewertete Leistungen und Gegenleistungen als unausgewogen und stimmte im Bundestag mit Ausnahme von fünfzehn Abgeordneten mit Nein.

Die endgültige Entscheidung über das Vertragswerk lag, da es zustimmungspflichtig war, bei den Ministerpräsidenten der Union im Bundesrat. Wir Regierungschefs der CDU tendierten nach einer gründlichen Prüfung zu einem Ja. Vor allem Albrecht erreichte in den Vorgesprächen eine Klarstellung beider Regierungen durch einen Briefwechsel, daß auch über die genannte Größenordnung hinaus in Warschau über Ausreiseanträge aufgeschlossen entschieden werden sollte. Am Vorabend der Bundesratssitzung vom 12. März gewannen wir den bayerischen Kollegen Alfons Goppel für die Zustimmung, ungeachtet aller nachhaltigen Interventionen von Strauß für eine Ablehnung. Dieses einmütige Votum hatte starke innen- und außenpolitische Wirkungen.

Der Bundestagswahlkampf wurde mit Härte und viel Polemik geführt. Die SPD beantwortete den Unionsslogan »Freiheit statt Sozialismus« mit heftigen Attacken, in denen Strauß als die eigentliche Schlüsselfigur und der böse Geist der Union bezeichnet wurde. Die Auseinandersetzungen zur Wirtschafts-, Finanz- und Gesellschaftspolitik konzentrierten sich schließlich auf die Rentenversicherung. Ungünstige Prognosen der Selbstverwaltung führten zu Vorwürfen der Union wegen angeblicher Versäumnisse der Bundesregierung. Schmidt wies dies vehement als Panikmache zurück und betonte, die Renten seien sicher.

Die starke Polarisierung trug zu der sehr hohen Wahlbeteiligung von 90,7 Prozent am 3. Oktober bei. SPD und FDP behaupteten eine, allerdings stark geschrumpfte Mehrheit. Die Sozialdemokraten erhielten 42,6 Prozent und 214 Mandate, ein Verlust von 3,2 Prozent. Die FDP erwies sich mit 7,9 Prozent und 39 statt 38 Sitzen als stabiler. Die Union erreichte 48,6 Prozent und gewann damit 3,7 Prozent hinzu. Sie kam auf 243 Mandate. Damit hatte die Koalition bei den voll stimmberechtigten Abgeordneten lediglich einen Vorsprung von zehn Sitzen.

Schmidt und Genscher hatten Schwierigkeiten, die Koalitionsverhandlungen zügig voranzubringen. Es ergaben sich Differenzen in der Wirtschafts- und Finanzpolitik. Die selbstbewußteren Freien Demokraten forderten nachdrücklicher als 1969 und 1972 präzise Festlegungen für eine marktwirtschaftlich orientierte Politik, den Vorrang der Preisstabilität und des Defizitabbaus. Es gelang ihnen, in der Koalitionsvereinbarung eine Absenkung ertragsunabhängiger Steuern, vor allem der Vermögenssteuer, zu verankern. Zum Ausgleich sollte die Mehrwertsteuer erhöht werden. Friedrichs bezeichnete dies als einen wichtigen Schritt für eine stärker angebotsorientierte Politik und stieß damit bei den SPD-Linken auf beträchtlichen Unwillen. Zu einer Erschütterung führte dann in beiden Koalitionsfraktionen und der deutschen Öffentlichkeit die Feststellung, die zum 1. Juli 1977 fällige Erhöhung der Renten sei auf der Basis der bisher geltenden Bemessungsgrundlage nicht möglich.[13] Gegen eine Anhebung der Beiträge gab es Bedenken. So wurde zunächst abgesprochen, die Erhöhung um sechs Monate zu verschieben, die Beiträge der Rentenversicherung an die Krankenversicherung von siebzehn auf elf Prozent zu senken und ab 1979 von der Brutto- auf eine Nettoanpassung an die Lohnentwicklung überzugehen. Diese Pläne führten zu einem Aufstand in der SPD-Fraktion. Die Union verschärfte ihre im Wahlkampf geübte Kritik und bezichtigte die Regierung einer bewußten »Rentenlüge«. So mußte die Koalition ihre Absprache fallenlassen und die Anpassung zum ursprünglichen Termin vornehmen, was sich nur durch eine Änderung der Vorschriften über die Rücklagenbildung ermöglichen ließ. Die Notwendigkeit tiefergreifender Veränderungen war von jetzt an offenkundig.

Am 15. Dezember wurde Schmidt von 250 Abgeordneten erneut zum Bundeskanzler gewählt – das war eine Stimme mehr als die erforderliche Majorität. Im Anschluß daran erklärte Arbeitsminister Arendt, er werde dem nächsten Kabinett nicht mehr angehören. Damit übernahm er die Verantwortung für die falschen Darstellungen zur Situation der Rentenversicherung. Die mehrfach wiederholten Beteuerungen, der Bundeskanzler sei vor der Wahl überhaupt nicht informiert gewesen, wurden vierzehn Jahre später durch die Memoiren seines damaligen Finanzministers Apel korrigiert.[14]

Schmidts Regierungserklärung vom 16. Dezember vermochte die gedrückte Stimmung in der SPD nicht zu verbessern. Nach einer kritischen Reflexion zu dem Rentendebakel folgten vorsichtige Aussagen über den künftigen Kurs. Im Vordergrund standen Aufgaben des Krisenmanagements, neue Reformen wurden nur selektiv und überwiegend im Verantwortungsbereich der Länder angesprochen, so mit der Forderung nach bundeseinheitlichen Rahmenbedingungen für das Bildungswesen. In der SPD war mit dem beginnenden Streit um die Kernenergie ein neues Konfliktfeld entstanden. Schmidt erklärte, auf den Bau von Atomkraftwerken könne nicht verzichtet werden, kündigte aber zugleich an, die Möglichkeit der Einführung einer Verbandsklage im atomrechtlichen Genehmigungsverfahren solle geprüft werden. Das Presseecho war durchweg ungünstig. Der Bundeskanzler nahm in der Regierungsmannschaft nur wenige Änderungen vor. Nachfolger Arendts wurde der Gewerkschafter Herbert Ehrenberg.

Zu einer gewissen Entlastung für die hartbedrängte Koalition führte ein heftiger Streit zwischen CSU und CDU, den Strauß vom Zaun brach. Er kritisierte die vergleichsweise schwächeren Wahlergebnisse in den norddeutschen Ländern und attackierte die »Nordlichter« lauthals. Albrecht und ich wiesen seine Vorwürfe zurück und antworteten ihm, daß der Hamburger Schmidt im Norden nach allen veröffentlichten Meinungsumfragen eine weit höhere Zustimmung fand als im Süden. Dies sei eine vergleichbare Lage wie 1972, als der Lübecker Brandt SPD-Spitzenkandidat war. Außerdem hätte die vor allem vom CSU-Vorsitzenden zugespitzte emotionale Polarisierung in unserer Heimatregion viele Wechselwähler eher abgestoßen als gewonnen. Nach längeren Verhandlungen konnte die drohende Sezession der CSU aus der gemeinsamen Fraktion abgewendet werden. Nach dem Friedensschluß wurde Kohl mit sehr großer Mehrheit zum Oppositionsführer gewählt.

Auch unter dem Vorzeichen der sich verbessernden Wirtschaftslage trat die Bundesregierung weiterhin für längerfristige Investitionsprogramme ein. Das war eine politische Konzession an bestimmte Gruppen in der SPD und in den Gewerkschaften, die jeden Konsolidierungsschritt kritisierten und eine Ausweitung der öffentlichen Ausgaben forderten. Im Dezember kündigte das Kabinett ein mehrjähriges »Zukunftsinvestitionsprogramm« (ZIP) an. Nach längeren Verhandlungen stimmten die Länder im Juni 1977 zu. Es wurden gemeinsam Ausgaben von sechzehn Milliarden DM eingeplant. Die Schwerpunkte lagen im Verkehrssektor, bei der Stadt- und Dorferneuerung, in der Energieeinsparung und im Umweltschutz.[15]

Die Auswirkungen der Finanzpolitik in den Jahren 1974 bis 1977 wurden differenziert beurteilt. Die Bewältigung der Krise von 1974/75 fand im nachhinein überwiegend Anerkennung. Die expansive Finanzpolitik verhinderte, daß der Einbruch noch tiefer wurde und die Arbeitslosigkeit stärker anstieg. Zwar war die Wirkung der Ausgabenprogramme schon damals umstritten, aber die hohen Defizite entstanden überwiegend als Reflex auf die Rezession, also durch Steuerausfälle und Mehrausgaben für die Arbeitslosigkeit sowie Steuererleichterungen, die allgemein befürwortet wurden. Die Rechtfertigung der Defizite mit konjunkturpolitischen Argumenten verdeckte allerdings, daß sie auch eine zunehmend strukturelle Komponente aufwiesen.[16] Die Resultate des finanzpolitischen Kurses der folgenden Zeit waren zwiespältiger. Zwar ging der Fehlbetrag im öffentlichen Gesamthaushalt 1976 auf 4,3 und 1977 auf 2,6 Prozent zurück. Das Finanzierungsdefizit im Bundeshaushalt, das 1975 noch 33 Milliarden DM betragen hatte, sank im folgenden Jahr auf 26 und 1977 auf 22 Milliarden. Die Sonderrücklagen der öffentlichen Hand aus Jahren der Hochkonjunktur waren bis 1976 aufgebraucht; daher mußten die Fehlbeträge völlig aus einer Erhöhung der Nettokreditaufnahme finanziert werden.[17] Vor allem die seit 1970 stark gestiegenen Personalausgaben und der wachsende Anteil des Schuldendienstes gefährdeten die Flexibilität der Haushaltsführung. So ging die Investitionsquote im öffentlichen Gesamthaushalt trotz der Investitionsprogramme weiter zurück: Im Bundeshaushalt fiel sie von 18,7 Prozent (1973) auf 13,7 Prozent (1976). Vor allem durch das ZIP stieg sie bis 1979 noch einmal zeitweise auf 16,2 Prozent, um dann rasch wieder zu fallen.[18] Wie Ende der sechziger Jahre kam es erneut zu Verzögerungen bei der Ausführung der Programme.[19] So fielen die Auswirkungen des ZIP in die Jahre relativ guter Konjunktur von 1978 und 1979. Die Hoffnung, die hohen staatlichen Defizite würden sich durch die davon ausgelösten Wachstumseffekte selbst finanzieren, erfüllte sich nicht.

Die Kreditfinanzierungsquote am Bundeshaushalt stieg von 1973 bis zum Ende der siebziger Jahre von zwei auf fast dreizehn Prozent. Dies war nach dem Höchstwert von nahezu neunzehn Prozent im Jahr 1975 eine nur unzureichende Konsolidierung. Die Länder konnten ihre Schuldenaufnahme nach den von hohen Defiziten geprägten Jahren 1975 und 1976 etwas stärker zurückführen, während die Gemeinden ihre Kreditfinanzierung schon seit 1973 eingeschränkt hatten. Die Zinsbelastung im Bundeshaushalt überstieg 1977 die Fünfprozent-, 1980 schon die Sechsprozent-Marke und lag damit höher als bei Ländern oder Gemeinden.[20] Wenn diese Politik nicht die erhofften langfristigen Wirkungen zeitigte, so waren dafür neben den erwähnten Faktoren zwei weitere Gründe ausschlaggebend: Das Vertrauen der Unternehmen in die Wirksamkeit staatlicher Ausgabenprogramme ließ erkennbar nach. Die Erwartungen richteten sich in Wissenschaft und Wirtschaft zudem stärker auf eine dauerhafte Verbesserung der Rahmenbedingungen. Die angebotspolitisch orientierten Entscheidungen, vor allem in der Steuergesetzgebung jener Jahre, erfolgten in mehreren kleinen Schritten. Sie waren nicht Teil einer neuen, klar strukturierten Strategie, sondern Ergebnis politischer Kompromisse. Die Regierung Schmidt konnte und wollte keinen offenen Bruch mit den Prinzipien der Ära Brandt riskieren. Dies hätten Teile der SPD und des DGB nicht mitgetragen.

Die heftigen Auseinandersetzungen über die Rentenversicherung nach der Bundestagswahl wurden bereits geschildert. Ende 1977 mußte die nächste Rentenerhöhung vom 1. Juli 1978 auf den 1. Januar 1979 verschoben werden. Eine Neuberechnung der Bemessungsgrundlage klammerte die exzessiven Lohnsteigerungen des Jahres 1974 für die Anpassung der Renten aus. Für die Jahre 1979 bis 1981 sollte der Steigerungssatz 4 beziehungsweise 4,5 Prozent betragen. Der Beitragssatz wurde für 1981 von 18 auf 18,5 Prozent erhöht, die Anrechnung beitragsfreier Zeiten begrenzt. Ab 1978 hatte die Bundesanstalt für Arbeit Beiträge an die Rentenversicherung abzuführen. Das bewirkte natürlich eine Mehrbelastung der Arbeitslosenversicherung. Schließlich wurde die Schwankungsreserve von drei Monatsausgaben auf eine Monatsausgabe »abgeschmolzen«.

Bei der Krankenversicherung zeigten sich erneut Strukturfehler des Systems. Die Nachfrage wuchs überproportional an, wozu das Fehlen einer wirksamen Selbstbeteiligung beitrug Die Anbieter hatten weiterhin keinen Anreiz zu wirtschaftlicher Leistungserbringung. Die Zahl der Ärzte nahm von 1970 bis 1982 um fast fünfzig Prozent zu. Hier setzten auch die ersten Bemühungen des Gesetzgebers an: Da Zulassungsbeschränkungen aus verfassungsrechtlichen Gründen aussichtlos schienen, führte das »Krankenversicherungsweiterentwicklungsgesetz« von 1976 eine »Kassenärztliche Bedarfsplanung« ein. Sie bewirkte in der Folgezeit eine gleichmäßigere regionale Verteilung der ärztlichen Versorgung, ohne die Zunahme der Kassenarztpraxen nennenswert zu bremsen.

Mit dem Krankenversicherungsgesetz vom Juni 1977 wurde der Begriff der »Kostendämpfung« eingeführt, der bis heute die gesundheitspolitische Debatte bestimmt. Während noch zu Beginn der siebziger Jahre jeder Kostenanstieg im Gesundheitswesen als Ausweis sozialen Fortschritts galt, wurde jetzt deutlicher, wie sehr das System die meisten Beitragszahler überlastete. Die Antwort des Gesetzgebers bestand jedoch nicht in einer grundlegenden Reform der Gesetzlichen Krankenversicherung, sondern in einer Vielzahl punktueller Eingriffe. Dabei zeichneten sich drei Tendenzen ab: Die Bemessung der Beiträge wurde verbreitert, um die Einnahmen zu steigern; der Anstieg der Vergütungen für ärztliche Leistungen und der Preise für Medikamente sollte an bestimmte gesamtwirtschaftliche Kriterien gebunden werden. Dies blieb aber ohne nachhaltige Wirkung, da eine ergänzende Mengensteuerung fehlte. Ansätze zur Selbstbeteiligung waren zaghaft. Bestimmte Heil- und Hilfsmittel wurden aus der Leistungspflicht genommen; hinzu kam bei Zahnersatz eine zwanzigprozentige Mitfinanzierung der Kosten durch die Versicherten. Auf der anderen Seite brachte die Begrenzung der Beiträge der Gesetzlichen Rentenversicherung zur Krankenversicherung der Rentner erhebliche Einnahmeausfälle mit sich. Anfang 1982 erreichten die Beitragssätze im Durchschnitt bereits zwölf Prozent. 1983 traten Entscheidungen über eine stärkere Selbstbeteiligung in Kraft. Insgesamt brachten die verschiedenen Neuregelungen nur bescheidene dauerhafte Einsparungen. Belastungen wurden zwischen den Zweigen der Sozialversicherung und dem Bundeshaushalt hin- und hergeschoben. Einige Wissenschaftler und Politiker begannen, eine grundlegende Strukturreform der Systeme sozialer Sicherung zu erörtern.[21]

Die Jahre 1976 bis 1980 waren durch zahlreiche steuerpolitische Initiativen der Regierung und der Union gekennzeichnet. Es kam zu einer gewissen Entlastung der Betriebe bei den ertragsunabhängigen Steuern, aber vor allem bei der Ausgestaltung der Einkommensteuer bestanden die politischen Gegensätze zwischen der Mehrheit des Bundestages und des Bundesrates weiter fort. Im Juni 1976 scheiterte ein Regierungsentwurf für eine Erhöhung der Mehrwertsteuer um zwei Punkte in der Länderkammer. Obwohl es auch für die Länder verlockend erscheinen konnte, an der geplanten Mehreinnahme von elf Milliarden DM zu partizipieren, setzten sich in der Union die Argumente gegen eine weitere Anhebung der Steuerlast durch.

Im April 1977 legte die Regierung ein neues Konzept vor. Es sah wieder die zuvor verworfene kräftige Anhebung der Mehrwertsteuer vor, zugleich jedoch Entlastungen für etwa die Hälfte des geplanten Aufkommens.[22] So sollten die Freibeträge bei der Gewerbe- und der Lohnsummensteuer deutlich erhöht und die Sätze für die juristischen und natürlichen Personen bei der Vermögenssteuer reduziert werden. Die Regierung begründete diese Kehrtwendung gegenüber ihren Entscheidungen von 1974 mit dem Erfordernis, die Wirkungen einer pauschalen Erhöhung der steuerlichen Einheitswerte von 1974 im Interesse der Unternehmen zu mildern. Außerdem wurde eine Anhebung der Höchstbeträge bei den Sonderausgaben und der Vorsorgepauschale vorgeschlagen. Bei der ersten Beratung im Bundesrat erklärte ich am 6. Mai für die unionsgeführten Länder, im Gesamtergebnis dürfe es nicht zu einer Steuererhöhung, sondern nur zu einer Entlastung kommen.[23] Unser wichtigstes Ziel sei eine allgemeine Tarifsenkung für alle Steuerzahler. Auch einige SPD-geführte Länder äußerten intern Bedenken gegen eine so massive Heraufsetzung der Mehrwertsteuer. In diesem Punkt lenkte die Koalition schließlich ein. Es kam zu einer Erhöhung um ein Prozent und mehreren anderen Verbesserungen des Regierungsentwurfs, so daß einschließlich einer geringfügigen Steigerung des Kindergeldes eine Entlastung um rund vier Milliarden DM erreicht wurde.

Bereits im September 1977 brachten SPD und FDP einen weiteren Gesetzentwurf »zur Steuerentlastung und Investitionsförderung« ein. Er sah eine Erhöhung des Weihnachts- und Grundfreibetrages sowie günstigere Sätze für die degressive Abschreibung bei Gebäuden und beweglichen Wirtschaftsgütern vor. Erneut bekräftigten die Unionsvertreter in Bundestag und Bundesrat ihre Forderung nach einer allgemeinen Tarifentlastung. Im Vermittlungsverfahren wurde im November eine Teillösung erreicht. Zu der Anhebung des Grundfreibetrages kam ein »allgemeiner Tariffreibetrag« von 510 (1020) DM. Dies und die Abschreibungserleichterungen bewirkten eine Steuersenkung um elf Milliarden DM, fast vier Milliarden DM mehr, als von der Regierung vorgesehen.[24]

Ein Hauptpunkt des Steueränderungsgesetzes 1979 betraf die Abschaffung der Lohnsummensteuer. Sie wurde in der Finanzwissenschaft und -wirtschaft seit langem kritisiert.[25] Ferner sollten die Freibeträge bei der Gewerbesteuer und der Grundfreibetrag angehoben werden. Mit der Beseitigung des 1974 gegen das Votum der Union eingeführten »Tarifsprungs« zwischen der Proportional- und Progressionszone der Einkommensteuer reagierte die Regierung auf eine immer stärker werdende öffentliche Kritik. Seit 1974 war fast die Hälfte der Lohnsteuerzahler in den Progressionsbereich »aufgestiegen« und von der überdurchschnittlichen Steigerung betroffen. Jetzt sollte bis zu den mittleren Einkommensgruppen (48 000/96 000 DM) eine Abflachung erfolgen. Zu einer teilweisen Gegenfinanzierung forderte die Regierung eine Anhebung der Mehrwertsteuer um ein Prozent. Dies brachte die Union in Schwierigkeiten. Die erwähnten wichtigsten Punkte entsprachen ihren eigenen Vorstellungen.

Eine erneute Mehrbelastung der öffentlichen Haushalte von fast fünfzehn Milliarden DM für Steuersenkungen und höheres Kindergeld war auch für die Länder und Kommunen schwer zu verkraften. Im Vermittlungsverfahren verlangten CDU und CSU eine Wiedereinführung von Kinderfreibeträgen und einen höheren Steueranteil für die Kommunen. In der Tat verständigte man sich auf einen höheren Gemeindeanteil an der Einkommensteuer von jetzt fünfzehn Prozent und eine Neugestaltung der Gewerbesteuerumlage zugunsten der Kommunen. Nach diesen Vereinbarungen stimmten wir der Mehrwertsteuererhöhung zu. Im Saldo konnte eine weitere Steuerentlastung um 6,5 Milliarden DM erreicht werden.

Letztlich hatte für die maßgeblichen Unionspolitiker das Erfordernis einer veränderten Relation von direkten und indirekten

Steuern ausschlaggebendes Gewicht. Der Anteil der direkten Steuern auf Arbeit und unternehmerische Tätigkeit war seit zwei Jahrzehnten ständig angestiegen. 1960 hatte er noch 50,52 Prozent des Gesamtsteueraufkommens betragen und damit den von der Finanzwissenschaft empfohlenen Größenordnungen entsprochen. 1970 belief er sich auf 51,8 Prozent, 1976 trotz der Entlastung durch die Steuerreformen bereits auf 58,8 von Hundert.[26] Dies belastete den Standort Bundesrepublik im internationalen Vergleich und damit die Investitionsbedingungen und den Arbeitsmarkt. Allerdings stellte sich schon nach wenigen Jahren wieder heraus, daß ohne eine grundlegende Neugestaltung des gesamten Tarifbereichs vom Eingangs- bis zum Höchststeuersatz der Einkommensteuer die Entlastungswirkungen überwiegend nur temporären Charakter hatten. Hierüber konnte jedoch mit der SPD/FDP-Regierung kein Konsens erreicht werden.

Bereits im Sommer 1979 forderte die CDU/CSU-Bundestagsfraktion eine weitere Rückführung der Einkommen- und Lohnsteuer. Im Kreis der Länder gab es Vorbehalte. Aufgrund der expansiveren Haushaltspolitik zeichneten sich bereits höhere Defizite für alle Ebenen ab, und insbesondere die Sprecher der Städte und Kreise verlangten eine Phase der Konsolidierung. Aber schließlich legten die unionsgeführten Länder im Herbst den Entwurf eines Steuerentlastungsgesetzes vor; die Bundestagsfraktionen von SPD und FDP folgten mit einem eigenen Vorschlag.[27] Einvernehmlich war eine weitere Erhöhung des Grund- und Weihnachtsfreibetrages vorgesehen. Für eine Tarifentlastung gab es unterschiedliche Vorstellungen. Aufschlußreich war hier die Begründung des Regierungskonzepts: Es gehe darum, »jene rund 10 Prozent der Lohnsteuerpflichtigen, die seit den letzten Tarifkorrekturen in die … Steuerprogression hineingewachsen sind, wieder in die niedrige Proportionalzone zurückzuführen«. Derartige Anpassungen seien »von Zeit zu Zeit erforderlich«.[28] Im Vermittlungsverfahren wurden die Proportionalzone ausgeweitet und die Progression für die mittleren Einkommen stärker abgeflacht, als von der Regierung vorgesehen. Ich hatte dem Bundesfinanzminister in einem Vorgespräch erklärt, ohne ein Entgegenkommen der Regierung bei der steuerlichen Entlastung für die Kinder würden wir überhaupt keinen Kompromiß schließen. Seit 1974 sei es im Gegensatz zu den damaligen Versprechungen nicht möglich gewesen, für das erste Kinder eine Verbesserung des Kindergeldes zu erreichen. Wir müßten deshalb zu einem dualen System zurückkehren. Die Bundesregierung bot daraufhin im Vermittlungsausschuß einen steuerlichen »Kinderbetreuungsbetrag« von 1 200 DM jährlich gegen

Nach dem Ölschock von 1973 setzte die Bundesrepublik wie fast alle westlichen Industrieländer auf den raschen Ausbau der Kernenergie. Gegen die geplanten Atomkraftwerke in Whyl, Brokdorf, Gundremmingen und Kalkar regte sich bald massiver Protest, nicht nur von seiten der Anwohner, sondern zunehmend auch von der jungen Ökologiebewegung. Die Großdemonstrationen verliefen nicht immer so friedlich wie hier bei Kalkar 1977. Das Baugelände in Brokdorf etwa wurde wiederholt Schauplatz bürgerkriegsähnlicher Auseinandersetzungen.

Einzelnachweis an, den wir akzeptierten. Dies löste in der SPD-Fraktion heftige Kritik aus. Wir erreichten auch eine erneute Anhebung des Kindergeldes für Mehrkinderfamilien. Dafür mußten die Länder dem Bund allerdings bis zur nächsten gesetzlichen Umsatzsteuerverteilung Einnahmen von einer Milliarde DM jährlich übertragen.

In der Bilanz dieser Jahre konnte die Union als Erfolg verbuchen, daß trotz der wiederholt geforderten Steuererhöhungen eine niedrigere Steuerquote erreicht wurde. Ihre Wirkung wurde freilich weitgehend durch die weitere Anhebung von Sozialversicherungsbeiträgen aufgehoben, für die eine Zustimmung des Bundesrates nicht erforderlich war. Zu einer wirklichen Neustrukturierung und Vereinfachung des Steuersystems kam es nicht.

Wir haben bereits die unmittelbaren Folgen der massiven Preiserhöhungen durch das OPEC-Kartell 1973 und 1979 erwähnt. Sie veränderten die Parameter für die energiepolitischen Entscheidungen und Auseinandersetzungen nachhaltig. Von 1967 bis 1973 war der Energieverbrauch in der Bundesrepublik weiter gestiegen, von 267 auf 379 Millionen Steinkohleneinheiten (SKE).[29] Der Anteil des

Mineralöls wuchs in dieser Zeit auf 55 Prozent an, die Steinkohle fiel auf 22 Prozent zurück; von Bedeutung waren ferner Naturgas (10 Prozent) und Braunkohle (9 Prozent). Das Energieprogramm der Bundesregierung vom Oktober 1973, das erstmals eine langfristige umfassende Prognose enthielt, ging noch von einer weiteren Zunahme der Importe aus und sah zugleich eine rasche Steigerung des Stromangebots durch Kernkraftwerke vor.[30] Der unerwartete starke Preisschub führte in den beiden nächsten Jahren zu einem Rückgang des Energieverbrauchs um etwa acht Prozent. Die Folgen der Rezession trafen besonders den Steinkohleabsatz in der Stahlindustrie. Das fortgeschriebene Energieprogramm der Bundesregierung betonte im Oktober 1974 die Notwendigkeit, den Anteil der Importenergie und damit des Mineralöls zu senken.[31] Priorität müsse jetzt ein größeres Maß an Versorgungssicherheit und damit eine rasche Steigerung des Einsatzes von Kohle und Atomenergie haben. 1972 waren acht Kernkraftwerke mit einer Kapazität von 2 300 Megawatt in Betrieb, acht im Bau und weitere vierzehn in der Planung. Bereits am 30. November 1973 hatte Brandt in Bonn die Regierungschefs der Bundesländer eindringlich gebeten, schnell neue Standorte für Kernkraftwerke auszuweisen und alles zu tun, um die Genehmigungsverfahren zu beschleunigen. Im Protokoll dieser Sitzung hieß es:

»Notwendig ist insbesondere,

- die Verwaltungskapazität der Länder zu stärken,
- die Beratungskapazität zu erweitern,
- den Informationsaustausch unter den Genehmigungsbehörden zu verbessern,
- eine gemeinsame Standortpolitik zu entwickeln und die getroffenen Entscheidungen in allen politischen Ebenen gemeinsam zu vertreten.«

Kurz darauf beschlossen die Landeskabinette in Kiel und Stuttgart, für Brokdorf an der Elbe und Whyl am Oberrhein die von den Energieversorgungsunternehmen beantragten Genehmigungsverfahren einzuleiten und möglichst zügig voranzubringen. Vor allem im Streit um diese beiden Vorhaben zerbrach bald der vorher bestehende politische Konsens in der Nutzung der Kernenergie. Regionale Opponenten gewannen mit spektakulären Protestaktionen ein starkes Echo in den Medien und Unterstützung bei Teilen der Bonner Regierungsparteien SPD und FDP. Bundesweit organisierte Großdemonstrationen führten durch die massiven Attacken militanter Gruppen wiederholt zu schweren Auseinandersetzungen mit der Polizei. An der Elbe und am Oberrhein wurde so ein Stellvertreterkrieg um das Energieprogramm der Bundesregierung geführt. Baden-Württemberg gab das Projekt Whyl 1977 auf; Brokdorf wurde 1982 fertiggestellt und in Betrieb genommen.

Die Regierung Schmidt geriet in erhebliche Schwierigkeiten.[32] Der Bundeskanzler und der Wirtschaftsminister bezogen eindeutig für die umstrittenen Vorhaben Stellung, der FDP-Bundesausschuß sprach sich hingegen am 28. Juni 1977 in Saarbrücken für ein Moratorium im Bereich der Kernenergie aus. Friedrichs hatte mir schon zehn Tage vorher bei einem Gespräch in Kiel gesagt, er könne den sich abzeichnenden Kurswechsel seiner Partei nicht vertreten und werde wahrscheinlich die Konsequenzen ziehen. Am 8. September trat er zurück und übernahm den Vorstandsvorsitz der Dresdner Bank. Sein Nachfolger wurde der Bundestagsabgeordnete Otto Graf Lambsdorff. Ihm gelang es, auf dem Kieler Bundesparteitag der FDP am 8. November eine Mehrheit für das Energiekonzept der Regierung und damit den weiteren Ausbau der Kernenergie zu gewinnen. Für Schmidt wurde in der SPD die Unterstützung durch den DGB besonders wichtig. Ein Betriebsrätekongreß forderte Anfang November die verstärkte Nutzung der Kernenergie. Aber der Riß ging durch die ganze Partei und führte immer wieder zu heftigen Kontroversen. Die kritische Debatte blieb nicht ohne Wirkungen: 1977 beschloß der Bundestag eine Änderung des Atomgesetzes, womit ein Entsorgungsnachweis zur Voraussetzung für die Inbetriebnahme neuer Atomkraftwerke gemacht wurde. Danach konzentrierten sich die rechtlichen Schritte und teilweise rechtswidrigen Aktionen der Kernkraftgegner auf die für eine Lagerung und Wiederaufbereitung von Kernbrennstoffen geplanten Standorte.

Nach 1976 nahm der Energieverbrauch wieder zu, allerdings mit geringeren Steigerungsraten als vor 1973. Die Steinkohlenförderung betrug 1979 nur noch 85 Millionen Tonnen. Erheblich höhere Subventionen sollten langfristig einen Absatz von etwa 94 Millionen Tonnen ermöglichen, davon rund ein Drittel in der Stromerzeugung. Der Erdgasverbrauch gewann weiter an Bedeutung. Der Anteil des importierten Mineralöls ging bis 1983 auf knapp 44 Prozent zurück, wobei es zugleich gelang, den Bezug aus Lieferländern, die nicht der OPEC angehörten, beträchtlich zu steigern. Mitte der achtziger Jahre erfolgte die Stromerzeugung zu jeweils etwa dreißig Prozent aus Steinkohle-, Braunkohle- und Kernkraftwerken.

Erheblich höhere Energiekosten und staatliche Subventionen kennzeichneten die Situation nach 1980. So hatte sich der Preis für schweres Heizöl von 1968 bis 1981 nahezu versiebenfacht, in Hamburg von 77,93 DM auf 516,10 DM pro Tonne. Um so schwerwiegender war, daß es nach 1977 keinen politischen Konsens über die künftigen Erfordernisse und Prioritäten in diesem zentralen Sektor der Volkswirtschaft mehr gab. Der Konflikt über die Nutzung der Kernenergie wurde einer der stärksten Antriebe für die Gründung einer grünen Partei. Sie trat erstmals bei den schleswig-holsteinischen Kommunalwahlen im Frühjahr 1978 an der Elbe und der Westküste mit eigenen Listen an und veränderte bald das Parteienspektrum in der ganzen Bundesrepublik.

Mit einem Wachstum von 2,7 Prozent verlief die Konjunkturentwicklung 1977 nach Meinung der meisten Beobachter enttäuschend. Eine Ursache für die verhaltene Entwicklung lag in der realen Aufwertung der D-Mark gegenüber dem Dollar und anderen wichtigen Währungen.[33] Die Unzufriedenheit beruhte vor allem auf überzogenen Erwartungen, die sich immer noch an den hohen Zuwächsen der späten sechziger und frühen siebziger Jahre orientierten. Die Verantwortung für den verzögerten Aufschwung wurde mehr und mehr bei der Finanzpolitik gesucht. 1977 war der konjunkturelle Impuls der öffentlichen Haushalte erstmals seit Beginn des Jahrzehnts leicht negativ.[34] Daher nahm, vor allem von seiten der Gewerkschaften und der SPD, der Druck auf Schmidt und seinen Finanzminister zu, ihren Konsolidierungskurs zu korrigieren. Im Februar 1978 übernahm Hans Matthöfer das Finanzressort, nachdem Apel die Nachfolge Lebers im Verteidigungsministerium angetreten hatte. Matthöfer kam aus der traditionell linken IG-Metall, er hatte jedoch bereits seit 1974 als Forschungsminister die Linie des Bundeskanzlers entschieden vertreten und scheute auch vor Auseinandersetzungen mit seinen Freunden in den Gewerkschaften nicht zurück.

Ein Hauptgrund für die erwähnten Besorgnisse war die Stagnation am Arbeitsmarkt. Die Arbeitslosigkeit ging kaum merklich von 1,074 Millionen 1975 auf 1,06 Millionen 1976 und 993 000 im Jahre 1978 zurück, die Quote verharrte bei mehr als vier Prozent. Allmählich zeigte sich, daß die Erwerbslosigkeit nicht allein konjunkturell bedingt war, sondern sich strukturell verfestigte.[35] Unqualifizierte, Behinderte, ältere Arbeitnehmer, Frauen und Ausländer waren besonders stark betroffen. Viele Unternehmen trennten sich von weniger produktiven Beschäftigten. Dagegen blieb die Jugendarbeitslosigkeit gering; es bestätigte sich der gute Ruf des dualen Ausbildungssystems der Bundesrepublik. Trotz der relativ hohen Arbeitslosigkeit zeigte sich im Aufschwung in einigen Branchen und Regionen bald ein Facharbeitermangel. Dies wies auf Verkrustungen des Arbeitsmarktes, auf unzureichende Mobilität und Qualifikation hin. Der Ausländeranteil an den Beschäftigten verringerte sich von 10,7 Prozent im Jahre 1973 bis 1976 auf 8,8 von Hundert und in der Rezession 1982 auf knapp 8 Prozent. Es kam jedoch zu keinem nennenswerten Rückgang der ausländischen Wohnbevölkerung von etwa vier Millionen, sie stieg seit 1979 sogar wieder an.[36]

Im politischen Sprachgebrauch galten die Ausländer immer noch als »Gastarbeiter«, obwohl die Rückkehrbereitschaft abnahm, der Anteil nichterwerbstätiger Ausländer wuchs und die Zuwanderung vor allem durch Familiennachzug anhielt. Umstritten war, ob Ausländerbeschäftigung und Zuwanderung für die Sozialsysteme eine Be- oder eine Entlastung bedeuteten. In den sechziger und siebziger Jahren hatten die Einzahlungen der Gastarbeiter das Beitragsvolumen erheblich gesteigert. Jetzt nahmen sie stärker Leistungen der Arbeitslosenversicherung in Anspruch, und auch ihr Anteil an den Sozialhilfeempfängern stieg. Selbst in Zeiten zunehmender Arbeitslosigkeit waren die meisten Deutschen aber nicht mehr bereit, besonders schwere und weniger attraktive Arbeit zu übernehmen, die mittlerweile überwiegend von Ausländern geleistet wurde.[37]

Ende 1977 gab es erste Anzeichen für eine neuerliche expansive Finanzpolitik.[38] Der übertriebene Konjunkturpessimismus und die Kritik am Konsolidierungskurs der öffentlichen Hand, die vorübergehend auch vom Sachverständigenrat artikuliert wurden, zeigten Wirkung.[39] So entsprachen die bereits erwähnten Vereinbarungen des Weltwirtschaftsgipfels von 1978 den Erwartungen in weiten Teilen der deutschen Öffentlichkeit. Im Januar 1978 wurde der Bundeshaushalt für dieses Jahr mit einer hohen Steigerungsrate von 10,4 Prozent verabschiedet. In der zweiten Jahreshälfte verstärkte sich der expansive Kurs weiter. Am 28. Juli legte die Bundesregierung mit dem Haushaltsentwurf 1979 ein neues Programm »zur Stärkung der Nachfrage und zur Verbesserung des Wirtschaftswachstums« vor. Es umfaßte einschließlich der erwähnten steuerlichen Entlastungen ein jährliches Volumen von 14,7 Milliarden DM.[40] Dies entsprach fast dem angekündigten zusätzlichen Impuls von einem Prozent des Bruttosozialprodukts. Insgesamt 11,1 Milliarden DM entfielen auf Mehrausgaben in den Jahren 1979 und 1980. Darunter waren nicht nur Investitionen, sondern auch höhere Sozialausgaben beim Kinder- und Wohngeld, dem Mutterschutz und der Rentenversicherung. Zugleich verkündete die Regierung, dieser expansiven Phase solle bald wieder eine zurückhaltende Haushaltspolitik folgen, in der die Konsolidierung im Vordergrund stehe. Eine überzeugende Begründung für die Intervallplanung gab sie nicht. Zunächst wuchs das Haushaltsdefizit des Bundes von 22 Milliarden DM 1977 in den beiden Folgejahren wieder auf 26 Milliarden an. In derselben Zeit stieg der Kapitalmarktzins. Dies zeigte, daß die Märkte die erratische Finanzpolitik kritischer beurteilten.

Für Schmidt war in jenen Jahren der enge Schulterschluß mit der Führung des DGB eine unerläßliche Stütze für eine stabile innerparteiliche Mehrheit gegen den linken Flügel. Nach dessen Kritik an der Energie- und Steuerpolitik zeichnete sich auch ein Konflikt in der Sicherheits- und Verteidigungsplanung ab. Deshalb mußte der Kanzler besorgt sein, als im November 1978 die IG-Metall erstmals seit Jahrzehnten in der Stahlindustrie zu Streiks überging, denen sofort die Aussperrung durch die Arbeitgeber folgte. Neben Lohnsteigerungen stand die neue Forderung nach einer schrittweisen Einführung der 35-Stunden-Woche im Mittelpunkt des Streits. Hier blieben die Unternehmer bei ihrer Ablehnung, aber im Schlichtungsverfahren wurden eine Verlängerung des Urlaubs und mehr Freischichten vereinbart. Die IG-Metall und bald auch weitere DGB-Gewerkschaften rückten von jetzt an die Verkürzung der Wochenarbeitszeit in das Zentrum ihrer Aktionsprogramme zur Bekämpfung der Arbeitslosigkeit. Dabei verstärkte sich zunächst die Wachstumsdynamik, 1979 auf fast vier Prozent; jetzt fiel auch die Arbeitslosenzahl mit 876 000 deutlicher unter die Millionengrenze. Zunehmend wurde eine kritischere Einschätzung laut, die expansive Politik habe nur einen vorhandenen Aufwärtstrend beschleunigt.[41] Die Inflation verstärkte sich rasch, von 2,8 Prozent 1977 auf 4 Prozent zwei Jahre später und 5,8 Prozent 1980.[42] Ein wesentlicher Faktor dafür war die massive Ölpreiserhöhung, zusätzlich gab es, vor allem vom Bausektor ausgehend, auch binnenwirtschaftliche Impulse für den Preisanstieg.

Dies veranlaßte die Bundesbank zu einem folgenschweren Kurswechsel. Noch im Dezember 1977 hatte sie den Diskont auf drei Prozent gesenkt, nicht zuletzt, um einer weiteren Aufwertung der D-Mark entgegenzuwirken. 1979 bahnte sich eine Wende an. Der neue Vorsitzende der US-Notenbank, Paul Volcker, erklärte die Brechung der Inflation zum vorrangigen Ziel und begann die Zinsen kräftig zu erhöhen. Dem folgte ein Anstieg des Dollarkurses, der im Herbst 1979 mit 1,73 DM seinen bisherigen Tiefstand erreicht hatte. Der Washingtoner Kurswechsel beförderte einen weltweiten Trend zu steigenden Zinsen. Die D-Mark wertete jetzt auch gegenüber den anderen wichtigen Währungen real ab. Diese beiden Entwicklungen verbesserten die deutsche Außenhandelsposition, verschärften aber auch die Wirkungen der höheren Ölpreise – die deutsche Leistungsbilanz glitt ins Defizit.

Im Mai 1977 schied Klasen als Präsident der Bundesbank aus. Sein Nachfolger wurde Emminger, neuer Vizepräsident der Staatssekretär im Finanzministerium Karl Otto Pöhl. Klasen hatte in der Tradition Blessings besonderen Wert auf die Unabhängigkeit der Notenbank gelegt, aber er zeigte sich als persönlicher Freund seines Hamburger Mitbürgers Schmidt gelegentlich bereit, politischen Argumenten der Bundesregierung zu folgen. Der 66jährige Emminger wurde für eine Amtszeit von zwei Jahren berufen, während der er sich ganz der Geldwertstabilität verpflichtet fühlte. Als Emminger 1979 in den Ruhestand trat, versuchte Schmidt den Vorstandssprecher der Deutschen Bank, Wilfried Guth, als Nachfolger zu gewinnen. Nachdem dies mißlang, nominierte er Pöhl als neuen Präsidenten. Vizepräsident wurde Helmut Schlesinger, als Ökonom und Währungsfachmann angesehen und zugleich in einer betonten Distanz zu den manchmal wechselnden Erwartungen der Bonner Politik.

Ende 1978 reagierte die Bundesbank zunächst auf die wieder anziehenden Preise mit einem restriktiveren Kurs. Seit 1979 belastete auch die Hochzinspolitik in den USA den heimischen Kapitalmarkt. Vielfach wurden das ungewohnte Leistungsbilanzdefizit und die etwas leichtere D-Mark-Abwertung als Krisensymptom gewertet. Die Reaktion der Bundesbank war entschieden. Von Anfang 1979 bis zum Frühjahr 1980 stieg der Diskont von 3 auf 7,5, der Lombardsatz von 3,5 auf 9,5 Prozent. Die Kapitalmarktzinsen gingen schon in der zweiten Jahreshälfte 1978 nach oben und erreichten im Frühjahr 1980 über neun Prozent. Im Sommer fielen sie auf acht Prozent zurück, um dann bis Mitte 1981 Rekordwerte von mehr als elf Prozent zu erreichen.

Im Jahresverlauf 1980 kam es zu einer starken Verlangsamung der wirtschaftlichen Dynamik; das Wachstum ging auf 1,5 Prozent zurück. Noch hielt sich die Zahl der Arbeitslosen unter der Millionengrenze. Die Regierung verbreitete im Wahljahr die optimistische Einschätzung, es handele sich um eine kurze »Stockungsphase«, während die Opposition einen dramatischen Einbruch kommen sah.

Die zweite Regierung Schmidt/Genscher hatte nach dem schwierigen Start und dem Stimmungseinbruch Ende 1976 allmählich wieder an Zustimmung gewonnen. Die positiveren binnenwirtschaftlichen Daten und optimistischeren Erwartungen der meisten Menschen halfen ihr. Die terroristischen Morde an Jürgen Ponto, Hanns-Martin Schleyer und anderen bewirkten 1977 eine starke Solidarisierung. Vor allem die umsichtig geplante und entschlossen durchgeführte Befreiungsaktion von 99 Insassen einer nach Mogadischu entführten Lufthansa-Maschine verschafften dem Bundeskanzler und seinem Krisenstab Anerkennung. So ging Schmidt gestärkt in neue innerparteiliche Auseinandersetzungen. Aber nur mit äußerster Anstrengung gelang es ihm, den linken Flügel seiner Fraktion, bis auf zwei Abgeordnete, während der Schlußberatungen über die schon geschilderte Senkung von Unternehmenssteuern und die zusätzlich von uns im Bundesrat durchgesetzten Korrekturen 1977 bei der Stange zu halten.[43] Für Steffen übernahm der 1974 im Streit mit Schmidt aus dem Kabinett ausgeschiedene Eppler 1977 den Vorsitz der SPD-»Grundwerte-Kommission«. Er wurde neuer Sprecher der zunehmend ökosozialistisch orientierten Linken.

Der erwähnte Schwenk zu einer expansiveren Finanzpolitik fand zunächst durchweg Zustimmung und erleichterte für einige Zeit die Einbindung des linken Flügels. Der Bonner Weltwirtschaftsgipfel 1978 verstärkte das Bild Schmidts als eines international hochgeschätzten Weltökonomen. Diese zugunsten der Regierung veränderte Stimmung wurde in einer Serie von Landtagswahlen wirksam, die im Juni 1978 in Niedersachsen begann.[44] Die SPD verzeichnete mit Ausnahme Niedersachsens in allen Bundesländern Gewinne. In Hamburg erreichte sie die absolute Mehrheit der Stimmen und in Nordrhein-Westfalen erstmals die der Sitze. Im Saarland überrundete sie die CDU, die nur mit Hilfe der FDP an der Regierung blieb. In Schleswig-Holstein behauptete die Union im Frühjahr 1979 die Mehrheit der Mandate mit 1 300 Stimmen Vorsprung gegen SPD, FDP und SSW.

Im rauheren Klima jener Jahre brachen alte und neue Spannungen in der CDU/CSU auf. Kohls wiederholt geäußerte Erwartung, die 1976 geschwächte Koalition werde während der Wahlperiode scheitern, erfüllte sich nicht. Die Bundestagsfraktion wurde unruhig. Strauß, der im November 1978 Goppels Nachfolge als bayerischer Ministerpräsident angetreten hatte, begann erneut die Diskussion über eine vierte bundesweite Partei. Seine Forderung, die Auseinandersetzung mit SPD und FDP zu verschärfen, fand in Teilen der CDU wachsende Zustimmung. Biedenkopf legte als Vorsitzender der CDU Westfalens Anfang 1979 eine Denkschrift vor, die Voraussetzungen für eine mehrheitsfähige Union formulierte.[45] Er sprach sich für eine Trennung der Ämter des Partei- und Fraktionsvorsitzenden aus. Eine breitere Führungsgruppe werde die Schlagkraft und Attraktivität der CDU erhöhen. Kohl wehrte diesen Angriff ab. Er wurde auf dem Kieler Bundesparteitag im März 1979 wiedergewählt, allerdings mit einem schlechteren Ergebnis als zuvor. Daher entschloß er sich, auf eine erneute Nominierung als

Kanzlerkandidat zu verzichten, und warb in Gesprächen für Albrecht.

Am 23. Mai 1979 wählte die Bundesversammlung mit den Stimmen der CDU/CSU-Mitglieder aus Bund und Ländern Karl Carstens als Nachfolger Scheels zum Bundespräsidenten. Am Rande dieser denkwürdigen Sitzung erfuhr Strauß von Kohls neuen Überlegungen. Er fühlte sich übergangen und reagierte heftig. Am nächsten Tag erklärte CSU-Generalsekretär Edmund Stoiber, Strauß stehe als Kanzlerkandidat zur Verfügung. Damit drohte der Union eine Zerreißprobe. Nach wochenlangen Auseinandersetzungen wurde schließlich vereinbart, die Entscheidung durch eine Abstimmung in der Bundestagsfraktion herbeizuführen.[46] Am 2. Juli votierten nach einer siebenstündigen Debatte 135 Abgeordnete für Strauß und 102 für Albrecht. Jetzt traten alle führenden Politiker beider Parteien für einen Schulterschluß ein. Sie erkannten, daß sich durch den heftigen Streit die Ausgangssituation für die Bundestagswahl erheblich verschlechtert hatte und nur durch demonstrative Gemeinsamkeit wieder eine Chance gewonnen werden konnte. Aber das zweite Halbjahr 1979 brachte keine ermutigenden Zeichen. Bei der Bremer Bürgerschaftswahl im Oktober verlor die CDU erneut Stimmen und Mandate. Die erste große Fernsehdebatte zwischen Schmidt und Strauß verlief für den Herausforderer nicht gut; in der Demoskopie wuchs der beachtliche Vorsprung des Kanzlers vor dem bayerischen Ministerpräsidenten weiter an. So kam es auch in München zu einer beträchtlichen Ernüchterung.

Am 20. Januar 1980 besuchte mich Strauß in Lübeck-Travemünde. Er bat mich zu meiner Überraschung, als Kandidat für den Vizekanzlerposten und das Finanzministerium mit ihm in den Wahlkampf zu gehen. Strauß sagte, er sei sich darüber im klaren, daß es im evangelischen Bevölkerungsteil nördlich der Mainlinie und insbesondere in Norddeutschland erkennbare Vorbehalte gegen ihn gebe. Gemeinsam hätten wir eine wesentlich bessere Chance. Ich hatte mich schon im Jahr davor entschieden, 1980 nicht für den Bundestag zu kandidieren. 1976 war ich auf Kohls Wunsch hin für das Wirtschaftsressort in seine Kernmannschaft eingetreten. Im April 1979 hatten wir unseren Wahlerfolg in Schleswig-Holstein gegen den Bundestrend nur durch eine ungewöhnliche Kraftanstrengung erreicht, deren Folgen ich spürte. So schien es mir nicht sinnvoll zu sein, in meinem Heimatland in vier Jahren dreimal als Spitzenkandidat anzutreten. Mit Strauß' Bitte stellte sich die Frage in einer veränderten Situation. Es ging jetzt darum, den immer noch gefährdeten Zusammenhalt der Unionsparteien zu festigen und die schlechten Wahlaussichten soweit wie möglich

Die Bundestagswahlen 1980 standen ganz im Zeichen des streitbaren CSU-Vorsitzenden Franz Josef Strauß. Schon um seine Kandidatur hatte es in der Union heftige Konflikte gegeben. Der Wahlkampf selbst geriet dann zu einem Wettstreit der Mentalitäten. Landsmannschaftliche Vorbehalte spielten häufig eine größere Rolle als sachliche Argumente. Hier der aufbrausende und unbeherrschte Bayer, dort der nüchterne, hanseatische Staatsmann – so sahen viele den Gegensatz zwischen Strauß und Schmidt.

zu verbessern. Meine Kieler Freunde und Kohl rieten mir deshalb, das Angebot anzunehmen. So stimmte ich zu, ohne für den Bundestag zu kandidieren. Gemeinsam zogen wir in die Wahlschlacht, ab Juli 1980 mit einer Mannschaft von nicht weniger als 32 CDU- und CSU-Politikern und einer zunehmend motivierten Mitgliedschaft beider Parteien.

Die Landtagswahl in Nordrhein-Westfalen brachte am 11. Mai 1980 einen empfindlichen Rückschlag für die Union. Sie verlor fast 4 Prozent, während die SPD mit 48,4 Prozent stärkste Partei wurde; die FDP blieb knapp unter 5 Prozent. Die Freien Demokraten verfolgten von jetzt an eine betonte Konfliktstrategie in der Koalition.[47] Sie griffen die linken Gruppierungen in der SPD scharf an und betonten ihren eigenständigen Kurs vor allem in der Wirtschafts-, Finanz- und Sicherheitspolitik. Es gehe darum, Strauß zu verhindern und Schmidt zu stärken. Hierfür stehe die FDP mit Genscher.

Die Union verschärfte im Sommer ihre Kritik an der Finanz- und Wirtschaftspolitik der Koalition. Vor allem die drastisch gestiegene Staatsverschuldung mit ihren erkennbaren Dauerbelastungen und die immer höheren Sozialversicherungsbeiträge wurden zu unserem Hauptthema. In den Sommermonaten registrierten wir auf großen Kundgebungen in allen Bundesländern wachsende Aufgeschlossenheit für unsere Argumente. Dazu trugen die sich rasch verschlechternden Prognosen für die weitere Konjunkturentwicklung und die zunehmenden Schwierigkeiten zahlreicher Unternehmen bei. In wichtigen Zeitungen und bei vielen Wissenschaftlern fanden unsere Vorstellungen Unterstützung. Als die ethische Problematik einer übersteigerten öffentlichen Verschuldung Thema einer Stellungnahme der Katholischen Bischofskonferenz wurde, reagierten der Bundeskanzler und seine Partei heftig. Wir entschieden uns, im Vorfeld der Bundestagswahl mehrere kostspielige, zustimmungspflichtige Gesetzesinitiativen der Bundsregierung zu Fall zu bringen. Ich erklärte am 21. März 1980 im Bundesrat, die Vielzahl geplanter neuer Belastungen sei insbesondere für die Länder und Kommunen nicht mehr tragbar.[48] Zu jener Zeit lagen Parlament und Länderkammer noch 68 Vorlagen und Programme vor, die zusätzliche Mittel erforderten. Kurz darauf schlug ich der Regierung ein Moratorium für sämtliche ausgabenwirksamen Gesetzentwürfe, Anträge und Projekte bis zur Bundestagswahl vor. Am 4. und 18. Juli lehnten wir in der Länderkammer das Verkehrslärmschutzgesetz mit einem Finanzvolumen von über 20 Milliarden DM für die nächsten zwei Jahrzehnte ab, ebenso das neue Jugendhilfegesetz mit jährlichen Belastungen von 700 Millionen DM für Kommunen und Länder, eine Novelle zur Krankenhausfinanzierung und das »Strafvollzugs-Fortentwicklungsgesetz«. Einige Verbände kritisierten uns heftig, aber das Presseecho war überwiegend positiv. Jetzt verzichtete die Koalition auf eine Abstimmung über zahlreiche weitere Entwürfe.

Die SPD setzte im Wahlkampf auf Schmidts hohe persönliche Popularität. Dieser betonte, wie schon 1976, das Modell einer kooperativen Wirtschaftspolitik im ständigen Dialog von Regierung, Arbeitgebern und Gewerkschaften als Gütezeichen seiner Politik. Die zweite zentrale Aussage war, es gehe bei dieser Wahl um die Sicherung der Friedens- und Entspannungspolitik. Schmidt unterstellte mehrfach in seinen Reden, der »unbeherrschte« Strauß könne zu einem Risiko für den Frieden werden. Allerdings weckten Breschnews Entscheidung für die militärische Invasion in Afghanistan und die von ihm eingeleitete neue Runde einer massiven Aufrüstung, vor allem mit den auf Westeuropa gerichteten mobilen Atomraketen, bei vielen Deutschen Zweifel an dem schönen Bild einer zunehmenden Harmonie in den West-Ost-Beziehungen. Schmidt hatte selbst maßgeblich an dem NATO-Doppelbeschluß vom Dezember 1979 mitgewirkt, der diese einseitige Hochrüstung durch Verhandlungen beseitigen sollte und für den Fall eines Mißerfolgs eine westliche Nachrüstung mit nuklearen Systemen vorsah. Dies löste im Wahljahr wachsenden Widerspruch des linken Parteiflügels aus.

Die Dissonanzen in der SPD halfen vor allem den Freien Demokraten: Sie gewannen bei der Bundestagswahl am 5. Oktober fast 3 Punkte hinzu und kamen auf 10,6 von Hundert. Die SPD stagnierte bei 42,6 Prozent, nur 0,3 mehr als vor vier Jahren. CDU und CSU büßten 4,1 Prozent ein, behaupteten aber mit 44,5 Prozent die Position als stärkste Fraktion. Die Grünen erreichten lediglich 1,5 von Hundert, fanden jedoch mit ihrer ersten Kampagne für den Bundestag viel Beachtung.

Die Koalitionsverhandlungen von SPD und FDP gestalteten sich unter dem Vorzeichen weiter verschlechterter ökonomischer Prognosen schwierig. Der Sachverständigenrat wie auch die Wirtschaftsforschungsinstitute sagten in ihren Herbstgutachten 1980 für das nächste Jahr eine Stagnation voraus, der wahrscheinlich eine Rezession folgen werde. Die selbstbewußtere FDP forderte eine Politik drastischer Einsparungen, vor allem im sozialen Bereich, und eine Verringerung des Staatsanteils, der sich mittlerweile den fünfzig Prozent näherte. Matthöfer hielt ebenfalls Eingriffe in Leistungsgesetze und zahlreiche Haushaltstitel für notwendig, um die Neuverschuldung möglichst unter 30 Milliarden DM zu halten; er setzte aber einige Prioritäten anders als die Freien Demokraten. Bald nach der Wahl rief mich Matthöfer in Kiel an und schlug ein vertrauliches Gespräch vor. Es war üblich geworden, daß die Bundesregierung in dieser Weise den ersten Kontakt mit der Bundesratsmehrheit suchte, wenn die Zustimmung der Länderkammer für eigene wirtschafts- und finanzpolitische Initiativen erforderlich war. Aber der Zeitpunkt und die Umstände gaben unserer Begegnung am 20. Oktober einen besonderen Akzent. Matthöfer berichtete mir, an welche zusätzlichen Einschnitte er dachte, und warb um Verständnis. Er fügte hinzu, daß Schmidt und er am Wochenende ein erstes internes Gespräch mit den Ministern der SPD hatten. Nach seinem Vortrag hätten zwei Kollegen sofort erklärt, das Konzept sei für sie nicht tragbar. Schmidt habe geantwortet, er denke ohnehin an personelle Veränderungen, und jeder der freiwillig gehe, erleichtere ihm diese Aufgabe. Natürlich hielt ich mich an die vereinbarte Vertraulichkeit. Es war nicht schwierig, weil wenige Tage später aus dem Koalitionskreis einigen Journalisten die Streichlisten zugespielt wurden.

Die Folge war ein starker Stimmungseinbruch bei der SPD und

ihren Wählern. Nicht wenige ihrer Abgeordneten äußerten im Bundestag gegenüber Kollegen der Union, Strauß und Stoltenberg hätten doch recht behalten. Ein so loyaler Mann wie der Bremer Bürgermeister Hans Koschnick kritisierte öffentlich die einseitige Personalisierung des Wahlkampfes; das programmatische Profil der SPD sei zu kurz gekommen. Die Führung des DGB reagierte unfreundlich, nachdem Schmidt und Wehner der FDP in der Mitbestimmungsfrage Konzessionen gemacht hatten. Zwar wurde die Montanmitbestimmung noch einmal für sechs Jahre verlängert, aber die Freien Demokraten erreichten, daß die von der Gewerkschaftsseite vorgeschlagenen Aufsichtsratsmitglieder sich künftig einer Wahl durch die Belegschaften stellen mußten.

Die FDP bestätigte ihre Minister Genscher, Lambsdorff und Ertl sowie den 1978 neu berufenen Innenminister Gerhard Baum. Bei der SPD übernahm Forschungsminister Volker Hauff das Verkehrsressort, sein Nachfolger wurde Andreas von Bülow. Schmidt verlor seine engsten politischen Mitstreiter im Kanzleramt. Manfred Schüler schied nach über sechs Jahren als Chef des Bundeskanzleramtes aus und wechselte in den Vorstand der Kreditanstalt für Wiederaufbau; für ihn kam Staatssekretär Manfred Lahnstein. Der agile Regierungssprecher Klaus Bölling übernahm die Leitung der Ständigen Vertretung in Ost-Berlin; seinen Posten übernahm der *Zeit*-Redakteur Kurt Becker. Bereits im Vorjahr hatte sich Hans-Jürgen Wischnewski, als Staatsminister und erfahrener Parlamentarier wichtiger Verbindungsmann zur Partei und Fraktion, aus dem Kanzleramt zurückgezogen. Diese Abwanderung wichtiger Persönlichkeiten aus der Regierungszentrale erschien vielen Beobachtern als ein schlechtes Omen.

Schmidts Regierungserklärung vom 24. November war nicht geeignet, Zuversicht und neue Kräfte zu wecken.[49] Der Bundeskanzler war sichtlich von den schweren Wochen seit der Wahl mitgenommen. Es fehlten die präzise Analyse der Lage und die schlüssige Begründung künftigen Handelns, die seinen früheren Reden oft Ausstrahlung verliehen hatten. Eppler stellte bald darauf in ätzender Kritik fest: »Noch nie hat sich nach einer Regierungserklärung … eine solche Atmosphäre der geistigen Öde verbreitet.«[50] Der schlechte Start des neuen Kabinetts erleichterte der CDU und CSU ihre Entscheidungen. Strauß hatte sich am Wahlabend im Bonner Adenauer-Haus ausdrücklich bei Kohl und mir für die tatkräftige Unterstützung bedankt. Er hatte gute Gründe, neuen Streit zu vermeiden. Kohl wurde fast einstimmig als Fraktionsvorsitzender wiedergewählt. Ein Machtwechsel in absehbarer Zeit schien wahrscheinlicher als jemals seit 1969. Diese Aussicht förderte den Zusammenhalt innerhalb der Unionsparteien. Allerdings gab es eine interne Debatte, wie wir über die angekündigten Kürzungen bei gesetzlichen Leistungen im Bundesrat abstimmen sollten. In der CSU, aber auch bei einer Reihe von Abgeordneten der CDU, wurde die Auffassung vertreten, man sollte nach den Entgleisungen und falschen Parolen der SPD während des Wahlkampfes die Vorlagen scheitern lassen. Ich riet mit Albrecht, Bernhard Vogel und Lothar Späth dringend von einem solchen Konfrontationskurs ab, denn er werde die erschütterte Koalition wieder zusammenschmieden und uns zudem in der anspruchsvollen öffentlichen Debatte schaden. Wir hätten Einsparungen vor der Wahl gefordert und müßten sie nach einer Regierungsübernahme sofort durchführen. Es sei deshalb richtiger, auf bestimmten Korrekturen nach unseren Prioritäten zu bestehen, aber dann das Sparpaket zu akzeptieren. Nach einem Regierungswechsel bleibe noch genug für uns zu tun. Wir verständigten uns mit Kohl, und nach zwei langen Unterredungen stimmte auch Strauß schließlich dieser Strategie zu.[51]

Zunächst standen allerdings Steuererhöhungen im Vordergrund der neuen Finanzvorlagen. Matthöfer mußte aufgrund der Widerstände in der eigenen Fraktion Abstriche an seinen ersten Entwürfen machen. Vor allem die Mineralöl- und Branntweinsteuer sollten kräftig angehoben, Steuervergünstigungen für die Sparkassen und den Öffentlichen Personennahverkehr abgebaut werden. Kürzungen waren vor allem bei den investiven Gemeinschaftsaufgaben vorgesehen. Eine Beitragserhöhung für die Rentenversicherung sollte eine Verringerung des Bundeszuschusses ermöglichen. Der Finanzminister rechnete 1981 mit 4,4 und 1982 mit sechs Milliarden DM Mehreinnahmen; die Einsparungen bei den gesetzlichen Leistungen betrugen demgegenüber nur 1,4 bzw. 2,5 Milliarden DM. Mit einer massiven Erhöhung der gesetzlichen Postabgabe an den Bund, einem unterstellten starken Anstieg des Bundesbankgewinns und Einschnitten in zahlreiche Einzeltitel quer durch die Ressorts erwartete Matthöfer für das folgende Jahr eine Verbesserung von insgesamt 16 Milliarden DM. Bei der Debatte im Bundesrat wurde die Kritik der unionsgeführten Länder erstmals in einigen Punkten in vorsichtiger Form auch von dem Vertreter Nordrhein-Westfalens, Finanzminister Diether Posser, unterstützt. Im Vermittlungsverfahren beharrte die Koalition auf ihrem Steuerkonzept und kam den Ländern nur bei der Ausgestaltung der Gemeinschaftsaufgaben entgegen. Da sich die finanzwirtschaftlichen Daten rasch weiter verschlechterten, ließen wir die Vorlagen nach monatelangem Tauziehen am 5. Juni 1981 passieren.

Zu jenem Zeitpunkt diskutierte die Regierung bereits neue Initiativen, die jetzt auch tiefe Einschnitte in die Ausgaben bringen sollten. Die sogenannte »Operation 1982« umfaßte sechs Gesetzentwürfe, die den Bund dauerhaft um mehr als zehn Milliarden DM entlasten sollten, die Länder und Kommunen um fast vier Milliarden.[52] Es handelte sich vor allem um Einsparungen bei der Bundesanstalt für Arbeit, weitere Verbrauchssteuererhöhungen sowie den Abbau von Steuersubventionen. Als besonders hart wurde die generelle Kürzung des Kindergeldes für Eltern mit mehreren Kindern empfunden, und erneut waren die Spar- und Ausbildungsförderung betroffen, erstmals auch der Wohnungsbau und die Berlinhilfen. Wenn die Koalitionsfraktionen nach internen Auseinandersetzungen letztlich zustimmten, geschah dies vor allem unter dem Eindruck der bedrohlichen Entwicklung der Neuverschuldung des Bundes. Sie stieg 1981 statt der geplanten 27 auf 37,4 Milliarden DM. Die Kreditaufnahme im öffentlichen Gesamthaushalt belief sich auf mehr als 70 Milliarden DM, 4,9 Prozent des Bruttosozialprodukts. So blieb die Bundesbank bei ihrer Hochzinspolitik: Der Diskont verharrte bis zum Sommer 1982 bei 7,5 Prozent, der Lombard über längere Zeit bei 12 Prozent; erst im Juli 1982 wurde er auf 8 Prozent zurückgeführt. Schmidt übte heftige Kritik an diesem Restriktionskurs, der auch bei einem verlangsamten Wachstum der Geldmenge zunächst beibehalten wurde.[53] Die Währungshüter verwiesen dabei auf die relative Schwäche der D-Mark gegenüber dem Dollar und das zeitweise sehr hohe Leistungsbilanzdefizit.

Diese weitere Verschlechterung der wichtigsten ökonomischen Daten verstärkte die Bereitschaft der unionsgeführten Länder, den Finanzvorlagen der Regierung letztlich zuzustimmen. Allerdings beharrten sie auf einigen substantiellen Änderungen. Der Vermittlungsausschuß tagte mit mehreren Unterbrechungen vom 2. bis in die Morgenstunden des 8. Dezember. Es ging nur mühsam voran; unter den SPD-Mitgliedern wurden erhebliche Spannungen sichtbar. Am Abend des 7. Dezember machten wir einen neuen Kompromißvorschlag als letztes Angebot. Die Sitzung wurde unterbrochen. Wir sahen, wie gegen Mitternacht die Lichter im Kanzleramt angingen. Die Führung der Koalition brauchte mehrere Stunden, bis gegen 4.00 Uhr früh die Mitteilung kam, unsere Punkte würden angenommen. Damit verringerte sich der Umfang der Steuererhöhungen; das Volumen der Einsparungen wurde erweitert. So konnte die Zuwachsrate bei der Sozialhilfe für die nächsten Jahre erstmals festgeschrieben und damit begrenzt werden. Dies war nach massiven Mehrausgaben der Vorjahre eine Forderung aller

Länder. Durch eine Erhöhung der Zinsen für Wohnungsbaudarlehen aus der Zeit vor 1970 sollte ein Milliardenbetrag für den privaten Neubau mobilisiert werden. Im Ergebnis veränderte sich das Volumen der Haushaltsentlastungen nur geringfügig.

Trotz dieser Verständigung erwies sich die Bonner Führung zum Jahreswechsel 1981/82 zunehmend als immobil, »eingemauert« in einen drastisch verschlechterten Datenkranz, den verlorenen Handlungsspielraum für wachstumsfördernde Finanzpolitik, hohe Zinsen und Verlust an internationalem Vertrauen.[54] Wie der Sachverständigenrat formulierten jetzt viele unabhängige Meinungsführer in Wissenschaft, Wirtschaft und Publizistik ihre Kritik an den grundlegenden Weichenstellungen der siebziger Jahre. Rückläufige Investitionen in der Zeit der Stagnation und Rezession, die ständig verschlechterte Eigenkapitalausstattung der Unternehmen und die Gewinnkompression erschienen als Resultate einer fehlerhaften Politik.

Der Umschwung in der öffentlichen Meinung wurde seit dem Frühjahr 1981 in Ergebnissen mehrerer Regionalwahlen sichtbar. Ein stark beachteter Wechsel erfolgte in Berlin am 5. Mai. Die CDU erreichte mit Richard von Weizsäcker 48 Prozent der Stimmen und bildete mit der FDP eine neue Senatskoalition. Im März 1982 gewann sie in Niedersachsen erstmals eine Majorität der Wähler, im Juni wurde sie in Hamburg stärkste Partei. Die verschärfte Auseinandersetzung über den NATO-Doppelbeschluß wurde zu einer zweiten schweren Belastung für die SPD und die Bundesregierung. Am 16. November 1980 hatte mit dem maßgeblich von der Deutschen Kommunistischen Partei beeinflußten »Krefelder Appell« eine bundesweite außerparlamentarische Kampagne begonnen, die linke Gruppen aus den Gewerkschaften, Kirchen, Grün-Alternativen und zunehmend der SPD zusammenführte. Diese Protestbewegung drohte die Koalition im Kern der Außen- und Sicherheitspolitik zu spalten, so wie es fünf Jahre zuvor bei der Antiatomenergiekampagne schon einmal geschehen war. Die bis dahin nach außen geschlossen auftretende »Troika« der SPD-Führung, Brandt, Schmidt, Wehner, zeigte erkennbare Differenzen, als der Parteivorsitzende offen sein Verständnis für die Einwände der bedingungslosen Gegner einer Nachrüstung bekundete.

Die anhaltende Folge schlechter Nachrichten verstärkte den Druck auf die Koalitionsparteien, und der Fundus an Gemeinsamkeiten schwand dahin. Die FDP ging auf stärkere Distanz zur SPD.[55] Schon im August 1981 hatte Genscher in einem Brief an die Funktionsträger seiner Partei eine grundlegende inhaltliche Wende der deutschen Politik gefordert. Die verbreitete Anspruchsmentalität müsse gebrochen werden, eine konsequent marktwirtschaftliche Orientierung sei dringend geboten. Aber trotz der starken Worte bewegte sich der FDP-Vorsitzende bis zum Sommer 1982 mit großer Vorsicht. Der sozialliberale Flügel um Baum, Hamm-Brücher, Hirsch und junge Abgeordnete wie Ingrid Matthäus-Maier, wandte sich entschieden gegen alle Erwägungen eines Koalitionswechsels. Bei den Sozialdemokraten gewannen die innerparteilichen Opponenten gegen Schmidts Außen-, Wirtschafts- und Finanzpolitik in vielen Landesverbänden weiter an Einfluß. Nicht wenige Funktionäre sagten, wenn keine Kurskorrektur zu linken Vorstellungen möglich sei, wolle man in die Opposition gehen. Schmidt bildete im April 1982 das Kabinett um. Aber er war nicht mehr Herr des Verfahrens. Matthöfer wollte nach aufreibenden Jahren das Finanzministerium verlassen; Schmidt hielt ihn als Postminister im Kabinett. Neuer Finanzminister wurde Lahnstein. Für die amtsmüde Familienministerin, Frau Huber, kam Anke Fuchs. Ehrenberg ging; das Arbeitsministerium übernahm Heinz Westphal. Im Mai 1982 forderte die FDP auf ihrem Kölner Parteitag einen grundlegenden Umbau des Sozialstaates. Korrekturen bei der Lohnfortzahlung, mehr Selbstbeteiligung im System der Krankenversicherung und strenger gefaßte Zumutbarkeitsregeln für eine erneute Arbeitsaufnahme waren die Hauptpunkte in dieser Diskussion, die einer weitverbreiteten Stimmung entsprach. Auch der in der Regel linksorientierte *Spiegel* erschien im Juli 1981 mit der Schlagzeile »Der Wohlfahrtsstaat ist nicht mehr finanzierbar«.

Das Jahr 1982 brachte nicht die erhoffte Trendwende in den ökonomischen Schlüsseldaten. Das Bruttosozialprodukt schrumpfte vielmehr um ein Prozent; schon vor der Sommerpause begann eine Debatte über weitere Eingriffe in gesetzliche Besitzstände. Schmidt warb mit großem Nachdruck für ein gemeinsames Konzept der Koalition. Am 1. Juli einigte sich das Kabinett auf den Haushaltsentwurf für 1983 und die erforderlichen Einsparungen in den Begleitgesetzen. Vorgesehen waren insbesondere eine erneute Erhöhung der Beiträge zur Arbeitslosenversicherung, ab 1983 ein Krankenversicherungsbeitrag der Rentner, eine Anhebung der Selbstbeteiligung bei Kuren und für Krankenhauspatienten, die Kappung des Ehegattensplittings für höhere Einkommensbezieher und Einschränkungen bei der Bildung steuerbegünstigter Rücklagen für Betriebspensionen. Allerdings beruhte das Zahlenwerk mit einer geplanten niedrigeren Neuverschuldung von 28,4 Milliarden DM auf der viel zu optimistischen Annahme eines Wirtschaftswachstums von drei Prozent im Jahr darauf. Die erneuten Beitragserhöhungen und Eingriffe in das Steuerrecht fanden ein überwiegend kritisches Echo. Und erstmals reagierte der DGB, bis dahin Schmidts verläßlicher Verbündeter, mit heftigen Protestaktionen – Folge einer wachsenden Unruhe in den Betrieben und der zunehmenden allgemeinen Vertrauenskrise. Die Union lehnte sofort die geplanten Verschlechterungen im Einkommensteuerrecht ab. Das Defizit im öffentlichen Gesamthaushalt ging 1982 leicht auf 4,4 Prozent zurück: Die Sparbeschlüsse der »Operation 1982« zeigten eine gewisse Wirkung.

Die schwelende Krise brach im Spätsommer offen aus. Die hessische FDP beschloß für die Landtagswahl im September eine Koalitionsaussage zugunsten der CDU. Das führte bundesweit zu härteren Auseinandersetzungen zwischen den Regierungsparteien, in die jetzt auch die Spitzenpolitiker eingriffen. Im August erklärte Lambsdorff, es bestehe aufgrund der erneut ungünstigeren wirtschaftlichen Entwicklung für den Etat 1983 ein erheblicher zusätzlicher Konsolidierungsbedarf. Weitere Eingriffe in die sozialen Leistungen seien notwendig. Schmidt wertete dies als Signal für ein von der FDP gewolltes Ende der Koalition und drängte jetzt auf eine rasche Klärung. Dabei schloß der Bundeskanzler den Bruch nicht mehr aus. Er forderte den Wirtschaftsminister am 1. September nach einem Wortwechsel im Kabinett auf, ihm seine konkreten wirtschaftspolitischen Vorstellungen schriftlich zuzuleiten.

Acht Tage später erhielt der Bundeskanzler das sogenannte »Lambsdorff-Papier«, an dessen Ausarbeitung der Leiter der Grundsatzabteilung im Wirtschaftsministerium, Hans Tietmeyer, maßgeblich beteiligt war. Das »Konzept für eine Politik zur Überwindung der Wachstumsschwäche und zur Bekämpfung der Arbeitslosigkeit« formulierte klare Grundsätze einer marktwirtschaftlichen Erneuerung. Die politische Brisanz steckte in den konkreten Vorschlägen für erheblich verbesserte Investitionsbedingungen der Betriebe, die Senkung von Steuern und Sozialversicherungsbeiträgen, nachhaltige Einschnitte in soziale Leistungen und einen Umbau des Sozialsystems. Dies führte zu einer nicht unerwarteten scharfen Kritik der SPD und des DGB. Mehrere Kommentare bezeichneten den Text als »Scheidungsurkunde«. Lambsdorff fragte in jenen turbulenten Tagen seinen bewährten Staatssekretär Otto Schlecht, wieviel von dem Konzept wohl mit der SPD realisiert werden könne. Schlecht meinte, höchstens ein Drittel, aber auch mit der Union wohl nicht mehr als zwei Drittel.

Schmidt entschloß sich, jetzt den Konflikt mit allen Konsequenzen offensiv auszutragen. Am 15. September entschied sich die Führung der SPD, die Koalition vor der Hessenwahl aufzugeben,

Haushaltsdefizit, Steuererhöhungen, steigende Beiträge – schon 1980 kam in dieser Karikatur die Sorge um den übergewichtigen Sozialstaat zum Ausdruck. Das Problem hat sich seither massiv verschärft, und die Frage, wie man den Bundesadler entlasten kann, ohne den Sozialstaat in seiner Substanz anzutasten, ist zum wichtigsten innenpolitischen Konfliktstoff geworden.

die FDP des Verrats zu bezichtigen und Neuwahlen anzustreben. Für den 17. September hatte der Bundeskanzler eine Rede im Bundestag geplant, die dieses Vorgehen begründen und die FDP mit der vollen Verantwortung für das Scheitern der Zusammenarbeit belasten sollte. Am Morgen dieses Tages erklärten die vier FDP-Minister ihren Rücktritt, dreizehn Jahre sozialliberale Koalition gingen zu Ende. Schmidt suchte in diesen Tagen demonstrativ den Schulterschluß mit der eigenen Partei, aber ihm war wohl bewußt, daß starke Kräfte in der SPD maßgebliche Verantwortung für das Scheitern seiner Regierung trugen. Dies begründete auch seine Entscheidung, bei den Neuwahlen nicht wieder als Spitzenkandidat der Sozialdemokraten anzutreten.

1982 löste wie 1969 eine Neuorientierung der FDP den Machtwechsel aus. Ansonsten konnte aber der Unterschied der politischen Situation, der Erwartungen, Sorgen und Hoffnungen kaum größer sein. Der Regierungswechsel von 1982 erfolgte vor dem

Hintergrund der längsten und schwersten Wirtschaftskrise der Nachkriegszeit.

Dieser Einbruch ließ die seit Anfang der siebziger Jahre zunehmende Zerrüttung der öffentlichen Finanzen eskalieren. Die gedrückte, weithin ratlose Stimmung stand in völligem Gegensatz zu der Wachstums- und Machbarkeitseuphorie, mit der die sozialliberale Koalition 1969 angetreten war. Bis in die Reihen der SPD, ihrer wissenschaftlichen und publizistischen Wortführer, hatte die kritische Neubewertung der vorangegangenen Gesellschafts-, Wirtschafts- und Finanzpolitik Wirkungen. In besonders prägnanter Weise formulierte dies Thilo Sarrazin, in den letzten Jahren vor dem Regierungswechsel der engste Mitarbeiter Matthöfers und Lahnsteins, indem er schrieb: »Die sozialliberale Koalition ist letztlich an der Finanzpolitik gescheitert.«[56] Eine Hoffnung und ein Konzept hätten getrogen. Die Hoffnung, es könne gelingen, durch eine entsprechende staatliche Politik unter fast allen Bedingungen Vollbeschäftigung, steigende Arbeitnehmereinkommen und einen stetigen Ausbau der Sozialleistungssysteme gleichzeitig und dauerhaft sicherzustellen, und die Konzeption, mit der staatlichen Finanzpolitik durch eine entsprechende Steuerung der Nachfrage das hierfür notwendige kontinuierliche Wirtschaftswachstum zu sichern. »Die SPD hatte das Glück, daß ihr Eintritt in die Bundesregierung 1966 und ihr Wahlsieg 1969 zeitlich und kausal verbunden war mit der beginnenden Spätblüte keynesianischen Gedankenguts. Dreizehn Jahre später traf sie das Mißgeschick, daß die weltweite Ernüchterung über zu unkritisch angewandte keynesianische Rezepturen auch ihr Ausscheiden aus der Regierungsverantwortung einläutete.«

Unter Brandt war von 1969 bis 1975 die Staatsquote von 39 auf 45 Prozent angestiegen. Unter Schmidt verharrte sie zunächst in dieser Größenordnung; auch in den guten Jahren gelang keine dauerhafte Korrektur. In der Rezession nahm der Staatsanteil dann auf mehr als fünfzig Prozent zu. Der Bund war Schrittmacher dieser Entwicklung. Das zu Anfang proklamierte Ziel, »den öffentlichen Korridor zu erweitern«, die These, steigende Kosten im Sozialbereich seien mit Fortschritt und Gerechtigkeit gleichzusetzen, trieben diese Entwicklung an.

Es gelang nicht, die neuen Verpflichtungen solide zu finanzieren. Zwar stieg die Belastung durch Steuern und Abgaben von 35 auf 40 Prozent des Bruttosozialprodukts an, dies war jedoch fast ausschließlich den höheren Sozialversicherungsbeiträgen geschuldet. So öffnete sich die Schere zwischen den Einnahmen und Ausgaben des Staates für alle anderen Bereiche. Die politischen Widerstände gegen Steuererhöhungen waren vor allem bei Union und FDP groß. Die erwähnten Wirkungen der Progression verstärkten in weiten Teilen der Bevölkerung den Widerstand gegen den Steuerstaat; fragwürdige Strategien der Steuervermeidung fanden mehr und mehr Resonanz. Die zunehmende Abgabenlast beeinträchtigte zusammen mit den kräftigen Lohnerhöhungen in der ersten Hälfte der siebziger Jahre auch die Investitionsbereitschaft. Dazu trugen ferner die zumeist hohen Zinsen, die Unsicherheit aufgrund der Ölkrise und der Währungsschwankungen, aber auch die wachsende Skepsis gegenüber der politischen Entwicklung bei. Die volkswirtschaftliche Investitionsquote sank von 25,5 Prozent 1970 auf 22,7 Prozent zehn Jahre später.[57] Der Anteil der öffentlichen Investitionen an den Staatsausgaben ging in der sozialliberalen Ära von 16,4 auf 9,3 Prozent zurück. Der rapide Anstieg der Ausgaben für den Schuldendienst beeinflußte die »Versteinerung« der Etats, den Verlust an Gestaltungsspielräumen. So erfüllte der Staat immer weniger die Aufgabe, den Ausfall privater durch eine Aufstockung öffentlicher Investitionen zu kompensieren, eine Aufgabe, die ihm nach der keynesianischen Theorie vornehmlich zukam.

Die rückläufigen Investitionen waren eine Hauptursache für den Anstieg der Arbeitslosigkeit. Die Zahl der Erwerbstätigen sank von 1969 bis 1982 von 26,4 auf 25,7 Millionen, die der Erwerbspersonen stieg um eine Million. Die Zunahme der Beschäftigung im Öffentlichen Dienst um rund eine Million verdeckte dabei noch teilweise die ungünstigere Entwicklung in der Privatwirtschaft.[58]

Die hohen Inflationsraten und steigende Abgaben wirkten sich auch auf die Einkommensentwicklung aus. Trotz der zweitweise beachtlichen nominalen Einkommenszuwächse stiegen die Nettolöhne und -gehälter nach 1970 im Durchschnitt nur um 1,9 Prozent im Jahr, gegenüber 4,8 von Hundert im vorhergehenden Jahrzehnt.[59] Dennoch verzeichneten viele Menschen bis 1980 eine spürbare Besserung ihrer Lage. Die wachsende Zahl der Gastarbeiter übernahm zunehmend einfache und schlechter bezahlte Tätigkeiten. Die Ausweitung des Öffentlichen Dienstes schuf nicht nur Arbeitsplätze, sondern auch Beförderungschancen. Vor allem die Absolventen geistes- und sozialwissenschaftlicher Studiengänge wurden in rasch wachsendem Umfang in den Staatsdienst aufgenommen. 1969 hatten Bund und Länder Strukturverbesserungen für die Beamtenlaufbahn vereinbart, weil es an Bewerbern für den Öffentlichen Dienst mangelte. Damals strebten die meisten jungen Akademiker Berufe in der privaten Wirtschaft an. Bis 1980 hatte sich dies deutlich verändert. Über sechzig Prozent bewarben sich jetzt für den Öffentlichen Dienst.

In den Krisenjahren verbreitete sich die Einsicht, daß ein Kurswechsel geboten war, um die Zukunftsaufgaben zu meistern. Aber dies bedeutete nicht, daß damit die zuvor veränderten Erwartungen an Staat und Gesellschaft, die neuen Prioritäten für das eigene wie das öffentliche Leben aufgegeben wurden. Daher ging es im Herbst 1982 nicht nur um eine neue parlamentarische Majorität, sondern auch um die Begründung und Durchsetzung einer anderen Politik.

12. Kapitel

Der zweite Machtwechsel – Wirtschafts- und Finanzpolitik der achtziger Jahre

Nach dem Zerbrechen der bisherigen Koalition war es das Ziel der CDU, so schnell wie möglich gemeinsam mit den Liberalen eine neue Regierung zu bilden, erste vertrauensfördernde Entscheidungen zu treffen und dann in Neuwahlen ein Mandat für vier Jahre zu gewinnen. Kohl hatte diesen Kurs bereits am Freitag, dem 17. September 1982, im Bundestag begründet, Präsidium und Bundesvorstand vertraten ihn einmütig. Aber während wir am folgenden Montag in Bonn berieten, kam aus München die Nachricht, der CSU-Vorstand habe sich auf Vorschlag von Strauß für sofortige Neuwahlen noch in diesem Jahr ausgesprochen. Das gefährdete eine ohnehin komplizierte Operation, denn es war keineswegs sicher, ob Genscher für den Wechsel in eine neue Koalition eine hinreichende Mehrheit seiner Partei und Fraktion gewinnen würde. Bundestagswahlen ohne eine neue, von der FDP mitgetragene Regierung und ohne eine gewisse Frist zur inneren Konsolidierung mußten den Freien Demokraten als existenzbedrohend erscheinen. Auf eine solche Entwicklung zielte die Führung der SPD, und die zentral orchestrierte Verratskampagne gegen die Freien Demokraten begann schnell Wirkung zu zeigen.

Deswegen drängte die CDU-Führung auf Tempo. Bereits am Sonnabend war für den frühen Montagnachmittag ein Gespräch zwischen Kohl und mir mit Strauß und Zimmermann vereinbart worden. Daran sollte sich die erste Begegnung zu sechst mit Genscher und Mischnick in Kohls Arbeitszimmer anschließen. Wir erklärten Strauß, daß der von ihm gewünschte Weg nicht gangbar sei. Kohl skizzierte aufgrund zahlreicher Kontakte die interne Situation der FDP: Genscher könne diesem Verfahren unter keinen Umständen zustimmen; er würde mit Sicherheit die ohnehin labile Mehrheit seiner Fraktion verlieren. Im übrigen sei die Union in den kommenden Jahren im Bund und in den meisten Ländern auf einen Partner angewiesen. Ich wies darauf hin, daß wir sofort eine neue, handlungsfähige Mehrheit brauchten. Denn wenn nicht schnell die wichtigsten Entscheidungen für eine neue Wirtschafts- und Finanzpolitik erfolgten, könne sich die Krise weiter verschärfen und die Neuverschuldung explodieren. Strauß erkannte, daß unsere Position ganz fest war, und lenkte nach kurzer Zeit ein.[1]

In dem folgenden Gespräch mit Genscher und Mischnick ging es sogleich um die anstehenden konkreten Entscheidungen. Wir hatten ein gemeinsames Interesse, rasch die Voraussetzungen für die Kanzlerwahl und Regierungsbildung zu schaffen und in den wichtigsten Themen der Wirtschafts-, Finanz- und Außenpolitik Einvernehmen zu erzielen. Dies war für die Meinungsbildung in der FDP, aber auch für die beginnenden heftigen öffentlichen Auseinandersetzungen wichtig. So vereinbarten wir, in diesem Kreis zügig weiterzuarbeiten; zu wichtigen Einzelfragen wurden kleine Arbeitsgruppen eingesetzt. In der Tat konnten wir im Verlauf dieser Woche den Fraktions- und Parteigremien bereits über konkrete Ergebnisse in besonders wichtigen Bereichen berichten. Es bestand Einvernehmen, daß eine neue Wirtschafts- und Finanzpolitik von den Grundsätzen der Sozialen Marktwirtschaft bestimmt werden müsse. Die Rückführung des überhöhten Staatsanteils durch konsequente Ausgabendisziplin, die Senkung der Steuer- und Abgabenquote durch Veränderungen bei zu kostspieligen Leistungsgesetzen, Privatisierung und Deregulierung sollten die Wachstumskräfte stärken und den Spielraum für private Initiative und die Anerkennung beruflicher Leistung wieder erweitern. Dies war auf Dauer nur erreichbar, wenn mit der Überforderung der Finanzpolitik Schluß gemacht und dem gefährlichen Anstieg der Aufwendungen für Zinsen an den öffentlichen Gesamtausgaben Einhalt geboten wurde.

Genscher bewegte sich weiterhin auf dünnem Eis, aber er zeigte in diesen turbulenten Wochen Standfestigkeit. Im Bundesvorstand der FDP hatte nur eine Mehrheit von 18 zu 15 Stimmen das Mandat für die Koalitionsverhandlungen erteilt; in der Fraktion votierten vierzig Prozent der Abgeordneten mit Nein. Zu einer erheblichen psychologischen Belastung wurde am 26. September das überraschend schlechte Ergebnis der hessischen Landtagswahlen. Die CDU blieb mit 45,6 Prozent knapp unterhalb ihres vorherigen Resultats, SPD und Grüne gewannen gemeinsam die Mehrzahl der Stimmen und Mandate. Die FDP erlitt mit 3,1 Prozent eine schwere Niederlage. Bonn war von Spekulationen und Gerüchten erfüllt, aber Union und FDP bekräftigten ihre Absicht, Kohl am 1. Oktober zum Kanzler zu wählen. Am 28. September billigten beide Fraktionen das Ergebnis der Koalitionsgespräche, in der FDP erneut gegen fast vierzig Prozent der Abgeordneten. Daher war die Spannung groß, als drei Tage später die Abstimmung im Bundestag begann. Kohl wurde mit 256 von 493 Stimmen gewählt. Damit hatten er und die Führung der CDU ihr Ziel erreicht: Zwei Wochen nach dem Scheitern der sozialliberalen Koalition bestand eine neue

Helmut Schmidt gratuliert dem neuen Bundeskanzler Helmut Kohl nach dem konstruktiven Mißtrauensvotum vom 1. Oktober 1982. Zwei Wochen zuvor war die Koalition aus SPD und FDP nach dreizehn Jahren auseinandergebrochen. Verantwortlich dafür waren vor allem die schweren Meinungsverschiedenheiten über die Bekämpfung der Wirtschaftskrise. Die neue Regierung aus CDU/CSU und FDP kürzte unverzüglich die Ausgaben im sozialen Bereich, um den Haushalt zu entlasten und Mittel zur Konjunkturbelebung bereitzustellen.

Mehrheit aus Union und FDP. Der Kanzler war gewählt, eine handlungsfähige Regierung wurde sofort gebildet.[2]

Bereits am 4. Oktober 1982 trat das neue Kabinett zu seiner ersten Sitzung zusammen. Die FDP-Mitglieder wurden bis auf Baum in ihren Ressorts bestätigt; für ihn kam Hans Engelhard als neuer Justizminister. Die CSU war durch Friedrich Zimmermann (Inneres), Werner Dollinger (Verkehr), Oscar Schneider (Wohnungsbau) und Jürgen Warnke (Entwicklungshilfe) vertreten, für die CDU wurden Norbert Blüm (Arbeit und Soziales), Heiner Geißler (Familie), Rainer Barzel (Innerdeutsche Beziehungen), Manfred Wörner (Verteidigung), Heinz Riesenhuber (Forschung), Dorothee Wilms (Wissenschaft und Bildung) und Christian Schwarz-Schilling (Post) berufen; ich wechselte als Finanzminister von Kiel nach Bonn.

Unter großem Zeitdruck hatten wir neue, realistische Annahmen für den Etat 1983 zu vereinbaren, weitere erhebliche Einsparungen vorzunehmen und zugleich in ausgewählten Bereichen zusätzliche Impulse für Wachstum und Beschäftigung zu geben. Wichtige Vorentscheidungen waren bereits in der Koalitionsvereinbarung getroffen. Sie sah neben den schon von der Regierung Schmidt geplanten Entlastungen für das kommende Jahr weitere Einsparungen für den Bund von 5,5 Milliarden und für die Länder und Kommunen von drei Milliarden DM vor.[3] Dabei entschieden wir uns für dauerhafte Kürzungen auf der Ausgabenseite. Die Regierung ging jetzt von einem Nullwachstum und einer durchschnittlichen Arbeitslosenzahl von 2,35 Millionen aus. Das bedeutete gegenüber der vorhergehenden Prognose vom Juli nach geltendem Recht 10,4 Milliarden DM weniger Steuereinnahmen und fast acht Milliarden DM erhöhte Ausgaben für die Erwerbslosen, was ohne schnelle gesetzgeberische Entscheidungen eine Neuverschuldung des Bundes von über fünfzig Milliarden DM erforderte.

Die Koalition kündigte eine Verschiebung der Rentenerhöhung für alle Bereiche und der Beamtenbesoldung um sechs Monate auf den 1. Juli 1983 an. Für die Beamten sollte die Anhebung durch Gesetz auf zwei Prozent begrenzt werden. Damit war auch der Spielraum für die Tariferhöhung bei Angestellten und Arbeitern des Öffentlichen Dienstes beschrieben. Dies führte bei Bund, Ländern und Kommunen zu einer noch weitergehenden Entlastung der Etats. Analog wurde der Rahmen für die Steigerung der Sozialhilfesätze festgelegt. Korrekturen bei der Arbeitsförderung sollten zu beträchtlichen Minderausgaben führen. Das Kindergeld wurde für Bezieher höherer Einkommen um eine Milliarde DM gekürzt, zugleich die Wiedereinführung eines steuerlichen Kinderfreibetrages ab 1983 angekündigt. Hinzu kamen Einschnitte bei Subventionen, die Umstellung der Ausbildungsförderung auf Darlehen und weitere Korrekturen bei mehreren Leistungsgesetzen. Die Selbstbeteiligung bei Krankenhausaufenthalten wurde erhöht und ein Krankenversicherungsbeitrag der Rentner eingeführt. Union und FDP kündigten schon jetzt an, daß für 1984 erhebliche weitergehende Einsparungen erforderlich seien und die Umstrukturierung des Haushalts mit dem Ziel der Wachstums- und Beschäftigungsförderung fortgesetzt werden müsse. Steuerliche Entlastungen für die Betriebe und zusätzliche öffentliche Investitionen für den Wohnungsbau und bei den Gemeinschaftsaufgaben sollten durch eine Erhöhung der Mehrwertsteuer um ein Prozent zum 1. Juli 1983 finanziert werden. Im Vordergrund stand eine Senkung der Gewerbesteuer für den Mittelstand, eine stärkere Förderung des Eigenheimbaus durch einen Schuldzinsenabzug und steuerliche Erleichterungen für Betriebe, die insolvente und gefährdete Unternehmen mit ihren Arbeitnehmern übernahmen.

Vor allem Schneider und Lambsdorff erreichten die schnelle Verabschiedung eines Gesetzes zur Erhöhung des Angebotes an Mietwohnungen. Es ermöglichte Staffelmietvereinbarungen mit stufenweisen Anhebungen bis zu zehn Jahren und einen erweiterten Rahmen für Mietanpassungen an die örtlichen vergleichbaren Regelungen bis zu dreißig Prozent in drei Jahren. Dahinter stand das Ziel, wieder stärker privates Kapital für den Mietwohnungsbau zu mobilisieren. SPD und Mieterbund übten heftige Kritik, aber diese Reform trug neben den schon erwähnten Förderungsinstrumenten 1983 zu einem beträchtlichen Anstieg der Wohnungsbaugenehmigungen bei.

Diese Ziele und Elemente einer neuen Wirtschafts- und Finanzpolitik standen auch im Mittelpunkt der Regierungserklärung des Bundeskanzlers am 13. Oktober.[4] Kohl machte deutlich, daß es sich um einen grundlegenden, langfristig angelegten Kurswechsel handelte, eine Politik zur Erneuerung der Sozialen Marktwirtschaft. Der überhöhte Staatsanteil müsse zurückgeführt, die Steuer- und Abgabenlast dauerhaft verringert und die private Investitionskraft gestärkt werden. Starke Beachtung fand auch sein klares Bekenntnis zum westlichen Bündnis, zum NATO-Doppelbeschluß und die Ankündigung neuer Initiativen für die Stärkung der Europäischen Gemeinschaft. Die Regierungserklärung wurde im In- und Ausland überwiegend positiv kommentiert. In mehreren Gesprächen mit den Repräsentanten der Wirtschaftsverbände und Gewerkschaften standen die ersten Entscheidungen des neuen Kabinetts im Mittelpunkt. Es gab vor allem aus den Reihen des DGB Kritik, aber in einer durchweg maßvollen Sprache und mit erkennbarer Bereitschaft zum Dialog. In wenigen Tagen mußten die Gesetzentwürfe formuliert werden. Dabei erwies sich die sehr enge Zusammenarbeit mit Lambsdorff und Blüm als besonders hilfreich. Im Finanzministerium bildete sich mit den beamteten Staatssekretären Günter Obert und Hans Tietmeyer sowie meinen parlamentarischen Kollegen Hansjörg Häfele und Friedrich Voß ein leistungsstarkes Team.

In die Steuervorlagen nahmen wir auch die seit langem überfällige Reform der Grunderwerbsteuer auf. Ihr Regelsatz von sieben Prozent galt nur noch für etwa jede dritte Transaktion, für die große Mehrheit wurden entweder unterschiedlich ermäßigte Beträge gezahlt oder eine völlige Befreiung vorgenommen. Wir führten einen Regelsatz von zwei Prozent ohne nennenswerte Ausnahmen ein. Damit ergab sich dasselbe Steueraufkommen wie zuvor. Spätere

Bemühungen um umfassende Vereinfachungen im Steuerrecht begegneten freilich einem wesentlich härteren Widerstand der privilegierten Gruppen.

Für mich war nach den Entwicklungen der sechziger und siebziger Jahre eine enge Zusammenarbeit mit der Bundesbank besonders wichtig. So kam es schon am 5. Oktober zu einem Abendgespräch mit Pöhl und Schlesinger und bald darauf in Frankfurt zu einer ausführlichen Diskussion mit dem Zentralbankrat. Dies war der Beginn einer mehrjährigen intensiven und durchweg guten Kooperation. Die Bundesbank sah bald die Bedingungen für wiederholte spürbare Zinssenkungen gegeben. Zwischen 1983 und März 1984 setzte sie den Diskont von sieben auf vier Prozent herab. 1984 beschloß sie aus Sorge vor der zu starken Abwertung der D-Mark gegenüber dem Dollar eine geringfügige Anhebung, aber im Januar 1987 erreichte der Diskontsatz mit drei Prozent einen Tiefstand. Im Verlauf des Jahres 1984 begannen auch die Kapitalmarktzinsen zu sinken, von acht auf weniger als sechs Prozent 1987. Die wiedergewonnene gegenseitige Ergänzung von Fiskal- und monetärer Politik fand im In- und Ausland Beachtung und beeindruckte viele Investoren.

Als problematisch stellte sich bald ein von Anfang an umstrittener Punkt der Koalitionsvereinbarung heraus. Geißler sprach sich in den Sitzungen der CDU nach dem 18. September für einen Solidarbeitrag der »Besserverdienenden« aufgrund der beträchtlichen Eingriffe in die sozialen Leistungsgesetze aus. Er fand im Für und Wider der Argumente überwiegend Zustimmung. Andererseits hatten Union und FDP mehrfach die von der SPD geforderte Ergänzungsabgabe abgelehnt. Daher kam es für mich überraschend, daß Strauß und Genscher auf die Variante einer »obligatorischen Anleihe« im Umfang von fünf Prozent der Steuerschuld für zwei Jahre bei höheren Einkommensbeziehern eingingen. Das Aufkommen von etwa 2,5 Milliarden DM sollte dem Wohungsbau zufließen. Unternehmer konnten sich hiervon durch Investitionen im eigenen Betrieb freistellen. Nach der Regierungsbildung wurde mir im Finanzministerium bald klar, daß diese Zwangsanleihe mit einem beträchtlichen verfasssungsrechtlichen Risiko verbunden war. In der Tat setzten die Karlsruher Richter sie 1984 außer Kraft, die schon vorgenommenen Zahlungen mußten sofort zurückerstattet werden. Ich habe seitdem immer wieder auf eine besonders sorgfältige verfassungsrechtliche Prüfung aller steuer- und abgabenrechtlichen Vorschläge gedrungen, manchmal zum Ärger einiger Kollegen in Kabinett und Parlament.

Es gelang, alle Finanzvorlagen bis zum Jahresende im Bundestag und Bundesrat zu verabschieden und so den Etat für 1983 fristgerecht neu zu gestalten. Vorgesehen war jetzt eine Steigerung der Bundesausgaben um 3,5 Prozent; im Haushaltsvollzug waren es dann nur noch 0,9 Prozent. Die Koalition hatte einen wichtigen Test bestanden. Aber die inneren Auseinandersetzungen in der FDP gingen weiter. Nach dem Regierungswechsel hatten mehrere Abgeordnete, unter ihnen Andreas von Schoeler und Ingrid Matthäus-Maier, und nicht wenige andere Mitglieder die Partei verlassen. Die verbliebenen innerparteilichen Gegner der Wende gewannen den schleswig-holsteinischen Landesvorsitzenden Uwe Ronneburger als Gegenkandidaten für den Parteivorsitz. Auf dem Bundesparteitag vom 5. bis 9. November in Köln wurde Genscher mit 222 von 400 Stimmen wiedergewählt, aber die starke Minderheit seiner Kritiker bestimmte weithin das Pressebild.[5]

Die angestrebten Neuwahlen zum Bundestag führten zunächst zu einer kontroversen Debatte. Alle Parteien wollten sie, der verfassungsrechtliche Weg war jedoch schwierig und unter den Juristen umstritten. Der Bundespräsident führte viele Gespräche, bis er seine Absicht bekanntgab, nach den erforderlichen Beschlüssen im Bundestag das Parlament aufzulösen.[6] Als Wahltermin wurde der 6. März 1983 festgelegt. Nachdem die SPD endgültig die Hoffnung aufgegeben hatte, Schmidt erneut als Spitzenmann zu gewinnen, einigte sie sich auf Hans-Jochen Vogel. Er war als Münchener Oberbürgermeister und langjähriger Justizminister bundesweit bekannt. Sein erfolgloser Versuch, Berlin 1981 für die Sozialdemokraten zu behaupten, wurde als respektabler Einsatz für die Partei gewertet.

Um den Jahreswechsel erschien der Wahlausgang in der Demoskopie noch offen zu sein. Die Grünen fanden wachsende Zustimmung, die Kampagne gegen den NATO-Doppelbeschluß brachte ihnen neue Wähler. Aber in den letzten Wochen vor dem Wahltermin trat die Frage nach der wirtschaftlichen Zukunft, dem überzeugenderen Konzept für die Finanzen und den Arbeitsmarkt wieder eindeutig in den Vordergrund. Und hier war die Mehrheit der Bürger bereit, der neuen Regierung einen Vertrauensvorschuß zu gewähren. So kam es am 6. März 1983 zu einem großen Erfolg für die Koalition. CDU und CSU erreichten mit 48,8 Prozent und 244 Sitzen fast die absolute Mehrheit. Die FDP schnitt mit 7 Prozent und 34 Mandaten besser ab als von vielen erwartet. Auch traditionelle Anhänger der Union hatten sie diesmal gewählt, um den Erfolg der Koalition zu sichern. Auf die Sozialdemokraten entfielen nur 38,2 Prozent und 193 Abgeordnete. Die Grünen zogen mit 5,6 Prozent und 27 Sitzen erstmals in den Bundestag ein.[7] So hatten Union und FDP ihr wichtigstes Ziel erreicht. Eine klare Mehrheit für vier Jahre eröffnete ihnen die Chance, eine weitreichende Neuorientierung in der deutschen Innenpolitik ohne extremen Zeitdruck zu gestalten und auch in der Bündnis- und Europapolitik die anstehenden Entscheidungen zu treffen. In den verbündeten und befreundeten Ländern wurde das Wahlergebnis durchweg begrüßt.

In den Koalitionsverhandlungen gab es nur wenige strittige Punkte. Zu einer Auseinandersetzung kam es in der Sozialpolitik. Die FDP forderte den endgültigen Übergang zur nettobezogenen Rentenanpassung, was vor allem bei Blüm und Geißler auf Widerstand stieß. Obwohl man diesen Punkt ausklammerte, kritisierten die Sozialausschüsse der CDU die »fehlende soziale Ausgewogenheit« der Koalitionsvereinbarung.[8] Der Kurs strikter Ausgabenbegrenzung und weiterer Einsparungen wurde bekräftigt. Für 1984 bis 1986 sollte bei Bund, Ländern und Gemeinden eine Konsolidierung von 38 bis 40 Milliarden DM erreicht werden. Die wichtigste Aufgabe sei es, »den beginnenden wirtschaftlichen Aufschwung zu verstärken und auf Dauer zu unterstützen, um die Wachstumskräfte zu fördern und die Arbeitsmarktlage zu verbessern«. Die Einkommensteuer sollte spürbar gesenkt und der Rahmen für familienpolitische Leistungen erweitert werden.

Am 29. März 1983 wurde Kohl mit großer Mehrheit erneut zum Bundeskanzler gewählt. Im Kabinett übernahm Ignaz Kiechle (CSU) das Landwirtschaftsministerium von seinem bayerischen Landsmann Ertl. In seiner Regierungserklärung betonte Kohl am 4. Mai, die im Herbst 1982 eingeleitete neue Politik werde konsequent fortgesetzt,[9] das Ziel sei Wachstum in Stabilität. Auch deshalb bleibe lange Zeit eine niedrige Zunahme der Ausgaben erforderlich. Auf diese Weise könne der Spielraum für eine Rückführung der Steuer- und Abgabenquote erreicht werden.

Ende April erzielte ich mit den besonders beteiligten Kollegen Lambsdorff, Blüm und Zimmermann Einvernehmen über das schon im Herbst angekündigte zweite Programm für Einsparungen in den Haushalten und weitere Steuersenkungen. Am 18. Mai billigte das Kabinett die entsprechenden Vorlagen und die Eckwerte des Etatentwurfs für 1984.[10] Insgesamt sollten im nächsten Jahr Bund, Länder und Gemeinden sowie die Sozialversicherungsträger um weitere 11,5 Milliarden DM entlastet werden. Bei der Rentenversicherung waren insbesondere schärfere Voraussetzungen für die Bewilligung von Erwerbs- und Berufsunfähigkeitsrenten sowie die Einbeziehung von Einmalzahlungen und des Krankengeldes in die Beitragspflicht vorgesehen. Bei der Bundesanstalt für Arbeit wurden die Arbeitslosen-, Kurzarbeit- und Schlechtwettergelder von 68 auf 63 Prozent für Empfänger ohne Kinder gesenkt, bei der Sozialhilfe der Steigerungssatz für das nächste Jahr erneut auf zwei Prozent begrenzt. Für den Öffentlichen Dienst sollte die nächste Lohn- und Gehaltserhöhung erst am 1. April 1985 erfolgen. Das Mutterschaftsurlaubsgeld wurde künftig für drei statt für vier Monate gezahlt. Im Haushaltsverfahren waren ferner 1,4 Milliarden DM einzusparen.

Mit weiteren Steuersenkungen von vier Milliarden DM wurde das gesamte Mehraufkommen aus der Anhebung der Mehrwertsteuer zurückgegeben. Entlastungen erfolgten vor allem beim Betriebsvermögen und der Vermögensteuer für Körperschaften. Die Abschreibungsbedingungen für längerfristige Wirtschaftsgüter wurden spürbar verbessert, Sonderabschreibungen für kleinere und mittlere Betriebe eingeführt. Zugleich sollten steuerliche Begünstigungen für Bauherrenmodelle und Verlustzuweisungen eingeschränkt werden. Im Juni wurde mit der Novelle zum Vermögensbildungsgesetz ein kräftiger Akzent für Arbeitnehmer gesetzt. Sie erweiterte den jährlichen Förderungsrahmen von 624 auf 936 DM. Dabei konnte der zusätzliche Betrag ausschließlich für Kapitalbeteiligungen verwendet werden.

Schon bei der Steuerschätzung im Mai ging das Wirtschaftsministerium in Übereinstimmung mit den wissenschaftlichen Instituten von einer günstigeren konjunkturellen Entwicklung als zu Jahresbeginn aus. Es erwartete jetzt für 1983 ein nominales Wachstum von vier Prozent, ein reales von einem Prozent und vor allem eine Verstärkung dieses Trends im folgenden Jahr. Bereits 1983 wurde mit 1,9 Prozent ein deutlich besseres Ergebnis erreicht.

Im Bundestag kam es mehrfach zu heftigen Auseinandersetzungen mit der SPD. Die Opposition veränderte trotz der Wahlniederlage ihre Argumentation und Sprache nicht. »Umverteilung von unten nach oben«, »Privilegierung der Reichen«, »Politik auf Kosten der sozial Schwachen« lauteten einige der ständig wiederkehrenden Vorwürfe. Für uns war bedenklich, daß im August der bayerische Vertreter im zuständigen Bundesratsausschuß gegen die vereinbarte Einschränkung beim Mutterschaftsgeld stimmte; die CDU-Länder stellten allein die erforderliche Mehrheit sicher. Strauß erklärte kurz darauf, es helfe nicht, wenn man einem sterbenden Volk geordnete Staatsfinanzen hinterlasse. Das war eine jener überraschenden Positionsveränderungen, die seinen politischen Freunden mitunter erhebliche Probleme bereiteten.

Im Mittelpunkt der innenpolitischen Auseinandersetzung stand auch 1983 die Arbeitslosigkeit. Sie hatte im Februar mit 2,3 Millionen einen Höhepunkt erreicht und ging im Jahresverlauf nur geringfügig zurück. Im Sommer wurden die Gewerkschaften unruhiger, Rufe nach einer aktiveren Arbeitsmarktpolitik lauter. Die IG-Metall erneuerte ihre Forderung von 1979 nach einer allgemeinen Kürzung der Wochenarbeitszeit. Andere Gewerkschaften wünschten statt dessen attraktive Angebote für einen freiwilligen Vorruhestand. Dies war auch Blüms Vorschlag. Da ein beträchtlicher finanzieller Beitrag der Bundesanstalt für Arbeit erwartet wurde, konnte der Bundeshaushalt betroffen sein. Einige Gewerkschaftsführer, unter ihnen die Vorsitzenden der Gewerkschaft Textil – Bekleidung, Berthold Keller, und Nahrung – Genuß – Gaststätten, Günter Döding, trugen mir ausführlich ihre Argumente vor. Sie hatten die Risiken eines deutschen Alleingangs bei einer allgemeinen Arbeitszeitverkürzung erkannt und suchten deshalb nach einer Alternative. Innerhalb und außerhalb der Europäischen Gemeinschaft verstärkte sich der Konkurrenzdruck für die Industrie, aber auch für Teile des Dienstleistungssektors. Das Kabinett beschloß im November den Entwurf eines Vorruhestandsgesetzes. In den nächsten fünf Jahren sollten Arbeitnehmer vom 58. Lebensjahr an freiwillig in die Rente gehen können und mindestens 65 Prozent ihrer letzten Bezüge erhalten.[11] Mehrere hunderttausend Arbeiter und Angestellte machten von dieser Möglichkeit Gebrauch. Allerdings hatte diese Entlastung des Arbeitsmarktes ihren Preis. Obwohl das Gesetz befristet war, ging nach 1988 durch Folgeregelungen und Gerichtsentscheidungen die Tendenz zur Frühverrentung weiter. Dies führte zu erheblichen Mehrbelastungen für die Rentenversicherung und schließlich zu Beitragserhöhungen.

Der reformerische Elan wurde im Kabinett bald schwächer. Im Herbst 1983 wies Dollinger in einem Ministergespräch beim Bundeskanzler darauf hin, daß in bestimmten Laufbahngruppen der Bahn die Beamten mittlerweile im Durchschnitt mit 53 Jahren in Pension gingen. Ein Mitarbeiter, der als Lehrling und Arbeiter früh begonnen hatte und dann verbeamtet wurde, konnte kurz nach dem fünfzigsten Geburtstag die Höchstversorgung erreichen. Es war meistens nicht schwer, ärztliche Bescheinigungen über Berufs- und Erwerbsunfähigkeit zu bekommen, und so stiegen die Pensionslasten rapide an. Eine Untersuchung des Finanzministeriums zeigte, daß die Beamten bei Bund, Ländern und Gemeinden mittlerweile im Durchschnitt vor dem sechzigsten Geburtstag in den Ruhestand wechselten. Es gab in der Folgezeit mehrere vergebliche Versuche, den Innenminister zu einer gesetzlichen Neuregelung zu bewegen. Erst dreizehn Jahre später legte die Bundesregierung ein Konzept für einen langsameren Anstieg der

Versorgungsausgaben für die Beamten vor. Zimmermann stand 1983 in Verhandlungen mit der ÖTV, um eine andere notwendige Korrektur zu erreichen. Um 1970 hatten die öffentlichen Arbeitgeber mit den Gewerkschaften eine Zusatzversorgung vereinbart, die sich, wie damals auch die Rentenformel, an den Bruttoeinkommen orientierte. Nachdem in der Zwischenzeit der Abstand zwischen Brutto- und Nettobezügen immer größer geworden war, erhielten jetzt manche Arbeiter und Angestellte des Öffentlichen Dienstes im Ruhestand höhere Bezüge als zuvor. Es gelang schließlich, eine Veränderung zu erreichen, allerdings mit sehr langen Übergangsfristen zur Besitzstandswahrung.

Das Beschäftigungsförderungsgesetz von 1984 erleichterte den Abschluß befristeter Arbeitsverträge und sollte die Teilzeitarbeit fördern. SPD und Gewerkschaften bekämpften diese vorsichtige Auflockerung des Arbeitsmarktes. Bis 1989 sollen durch die Neuregelung etwa 150 000 zusätzliche Arbeitsverhältnisse entstanden sein; auch die Teilzeitarbeit nahm zu, blieb aber erheblich gegenüber der dynamischen Entwicklung in benachbarten Staaten zurück. Trotz verschiedener Initiativen für eine Liberalisierung blieb es bei dem Vermittlungsmonopol der Bundesanstalt für Arbeit. So gab es bei der Flexibilisierung und Deregulierung eines verkrusteten und bürokratisierten Arbeitsmarktes nur begrenzte Erfolge.

Ungeachtet der nachhaltigen Förderung des Vorruhestands verfolgte die IG-Metall 1984 ihr abweichendes Konzept weiter und forderte neben einer Lohnerhöhung von 3,5 Prozent die 35-Stunden-Woche mit vollem Lohnausgleich. Am 14. Mai begann ein siebenwöchiger Streik. Die Auseinandersetzung wurde von beiden Seiten mit großer Härte geführt. Die Gewerkschaft versuchte, mit Schwerpunktstreiks in ausgewählten Zulieferbetrieben weite Teile der Industrie lahmzulegen. Den indirekt betroffenen Arbeitnehmern verweigerte die Bundesanstalt für Arbeit die Zahlung von Kurzarbeitergeld. Als die Sozialgerichte diese Entscheidung aufhoben, ergriff der Bundeskanzler die Initiative für eine eindeutige Neufassung von § 116 des Arbeitsförderungsgesetzes und setzte so den Rechtsstandpunkt der Bundesregierung gegen erbitterten Widerstand durch. Ende Juni akzeptierten beide Seiten einen Schlichtungsspruch des früheren Bundesministers Leber. Die wöchentliche Arbeitszeit wurde vom 1. April 1985 an bei vollem Lohnausgleich auf 38,5 Stunden verringert. Dies war der »Einstieg« in die 35-Stunden-Woche, die in den nächsten zehn Jahren in fast allen Sektoren realisiert wurde. Damit setzte sich die Bundesrepublik im Alleingang immer mehr von den Regelungen der anderen größeren Industriestaaten ab. Es entstanden Kosten für die Betriebe ohne zusätzliche Einkommen für die Arbeitnehmer, eine Entwicklung, die dem Standort Deutschland im Wettbewerb und bei den privaten Investitionen in den neunziger Jahren erhebliche Nachteile eintrug.

Das Jahr 1984 brachte weitere zugespitzte innenpolitische Auseinandersetzungen. Am 22. November 1983 beschloß das Bundeskabinett förmlich, dem Beginn der Stationierung amerikanischer Mittelstreckenraketen in Deutschland zuzustimmen. Dies führte im neuen Jahr im Parlament und an den Standorten der neuen Raketensysteme zu heftigen Konflikten. Die »Friedensbewegung« ging, unterstützt von großen Teilen der SPD und den Grünen, zu zahlreichen Aktionen über, Blockaden von Einrichtungen der Alliierten und der Bundeswehr, vielfältigen Demonstrationen und der systematischen Schürung von Ängsten. Die Regierung und die Koalitionsparteien blieben standhaft und traten mit Erfolg für die Durchsetzung des NATO-Konzepts ein. Moskau antwortete zunächst mit einem fast völligen Abbruch aller Abrüstungsverhandlungen.[12] 1986 begann dann mit Michail Gorbatschow eine Neuorientierung der sowjetischen Außenpolitik. Schrittweise näherten sich die sowjetischen Unterhändler den westlichen Vorstellungen einer »Null-Lösung« bei den nuklearen Mittelstreckensystemen an. Am 8. Dezember 1987 unterschrieben die Präsidenten Reagan und Gorbatschow den entsprechenden Vertrag. Damit wurde erstmals eine gesamte Waffenkategorie in Europa abgeschafft. Das war ein Durchbruch mit weitreichenden Folgen für die West-Ost-Beziehungen und auch ein Erfolg der deutschen Regierungspolitik.

Im Juni 1984 eröffnete das zuständige Gericht das Verfahren gegen Graf Lambsdorff in der sogenannten »Flick-Affäre«. Über Jahre hinweg hatten Ermittlungen der Staatsanwälte gegen mehrere namhafte Politiker und zahlreiche Unternehmer in Verbindung mit Parteispenden und begünstigenden Verwaltungsentscheidungen die Öffentlichkeit beunruhigt. Lambsdorff erklärte jetzt seinen Rücktritt als Wirtschaftsminister. Es war ein herber Verlust für seine Partei und die Regierung. Sein Nachfolger wurde der Europapolitiker Martin Bangemann, der auf dem FDP-Bundesparteitag im Februar 1985 auch die Nachfolge Genschers als Parteivorsitzender übernahm. Strauß hatte für den Komplex der Parteispenden seit langem auf eine allgemeine Amnestie gedrängt. Anfang 1984 verständigte sich der CSU-Vorsitzende mit Kohl und Genscher auf eine gemeinsame Initiative. Dies löste viele Proteste aus, besonders in der FDP wurde Opposition laut. Genscher zog seine

Der Nachrüstungsbeschluß der NATO polarisierte die Bundesrepublik zu Beginn der achtziger Jahre wie kaum ein anderes Thema. Vor allem die SPD war in dieser Frage tief gespalten. Helmut Schmidt war 1979 maßgeblich an der Entwicklung des Doppelbeschlusses beteiligt gewesen, doch immer größere Teile seiner Partei sympathisierten mit der Friedensbewegung. Dieser Gegensatz verschärfte sich, als die SPD in die Opposition ging. Auch Willy Brandt bezog schließlich offen Stellung gegen die Nachrüstung und trat am 22. Oktober 1983 bei der größten Friedensdemonstration in der Geschichte der Bundesrepublik in Bonn an das Rednerpult.

Zusage zurück. Der mißglückte Versuch schadete allen Parteien der Koalition.

1984 wurde ein Wirtschaftswachstum von 3,1 Prozent erzielt, es ging jedoch im nächsten Jahr auf 1,8 Prozent zurück. Die Baukonjunktur schwächte sich wieder ab. Von 1981 bis 1985 verließen mehrere hunderttausend Ausländer die Bundesrepublik; zum letzten Mal lag die Abwanderung über der Zuwanderung. In manchen Regionen kam es zu Leerständen von Wohnungen. Nach Einschätzung des Sachverständigenrates hatte auch der lange Arbeitskampf in der Metallindustrie negative Folgen für die wirtschaftliche Bilanz dieses Jahres.[13] Die grundlegenden Daten verbesserten sich jedoch weiter: Die Inflationsrate betrug 1985 nur noch zwei Prozent, die Marktzinsen gingen weiter zurück. Die Ausgaben des Bundes wuchsen über lange Zeit hinweg sehr verhalten, 1983 bis 1988 im Jahresdurchschnitt um zwei Prozent. Das Defizit im öffentlichen Gesamthaushalt verringerte sich von 4,4 Prozent des Bruttosozialprodukts 1982 auf 2,1 Prozent 1985. Es stieg dann bis 1988 vorübergehend wieder auf 2,5 von Hundert an, wofür die Steuersenkungen und der höhere Transfer von Bundesmitteln nach Brüssel ursächlich waren.

Die Wirtschaft reagierte auf die verbesserten Rahmenbedingungen positiv. So nahmen die privaten Ausrüstungsinvestitionen im Verlauf der achtziger Jahre beträchtlich zu. Dies war ein wichtiger Indikator für bessere Perspektiven auf dem Arbeitsmarkt. 1984 setzte eine Zunahme der Beschäftigtenzahlen ein; 1987 wurden 27,05 Millionen Erwerbstätige gezählt, 800 000 mehr als 1983 und die höchste Zahl seit 1973. Zugleich drängten geburtenstarke Jahrgänge auf den Arbeitsmarkt. Die Erwerbstätigkeit der Frauen stieg weiter an, nach 1985 auch erneut die Zuwanderung von Ausländern und Aussiedlern. Daher sank bei steigender Beschäftigung die Zahl der Arbeitslosen nur langsam. Erst im Frühjahr 1989 lag sie wieder unter zwei Millionen.

Anfang 1984 wurden die Forderungen nach Steuersenkungen lauter. Die Regierung hatte eine Rückführung der überhöhten Steuer- und Abgabenquote angekündigt, aber die Festlegung auf bestimmte Termine zunächst vermieden. Die Konsolidierung der Etats befand sich noch im Anfangsstadium. So gab es unterschiedliche Auffassungen über Zeitpunkt und Umfang von Steuerentlastungen. Strauß, sein Finanzminister Max Streibl und mehrere Politiker der FDP drängten auf ein rasches Tempo. Die weitreichenden Initiativen der Reagan-Administration zum Abbau der Steuerlast und die teilweise illusionären Erwartungen auf eine Selbstfinanzierung durch stärkeres Wachstum beeindruckten manche Kreise in Deutschland, bevor die Ernüchterung in den USA einsetzte. Demgegenüber warnten mehrere CDU-geführte Bundesländer vor übereilten Schritten. Vor allem Albrecht verlangte weiterhin Vorrang für den Abbau der Defizite.

Im Frühsommer verständigten wir uns in der Koalition auf einen Mehrstufenplan. Es wurde ein Entlastungsrahmen von zwanzig Milliarden DM für 1986 und 1988 vereinbart. Zum ersten Termin sollten vor allem die Familien sowie die niedrigeren und mittleren Einkommen entlastet werden, zwei Jahre später stand eine durchgehende Verbesserung des Tarifs im Vordergrund. Die eigentliche Steuerreform mit einer weiteren beträchtlichen Entlastung und einer Verbreiterung der Bemessungsgrundlage durch den Abbau von Steuersubventionen und anderer Befreiungstatbestände sowie der Einführung eines linear-progressiven Tarifs sollte zu Beginn der nächsten Wahlperiode auf den Weg gebracht werden und 1990 in Kraft treten. Im Juli 1985 verabschiedeten Bundestag und Bundesrat den Regierungsentwurf. Der Grundfreibetrag wurde um 324 beziehungsweise 648 DM angehoben, der Kinderfreibetrag von 432 auf 2 484 DM stark erhöht; mehrere kinderbezogene Verbesserungen bei Unterhaltsleistungen und dem Ausbildungfreibetrag kamen hinzu. 1988 wurde die Tarifsenkung wirksam und gleichzeitig das Entlastungsvolumen um weitere 4,5 Milliarden DM erhöht.

Über den Vorrang der Familienförderung waren wir uns in der Union einig. Die Bundesrepublik hatte im Vergleich zu ihren westeuropäischen Nachbarn ein besonders hoch entwickeltes, großzügiges System der Alterssicherung, während die staatlichen Leistungen für die Eltern mit Kindern zurückgeblieben waren. Seit dem Ende der sechziger Jahre hatten sich die Geburtenzahlen erheblich verringert, in der Bundesrepublik noch stärker als in den meisten anderen westlichen Industriestaaten. Unabhängig von der Frage, wie weit öffentliche Leistungen private Entscheidungen für oder gegen Kinder beeinflussen konnten, verdienten Eltern, die Verantwortung für die nächste Generation übernahmen, eine stärkere Zuwendung und Förderung. Kohl empfahl mir im Frühjahr 1984, mich mit Geißler möglichst auf ein mittelfristiges Konzept für die Familienpolitik zu verständigen. Wir erzielten in mehreren Gesprächen Einvernehmen. Zu den Veränderungen im Steuerrecht kam 1986 ein Erziehungsgeld von 600 DM monatlich für ein Jahr nach der Geburt eines Kindes und eine Erhöhung des Kindergeldes für Eltern mit mehreren Kindern.[14] Für Eltern, die den steuerlichen Freibetrag wegen ihrer niedrigen Einkommen nicht nutzen konnten, wurde ein Zuschlag zum Kindergeld von 46 DM monatlich eingeführt. Der zusätzliche Finanzrahmen für diese verschiedenen Leistungen betrug einschließlich der bereits geplanten beträchtlichen Anhebung der Kinderfreibeträge im Steuerrecht über 12 Milliarden DM jährlich.

Wenige Monate nach dieser Absprache erhob Blüm die Forderung nach einem Erziehungsjahr im Rentenrecht. Er verwies auf erhebliche Einsparungen im Sozialetat, die er seit 1982 konstruktiv mitgestaltet hatte. Vor einer Rentenreform, die erneute Widerstände wecken werde, müsse jetzt ein positiver Schritt getan werden. Bei der angespannten Lage der Rentenversicherung solle die Finanzierung aus dem Bundeshaushalt erfolgen, der bei seinem Modell in den Anfangsjahren kaum belastet würde. Dies traf zu, aber für die nächsten beiden Jahrzehnte zeichnete sich ein sehr hoher Milliardenbetrag ab. Ich lehnte diese Forderung ab, so daß es zu einer Erörterung beim Bundeskanzler kam. Wolfgang Schäuble hat 1994 im Rückblick den weiteren Ablauf anschaulich beschrieben. »Ich erinnere mich noch sehr genau an eine Runde im kleinen Kabinettssaal und sehe uns noch bei einem Koalitionsgespräch sitzen. Gerhard Stoltenberg hat damals gegen die Berücksichtigung von Erziehungszeiten der Frau argumentiert ... Er wollte als zuständiger Ressortchef keine zusätzliche Belastung des Haushaltes. Zugleich hat er uns aber auch handfesten politischen Ärger prophezeit und damit am Ende recht behalten.

Ursprünglich wollten wir nämlich die Regelung nur für die Rentenneuzugänge, die künftigen Rentner, einführen. Dazu hat Stoltenberg gesagt: Das wird mehr Ärger geben als Lob, denn alle, die bereits Rentner sind und die die Erziehungszeiten nun nicht auf ihre Rente angerechnet bekommen, werden uns für die neue Regelung nicht loben, sondern uns heftig kritisieren und der Ungerechtigkeit zeihen. Für alle aber, so argumentierte Stoltenberg, könne man diese Regelung aus finanziellen Gründen nicht einführen – was damals allgemeiner Konsens in der Koalition war –, und deswegen solle man es, um Ärger zu vermeiden, lieber ganz bleibenlassen. Das Argument von Norbert Blüm dagegen lautete: Wäre man auch früher schon nach diesem Prinzip verfahren, hätte eine Reform in der Sozialpolitik niemals stattgefunden. Irgendwann müsse man anfangen, auch wenn man die neue Regelung nicht gleich für alle einführen könne. Aus Gründen der Familienpolitik sei die angestrebte Reform überfällig. Helmut Kohl stimmte erstens dem Blümschen Argument zu und prophezeite zweitens: Die älteren Frauen werden sagen, bei uns gab es das leider noch nicht, aber Hauptsache, meine Tochter oder mein Enkelkind haben es einmal besser ...

Helmut Kohl und ich haben uns leider gründlich getäuscht. Kaum hatten wir die neue Regelung in Kraft gesetzt, brach ein Sturm der Entrüstung über uns herein. Insbesondere wurde uns vorgeworfen, die Trümmerfrauen, die im wesentlichen die Last des Wiederaufbaus nach 1945 getragen hatten, damit schändlich benachteiligt zu haben. Es dauerte keine vier Wochen, bis wir dem Druck nicht mehr standhalten konnten und daraufhin natürlich nicht die Anrechnung der Erziehungszeiten für Rentenneuzugänge wieder rückgängig machten, sondern die Regelung für alle einführten. Gerhard Stoltenberg, der die zusätzlichen Milliarden im Haushalt unterbringen mußte, konnte es nur ein schwacher Trost sein, daß er recht behalten hatte.«[15]

Es war mit einiger Mühe möglich, die zusätzlichen Aufwendungen auf Kosten anderer Ressorts in die Finanzplanung einzuarbeiten. Nachdem ich bei allen wichtigen Vorlagen seit dem

Regierungswechsel den Rückhalt des Bundeskanzlers und der Koalitionsführung gehabt hatte, konnte ich auch persönlich eine Entscheidung gegen mein Votum verkraften. Was mich belastete, war die Weichenstellung, die bereits mit dem Blümschen Ausgangsmodell vorgenommen wurde. Wenn jetzt wieder eine expansive Sozialpolitik gleichermaßen für jung und alt eingeleitet werden sollte, wurden die wichtigsten Ziele der Koalition, die konsequente Rückführung der Staatsquote, der Steuer- und Abgabenlast und damit die nachhaltige Stärkung von arbeitsplatzschaffenden privaten Investionen, wesentlich schwerer erreichbar. Noch hatten wir den aufgrund der demographischen Entwicklung erforderlichen Umbau der Sozialsysteme kaum begonnen, und auch deshalb gab der umstrittene Beschluß ein falsches Signal.

Eine dringend gewordene Reform unterblieb bei der Sozialhilfe. Die Union hatte sich als Opposition seit Ende der siebziger Jahre mehrfach hierfür ausgesprochen. Bei der »Operation 1982« unterstützten im Herbst 1981 alle Vertreter der Länder im Vermittlungsausschuß eine Neuordnung. Zunehmend erzielten nicht wenige Empfänger von Sozialhilfe im Vergleich zu den Nettoeinkommen in den unteren Lohngruppen höhere Transferleistungen; das Abstandsgebot wurde in bedenklicher Weise ausgehöhlt. So nahm vor allem die Zahl junger Menschen, die ihre Einkünfte durch die Sozialämter bezogen, in den achtziger Jahren erneut überdurchschnittlich zu. Die Gesamtausgaben wuchsen weiter mit jährlich zweistelligen Zuwachsraten auf dreißig Milliarden DM 1988. Das Interesse bei den Ländern und Kommunen als den Trägern der Sozialhilfe an einer Reform ließ mit der Verbesserung der allgemeinen Finanzsituation bald nach, und die zuständigen Bundesminister leiteten die erforderliche Gesetzgebung nicht ein.

In jener Zeit wurden drei weitere stark beachtete steuerpolitische Entscheidungen getroffen. Für die Unternehmen war die Verbesserung der Abschreibungsbedingungen bei Wirtschaftsgebäuden wichtig. Hier galten immer noch Fristen bis zu fünfzig Jahren mit zahlreichen Sonder- und Ausnahmeregeln. In Zukunft erfolgte die lineare Abschreibung mit fünfundzwanzig Jahren, bei der degressiven Form konnten bereits in vier Jahren vierzig Prozent des Investitionsvolumens steuermindernd geltend gemacht werden. Zur beschleunigten Einführung des abgasarmen Autos beschlossen wir für 1986 eine differenzierte Kraftfahrzeugsteuer mit beträchtlichen Ermäßigungen für die umweltfreundlichen Personenkraftwagen. Im folgenden Jahr wurde die steuerliche Förderung des selbstgenutzten Wohneigentums erheblich verbessert.

Nach dem Regierungswechsel veranlaßte ich eine gründliche

Bestandsaufnahme zur Situation der Bundesunternehmen und -beteiligungen.[16] Die Bilanz war nicht sehr erfreulich. 1982 gab es 84 direkte und 958 mittelbare Unternehmensbeteiligungen des Bundes. Es war ein in den verschiedenen Staatsformen der letzten hundert Jahre mit wechselnden Begründungen und Zielsetzungen entstandener Besitz. Die erste kurze Phase der Privatisierungspolitik endete mit dem Sturz der Regierung Erhard; in den siebziger Jahren kamen sogar noch neue Engagements des Bundes hinzu. So wurden beispielsweise zur Sicherung der Energie- und Rohstoffversorgung weitere Beteiligungen von Bundesunternehmen erworben.

Den Kernbereich bildeten Industrieunternehmen und Banken. Es gab unter ihnen gut geführte und ertragsstarke Firmen, aber bei der Mehrzahl waren die Bilanzen unbefriedigend. Von 1949 bis 1975 hatten die industriellen Bundesunternehmen Gewinne von 1,896 Milliarden DM ausgeschüttet, in derselben Zeit mußte ihnen der Bund als Eigentümer 2,207 Milliarden DM Kapital zuführen.[17] Ein großer Konzern, die Salzgitter AG, kam mit strukturellen Standort- und Branchenproblemen kaum aus den roten Zahlen heraus. Im Rezessionsjahr 1982 verzeichnete dieses Unternehmen einen Verlust von über 700 Millionen DM.

Die meisten Beteiligungen waren seit 1969 dem Finanzministerium zugeordnet. So mußten wir zunächst durch neue Vorgaben, eine stärker ertragsorientierte Geschäftspolitik und auch einige Personalveränderungen bei einer Reihe von Betrieben eine tiefgreifende Umstrukturierung vornehmen. Im November 1984 empfahl ich dem Kabinett, die Bundesbeteiligungen bei zunächst elf Unternehmen zurückzuführen oder ganz aufzugeben. Darunter waren große Firmen wie die VEBA, die VIAG, das Volkswagenwerk, die Lufthansa und die Deutsche Pfandbriefanstalt. Einige Ressorts meldeten Widerspruch an. Franz Josef Strauß sprach sich nachdrücklich gegen eine weitgehende Privatisierung der Lufthansa aus, die zu fast achtzig Prozent dem Bund gehörte. Die SPD und die Gewerkschaften lehnten das ganze Konzept ab. Obwohl der DGB in jenen Jahren mit den notleidenden eigenen Unternehmen Neue Heimat und Bank für Gemeinwirtschaft dramatische Verluste machte und viel Vertrauen verlor, blieb er bei seiner strikten Ablehnung des Privatisierungskurses. Die SPD sprach vom »Verkauf des Tafelsilbers«, ein Bild, das bei der geschilderten damaligen Ertragslage der meisten Staatsbetriebe nicht sehr überzeugend war.

Mit starker Unterstützung aus den Koalitionsfraktionen kamen wir voran. In der Folgezeit wurden die VEBA, die VIAG und die Deutsche Industrieanlagengesellschaft völlig privatisiert. Der Bund veräußerte seinen zwanzigprozentigen Anteil am Volkswagenwerk, gab 49 Prozent seiner Aktien der Deutschen Siedlungs- und Rentenbank ab und verringerte seine Beteiligungen an der Industrieverwaltungsgesellschaft und der Deutschen Verkehrskreditbank. Eine vorhergehende erfolgreiche Sanierung ermöglichte 1989 auch eine Veräußerung der Salzgitter AG an die Preußag. Damit war der industrielle Bundesbesitz, mit Ausnahme einer Mehrheitsbeteiligung an den Saarbergwerken und der Industrieverwaltungsgesellschaft, in privates Eigentum übergegangen. Die Deutsche Pfandbriefanstalt konnte nach 1990 in zwei Schritten veräußert werden. Mein Nachfolger Theo Waigel führte schließlich 1994 einen Grundsatzbeschluß über die Privatisierung der Lufthansa herbei. In der Regel wurden bevorzugt Belegschaftsaktien abgegeben und Vorkehrungen für eine breite Streuung getroffen. So gab es bei der VIAG fast 400 000 Ersterwerber, bei den VW-Aktien 150 000.[18] Alles in allem erzielte der Bund bis 1989 aus den Verkäufen 9,4 Milliarden DM Einnahmen. Trotz aller Kritik setzten sich in der öffentlichen Meinung allmählich die ordnungspolitischen Argumente durch; zudem erwiesen sich die Privatisierungen für alle Unternehmen betriebswirtschaftlich als Erfolg. Nach Großbritannien und Frankreich gingen um 1990 auch einige sozialdemokratisch regierte Staaten Westeuropas zur Veräußerung von öffentlichen Betrieben über. Nach der Verwirklichung der deutschen Einheit stellte sich in den neuen Bundesländern diese Aufgabe in einer viel umfassenderen und dramatischeren Weise. In den letzten Jahren wurden in der Bundesrepublik eine grundlegende Postreform mit weitgehenden Privatisierungszielen und eine private Rechtsform für die Bundesbahn beschlossen.

1986 geriet die politische Auseinandersetzung immer stärker unter das Vorzeichen der Bundestagswahl im Januar 1987. Der Aufschwung setzte sich im vierten Jahr mit moderatem Tempo bei einer recht günstigen Preis- und Zinsentwicklung fort. Im Februar wurde mit 0,7 Prozent die niedrigste Inflationsrate seit achtzehn Jahren verzeichnet, das Bruttosozialprodukt stieg um real 2,5 Prozent an.[19] Der private Verbrauch und die Ausrüstungsinvestitionen nahmen stärker zu. Der Beitrag des Exports ging aufgrund der anhaltenden Abwertung des Dollars zurück.

Ende April löste das Reaktorunglück in Tschernobyl auch in Deutschland große Unruhe aus. Die SPD und die Grünen forderten die schnelle Schließung aller Kernkraftwerke. Die Regierung lehnte dies ab, geriet aber in einer hochemotionalen Auseinandersetzung in die Defensive. Kohl berief im Juni den Frankfurter Oberbürgermeister Walter Wallmann zum Chef eines neuen Umweltministeriums. Am 15. Juni behauptete sich bei der niedersächsischen Landtagswahl die CDU/FDP-Koalition unter Albrecht nur mit einem Mandat Vorsprung vor der SPD und den Grünen. Die Koalition hatte seit 1982 bei den regionalen Wahlen die Mehrheit im Bundesrat verteidigen können. Allerdings war am 10. März 1985 die CDU/FDP-Koalition im Saarland von einer SPD-Regierung unter Oskar Lafontaine abgelöst worden.

Jetzt ergriff die Unruhe auch Teile der Koalition. Strauß begann mit einer Reihe von Attacken gegen die FDP und wachsender Distanzierung von der CDU. Die CSU griff die Freien Demokraten vor allem wegen ihrer Weigerung an, das Demonstrationsstrafrecht und das Asylrecht zu ändern. Am 27. September erklärte Strauß, seine Partei werde diesmal auf ein gemeinsames Wahlprogramm mit der CDU verzichten, um das eigene Profil vor allem in der Außenpolitik zu schärfen. In mehreren Gesprächen hatten wir der Schwesterpartei dringend empfohlen, die insgesamt erfolgreiche Wirtschafts-, Finanz- und Familienpolitik zum zentralen Thema des Wahlkampfes zu machen. Aber in den letzten Wochen vor der Bundestagswahl kam es zu einem heftigen Streit zwischen CSU und FDP über die Entspannungspolitik. Das gab Genscher die willkommene Gelegenheit, sich als Garant eines auf Verständigung und Ausgleich gerichteten Kurses zu profilieren. Die SPD hatte Schwierigkeiten, eine überzeugende Alternative in der Wirtschafts- und Finanzpolitik zu entwickeln und ihre eigenen Anhänger zu mobilisieren. Am 9. November verloren die Sozialdemokraten bei der Wahl zur Hamburger Bürgerschaft fast zehn Prozent ihrer Stimmen. Die CDU wurde stärkste Partei; die Mehrheit hatten jetzt SPD und Grüne zusammen. Dies wurde in zahlreichen Kommentaren auch als bundespolitisches Schwächezeichen der großen Oppositionspartei verstanden. Der sozialdemokratische Spitzenkandidat zur Bundestagswahl, Ministerpräsident Johannes Rau, erklärte am 12. Dezember zur Überraschung vieler, seine Kanzlerkandidatur sei von der SPD zu früh ausgerufen worden.

Die Gewinner der Wahl am 25. Januar 1987 waren die Freien Demokraten und die Grünen. Die Unionsparteien erhielten 44,3 Prozent, 4,5 Prozentpunkte weniger als 1983. Auch die SPD verzeichnete Verluste und kam auf 37 Prozent. Die Freien Demokraten erhielten 9,1 und die Grünen 8,3 Prozent. Mit 282 Abgeordneten gegenüber 237 der Oppositionsparteien verfügte die Koalition weiterhin über eine beträchtliche Mehrheit, aber zwischen CDU und CSU brach sofort ein heftiger Streit über die Ursachen für die Verluste aus, der auch in einem Spitzengespräch am 28. Januar nicht völlig geschlichtet werden konnte.

Am 27. Januar bereitete das CDU-Präsidium die Koalitionsverhandlungen vor. Es bestand Einvernehmen, daß die angekündigte Steuerreform eine besondere Bedeutung haben würde. Seit Anfang 1986 hatten wir sie im Finanzministerium gründlich vorbereitet, wo einmal im Monat der Leitungskreis mit den Staatssekretären und den zuständigen Abteilungsleitern bei mir als Steuerkollegium tagte. Häfele führte parallel hierzu Gespräche mit einer Expertenrunde aus Wissenschaft und Wirtschaft. Im Präsidium trug ich die Hauptpunkte unseres Konzepts vor. Es waren vor allem die Einführung des linearprogressiven Tarifs, eine erhebliche Erweiterung der Bemessungsgrundlage durch den Abbau von Steuersubventionen und Ausnahmeregeln sowie die erneute Erhöhung des Grund- und Kinderfreibetrages und einige weitere Schritte zur Vereinfachung. Die Bruttoentlastung sollte bei mindestens vierzig Milliarden liegen, netto den Steuerzahlern mehr als zwanzig Milliarden DM zurückgegeben werden. Es gab für mich mehrere Gründe, bei der Einkommen- und Körperschaftsteuer eine Verringerung des Spitzensteuersatzes von 56 Prozent vorzusehen. Die Union hatte in den fünfziger Jahren eine durchgehende Entlastung der Steuerzahler von den niedrigen bis zu den hohen Einkommen durchgesetzt, ohne daß damals vordergründige Verteilungsargumente eine besondere Rolle spielten. Für neun von zehn deutschen Betrieben war die Einkommensteuer die wichtigste Unternehmenssteuer. Nachdem mehrere westeuropäische Staaten für ihre Unternehmen erhebliche Steuersenkungen beschlossen hatten, mußten wir aus Standort- und Wettbewerbsgründen handeln. Im Interesse der Gleichmäßigkeit der Besteuerung sollte zudem der Abstand zwischen dem Höchststeuersatz der Einkommen- und der Körperschaftsteuer nicht größer als zwei bis drei Punkte sein.

Nach einer Reihe von Gesprächen rechnete ich mit einigem Widerstand, aber einer klaren Mehrheit im Präsidium. Der Bundeskanzler hatte bei verschiedenen Anlässen gesagt, eine Besteuerung von mehr als fünfzig Prozent sei überzogen. In der Diskussion wandten sich jetzt Geißler und Blüm gegen jede Veränderung des Höchststeuersatzes; Albrecht sprach sich für ein niedrigeres Entlastungsvolumen aus. Ich wies darauf hin, daß eine gleichmäßigere, gerechtere Besteuerung durch den Abbau von Subventionen erreicht werden müsse, die vor allem von Beziehern hoher Einkommen genutzt wurden. Dies sei der Kernpunkt, die Senkung des Höchststeuersatzes unter dieser Bedingung ohne jedes Bedenken vernünftig. Kohl vertagte die Steuerdebatte bald. Er sagte, es bestehe noch Erörterungsbedarf, und ein Konsens in der CDU sei angesichts des Konflikts mit der CSU noch wichtiger geworden.

Am folgenden Tag gab es eine neue Überraschung. Der Bundeskanzler zeigte mir einen Schriftsatz des BDI-Präsidenten Hans Joachim Langmann, der ihm über die Mainzer Landesregierung zugegangen war. Langmann schlug vor, die Entlastung der Unternehmen über eine weitgehende Anrechnung der Gewerbesteuer auf die Einkommensteuer vorzunehmen. Kohl meinte, die Initiative zeige ja, daß die Wirtschaft nicht mehr eine Senkung des Spitzensteuersatzes fordere. Der BDI-Vorschlag war nicht neu. Im Vorjahr hatten die Steuerabteilungsleiter des Bundes und der elf Länder in einer Studie für ihre Minister einmütig festgestellt, daß dieser Ansatz zu erheblichen Ungereimtheiten führen würde und unbrauchbar sei. In der Koalitionsrunde lehnten ihn die Vorsitzenden der CSU und FDP ab. Sie wiesen dabei auf starke verfassungsrechtliche Bedenken des Innen- und des Justizministeriums hin. Für mich war diese Episode ein weiteres Beispiel für das gelegentlich amateurhafte Vorgehen mancher Verbandsvertreter.[20]

Da die Koalitionsgespräche mit den Themen der Finanz- und Wirtschaftspolitik begonnen hatten, kamen wir bald in eine unangenehme Lage. Meine Vorschläge zur künftigen Haushaltspolitik und zur weiteren Privatisierung wurden mit Interesse aufgenommen. Aber Strauß und Bangemann erklärten, sie müßten das Konzept der CDU-Führung zu allen Hauptpunkten der Steuerreform kennen, bevor Absprachen erfolgen könnten. Daher wurden bei den folgenden Treffen zunächst andere Themen behandelt. Bald griffen die Journalisten die Differenzen in der CDU als Hemmnis für einen zügigen Fortgang der Koalitionsverhandlungen auf.[21] Der Zeitplan für die Regierungsbildung schien gefährdet zu sein. Nachdem zunächst einige Kommentatoren mich wegen mangelnder Durchsetzungskraft kritisiert hatten, griff Strauß am 22. Februar in einem stark beachteten Interview Kohl und die CDU-Führung hart an.[22] Am nächsten Tag sagte der Bundeskanzler im Kreis der CDU-Verhandlungskommission, wir müßten in der Frage des Spitzensteuersatzes einlenken, weil unsere Position in anderen wichtigen Fragen schwächer werde. Jetzt einigten wir uns schnell. Der Höchstsatz der Einkommensteuer wurde auf 53, die Körperschaftsteuer auf 50 Prozent festgelegt, der Satz für die untere Proportionalzone auf 19 Prozent gesenkt. Der Tarifverlauf und das Entlastungsvolumen entsprachen im wesentlichen meinen Vorschlägen. Zugleich entschieden wir uns, den Entlastungsbetrag für 1988 um fast fünf Milliarden DM zu erhöhen. Das Konzept zur Erweiterung der Bemessungsgrundlage sollte ohne Zeitdruck im Herbst entschieden werden.

Es war kein guter Start in die neue Wahlperiode. Kohl wurde am

11. März mit 253 von 487 Stimmen als Bundeskanzler wiedergewählt. Im Kabinett gab es nur wenige Veränderungen. Warnke übernahm das Verkehrsministerium, Hans Klein (CSU) die Entwicklungshilfe, Jürgen Möllemann (FDP) das Bildungs- und Frau Wilms das Innerdeutsche Ressort. Die Regierungserklärung des Bundeskanzlers am 18. März betonte die Kontinuität in der Wirtschafts- und Finanzpolitik und kündigte eine Reform der Renten- und Krankenversicherung an. Bis zur Halbzeit der Wahlperiode sollten keine neuen Leistungsgesetze beschlossen werden. Einen wichtigen Erfolg errangen CDU und FDP am 5. April bei der hessischen Landtagswahl. Sie gewannen 56 Mandate gegenüber 54 für die SPD und die Grünen. Erstmals seit 1945 wurde in Wiesbaden mit Walter Wallmann ein Ministerpräsident der CDU gewählt. Seine Nachfolge im Umweltministerium trat Klaus Töpfer an.

Am 8. und 10. Oktober wurden in der Koalition die noch offenen Punkte der Steuerreform geklärt. Kohl lud nach den unguten Erfahrungen zu Jahresbeginn einen sehr kleinen Kreis ein, die Partei- und Fraktionsvorsitzenden, die Obleute im Finanzausschuß und je einen weiteren Experten von CDU, CSU und FDP. Ich hatte diese Runde mit Häfele und den Experten der Fraktionen vorbereitet. Lorenz Meyer zu Bentrup, Michael Glos, Hans Gattermann und Hermann-Otto Solms waren sachkundige und hilfreiche Kollegen. Es ging jetzt vor allem um die Erweiterung der Bemessungsgrundlage. Ein kritischer Punkt in der finanzpolitischen Bilanz der vorhergehenden Jahre war, daß wir beim Abbau von Subventionen keinen nennenswerten Erfolg erzielt hatten. Ob Kohle und Stahl, Landwirtschaft, Sozialer Wohnungsbau und anderes mehr – im Bundeshaushalt waren die Finanzhilfen seit 1983 nur geringfügig von 13,1 auf 12,4 Milliarden DM zurückgegangen. Jetzt war die Chance gegeben, zumindest die Steuersubventionen erheblich zu senken. Ich legte eine lange Liste von Steuervergünstigungen und Sonderregelungen im Umfang von zwanzig Milliarden DM vor, die künftig entfallen sollten. Im Führungskreis wurde sehr konstruktiv verhandelt; Strauß und Bangemann trugen maßgeblich zu einer schnellen Verständigung bei. So konnten wir bereits am 12. Oktober den Koalitionsfraktionen unser Konzept präsentieren, die es im Grundsatz billigten. Die Bemessungsgrundlage sollte durch den Wegfall oder die Reduzierung von 42 Steuervergünstigungen und Sonderregelungen um fast 19 Milliarden erweitert werden, die Nettoentlastung weitere 21 Milliarden DM betragen. Der Grund- und Kinderfreibetrag wurden erneut angehoben, die im Frühjahr vereinbarten Eckwerte bestätigt. Das Presseecho war überwiegend freundlich. Aber bald begann das publizistische Sperrfeuer der Verbände, die ihre Privilegien behaupten wollten.

Diese Kampagne übertraf alle Erwartungen. Vor dem förmlichen Kabinettsbeschluß fand die Anhörung der interessierten Organisationen und Gruppen statt. Da sich fast vierhundert anmeldeten, mußten wir die Beethovenhalle in Bonn mieten, um für jeden Verband zwei Vertreter und die zahlreichen Journalisten unterbringen zu können. Trotz einer strikten zeitlichen Begrenzung der Redezeit dauerte die Veranstaltung drei Tage. Die leitenden Beamten der Steuerabteilung kamen am letzten Abend erkennbar betroffen von der Emotionalität zahlreicher Beiträge zu mir. Sie berichteten, daß die vorgesehene weitere Entlastung und in sehr allgemeiner Form auch das Prinzip einer Vereinfachung des Steuersystems viel Zustimmung gefunden hatten. Aber etwa neunzig Prozent der Sprecher hätten engagiert die Beibehaltung der für ihre jeweilige Klientel geltenden Steuersubventionen oder Sonderregelungen verlangt.

Das Kernstück des Konzepts war die Tarifreform. Hier kam es zu Entlastungen von mehr als dreißig Milliarden DM. Dies führte zu einer dauerhaften Senkung der Grenzbelastung für die große Mehrzahl der Steuerzahler. 1988 lagen fast zwei Drittel der Berufstätigen in der Progressionszone; für sie stieg bis 1985 die Besteuerung des Mehrverdienstes bei Jahreseinkommen der Ledigen zwischen 18 000 und 60 000 DM von 22 auf über 50 Prozent. Ab 1990 nahm sie in einer sanfteren Kurve nur noch auf maximal 35 Prozent zu.[23] Die SPD griff dennoch pausenlos die angebliche soziale Unausgewogenheit der Reform an. Zu heftigen öffentlichen Auseinandersetzungen führten vor allem zwei Themen: die Einführung einer Quellensteuer von zehn Prozent auf Zinseinkünfte und die Steuerbefreiung für Flugbenzin bei Privat- und Sportfliegern. Seit Generationen gab es die Quellensteuer als Vorwegabzug von 25 Prozent bei Dividenden, bei Anleihen derselben Unternehmen und anderen Zinseinkünften jedoch nicht. Im Ministerium hatte unser »Kronjurist«, Ministerialdirektor Bruno Schmidt-Bleibtreu, darauf aufmerksam gemacht, daß die Rechtsprechung des Bundesverfassungsgerichts diese unterschiedliche Praxis nicht mehr lange hinnehmen werde. Sie war auch in der Sache nicht zu rechtfertigen. Experten schätzten, daß in der Bundesrepublik über die Hälfte der Zinseinkünfte bei den Steuererklärungen unberücksichtigt blieben. Die Ehrlichen waren die Dummen. Gemeinsam mit den finanzpolitischen Sprechern der Koalition entwickelten wir das erwähnte Konzept und gewannen die Zustimmung der zunächst zögernden Parteivorsitzenden. Zahlreiche Kreditinstitute kritisierten diese

Neuregelung heftig, viele Bürger zeigten sich verunsichert. In nicht wenigen Fällen wurde Sparern von Mitarbeitern angesehener deutscher Banken empfohlen, ihr Geld nach Luxemburg zu verlagern, um der Steuerpflicht zu entgehen, ein höchst unerfreuliches Verhalten von namhaften Unternehmen.

Noch höher schlugen die Wellen wegen des Flugbenzins. Seit Jahren hatte Strauß mich bedrängt, die 1981 eingeführte Besteuerung für die Privatflieger und kleinen gewerblichen Unternehmen wieder rückgängig zu machen. Ich hatte dies mehrfach abgelehnt, weil ein Berufungsfall für andere entstehen mußte. 1981 waren Steuerbefreiungen bei Mineralölprodukten in großem Umfang aufgehoben worden. Dies hatte vor allem die kommunalen Verkehrsunternehmen getroffen, bei denen es um einen Milliardenbetrag ging. Strauß gab nicht auf. Anfang 1987 schrieb er mir wegen des Flugbenzins einen zornigen dreizehnseitigen Brief. Bei den harmonischen Oktobergesprächen kam das Anliegen durch die CSU erneut zur Sprache. Kohl und Bangemann stimmten jetzt zu. Bald wurde die von mir erwartete heftige Kritik laut, mit beträchtlichen Wirkungen in die Koalition hinein. Wir erklärten vor der Schlußabstimmung zur Steuerreform am 23. Juni 1988 im Bundestag, daß die Befreiung der Privatflieger wieder rückgängig gemacht werde, um alle Stimmen der CDU/CSU und FDP zu erhalten.

Erhebliche Probleme gab es auch bei der Einschränkung der Betriebsrabatte. Diese Reform war überfällig. So erzielte die Firma Daimler-Benz fast dreißig Prozent des Inlandsumsatzes durch die stark verbilligte jährliche Abgabe von Autos an ihre Betriebsangehörigen, die innerhalb von zwölf Monaten steuerfrei und mit einem beachtlichen Gewinn weiterverkauft wurden. Vor allem Ministerpräsident Lothar Späth profilierte sich als Anwalt der betroffenen Arbeitnehmer und attackierte die geplante Neuregelung vehement. Wir bestanden auf einer Änderung, mußten aber in der Ausgestaltung eine Konzession machen, um die Zustimmung aller unionsgeführten Länder im Bundesrat zu sichern.

Kurz vor der Schlußabstimmung in der Länderkammer am 8. Juli drohte das ganze Projekt zu scheitern. Albrecht hatte seit Monaten einen weitgehenden finanziellen Ausgleich für die finanzschwachen Länder verlangt und eine Mehrheit im Bundesrat für zusätzliche Bundesleistungen an sie von jährlich sechs Milliarden DM gewonnen. Dies war für die Bundesregierung unannehmbar. Der Anteil des Zentralstaats am gesamten Steueraufkommen war seit 1982 auf 45,1 Prozent zurückgegangen, sowohl durch weitere Transfers an die EG als auch einen von 31,5 auf 35 Prozent gestiegenen Umsatzanteil der Länder. Die kommunalen Finanzen hatten sich seit 1982 besonders erfreulich entwickelt. Im Saldo konnten Städte und Gemeinden mittlerweile ihre Investitionen fast völlig ohne eine neue Kreditaufnahme finanzieren. Mehrere Gespräche blieben ergebnislos. Am Abend des 3. Juli trafen wir uns zu viert im Kanzlerbungalow, Kohl, Albrecht, Schäuble und ich. Mehrere Stunden lang wurden alle Aspekte der Bund-Länder-Beziehungen freundschaftlich erörtert, ohne daß wir eine Lösung erreichten. Gegen Mitternacht begannen wir uns zu fragen, was ein Scheitern der Steuerreform politisch für die Regierung und persönlich für die Hauptakteure bedeuten würde. In der ersten Stunde des neuen Tages einigten wir uns schließlich. Der Bund stellte den finanzschwachen Ländern ab 1989 jährlich 2,4 Milliarden DM als Investitionshilfe zur Verfügung.

Trotz der begrenzten Zugeständnisse in mehreren Punkten wurden die zuvor vereinbarten Eckwerte der Steuerreform im Entlastungsvolumen wie auch bei der Erweiterung der Bemessungsgrundlagen eingehalten. Die monatelangen Auseinandersetzungen in der Union beeinträchtigten die öffentliche Bewertung dabei stärker als die Attacken der Opposition. Wichtig war für die Regierung und die Koalition die insgesamt sehr positive Würdigung durch die führenden Nationalökonomen und Finanzwissenschaftler. Der Wissenschaftliche Beirat des Bundesfinanzministeriums betonte, dies sei eine Steuerreform, die diesen Namen wirklich verdiene. Der Beirat habe nach jahrzehntelanger Begleitung der Steuerpolitik verschiedener Regierungen mit einer so weitreichenden Reform kaum noch gerechnet.[24] Auch der Sachverständigenrat bezeichnete das Gesetzeswerk als einen wichtigen Beitrag zur Erhaltung der Qualität des Standortes Bundesrepublik. Er forderte zugleich, auf diesem Weg weiter zu gehen und vor allem die Unternehmenssteuern noch stärker zu senken.[25]

Die zusätzlichen Belastungen des Bundeshaushalts durch die Albrecht-Initiative und die erwähnten höheren Abführungen an die EG veranlaßten das Kabinett, bereits im Sommer 1988 eine Vorlage zur Erhöhung mehrerer indirekter Steuern einzubringen. 1987 hatte in den letzten Wochen des Jahres der überraschend starke Fall des Dollars bewirkt, daß die Bundesbank für 1988 keinen Gewinn an den Bund überwies. Seit 1981 waren jährlich Milliardenbeträge aus Frankfurt eingegangen, zuletzt in der Größenordnung von acht bis elf Milliarden DM jährlich. 1988 hatten wir im Bundeshaushalt sieben Millarden DM veranschlagt, die jetzt entfielen. Dies blieb ein einmaliger Vorgang, führte aber über die SPD hinaus zu manchen pessimistischen Prognosen über die künftige Defizitentwicklung. Bundestag und Bundesrat stimmten unse-

Am 13. September 1987 gibt der schleswig-holsteinische Ministerpräsident Barschel sein Ehrenwort, von den »Machenschaften« seines Referenten Pfeiffer nichts gewußt zu haben. Die Barschel-Pfeiffer-Affäre führte zu einer grundlegenden Vertrauenskrise – für viele Bürger war Politik nun als schmutziges Geschäft entlarvt.

rem Vorschlag einer Erhöhung der Versicherungssteuer, der Mineralöl- und Tabaksteuer sowie der Einführung einer Erdgassteuer zu, alles in allem ein Volumen von sieben Milliarden DM.

1987 war das Wachstum auf 1,8 Prozent zurückgegangen. Die Turbulenzen auf den internationalen Finanzmärkten trugen zu dieser Abschwächung ebenso bei wie eine härtere Gangart bei den Tarifverhandlungen. So setzten die Gewerkschaften für den Öffentlichen Dienst bei nahezu völliger Stabilität der Verbraucherpreise eine lineare Anhebung der Einkommen von 3,4 Prozent durch. 1988 beschleunigte sich die Wachstumsdynamik auf breiter Front.[26] Die Ausrüstungsinvestitionen stiegen um real 7,5 von Hundert an. Auch der Außenhandel entwickelte sich erfreulich. Das reale Wachstum betrug 3,7 Prozent. Der Sachverständigenrat und die Institute wiesen vor allem auf das sich aufhellende internationale Umfeld und die Impulse aus der kräftigen Steuersenkung jenes Jahres hin. Dennoch schloß der Bundeshaushalt 1988 mit einer Neuverschuldung von 35,4 Millarden DM ab. Dies war als eine einmalige Abweichung hinnehmbar, aber mit Blick auf die Steuersenkung 1990 wurde die strikte Kontrolle der Ausgaben noch wichtiger.

Das innenpolitische Klima war rauher geworden. Im September 1987 sorgte am Tag vor der Landtagswahl in Schleswig-Holstein die »Barschel-Pfeiffer-Affäre« bundesweit für Schlagzeilen und anhaltende Erschütterungen. Die CDU und ich als ihr Landesvorsitzender gerieten durch die Anschuldigungen eines dubiosen Mitarbeiters der Pressestelle des Ministerpräsidenten und die folgende monatelange Kampagne in erhebliche Bedrängnis. Die SPD gewann die Neuwahlen im April 1988 mit absoluter Mehrheit. Die Hoffnungen der folgenden Monate auf eine allmähliche Stabilisierung der Bonner Koalitionsparteien erfüllten sich nicht. Im Januar 1989 verloren CDU und FDP bei der Wahl in Berlin im Gegensatz zu den Prognosen der Meinungsforscher und Politiker die Mehrheit im Abgeordnetenhaus. Ein rot-grüner Senat übernahm die Amtsgeschäfte. In dieser kritischen Zeit wurden die Anforderungen an den Bundeshaushalt größer. Nachdem wir sechs Jahre lang die niedrigsten Zuwachsraten in der Geschichte der Bundesrepublik erreicht hatten, waren im Etat 1989 um 5,2 Prozent höhere Ausgaben veranschlagt. Die zusätzlichen Transferleistungen an die finanzschwachen Länder, die höheren Ausgaben für die Familienpolitik und ein wachsender Bundeszuschuß für die Rentenversicherung waren die wichtigsten Faktoren für diese Entwicklung.

Nach der Steuerreform wurden zwei wichtige sozialpolitische Vorlagen verabschiedet, die Gesundheits- und die Rentenreform.[27] Seit 1984 stiegen die Beiträge zur gesetzlichen Krankenversicherung wieder an, bis 1987 von 5,7 auf 6 Prozent des Bruttosozialprodukts. Die verschiedenen Sparmaßnahmen der späten siebziger und frühen achtziger Jahre hatten nur eine temporäre Entlastung gebracht. Die wachsende Zahl alter Menschen, die freie Kassenzulassung von immer mehr Ärzten und Zahnärzten sowie die Honorierungs- und Krankenhaussysteme ohne Anreize zu wirtschaftlichem Verhalten trugen hauptsächlich zu der anhaltenden Ausgabenexpansion bei.

In den fachlichen und politischen Debatten wurden verschiedene Lösungen angeboten, von einer wesentlich stärkeren Selbstbeteiligung bei allen Leistungen über eine Mengenbegrenzung und Preiskontrolle bis zur Herstellung von mehr Wettbewerb bei den Anbietern und Krankenkassen.[28] Blüm erreichte im Herbst 1987 eine weitgehende Übereinstimmung mit den führenden Sozialpolitikern der Regierungsfraktionen, bevor er sein Konzept in einem Koalitionsgespräch vortrug. Allerdings mußte er auf Druck der meisten Ministerpräsidenten auf die Einbeziehung der Krankenhäuser in ein detailliertes Konzept der Kostendämpfung verzichten. Wichtige Punkte der Neuordnung waren die Einführung von

Festbeträgen für Arznei-, Heil- und Hilfsmittel, Einschränkungen der Zuschüsse bei einer Reihe von Leistungen wie Badekuren und Fahrtkosten, Stärkung des vertrauensärztlichen Dienstes und der Transparenz verschiedener Ausgabenbereiche, punktuelle Erweiterung der Selbstbeteiligung vor allem bei den Kosten für Zahnersatz. Es wurden Einsparungen von vierzehn Milliarden DM erwartet, davon sollte allerdings die Hälfte für Einrichtungen der Prävention und einen Beitrag zur Krankenversicherung von jährlich fünf Milliarden DM zur häuslichen Pflege verwendet werden. Blüm betrachtete dies als Alternative zur Einführung einer selbständigen Pflegeversicherung, die er damals noch ablehnte. In der Grundsatz- debatte der Koalitionsführung gab es Empfehlungen für eine stärkere Selbstbeteiligung als wirksamstes Steuerungsinstrument, aber der Gesetzentwurf der Regierung orientierte sich mit wenigen Änderungen an dem vorgelegten Konzept.

Die Verbände der Heilberufe, die SPD und die Gewerkschaften entfesselten eine emotionale Kampagne gegen den Entwurf, der dennoch nach lebhaften Auseinandersetzungen Ende November im Bundestag und am 16. Dezember 1988 im Bundesrat verabschiedet wurde. Das Gesetz trat bereits am 1. Januar 1989 in Kraft. Da noch keine Ausführungsbestimmungen vorlagen, entstand für einige Zeit eine erhebliche Unsicherheit. In den ersten drei Jahren kam es zu spürbaren Entlastungen. Im alten Bundesgebiet fiel das Beitragsvolumen bis 1991 auf 5,5 Prozent des Bruttosozialprodukts, stieg aber in den folgenden beiden Jahren kräftig auf 6,3 Prozent an. So begann bald wieder die Diskussion über eine neue, wirksamere Gesetzgebung.

Trotz mancher Einsparungen und steigender Beiträge verschlechterte sich Mitte der achtziger Jahre die Finanzlage der Rentenversicherung. In unabhängigen Gutachten und in Berechnungen des Arbeitsministeriums zeichnete sich für die ersten Jahrzehnte des einundzwanzigsten Jahrhunderts ein erheblich höherer Beitragssatz ab.[29] So wurde die Forderung nach einer Strukturreform dringender. Die Vorschläge für eine Neuordnung bewegten sich zwischen zwei Polen: Auf der einen Seite standen die Anhänger einer relativ niedrigen beitrags- oder steuerfinanzierten Grundrente, die durch freiwillige private Zusatzvorsorge und Betriebsrenten ergänzt werden sollte. Offen blieb dabei die Frage, wie die Übergangslasten für die jetzt erwerbstätige beitragszahlende Generation finanziert werden konnten. Andere Experten wollten sich auf einige Korrekturen des bestehenden Systems beschränken. Aus der SPD und dem DGB wurde die Forderung nach einer »Maschinensteuer« zur Erhöhung der Einnahmen laut. Dies wurde von der Koalition im Hinblick auf die ohnehin hohe Belastung der Betriebe durch Steuern und Abgaben abgelehnt.

Die Bundesregierung suchte nach dem Beispiel der Rentengesetze von 1957 und 1972 den Konsens mit der Opposition. Damit war eine Vorentscheidung für Änderungen innerhalb des jetzigen Systems gefallen. Die wichtigsten Elemente des Regierungsentwurfs waren die Orientierung der jährlichen Anpassung am Nettolohn, eine schrittweise Anhebung der Altersgrenze auf 65 Jahre und eine Erhöhung des Bundeszuschusses. Er betrug 1988 nur noch siebzehn Prozent der Ausgaben und sollte allmählich wieder auf neunzehn Prozent gebracht werden. Die SPD setzte durch, daß die Erhöhung der Altersgrenze erst 2001 beginnen und bis 2006 beziehungsweise 2012 vollzogen werden sollte. Ferner wurden die Option für eine »Teilrente« eröffnet und Abschläge für einen früheren sowie Zuschläge für einen späteren Ruhestand eingeführt. Die Rentenreform fand am 9. November 1989 bei der Schlußabstimmung breite Zustimmung. Sie war ein wichtiger Beitrag zu einem langfristig angelegten veränderten System, das der demographischen Entwicklung erstmals Rechnung trug. Mit Rücksicht auf die SPD konnten die Anreize für eine längere Lebensarbeitszeit allerdings nur schwach ausgestaltet werden. Bei den Koalitionsgesprächen bestand Einigkeit darüber, daß in den neunziger Jahren weitergehende Schritte erforderlich seien, um einen zu starken Anstieg der Beiträge zu vermeiden.

Am 2. Oktober 1988 verstarb Franz Josef Strauß, sein Nachfolger als CSU-Vorsitzender wurde Theo Waigel, Ministerpräsident in München Max Streibl. Bald nach der schweren Berliner Wahlniederlage der Union begannen Geißler und Späth in Einzelgesprächen für einen Wechsel im Vorsitz der CDU auf dem nächsten Bundesparteitag in Bremen zu werben. Die Unruhe in der CDU war groß. Am 13. April 1989 bildete Kohl das Kabinett um. Er berief Waigel als Finanzminister und festigte so den Zusammenhalt mit der neuen Führung der Schwesterpartei. Ich wechselte in das Verteidigungsministerium, Schäuble wurde Innen- und Zimmermann Verkehrsminister; Warnke übernahm erneut sein früheres Ressort Entwicklungshilfe.

1989 kräftigte sich die wirtschaftliche Dynamik weiter. Das reale Bruttosozialprodukt wuchs um 4 Prozent; die Ausrüstungsinvestitionen nahmen preisbereinigt um 8,9 Prozent zu – das war der zweitbeste Wert unter den großen Industriestaaten. Die Zahl der Erwerbstätigen stieg um 397 000, gegenüber 1983 um insgesamt 1,3 Millionen.[30] Diese erfreuliche Entwicklung wurde allerdings durch den Preisanstieg getrübt. Die Lebenshaltungskosten nahmen um 2,8 Prozent zu. Bereits im Januar 1989 hatte die Bundesbank den

Diskont auf vier und den Lombard auf sechs Prozent erhöht; bis zum Jahresende stiegen die beiden Leitzinsen auf sechs beziehungsweise acht Prozent. Die unerwartet starke Wachstumsdynamik führte auch zu erheblich höheren Steuer- und Beitragseinnahmen. Das Finanzierungssaldo von Bund, Ländern und Gemeinden ging auf 27 Milliarden DM zurück, davon entfielen 18 Milliarden auf den Bund. Für die Sozialversicherung ergaben sich beträchtliche Überschüsse, so daß der öffentliche Gesamthaushalt erstmals seit fast zwei Jahrzehnten kein Defizit aufwies.

Im Mai 1989 hatte Waigel angekündigt, er werde die Entscheidung für die Einführung der Quellensteuer auf Zinserträge wieder rückgängig machen. Dies fand über die Banken hinaus viel Zustimmung; in einigen Kommentaren wurde allerdings auf das beträchtliche verfassungsrechtliche Risiko dieses Schrittes hingewiesen. In der Tat entschied das Bundesverfassungsgericht zwei Jahre später, das Prinzip einer gleichmäßigen Besteuerung sei verletzt. So wurde durch ein neues Gesetz ab 1. Januar 1993 eine Kapitalertragssteuer von dreißig Prozent auf Zinserträge eingeführt und zugleich der Sparerfreibetrag kräftig erhöht. Der Karlsruher Beschluß führte zu starken Kapitalbewegungen ins Ausland; das Volumen war wesentlich höher als nach der Entscheidung für die Quellensteuer 1988. Der Kurswechsel 1989 beeinflußte auch die Beratungen über eine Harmonisierung innerhalb der Europäischen Gemeinschaft. Frankreich hatte diese Forderung vor allem mit Blick auf Luxemburg seit Mitte der achtziger Jahre erhoben. Nach 1986 setzten sich die Niederlande, die zu jener Zeit die Kreditinstitute zu Kontrollmitteilungen an die Finanzämter verpflichtet hatten, nachdrücklich für eine europäische Rahmenrichtlinie ein. 1987 forderten wir in den Beratungen der EG-Finanzminister, verbindliche Mindeststandards innerhalb der Gemeinschaft festzulegen. Bald gab es erste Zeichen für ein Einlenken der Luxemburger. Am 21. Juni 1988, zwei Tage vor der Verabschiedung der Steuerreform im Bundestag, erklärte ihr Ministerpräsident und Finanzminister Jacques Santer gegenüber Journalisten, es sei vorstellbar, daß es auch in seinem Land zur Einführung einer Quellensteuer komme. Der Finanzplatz Luxemburg werde eine solche Lösung verkraften können.[31] Nirgendwo wurde im Jahr darauf die Kehrtwendung in der deutschen Gesetzgebung so begrüßt wie in dem benachbarten Großherzogtum.

Seit dem Frühjahr 1989 zeichneten sich weitgehende Veränderungen im zuvor erstarrten sowjetischen Imperium ab. Mit Gorbatschow hatte es bereits beachtliche Fortschritte in den West-Ost-Beziehungen gegeben, vor allem durch die erwähnte Verständigung in einem Kernbereich der Abrüstung. Jetzt entfalteten sich

Als Verteidigungsminister besucht Gerhard Stoltenberg im Mai 1991 die Westgruppe der sowjetischen Streitkräfte in Wünsdorf. In der günstigen weltpolitischen Situation des Jahres 1990 war erstaunlich schnell die deutsche Wiedervereinigung erreicht worden. Trotz aller innenpolitischen Turbulenzen, die Rußland in den folgenden Jahren erlebte, ging der vereinbarte Truppenabzug reibungslos vonstatten, nicht zuletzt als Verdienst des Kommandeurs der Weststreitkräfte, Matwej Burlakow (rechts).

freiheitliche und nationale Bewegungen in mehreren mittelosteuropäischen Staaten in bisher unvorstellbarer Weise.[32] Polen und Ungarn gingen voran, ihr Beispiel machte vielen Menschen in der DDR und der Tschechoslowakei Mut. In der DDR verstärkte sich der Druck auf die Ausreise in den Westen. Am 11. September öffnete Ungarn formell die Grenze nach Österreich, und aus Moskau kamen eindeutige Signale, daß die Sowjetunion nicht beabsichtigte, mit militärischer Macht gegen die Bürgerbewegungen vorzugehen. Das war eine entscheidende Voraussetzung für den Erfolg der friedlichen Revolution in den vormaligen Satellitenstaaten. Am 9. November wurde die Mauer in Berlin geöffnet, und mit ihr fiel das totalitäre Herrschaftssystem der SED.

So stellte sich über Nacht die Frage neu, wie das Miteinander der beiden Teile Deutschlands gestaltet werden sollte. Kaum jemand rechnete in jenen Tagen mit einer schnellen Wiedervereinigung. Die Haltung der früheren Besatzungsmächte in Ost und West, vor allem der Sowjetunion, und die Bedeutung ihrer Vorbehaltsrechte waren zunächst offen. Der Bundeskanzler entwickelte am 28. November mit seiner wegweisenden Rede vor dem Bundestag als erster in zehn Punkten ein Konzept für die stufenweise Herstellung der Einheit Deutschlands und seiner Verankerung in einem neuen Europa. Damit setzte er wichtige Markierungen für die internationalen Diskussionen, die 1990 über die Zwei-plus-Vier-Gespräche und die Verhandlungen zwischen Bonn und Ostberlin zur deutschen Vereinigung führten.

Wenige Wochen nach dem Fall der Mauer zeigte sich, daß der Problemdruck in Deutschland rasch zunahm und neue Antworten erforderte. Anfang 1990 begann eine sich beschleunigende Abwanderung aus der DDR in die Bundesrepublik. Die innere Öffnung zu demokratischem Pluralismus und die Reformversprechungen der Übergangsregierung Modrow genügten den meisten Menschen nicht mehr. Zu groß war der Unterschied in den Einkommen und Lebensbedingungen. 1989 betrug der durchschnittliche monatliche Bruttolohn in der DDR 1 322 Ost-Mark, das heißt ein Drittel des entsprechenden Einkommens im Westen von 3 966 DM.[33] Tüchtige berufstätige Übersiedler fanden im Westen in der Regel schnell eine Anstellung. Mit wachsender Besorgnis diskutierten wir im Bundeskabinett mehrfach diesen sich verstärkenden Trend, der zu einem gefährlichen Verlust an erfahrenen und qualifizierten Erwerbspersonen im Osten führte.

Dies war ein Motiv für den Bundeskanzler, bereits am 6. Februar Ostberlin Gespräche über ein gemeinsames Währungsgebiet vorzuschlagen. Kohls Initiative wurde vor allem von den Bürgern in der DDR mit großer Zustimmung aufgenommen und beeinflußte die Meinungsbildung für die ersten freien Wahlen zur Volkskammer am 18. März erheblich. Die CDU und die ihr in der Allianz für Deutschland verbundenen Parteien verzeichneten mit 48 Prozent der Stimmen einen großen Erfolg. Lothar de Maizière bildete eine Regierung der Allianz für Deutschland mit SPD und FDP.

Voraussetzungen für die schnelle Schaffung einer Wirtschafts- und Währungsunion waren, daß die neue Regierung der DDR den Ordnungsrahmen einer Sozialen Marktwirtschaft so zügig wie möglich einführte, die Bundesbank die Verantwortung für die Geldpolitik in ganz Deutschland übernahm und die Ostberliner Haushaltspolitik eng mit der Bundesregierung abgestimmt wurde.[34] Als einer der schwierigsten Punkte erwies sich bei den Vertragsverhandlungen der Umstellungskurs für die Löhne und Gehälter, die Sparguthaben der Bürger und die Guthaben sowie die Schulden der Unternehmen. Dabei mußten die großen Unterschiede in der Struktur der Betriebe, in den Wettbewerbsbedingungen und der Produktivität berücksichtigt werden. Exakte Unterlagen gab es kaum; die amtlichen Statistiken der DDR erwiesen sich bald in großen Teilen als manipuliert. Nach 1970 waren in der Bundesrepublik namhafte wissenschaftliche Institutionen, die sorgfältig die Entwicklung in Wirtschaft und Gesellschaft der DDR begleitet hatten, abgebaut worden. Bis in manche akademische Debatten hinein neigte man seit den siebziger Jahren zu einer betont optimistischen Beurteilung des anderen deutschen Staates als einer der angeblich führenden Industrienationen der Welt.

1990 erschienen in Westdeutschland in rascher Folge zunehmend realistische Studien zur Verfassung der DDR-Wirtschaft. Anfang des Jahres schätzte das Deutsche Institut für Wirtschaftsforschung die Produktivität auf etwa fünfzig Prozent der westdeutschen. Die Bundesbank veranschlagte zunächst rund vierzig Prozent; das Kieler Institut für Weltwirtschaft kam etwas später mit einem Wert von 33 Prozent der Realität nahe.[35] Anfang 1991 berechnete eine sächsische Studie eine Produktivität von 28 Prozent pro Beschäftigten in der gewerblichen Wirtschaft gegenüber vergleichbaren Arbeitnehmern in der alten Bundesrepublik. Diese gravierende Problematik konnte in den wenigen Wochen der Verhandlungen zur Wirtschafts- und Währungsunion nicht aufgearbeitet werden. Die Ostberliner Unterhändler lehnten Bonner Vorschläge ab, für eine Übergangszeit auf Teile des westdeutschen Arbeits- und Tarifrechts zu verzichten und statt dessen Öffnungsklauseln für betriebsbezogene Vereinbarungen zu verankern. Am 18. Mai unterzeichneten Kohl und de Maizière den Staatsvertrag zur Bildung einer Wirtschafts-, Währungs- und Sozialunion mit Wirkung vom 1. Juli. Am 2. Juli erfolgte die Währungsumstellung.[36] Erwachsene konnten 4 000 Mark-Ost im Verhältnis 1:1 in West-Mark umtauschen; für Kinder und alte Menschen gab es besondere Sätze. Das sonstige Geldvermögen wurde überwiegend in der Relation 2:1 gewechselt. Die Umstellung von Schulden erfolgte im selben Verhältnis. Für gebundene Preise, Löhne und Sozialleistungen galt der Satz 1:1. Bezugspunkt waren hier die aktuellen Löhne in der DDR. In manchen westlichen Kommentaren wurden Bedenken gegen diese Ausgestaltung laut. Die Befürchtung, es werde ein gefährlicher Inflationsschub ausgelöst, erfüllte sich allerdings nicht. Als begründet erwies sich dagegen bald die Sorge, die Unternehmensschulden in Höhe von 130 Milliarden DM nach der Umstellung könnten zu einer sehr schweren Last werden.

Zunächst wurden 1990 vor allem die Vorzüge der neuen Lage gesehen. Reale Kaufkraft in bisher nicht gekannter Weise, Freizügigkeit, eine rasche Ausweitung des Angebotes hochwertiger Waren, die grenzüberschreitenden Wirkungen einer dynamischen westdeutschen Konjunktur – dies alles weckte viel Optimismus. Im

Die Wiedervereinigung Deutschlands ist nicht nur für die Wirtschafts- und Sozialpolitik eine große Herausforderung. Auch zwei Armeen, die jahrzehntelang zu feindlichen Lagern gehört hatten, mußten vereinigt werden. Am 3. Oktober 1990 übernahm Gerhard Stoltenberg von DDR-Verteidigungsminister Rainer Eppelmann (vorn links) die Kommandogewalt über die ehemalige Nationale Volksarmee. Befehlshaber des Bundeswehrkommandos Ost wurde Jörg Schönbohm (rechts). Ihm gelang es in den folgenden Monaten, die ostdeutschen Streitkräfte friedlich und ohne Gefährdung der inneren Sicherheit in die Bundeswehr zu integrieren.

Herbst gab es erste Warnzeichen aufgrund der neuen, völlig veränderten Wettbewerbssituation. Ostdeutsche Unternehmen verloren erhebliche Marktanteile, bevor sie sich überhaupt auf die neuen Bedingungen einer Marktwirtschaft einstellen konnten. Noch gab es die Hoffnung auf den traditionell wichtigsten Abnehmer Sowjetunion. Gorbatschow versicherte dem Bundeskanzler im November 1990, sein Land werde ein großer Importeur von Waren aus den neuen Bundesländern bleiben. Die von ihm angekündigten, aber immer wieder vertagten Wirtschaftsreformen sollten hierfür noch bessere Voraussetzungen schaffen.

Bald nach der Vollendung der deutschen Einheit am 3. Oktober erhoben Politiker und Gewerkschaftsfunktionäre in Ostdeutschland die Forderung nach einer schnellen Angleichung der Löhne und Gehälter. Es gab noch keine demokratisch voll legitimierten neuen Sprecher der Arbeitnehmer und Arbeitgeber; die Federführung übernahmen auf beiden Seiten weitgehend aus dem Westen entsandte Vertreter. Im ersten Halbjahr 1991 kam es beginnend mit der Metallindustrie zu Tarifabschlüssen, die – gemessen an den Daten von 1989 – in mehreren Stufen schnell zu einer Verdoppelung bis Verdreifachung der Einkommen führen sollten. Dies war bei der geschilderten Ausgangssituation in der Produktivität, aber auch aufgrund der fehlenden Markterfahrungen ein verhängnisvoller Fehler, der wesentlich zu vielen Firmenzusammenbrüchen und Massenentlassungen beitrug. Führende Politiker förderten durch ihre Fehlprognosen dieses Verhalten der Tarifvertragsparteien. So hatten Kohl, Waigel und Lambsdorff im Herbst 1990 übereinstimmend erklärt, der Aufbau Ost könne ohne Steuererhöhungen finanziert werden. Im nächsten Jahr mußten sie diese Aussagen grundlegend korrigieren. Es gab 1991 aber auch positive Entwicklungen mit Investitionsentscheidungen westlicher Unternehmer, der Gründung von weit über 100.000 selbständigen kleinen Existenzen im Dienstleistungssektor und im raschen Ausbau der öffentlich finanzierten Infrastruktur. Aber der Bedarf an staatlichen Transferleistungen von West nach Ost überschritt bald ein Vielfaches der 1990 veranschlagten finanziellen Größenordnungen, und die hohe strukturelle Arbeitslosigkeit wurde zu einer erheblichen menschlichen und politischen Hypothek.

1990 beschleunigte sich das reale Wachstum in der alten Bundesrepublik weiter auf 4,9 Prozent. Die seit 1988 höhere Dynamik wurde vor allem im zweiten Halbjahr durch eine zusätzliche Nachfrage aus den neuen Ländern befördert. Die optimistischen Erwartungen fanden ihren Ausdruck im Anstieg der Ausrüstungsinvestitionen um 13,1 Prozent und des privaten Verbrauchs um 5,4 Prozent. Die Zahl der Arbeitsplätze nahm um 830 000 zu; das war der beste Jahreswert seit der Zeit des Wiederaufbaus. Unter den neuen Beschäftigten waren viele Zuwanderer und Pendler aus den neuen Ländern. Die Arbeitslosigkeit ging in der alten Bundesrepublik auf 1,65 Millionen zurück. Ende 1990 gab es mit 28,48 rund 2,2 Millionen Erwerbstätige mehr als 1983.[37] Der Anstieg der Verbraucherpreise erreichte mit 2,7 Prozent nahezu den hohen Wert des Vorjahres. Im Jahresverlauf wurden auch neue Risiken sichtbar. Zu den großen Problemen des Aufbaus in der früheren DDR kamen eine beginnende Rezession in den USA und deutliche Anzeichen für einen Einbruch in Großbritannien, Schweden und Finnland. Dennoch herrschte die Erwartung vor, daß Deutschland weiterhin auf einem guten Wachstumspfad bleiben werde.

Zu den wichtigsten Ergebnissen der Wirtschafts- und Finanzpolitik seit 1982 gehörten in der Schlußbilanz der alten Bundesrepublik die beträchtliche Rückführung des Staatsanteils und eine gesunkene Steuer- und Abgabenbelastung. Die Staatsquote betrug

1982 noch 51,9, 1990 bereits 45,8 Prozent,[38] die Steuerquote fiel in dieser Zeit von 23,8 auf 23,1 Prozent. Der Anteil der Sozialversicherungsbeiträge am Bruttosozialprodukt ging von 16,6 auf 15,6 Prozent zurück. Dieser in der Geschichte der Bundesrepublik ungewöhnliche Trend beruhte auch auf den erwähnten Korrekturen im Leistungssystem; wesentlich bedeutsamer war jedoch der starke Zuwachs der sozialversicherungspflichtigen Beschäftigten. Erstmals seit den fünfziger Jahren wurde wieder eine günstige Wechselwirkung zwischen besseren Rahmenbedingungen für Investitionen durch sinkende Steuern und Beiträge einerseits und steigenden öffentlichen Einnahmen bei niedrigeren Sätzen durch mehr Arbeitsplätze und höhere Unternehmensgewinne andererseits erreicht.

Obwohl die politische und wirtschaftliche Entwicklung seit dem Herbst 1989 für die Bundesregierung beachtliche Erfolge brachte, waren die Ergebnisse der zahlreichen Wahlen im Jahr der Einheit sehr unterschiedlich. Im Januar 1990 gewann die SPD im Saarland mit Lafontaine kräftig hinzu und erzielte mit 54,4 Prozent ein Spitzenergebnis. Am 13. Mai erreichten Sozialdemokraten und Grüne in Niedersachsen die Mehrheit der Mandate. Gerhard Schröder (SPD) löste Ernst Albrecht als Ministerpräsidenten ab. Am selben Tag behauptete Johannes Rau in Nordrhein-Westfalen für seine Partei die Mehrheit der Stimmen und Landtagsmandate.

In vier von fünf neuen Bundesländern wurde bei den ersten freien Landtagswahlen am 14. Oktober die CDU stärkste Partei. In Sachsen gewann sie mit Kurt Biedenkopf die absolute Mehrheit, in Thüringen, Sachsen-Anhalt und Mecklenburg-Vorpommern übernahmen Kabinette von Union und FDP die Regierungsverantwortung. Die SPD war in Brandenburg mit Manfred Stolpe erfolgreich und bildete mit FDP und Grünen die Landesregierung. Am selben Tag behauptete die CSU in Bayern ihre starke Position im Landtag mit der absoluten Mehrheit der Stimmen und Mandate.

Im Vordergrund der Kampagne zur ersten gesamtdeutschen Bundestagswahl am 2. Dezember standen die Entwicklung zur Einheit und die künftigen Aufgaben gesamtdeutscher Politik. CDU/CSU (43,8 Prozent) und FDP (11 Prozent) erzielten mit 54,5 Prozent der Stimmen eine klare Mehrheit, die SPD erreichte mit Lafontaine als Spitzenkandidaten nur 33,5 Prozent. Die Grünen verfehlten die Fünf-Prozent-Klausel. Auf den ersten Blick schien das gesamtdeutsche Parlament, parteipolitisch gesehen, durch Kontinuität bestimmt zu sein. Aber nicht nur in der regionalen Herkunft der Abgeordneten, viel stärker noch in den völlig veränderten politischen Prioritäten im vereinten Deutschland zeigten sich schnell die Herausforderungen einer neuen Zeit.

13. Kapitel

Neue Impulse für die Europapolitik und weltwirtschaftliche Veränderungen

Die Regierung Kohl stand von Anfang an vor großen internationalen Herausforderungen. Zu dem Ost-West-Konflikt über die Vor- und Nachrüstung kamen eine kritische innenpolitische Zuspitzung in Frankreich mit möglichen negativen Folgen für die Europäische Gemeinschaft und die im Sommer 1982 aufgebrochene schwere internationale Schuldenkrise. Staatspräsident François Mitterrand hatte nach seiner Wahl im Mai 1981 ein ehrgeiziges sozialistisches Wirtschaftsprogramm auf den Weg gebracht.[1] Es führte zu kürzerer Arbeitszeit, einer erheblichen Steigerung der Sozialausgaben, neuen Steuern für die höheren Einkommensbezieher und verstärkter Kreditaufnahme. Bald setzte eine Kapitalflucht ein, die privaten Investitionen gingen zurück, der Franc geriet unter beträchtlichen Druck.

In der Außenpolitik betonte Mitterrand demgegenüber Kontinuität, die Solidarität mit den Verbündeten in der Auseinandersetzung mit der Sowjetunion. Es erregte ungewöhnliches Aufsehen, als er am 19. Januar 1983 in einer Rede vor dem Deutschen Bundestag entschieden für den NATO-Doppelbeschluß und damit die Option der Nachrüstung eintrat. Die Abgeordneten der SPD reagierten mit sichtbarer Betroffenheit; die Koalitionsfraktionen antworteten mit anhaltendem Beifall. Seit ihrer ersten Begegnung im Oktober 1982 entwickelte sich eine enge persönliche Zusammenarbeit zwischen Kohl und Mitterrand. Dies galt auch für die Minister der beiden Kabinette. Ich erkannte bald, daß mein Kollege Jacques Delors mit seiner Forderung nach einer wirtschafts- und finanzpolitischen Neuorientierung beträchtliche Schwierigkeiten hatte. Starke Kräfte in der Sozialistischen Partei setzten sich für eine noch dirigistischere Politik und einen nationalen Alleingang bis zur Preisgabe des Europäischen Währungssystems und einer Distanzierung von wesentlichen Elementen der EG-Politik ein.

Die drohende Zahlungsunfähigkeit Mexikos, Brasiliens und Argentiniens erschütterte seit dem Spätsommer 1982 wie ein Erdbeben viele andere Staaten, die internationalen Finanzinstitutionen und zahlreiche private Banken.[2] Es ging allein bei diesen drei Ländern um Kredite von fast 300 Milliarden Dollar, deren Bedienung gefährdet war. Vor allem die führenden Banken der USA hatten sich in diesen lateinamerikanischen Ländern seit Mitte der siebziger Jahre mit einem Mehrfachen ihres haftenden Eigenkapitals engagiert, aber auch in Europa und Japan waren mehrere hundert Kreditinstitute betroffen. Es bestand die Gefahr, daß der großzügigen Darlehensgewährung in den vorangegangenen Jahren jetzt ein überhasteter Rückzug folgte, der auch zahlreiche weitere Schwellen- und Entwicklungsländer in den Sog einer eskalierenden Krise hineinziehen würde. Mein Vorgänger Lahnstein hatte im Spätsommer die Finanzminister und Notenbankpräsidenten der Fünfer-Gruppe nach Kronberg eingeladen, um eine gemeinsame Initiative im Rahmen des Internationalen Währungsfonds und der Weltbank zu besprechen. Wir trafen uns am 9./10. Dezember und erreichten in den wichtigsten Punkten Einvernehmen. In den folgenden Monaten erhielt vor allem der Währungsfonds zusätzliche Hilfsmöglichkeiten und mit einer Quotensteigerung um fast fünfzig Prozent erheblich höhere Mittel. Der IWF übernahm unter der Leitung seines fähigen Direktors Jacques de Larosière in den nächsten Jahren die wichtigste Koordinierungsrolle. Es ging um ein Bündel sich ergänzender Maßnahmen: vertrauensbildende Anpassungsprogramme für die einzelnen Schuldnerländer, Beistandskredite und vor allem konkrete Absprachen zwischen Gläubigern und Schuldnern über Umschuldungen, um einen Zusammenbruch ganzer Volkswirtschaften zu verhindern.

Zahlreiche Banken aus den Industriestaaten, die in der optimistischen Stimmung der Vorjahre großzügig Mittel vergeben hatten, mußten dafür gewonnen werden, unter neuen Bedingungen ihre Engagements aufrechtzuerhalten oder nur schrittweise zu reduzieren. Wir haben deshalb auch in der Bundesrepublik damals die Regeln für vorsorgliche Wertberichtigungen in diesem Sektor großzügiger gestaltet. Trotz mancher Zuspitzungen und Rückschläge gelang es in den folgenden Jahren, die Krise zu beherrschen und in den besonders hart betroffenen Ländern allmählich Fortschritte zu erzielen.[3] In der ersten Phase standen kurzfristige, an Anpassungsprogramme gebundene Übergangshilfen des IWF, der westlichen Regierungen und der Notenbanken im Vordergrund. Es folgten Umschuldungsvereinbarungen für die öffentlich verbürgten Darlehen im Pariser Club, bei den Bankenkrediten zumeist mit Gruppen von weit über hundert Gläubigerbanken, die gemeinsam verhandelten.

Bald waren erste Teilerfolge zu verzeichnen. So vergaben westliche Privatbanken bereits 1984 über zwölf Milliarden Dollar neuer Kredite an einige Schuldnerländer. Mexiko erreichte 1983 einen

Leistungsbilanzüberschuß von 5,5 Milliarden Dollar nach einem Defizit von vierzehn Milliarden zwei Jahre zuvor. Erkauft wurde dies freilich durch drastische Kürzungen bei den Importen und einen zeitweise sinkenden Lebensstandard breiter Schichten der Bevölkerung. Brasilien erzielte 1984 eine nahezu ausgeglichene Leistungsbilanz nach dem Minus von sechzehn Milliarden Dollar 1982. Das Haushaltsdefizit und die Inflationsrate blieben dabei hoch. Dies galt auch für Argentinien, wo die innenpolitischen Spannungen zunahmen. In den folgenden Jahren bildete sich ein internationaler Sekundärmarkt für Kreditforderungen an die Problemländer mit variablen Kursen. Andere Techniken wurden entwickelt oder verfeinert, darunter die Umwandlung von Krediten in Beteiligungen an staatlichen oder privaten Unternehmen. Bald begann auch eine kontroverse Debatte unter den großen Banken, ob Forderungsverzichte in Verbindung mit Anpassungserfolgen und Umschuldungen ausgesprochen werden sollten. Dies war noch am Rande der Jahrestagung von Weltbank und Währungsfonds im September 1988 in Berlin unter den Chefs der deutschen Kreditinstitute ein schwieriges Thema. In einer Reihe von Einzelentscheidungen wählten private Banken schließlich auch dieses Lösungselement. Ihnen lag daran, vor allem in den potentiell wirtschaftlich starken Ländern Lateinamerikas wieder interessante Geschäftspartner zu gewinnen. Ende der achtziger Jahre stieg parallel zu günstigeren ökonomischen Daten die Kreditvergabe an lateinamerikanische Adressen in der Tat beträchtlich an. Fluchtkapital kehrte zurück. Jetzt hatte sich, bei allen unübersehbaren Härten und verbleibenden Risiken, die Strategie zur Überwindung der Schuldenkrise insgesamt bewährt. Der Anteil der Schuldendienstleistungen an den Exporterlösen ging in den meisten Problemländern zurück. In Lateinamerika erreichte die Mehrzahl der Staaten erneut eine beachtliche wirtschaftliche Dynamik und trotz weiterhin großer sozialer Probleme mehr Stabilität. Sie verfolgten dabei in der Regel einen marktwirtschaftlichen Kurs. Zur selben Zeit vollzog sich fast ausnahmslos eine Hinwendung zu demokratischen Regierungsformen.

Noch eindrucksvoller verlief in den achtziger und beginnenden neunziger Jahren die wirtschaftliche Entwicklung in zahlreichen asiatischen Ländern. Sie erreichten von Südkorea bis Malaysia durch eine bemerkenswerte Lern- und Innovationsfähigkeit, hohe Motivation und marktwirtschaftliche Reformen erstaunliche Wachstumsraten. Demgegenüber verharrte fast ganz Afrika in einer bedrückenden Stagnation, was bei steigenden Bevölkerungszahlen weithin eine Verschlechterung der Lebensbedingungen bedeutete. Die internationalen Finanzinstitutionen, allen voran Währungsfonds und Weltbank, sind in den raschen weltpolitischen und -wirtschaftlichen Veränderungen unserer Zeit unverzichtbar. So haben sie seit 1990 angesichts der krisenhaften Entwicklungen in Osteuropa eine zentrale Rolle in den mühsamen Transformationsprozessen übernommen.

In den Vereinigten Staaten tendierte die Reagan-Administration anfangs in der Außenwirtschafts- und Finanzpolitik zu einem betont nationalen Vorgehen.[4] Die bei allen Schwankungen zunehmend erfolgreiche Zusammenarbeit der großen Industrieländer und des Währungsfonds im Management der Schuldenkrise stärkte dann in Washington allmählich die Bereitschaft zu einem kooperativeren Kurs. Der Dollar wertete weiter auf, Anfang 1983 betrug die Relation zur D-Mark bereits 1 : 2,39. Bald setzte eine kritische Debatte über die Folgen dieses Trends für die Terms of Trade, die Handels- und Leistungsbilanzen, ein.[5] Aber mein Kollege Don Regan und seine Berater verkündeten auch in der Folgezeit immer wieder ihre Überzeugung, ein steigender Dollar-Kurs sei nur als Ausdruck des wachsenden Vertrauens in die Politik der USA zu verstehen und deshalb unproblematisch.

Im März 1983 verstärkten sich in Bonn Hinweise auf wachsende Spannungen in der französischen Regierung und Regierungspartei. Der Druck auf den Franc verstärkte sich, und in der Pariser Presse wurde spekuliert, die Bundesregierung solle durch eine erneute Aufwertung der D-Mark für Entlastung sorgen. Seit der Schaffung des EWS hatte es zuvor in vier Jahren vier umfassende Wechselkursveränderungen gegeben. Das Ergebnis war eine Abwertung des Franc gegenüber der D-Mark um insgesamt zwanzig Prozent. Wir konnten in der aktuellen Situation der deutschen Wirtschaft an einer weiteren Paritätenveränderung nicht interessiert sein; dies entsprach auch der Einschätzung der meisten Partner im Europäischen Währungssystem. Am 16. März signalisierte Delors' Staatssekretär Michel Camdessus über Tietmeyer, er habe den Auftrag, mir in Bonn eine persönliche Botschaft des Staatspräsidenten für den Bundeskanzler zu übergeben. Ich verständigte Kohl – wir beide hielten uns an diesem Tag zu Koalitionsgesprächen in der Bayerischen Landesvertretung auf. Camdessus erklärte mir, dieser ungewöhnliche Weg sei gewählt worden, weil es sich um eine besonders vertrauliche Initiative handele und er in Bonn unbekannt sei. Der Präsident betonte in seinem Schreiben, daß Frankreich vor weitreichenden und schwerwiegenden Entscheidungen stehe. Dabei sei die Haltung Deutschlands in der Europapolitik und speziell der Währungsfrage von großer Bedeutung. Mitterrand zielte offensichtlich auf eine schnelle Veränderung der Wechselkurse zur Stabilisierung des Franc und damit auch der angespannten politischen Lage in Paris. Deutschland hatte turnusmäßig im ersten Halbjahr 1983 den Vorsitz in allen Räten der EG und trug auch deshalb eine besondere Verantwortung.

Kohl lud für den Abend zu einem Gespräch ein, an dem Genscher, Pöhl und Professor Waldemar Schreckenberger als Chef des Bundeskanzleramtes teilnahmen. Wir beurteilten die Situation in Paris und unsere eigenen Möglichkeiten einvernehmlich. In Frankreichs politischer Führung wurde offenkundig ein Streit über den Vorrang der sozialistischen Innenpolitik oder der europäischen Kooperation ausgetragen. Die Stimmen für einen weitreichenden Kurswechsel, für die Preisgabe des EWS, für Kapitalverkehrskontrollen und möglicherweise Handelsbeschränkungen waren stärker geworden, nachdem auch Premierminister Pierre Mouroy diese Vorstellungen vertrat. Ihre Realisierung würde einen sehr schweren Rückschlag für die europäische Entwicklung mit nicht absehbaren Konsequenzen bedeuten. Andererseits konnte die Lösung nicht in einer einseitigen deutschen Aufwertung ohne einen angemessenen französischen Beitrag liegen. Dafür gab es in den ökonomischen Daten keine Rechtfertigung, und vor allem lehnten es mehrere beteiligte Regierungen ab, überhaupt oder in nennenswertem Umfang gegenüber der D-Mark abzuwerten. Für die meisten Staaten der EG stand die Bekämpfung der Inflation und eine Senkung der Zinsen im Vordergrund, und damit waren niedrigere Wechselkurse unerwünscht geworden. Dennoch schlossen wir ein kurzfristiges Realignment nicht aus, falls sich ein fairer Kompromiß erreichen ließ.

Der Bundeskanzler sagte zusammenfassend, es sei am besten, wenn ich so schnell wie möglich seine Antwort Mitterrand in Paris mündlich überbringen und unseren Standpunkt erläutern würde. Dies geschah schon am späten Nachmittag des folgenden Tages. Das Ganze vollzog sich mit ungewöhnlicher Geheimhaltung. Der Generalsekretär der Präsidialverwaltung, Bianco, holte mich auf einem Militärflugplatz ab und wählte einen fast nie benutzten Seiteneingang zum Elysée. Bei dem Gespräch mit dem Präsidenten zu zweit war keiner der Berufsdolmetscher zugegen; ein persönlicher Vertrauter Mitterrands übersetzte mit einiger Mühe. Die beiderseitigen Positionen wurden ausführlich erörtert, auch das unveränderte Interesse an einer neuen Phase aktiverer europäischer Zusammenarbeit. Ich führte aus, Deutschland könne bei einer Veränderung der Paritäten einen etwas größeren Schritt tun, aber Frankreich müsse zu einer eigenen Abwertung bereit

Mit großem Enthusiasmus wurde in den fünfziger Jahren der Weg zu einem einigen Europa beschritten. Die europabegeisterte Jugend machte sich zu den Grenzübergängen auf, um Europaschilder aufzustellen oder Schlagbäume zu kappen. Doch von der Idee zur Verwirklichung war es ein langer Weg. Auch wenn man sich redlich um eine gemeinsame Wirtschafts- und Sicherheitspolitik bemühte, hatten im Zweifelsfall immer wieder die nationalen Eigeninteressen Vorrang. So ist in den vier Jahrzehnten seit den Römischen Verträgen viel erreicht worden, doch die Träume von einem Bundesstaat Europa sind realistischeren Vorstellungen gewichen.

sein. Mitterrand stellte viele Fragen, ließ aber seine abschließenden Folgerungen offen.

Den Abend verbrachte ich als Delors' Gast in einem kleinen Kreis. Mein französischer Kollege war über die innenpolitische Entwicklung zutiefst beunruhigt, er hielt eine Abkehr Frankreichs vom EWS und eine Distanzierung von der Europäischen Gemeinschaft für einen katastrophalen Fehler. Aber auch die Aussicht, erneut aus einer schwachen Position in Brüssel über Wechselkurse verhandeln zu müssen, erfüllte ihn mit Unbehagen. Delors erklärte, er sei auf jede Entwicklung vorbereitet, auch auf ein Ausscheiden aus der Regierung.

Am Sonnabend nachmittag begann die Sondersitzung der Finanzminister und Notenbankpräsidenten in Brüssel. Sie dauerte mit einigen Unterbrechungen fast 48 Stunden. Die Verhandlungen gestalteten sich zunächst sehr schwierig. Drei Kollegen erklärten in der Generaldebatte, für sie bestehe keine Notwendigkeit zu einer Paritätenveränderung gegenüber der D-Mark, Frankreich solle abwerten und eine Stabilitätspolitik verfolgen, um das Vertrauen der Märkte wiederzugewinnen. Ich führte dann über viele Stunden Einzelgespräche, um die Spielräume für eine Lösung genauer auszuloten und die Verständigungsbereitschaft zu fördern. Immer wieder wurden Rückfragen in mehreren Hauptstädten erforderlich. Delors mußte zweimal längere Unterbrechungen beantragen, um für interne Konsultationen nach Paris zu fliegen. Zeitweise sah es nach einem Scheitern aus. Aber Montag mittag konnte ich im Plenum einen abschließenden Vorschlag machen, den alle Kollegen akzeptierten. Aufgewertet wurden die D-Mark (5,5 Prozent), der Gulden (3,5 Prozent), die Dänische Krone (2,5 Prozent) und der Belgische Franc (1,5 Prozent). Die Abwertung des Französischen Franc und der Italienischen Lira betrug 2,5 Prozent, des Irischen Pfund 3,5 von Hundert.

Das öffentliche Interesse an diesen Beratungen war außerordentlich groß. Die Presse, die internationalen Finanzinstitutionen, Diplomaten und Banken hatten verstanden, daß es um wesentlich mehr als eine Wechselkurskorrektur ging. So war die Erleichterung beträchtlich, als das einvernehmliche Ergebnis bekanntgegeben wurde.[6] Delors bewertete die Verständigung später im Rückblick als eine der wichtigsten politischen Vereinbarungen der achtziger Jahre, einen erfolgreichen Test für die deutsch-französische Partnerschaft. Mitterrand hatte jetzt entschieden und setzte nunmehr auf einen marktwirtschaftlichen und europäisch orientierten Kurs. Durch die neue »Politique de Rigueur« gewannen in Paris der Abbau des Defizits, die Bekämpfung der Inflation und die Stärkung des Franc Vorrang. Das war eine wichtige Vorbedingung für die Wiederbelebung der Europapolitik und die Verständigung, im Rahmen des GATT ein Verhandlungsmandat für die weitergehende Liberalisierung des internationalen Handels zu erteilen. Die Aufwertung der D-Mark im Rahmen einer Gemeinschaftslösung brachte für uns nicht die von manchen befürchteten Nachteile. Sie vergrößerte die Bereitschaft im Zentralbankrat, den Weg der Zinssenkungen fortzusetzen.

Den 25. Jahrestag der Römischen Verträge im März 1982 beging die Europäische Gemeinschaft in gedrückter Stimmung.[7] Bei den Verantwortlichen in Brüssel und Straßburg wie auch in vielen Pressekommentaren war das Urteil über ihren Zustand kritisch, oft ausgesprochen pessimistisch. Der niederländische Politiker Piet Dankert verglich als Präsident des Europäischen Parlaments die

EG mit einem »herzkranken Patienten«, dessen Zustand so schwach sei, daß er nicht einmal durch eine Geburtstagsfeier gestört werden dürfe. Die Kommission hatte in den siebziger Jahren an Gewicht verloren. Führende Politiker, wie Giscard und Schmidt, führten wichtige Entscheidungen zunehmend auf dem Wege direkter Kontakte der Staats- und Regierungschefs herbei. Frau Thatcher verschärfte seit 1979 die Auseinandersetzungen über die Finanzbeiträge der einzelnen Länder. Die Gemeinsame Agrarpolitik führte zu weiter wachsenden Überschüssen und Kosten, ohne daß eine durchgreifende Reform erreicht wurde. Auch die erste Direktwahl des Europäischen Parlaments im Frühjahr 1979 gab der Gemeinschaft keine anhaltenden Impulse. Im selben Jahr wurde Griechenland als zehntes Mitglied aufgenommen, aber es erwies sich als besonders schwieriger Partner und zeigte sich wenig bereit, die Verpflichtungen aus den Verträgen zu erfüllen. Dies verschärfte sich weiter, als Andreas Papandreou Ministerpräsident in Athen wurde und immer wieder einen Kurs der Pression und Konfrontation einschlug.

Anfang der achtziger Jahre kam die Gemeinschaft dann durch einige neue, zukunftsweisende Konzepte in Bewegung. Frau Thatcher, ansonsten entschiedene Gegnerin einer institutionellen Stärkung der EG, wurde zu einer Wortführerin für den Abbau noch bestehender Handelshemmnisse, die Vollendung eines wirklichen Binnenmarktes für Waren- und Dienstleistungen.[8] Spanien und Portugal verstärkten ihre Bemühungen für einen baldigen Beitritt, und in mehreren Mitgliedstaaten wurde die Erweiterung der Gemeinschaftspolitik auf neue Felder wie Forschung, Technologie und Umweltschutz gefordert. Mit der französischen Präsidentschaft endete im ersten Halbjahr 1984 die Zeit der Stagnation. Nach langem Streit konnte eine langfristige Regelung für den finanziellen Beitrag Großbritanniens vereinbart werden. Frau Thatcher setzte sich weitgehend durch; vor allem die Bundesrepublik übernahm einen höheren Anteil. Die Eigenmittel der Gemeinschaft wurden ab 1986 von 1 auf 1,4 Prozent der Bemessungsgrundlage für die Mehrwertsteuer angehoben. Die Landwirtschaftsminister verabschiedeten eine Produktionsbegrenzung für Milch. Das neue Quotensystem brachte in der Umsetzung zunächst viel Ärger mit sich, führte aber längerfristig zu beträchtlichen Einsparungen.

Mitterrand verstärkte nach der politischen Richtungsentscheidung vom März 1983 die Zusammenarbeit mit der Bundesrepublik in der europäischen Politik. Allerdings vertraten er und Delors dabei auch hartnäckig bestimmte Interessen Frankreichs. Am Rande des Athener Gipfels stellte der Bundeskanzler 1983 in Aussicht, auf das geltende Grenzausgleichssystem für Agrarerzeugnisse bei Wechselkursveränderungen zu verzichten. Das brachte den Unionsparteien innenpolitische Schwierigkeiten. Die Landwirte erinnerten uns nachdrücklich daran, daß die Regierung Schmidt die geltende Regelung 1979 bei der Gründung des Europäischen Währungssystems gegen massiven Pariser Druck behauptet und die damalige Opposition jede Korrektur entschieden abgelehnt hatte. Wir entschlossen uns schließlich in der Bundesrepublik zu beträchtlichen mehrjährigen Ausgleichszahlungen über eine höhere Vorsteuerpauschale. Diese neue Subvention löste wiederum manche Kritik aus.

Portugal und Spanien hatten bereits Ende der siebziger Jahre formell die Mitgliedschaft beantragt, sie waren aber immer wieder hingehalten worden. Vor allem Frankreich befürchtete erhebliche Nachteile für seine Landwirte. Spaniens überdimensionierte Fischereiflotte bereitete auch den anderen Mitgliedstaaten Sorgen. Mitterrand erklärte im Juni 1982 bei einem offiziellen Besuch in Madrid, ein Beitritt Spaniens würde unter den gegenwärtigen Bedingungen »einen unerfreulichen Zustand der Anarchie« herbeiführen; es seien zuvor Reformentscheidungen speziell für den Agrarsektor erforderlich.[9] 1983 erzielten die Landwirtschaftsminister schließlich Einvernehmen über detaillierte Regelungen für die Obst-, Gemüse- und Olivenölmärkte der Gemeinschaft. Sie sollten zu einer Produktionsbegrenzung führen, lösten aber im Ergebnis auch neue Kosten aus. Es folgten Abmachungen über die Fischereirechte und die Rückführung der Weinerzeugung. Das letzte Hindernis wurde im März 1985 ausgeräumt: Papandreou hatte seine Zustimmung für die Erweiterung von der Verabschiedung »Integrierter Mittelmeerprogramme« abhängig gemacht. Sie wurden mit einem Finanzrahmen von 6,6 Milliarden Ecu für die nächsten sieben Jahre gebilligt, um in Griechenland, Süditalien und Südfrankreich Fremdenverkehr, Infrastruktur, Landwirtschaft und Kleinbetriebe zu fördern. Vom 1. Januar 1986 an zählte die Gemeinschaft zwölf Mitglieder.

Die günstigere politische und wirtschaftliche Entwicklung in den westlichen Staaten beförderte in jener Zeit die Fortschritte in der EG. Die Europäer hatten gemeinsam mit den Amerikanern erfolgreich die Auseinandersetzungen mit der Sowjetunion über die Vor-, Nach- und Abrüstung bestanden. Wie in der Bundesrepublik verbesserte sich in den meisten Partnerländern der EG nach der Periode der Rezession oder Stagnation die ökonomische Lage, wenn auch mit erheblichen Unterschieden in Ausmaß und Tempo. Immer noch gab es große Abweichungen in den Schlüsseldaten der einzelnen Volkswirtschaften und der privaten Lebensverhältnisse – 1987 betrug der private Wohlstand in Dänemark 145 Prozent des Durchschnitts in der EG, in Portugal nur 40 und in Irland 64 Prozent. Dieses Ungleichgewicht verstärkte das Verlangen nach höheren Transferleistungen und wurde zugleich bei manchen forcierten Harmonisierungsbestrebungen unterschätzt.

Anfang 1985 hatte eine neue Kommission in Brüssel ihre Arbeit begonnen, ihr Präsident war Delors. Er gewann bald eine besonders starke Position, stärker als jeder seiner Vorgänger seit Hallstein. Intelligent, ideenreich, von beachtlicher Durchsetzungskraft, beschleunigte und erweiterte er die neue Dynamik in der Gemeinschaft. Delors war überzeugter Europäer, aber zugleich von seinem Werdegang in der französischen Zentralverwaltung geprägt. Er bekannte sich in manchen Reden zum Föderalismus und zur Subsidiarität, aber die Kommission setzte sich immer wieder in vielen Bereichen für eine perfektionistische Regelungsdichte ein. Dies löste mehr und mehr kritische Reaktionen in einer Reihe von Mitgliedstaaten aus. Delors konnte bald wichtige Entscheidungen herbeiführen. Er erkannte, daß die Aussichten für eine volle Verwirklichung des Binnenmarktes günstiger geworden waren. Hier stimmte bei allen sonstigen Differenzen Frau Thatcher mit Mitterrand und Kohl überein. Die Liberalisierung des Gemeinsamen Marktes war ein wichtiges Ziel der Römischen Verträge. Niemand konnte überzeugend eine Gegenposition begründen, wenn jetzt fast drei Jahrzehnte nach der Gründung der Gemeinschaft diese Aufgabe Priorität gewann. Delors entwickelte seine Vorstellungen in einer Rede am 14. Januar 1985 vor dem Europäischen Parlament.[10] Als weitere bedeutende Ziele nannte er die Entwicklung einer gemeinsamen Außen- und Sicherheitspolitik und Schritte hin zu einer Wirtschafts- und Währungsunion. Bereits im Juli legte die Kommission ein umfangreiches Dokument für die wichtigsten Entscheidungen zur Schaffung des Binnenmarktes vor.[11] Danach waren etwa dreihundert Gesetzgebungsakte erforderlich, um die Märkte völlig zu öffnen, Rahmenbedingungen zu vereinheitlichen und Wettbewerbsgleichheit zu schaffen.

Dieses große Vorhaben war nach der Überzeugung vieler nur in Verbindung mit einer institutionellen Reform der Gemeinschaft zu verwirklichen. Im Juni 1985 beauftragten die Staats- und Regierungschefs in Mailand eine Regierungskonferenz, Vorschläge für die Ergänzung der Römischen Verträge zu erarbeiten. Bei den folgenden Verhandlungen wurden bald beträchtliche Gegensätze sichtbar. Nicht nur Großbritannien, auch Dänemark und Griechenland wandten sich gegen die meisten Initiativen zur Übertragung neuer Kompetenzen an die Gemeinschaft, zur Stärkung der Kommission und des Parlaments. Die Anfang 1986 schließlich mit der »Einheitlichen Europäischen Akte« vereinbarte Neufassung der Verträge blieb hinter den Erwartungen der Hauptakteure zurück. Dennoch hatte sie beträchtliche Bedeutung. So wurde für die Mehrzahl der Gesetze der EG eine qualifizierte Mehrheitsentscheidung des Ministerrats eingeführt. Zu den Aufgaben der Gemeinschaft gehörten jetzt auch formell Forschung, Technologie und Umweltschutz. Das Parlament war an allen Phasen der Gesetzgebung stärker zu beteiligen, es mußte vor der Aufnahme neuer Mitglieder und dem Wirksamwerden von Assoziierungsverträgen seine Zustimmung geben. Dies alles stellte die Abgeordneten und mehrere Mitgliedstaaten nicht zufrieden, aber in diesem Bereich nahm auch Frankreich im Gegensatz zur Bundesrepublik eine sehr restriktive Haltung ein. Schließlich gingen alle Mitgliedstaaten eine politische Selbstbindung ein, den Binnenmarkt bis 1992 zu vollenden.

Delors war vor allem darüber enttäuscht, daß seine wiederholten Vorstöße für eine vertraglich verankerte Kompetenz der Gemeinschaft in der Währungspolitik keine Zustimmung fanden. Das Europäische Währungssystem hatte einen eigenständigen Status; die Kommission nahm an den Beratungen der Finanzminister in einer Gastrolle ohne Mitentscheidungsrechte teil. Dies empfand Delors bei seiner starken persönlichen Fixierung auf monetäre Fragen als völlig unbefriedigend. Aber es wurde auf Drängen Frankreichs lediglich ein kurzer Passus aufgenommen, demzufolge für die weitere Entwicklung der Gemeinschaft eine koordinierte Wirtschafts- und Währungspolitik angestrebt werden sollte, ohne daß der Gemeinschaft neue Zuständigkeiten übertragen wurden. In den folgenden Jahren konnten die meisten Entscheidungen für die Herstellung des Binnenmarktes getroffen werden. Der Abbau von Kapitalverkehrskontrollen gehörte hierzu ebenso wie die Marktöffnung für Banken, Versicherungen und andere Dienstleistungen, die Entwicklung gemeinsamer Sicherheitsstandards für bestimmte Produkte und gewisser Normen für den Umweltschutz. Bis 1992 wurden beachtliche Ergebnisse erzielt, aber es blieben auch einige schwerwiegende Defizite. Die Harmonisierung der indirekten Steuern konnte trotz jahrelanger Verhandlungen der Finanzminister ebenso wenig erreicht werden wie die Öffnung der Märkte für Strom und Gas.

Die Erweiterung und dynamische innere Entwicklung der EG führte zu einem beschleunigten Anstieg ihrer Ausgaben. 1980 belief sich ihr Budget auf 41 Milliarden DM, 1990 auf 89 Milliarden.

Die Kosten für die Gemeinsame Agrarpolitik nahmen trotz der Mengenbegrenzungen für einige Erzeugnisse weiter zu. Institutionelle Fortschritte mußten, wie wir sahen, mehrfach mit einer massiven Aufstockung der Regionalfonds erkauft werden. Diese ungute Entwicklung führte in einigen Ländern mehr und mehr zur Verschwendung oder Zweckentfremdung von Mitteln, ohne daß die immer kritischeren Berichte des Europäischen Rechnungshofs ein energisches Einschreiten der Kommission oder des Rats auslösten. Die neuen Felder europäischer Politik erforderten zusätzliche Ressourcen.

Der höhere Anteil der Bundesrepublik an der Finanzierung der Gemeinschaft ging ausschließlich zu Lasten des Bundesetats, zu keinem Zeitpunkt waren die Länder bereit, diese Entwicklung bei den Verhandlungen über Steueranteile zu berücksichtigen. 1980 führte die Bundesrepublik 12,4 Milliarden DM an die EG ab, 1988 waren es 22,3 Milliarden DM. Der deutsche Nettobeitrag erhöhte sich in dieser Zeit um 4,1 auf 13 Milliarden, 1994 betrug er bereits 27,6 Milliarden DM. 1990 finanzierte die Bundesrepublik fast siebzig Prozent der Nettotransfers der Gemeinschaft. Bis dahin gab es nur zwei Nettozahler, neben Deutschland noch Großbritannien. Erst in den folgenden Jahren kamen Frankreich und die Niederlande mit vergleichsweise geringen Beträgen hinzu, während andere wohlhabende Länder wie Dänemark, Belgien und Luxemburg weiterhin von den Transfers profitierten. Diese Ungereimtheiten brachten die deutschen Vertreter bei den jährlichen Budgetverhandlungen immer wieder in Schwierigkeiten. Sie mußten bei oft nur geringer Unterstützung für Sparsamkeit und Ausgabenbegrenzung kämpfen. In den innenpolitischen Debatten wurde der überhöhte deutsche Beitrag mit der These vertreten, kein Land habe so große Vorteile durch die Gemeinschaft wie Deutschland als führende Handelsnation.

Nach der Neufestsetzung der Wechselkurse im März 1983 gelangte das Europäische Währungssystem in ein ruhigeres Fahrwasser. In den folgenden drei Jahren gab es mit Ausnahme einer isolierten Abwertung der Lira im Sommer 1985 keinen nennenswerten Druck auf ein neues Realignment, wozu die zunehmende Übereinstimmung in den Prioritäten der Wirtschafts- und Finanzpolitik wesentlich beitrug. Die Märkte registrierten, daß jetzt, wenn auch mit unterschiedlicher Intensität, Preisstabilität, die Rückführung der Budgetdefizite und die Stärkung der privaten Investitionen vorrangige Ziele der nationalen Politik fast aller westeuropäischen Länder waren.

Diese positive Entwicklung des EWS machte Eindruck. Im Dezember 1985 signalisierte mir mein britischer Kollege Nigel Lawson vertraulich, er sei für einen Beitritt Großbritanniens zum Wechselkursmechanismus des Systems,[12] und er hoffe, jetzt Einvernehmen mit Frau Thatcher erreichen zu können. Eine solche Entscheidung hätte zu einer erheblichen Stärkung des Systems geführt und auch im Interesse Deutschlands gelegen. Lawson entsandte seinen Staatssekretär Geoffrey Littler und einige Experten für Gespräche über die Modalitäten eines britischen Beitritts mit Tietmeyer nach Bonn. Aber die Premierministerin versagte Anfang 1986 gegen den Rat fast aller beteiligten Kabinettsmitglieder ihre Zustimmung zu diesem politisch bedeutsamen Schritt. So trat Großbritannien erst 1990 unter ungünstigeren Umständen bei, als die Debatte über das Aufgehen des EWS in eine Währungsunion bereits in vollem Gange war.

Bei den französischen Wahlen im März 1986 gewannen die bürgerlichen Parteien eine Mehrheit in der Nationalversammlung; daraufhin beauftragte Mitterrand Anfang April Jacques Chirac mit der Regierungsbildung. Dessen enger Vertrauter Edouard Balladur wurde Finanzminister. Beide strebten unmittelbar nach dem Regierungswechsel ein Realignment an mit der Begründung, Frankreich brauche eine Abwertung für mehr Wachstum und eine Verbesserung seiner Handelsbilanz. Obwohl wir ihnen bei vertraulichen Sondierungen von einer Initiative abrieten, drängte Balladur bei der nächsten Konferenz der Finanzminister und Notenbankpräsidenten vom 4. bis 6. April im niederländischen Ootmarsum auf eine Entscheidung. Er traf auf wenig Gegenliebe. Um einen anhaltenden Konflikt mit schädlichen Spekulationen zu vermeiden, vereinbarten wir auf Vorschlag unseres Vorsitzenden Onno Ruding schließlich eine kleine Lösung: Die D-Mark und der Gulden werteten um drei Prozent auf, der Belgische Franc und die Dänische Krone um ein Prozent; der Französische Franc wurde um drei Prozent abgewertet.

Bereits ein halbes Jahr später gab es neue Zeichen politischer Ungeduld aus Paris.[13] Chirac kritisierte im Dezember 1986 öffentlich die Bundesbank, die eine zu restriktive monetäre Politik verfolge – sie hatte soeben die Geldmarktzinsen angehoben. Es folgte eine Spekulation an den Märkten gegen den Franc. Die Bundesbank wurde angesichts hoher Kapitalzuflüsse nervös, und für die Bundesregierung entstand eine unangenehme Lage. Wir hielten seit einiger Zeit dem Druck aus Washington auf eine expansivere Geld-, Kredit- und Finanzpolitik stand. Jetzt kam, unmittelbar vor unserer Bundestagswahl, ein offener Dissens mit Paris hinzu. Mit etwas mehr Flexibilität hätte die Bundesbank dies vermeiden können,[14] aber jetzt drängte sie, die bedenkliche Expansion der Geldmenge durch ein Realignment zu beenden. Nach einem Gespräch mit dem Bundeskanzler traf ich mich am 9. Januar 1987 mit dem Direktorium der Bundesbank in Frankfurt und teilte von dort Balladur telefonisch mit, wir seien zu einem Realignment am Wochenende unter einer Bedingung bereit: Die Veränderung der Paritäten zwischen D-Mark und Franc dürfe maximal drei Prozent betragen. Frankreich habe die Spekulation ausgelöst und müsse gegebenenfalls die Folgen zu hoher Kapitalabflüsse tragen. Nach einer Bedenkzeit stimmte Balladur zu. So kam es am 10./11. Januar 1987 zu der letzten geordneten Anpassung in den achtziger Jahren. Am 22. Januar senkte der Zentralbankrat den Diskont auf drei und den Lombard auf fünf Prozent.

Das Europäische Währungssystem hatte seit 1983 erkennbar an Funktionsfähigkeit und Stabilität gewonnen. Dies war um so bemerkenswerter, als die nationalen Zuständigkeiten für die Zinspolitik und die Geldmengenentwicklung voll bestehenblieben, ein Vorzug, den manche in Deutschland erst im vollen Umfang würdigten, als er durch den Maastrichter Vertrag aufgegeben wurde. Im September 1987 vereinbarten die Finanzminister und Notenbankpräsidenten eine verstärkte Zusammenarbeit im Rahmen des Systems.[15] Die Konsultationen zwischen den Notenbanken sollten zur besseren Vorbereitung der nationalen Entscheidungen erweitert werden. Der Rückgriff auf die gemeinsame kurzfristige Finanzierungsfazilität wurde bei intramarginalen Interventionen erleichtert. Vor allem konnte Einvernehmen über die Priorität einer völligen Liberalisierung der Kapitalmärkte erreicht werden. Bald wurde im Ministerrat der EG unter deutschem Vorsitz eine entsprechende Richtlinie verabschiedet.

In der Folgezeit sprach ich mehrfach mit meinen französischen Kollegen Edouard Balladur und Pierre Bérégovoy über einen weiteren Ausbau des Währungssystems. Nach meiner Meinung konnte der Franc eines Tages eine internationale Reservewährung werden, wenn Paris die 1983 begonnene Stabilitätspolitik konsequent fortsetzte. Dies war auch für das britische Pfund erneut vorstellbar. Eine solche Entwicklung schien mir die bessere Alternative gegenüber dem Projekt einer politisch forcierten Währungsunion zu sein, die auch die Staaten mit schwachen Währungen einschließen würde. Meine Pariser Kollegen waren an einer Stärkung des EWS interessiert. Vor allem Balladur machte konkrete Vorschläge. Er meinte, eine Absprache über erweiterte Interventionsverpflichtungen könne das System langfristig festigen. Es wäre auch ein vertrauensbildender Schritt, wenn die Bundesbank künf-

Die »Hüter der Währung« – Gerhard Stoltenberg, der französische Wirtschafts- und Finanzminister Edouard Balladur (rechts) und Bundesbankpräsident Karl Otto Pöhl – im März 1988 am Rande der ersten Sitzung des deutsch-französischen Wirtschaftsrates, der die jahrelangen Differenzen um die Wechselkurse im Europäischen Währungssystem ausräumen sollte.

tig einen gewissen Teil ihrer Währungsreserven in Franc halten würde. Im Frühjahr 1988 wurde in Paris nach der Wahl zur Nationalversammlung die bürgerliche Regierung Chirac durch das sozialistische Kabinett Rocard abgelöst. Damit gingen alle wichtigen Entscheidungen der operativen Politik Frankreichs wieder in die unmittelbare Verantwortung des Präsidenten der Republik über.

Im Herbst 1987 hatten Delors in Brüssel und Mitterrands Berater Jacques Attali in Paris erneut die Debatte über eine Wirtschafts- und Währungsunion aufgenommen.[16] Vor allem aus den Ländern mit schwächeren Währungen gab es öffentliche Zustimmung. In der Bundesrepublik war das Echo im Pro und Kontra der Argumente zunächst nur verhalten. Aber Anfang 1988 wurde deutlich, daß Mitterrand dieses Thema im Kreis der Staats- und Regierungschefs behandeln wollte.

Im März 1988 trat Außenminister Genscher in einem Namensartikel der *Europa-Zeitung* für einen »Europäischen Währungsraum« und eine Europäische Zentralbank ein. Dies erregte einiges Aufsehen. Bei einer Fülle aktueller Probleme war es Anfang des

Jahres noch nicht zu der von mir mehrfach angeregten Erörterung dieses Themas mit dem Bundeskanzler und den beteiligten Ministern gekommen. Genschers Beitrag war in der Sache problematisch, weil er sowohl die 1972 von Schiller und seinem Staatssekretär Schöllhorn in dem Bericht der Werner-Kommission durchgesetzten Vorbedingungen für eine spätere Währungsunion als auch ihre Bekräftigung vor der Gründung des EWS 1979 überhaupt nicht erwähnte. Zwar betonte er die Notwendigkeit einer unabhängigen Notenbank, aber das zwingende Erfordernis einer vertraglich abgesicherten, stabilitätsgerechten Wirtschafts-, Steuer- und Haushaltspolitik aller Mitgliedstaaten einer Wirtschafts- und Währungsunion war für ihn kein Thema. Alle deutschen Regierungen hatten seit Jahrzehnten in den internationalen Debatten den eindeutigen Vorrang der Geldwertstabilität hervorgehoben, Genschers Verzicht auf die Bekräftigung dieses deutschen Standpunkts konnte im Ausland zu Mißverständnissen führen. Deshalb machte ich als für Währungsfragen zuständiger Minister am 15. März in einer ausführlichen Stellungnahme meine Position deutlich.[17] Dabei begründete ich, weshalb die Wirtschafts- und Währungsunion nur eine längerfristige Zielsetzung sein könne; zunächst müsse bis 1992 der Binnenmarkt vollendet sein. Zum Projekt einer Wirtschafts- und Währungsunion hob ich hervor: »Als auf Dauer angelegte und alle Unterschiede in der Wirtschafts- und Währungsentwicklung ausgleichende Solidargemeinschaft mit einer einheitlichen Währung ... muß sie vor allem durch eine weitgehende politisch-institutionelle Umgestaltung der Gemeinschaft in Richtung einer umfassenderen Union fundiert werden. Wie schon der Werner-Bericht im Jahre 1972 festgestellt hat, erfordert eine dauerhafte Wirtschafts- und Währungsunion die Schaffung oder Umformung von Gemeinschaftsorganen und die Übertragung von weitgehenden Befugnissen der nationalen Instanzen auf die Gemeinschaftsebene über den unmittelbaren Währungsbereich hinaus.« Deshalb war nach meiner Überzeugung für eine lange Zeit der Ausbau und die Stärkung des Europäischen Währungssystems der richtige Weg.

Natürlich lösten die unterschiedlichen Positionen zweier Minister einige Kommentare aus. Kohl teilte mir im April mit, er denke daran, auf dem EG-Gipfel im Juni in Hannover die Notenbankpräsidenten der Gemeinschaft und einige unabhängige Experten mit der Erarbeitung einer grundlegenden Studie zu allen Aspekten des Themas zu beauftragen. Ich begrüßte sein Vorhaben, es gab dann in Hannover allerdings eine erhebliche Veränderung. Mitterrand gelang es, Delors als Vorsitzenden dieser Gruppe durchzusetzen, was die Gewichte beträchtlich verlagerte.

Im April 1989 legte Delors den Bericht der Gruppe vor. Er bekräftigte in allgemeinen Formulierungen eine Reihe wichtiger Grundsätze, wie die Forderung nach wirtschaftlicher Konvergenz als Voraussetzung der Währungsunion und die Parallelität wirtschaftlicher und monetärer Integration. Aber es wurden hieraus – anders als im Werner-Bericht – keine konkreten Folgerungen für die Vertragsgestaltung gezogen. Offen blieb auch die Frage, an welche Kriterien die Teilnahme gebunden sein sollte. Statt dessen empfahl die Gruppe, daß die erste von drei Stufen einer späteren Wirtschafts- und Währungsunion bereits am 1. Juli 1990 beginnen sollte. Bis dahin war eine Beschlußfassung der politischen Gremien der Gemeinschaft vorgesehen, mit den Verhandlungen zur Vertragsergänzung zu beginnen. In Deutschland war das Echo auf diese Denkschrift recht unterschiedlich. Genscher stimmte sofort uneingeschränkt zu, Waigel warnte demgegenüber vor übereilten Entscheidungen und betonte, als erstes müsse die Konvergenz der Wirtschaftspolitik aller Teilnehmerstaaten eindeutig gesichert sein. Erst dann könne ein gemeinsames Zentralbanksystem geschaffen werden.[18] Der BDI reagierte grundsätzlich positiv, wies jedoch auf die erforderlichen Bedingungen für die abschließenden politischen Entscheidungen hin. Scharfe Kritik übte der Wissenschaftliche Beirat des Bundesministeriums für Wirtschaft: Es fehle in der Zwölfergemeinschaft noch für lange Zeit an der erforderlichen Konvergenz, und man könne sie auch nicht durch einen Vertrag erzwingen. Mit bemerkenswerten Argumenten sprach sich der Beirat deshalb für die Alternative eines weiteren Ausbaus und einer »Härtung« des EWS aus. Dies war auch der vorherrschende Tenor in einer größeren Zahl von Stellungnahmen aus den Universitäten und Instituten.

Es gab sofort unterschiedliche Auslegungen des Textes. Die meisten Kommentatoren sprachen von einem Verhandlungserfolg Delors'. Demgegenüber betonte Pöhl in einer Pressekonferenz, der Bericht enthalte lediglich eine Bewertung von Optionen, keine Vorschläge im engeren Sinn. Es werde noch viel Zeit vergehen, bis politische Entscheidungen getroffen werden könnten.[19] Nigel Lawson kam zu einem anderen Urteil. Er warf Pöhl vor, die bekannten Positionen der Bundesbank nicht entschieden genug vertreten zu haben, dadurch sei der britische Gouverneur Robin Leigh-Pemberton in eine Isolierung geraten.[20] Die Staats- und Regierungschefs der Gemeinschaft würdigten am 27. Juni in Madrid den Bericht als eine Grundlage für die Einleitung des Prozesses hin zu einer Wirtschafts- und Währungsunion. Eine Regierungskonferenz sollte vom Sommer 1990 an über eine Vertragsergänzung beraten.

Im Sommer 1989 traten angesichts der dramatischen Entwicklungen im sowjetischen Imperium alle anderen Themen in den Hintergrund. Die freiheitlichen Bewegungen in Ungarn, Polen, der ČSSR und der DDR führten in wenigen Monaten zum Zusammenbruch der kommunistischen Systeme. Am 9. November fielen in Deutschland die Mauer und der Eiserne Vorhang. Von Anfang an erwies sich Präsident Bush als der verläßlichste und wichtigste Partner auf dem Weg zur deutschen Einheit. Nicht nur in London, auch in Paris waren demgegenüber Töne der Irritation und Bedenken vernehmbar. Am 11. Dezember traf Kohl in Berlin mit dem amerikanischen Außenminister James Baker zusammen. Er sagte seinem Gast, er sei jetzt gewillt, Mitterrand in der Frage der Wirtschafts- und Währungsunion entgegenzukommen und dieses Projekt zu forcieren.[21] Kohl begründete bei mehreren Anlässen, in dieser Zeit sei das Einvernehmen mit den wichtigsten Partnern für eine Lösung der deutschen Frage und die Neuordnung Europas absolut vordringlich.

Im März erörterten persönliche Beauftragte Kohls und Mitterrands den Rahmen für eine Vertragsergänzung der Gemeinschaft. Sie verständigten sich auf die Etablierung der Wirtschafts- und Währungsunion wie auch die Gründung einer politischen Union für eine gemeinsame Außen- und Sicherheitspolitik. Damit begann der Weg zum Maastrichter Vertrag vom 7. Februar 1992.[22] Der Vertrag umfaßte drei Bereiche: Die künftige Europäische Union sollte eine gemeinsame Außen- und Sicherheitspolitik entwickeln. Die Wirtschafts- und Währungsunion wurde verankert und in ihren wesentlichen Elementen fixiert. Die Mitgliedstaaten der Europäischen Union vereinbarten ferner, in der Innen- und Rechtspolitik gemeinsame Lösungen zu verwirklichen.

In den seitdem vergangenen vier Jahren sind freilich Enttäuschungen nicht ausgeblieben. Vor allem der jahrelange Bürgerkrieg in Bosnien hat aller Welt gezeigt, daß die Staaten der EU sich nicht auf einvernehmliches, wirksames politisches Vorgehen verständigen konnten. Erneut übernahmen die USA die führende Rolle im politischen und militärischen Handeln. Die Hoffnung auf konkrete Ergebnisse bei der Harmonisierung der Asyl- und Einwanderungspolitik ging bisher nicht in Erfüllung, und auch der Weg zur entscheidenden dritten Stufe der Wirtschafts- und Währungsunion erweist sich als schwierig.

Ende 1991 wurde als wichtiger Erfolg der deutschen Initiativen hervorgehoben, daß exakte Stabilitätskriterien zur Voraussetzung für die Mitgliedschaft in der Währungsunion vereinbart werden konnten. Die Bundesregierung versicherte im Parlament, es werde

Das alte und das neue Geld. Die Währungsreform schuf 1948 die Grundlage für einen wirtschaftlichen Neuanfang Deutschlands. Die D-Mark, die an die Stelle der entwerteten Reichsmark trat, ist heute eine der härtesten Währungen. Im Zuge der europäischen Währungsunion und des Maastrichter Vertrages wird sie

keine Abweichungen von diesen Normen geben. Dies war ein wesentlicher Grund dafür, daß im Bundestag eine überwältigende Mehrheit trotz mancher Bedenken der Ratifikation des Vertragswerks zustimmte. Schwächen waren von Anfang an unübersehbar. Der Vertragstext gewährleistete nicht genügend die zuvor geforderte völkerrechtlich abgesicherte, dauerhafte wirtschaftspolitische Konvergenz der Teilnehmerstaaten, und die vorgesehenen Sanktionen gegen eine zu hohe Verschuldung blieben relativ schwach.[23] Bald nach der Ratifizierung ergaben sich zudem unterschiedliche Auslegungen über den Grad der Verbindlichkeit bestimmter Kriterien. Die Europäische Union übt bei allen internen Problemen und Mängeln eine unverminderte Anziehungskraft aus. Für die

ab 1999 durch den neuen Euro ersetzt. Trotz verbreiteter Befürchtungen angesichts des Stabilitätsgefälles in der EU verbindet sich mit den neuen Geldscheinen auch die Hoffnung auf entscheidende Fortschritte im europäischen Einigungsprozeß.

meisten ihrer Nachbarn ist sie eine privilegierte Zone erhöhter Sicherheit, größerer Wirtschaftskraft und überdurchschnittlicher sozialer Standards. Von Malta und Zypern bis Lettland und Estland liegen mittlerweile zwölf Anträge auf eine Mitgliedschaft vor, weitere werden folgen. Gegenwärtig liegt eine schwierige Aufgabe darin, die Möglichkeiten und Grenzen der Erweiterungsfähigkeit zu definieren. Zugleich hat sich ein Reformbedarf gestaut von der Struktur der Institutionen, den Finanzierungsregeln und der Budgetgestaltung bis zu einer nachhaltigen Entbürokratisierung und wirksameren Regeln für die gemeinsame Außen- und Sicherheitspolitik. Es stimmt nachdenklich, wenn seit dem Beginn der dynamischeren Entwicklung in den achtziger und beginnenden neunziger Jahren die Zustimmung zur Politik der Gemeinschaft in vielen Mitgliedsländern rückläufig war. Das Vertrauen der Bürger zu stärken, ist eine der wichtigen Zukunftsaufgaben.

In den achtziger Jahren machte die Globalisierung der internationalen Märkte beachtliche Fortschritte. Erschütterungen wie die Schuldenkrise zeigten dies ebenso wie die rasche Expansion des Welthandels, der Finanzmärkte und der Informationssysteme. Die konsequente Antiinflations- und Hochzinspolitik des Präsidenten des Federal Reserve Board, Paul Volcker, nach 1979 trug maßgeblich zum anhaltenden Höhenflug des Dollars bei. Es dauerte einige Jahre, bis die Inflation in den USA gebrochen war. Im Januar 1984 betrug der Dollar-D-Mark-Kurs 1:2,81 und zwölf Monate später bereits 1:3,17.[24] 1984 beunruhigten erkennbare Folgen für die Handels- und Leistungsbilanz die US-Notenbank, während die Administration auf die stärkere interne Wachstumsdynamik fixiert blieb. Diese wurde entscheidend durch eine expansive Finanzpolitik gefördert, die steigende Haushaltsdefizite in Kauf nahm.

1981 erzielten die Vereinigten Staaten noch einen Leistungsbilanzüberschuß von fünf Milliarden Dollar. In den Folgejahren verschlechterte sich dieser Wert dramatisch; 1985 betrug das Defizit 147,5 Milliarden.[25] Nach der Wiederwahl Reagans im November 1984 übernahm der bisherige Stabschef des Weißen Hauses, James Baker, das Finanzministerium. In diesen Monaten wuchs die Einsicht, daß die USA dringend das wachsende dreifache Defizit zurückführen mußten: die öffentliche Kreditaufnahme, die private Verschuldung und die Fehlbeträge in der Leistungsbilanz. Baker beschrieb die Risiken des überhöhten Dollar-Kurses offen und bemühte sich um eine verstärkte Kooperation in der Fünfergruppe der Finanzminister und Notenbankpräsidenten. Für die Europäer und Japaner hatte die Entwicklung der Wechselkurse zunächst nicht die befürchteten negativen Folgen. Anfang der achtziger Jahre gingen die Öl- und Rohstoffpreise zurück. Aber uns war klar, daß eine jederzeit mögliche Umkehr dieser Preisentwicklung für Europa und Japan einen massiven inflationären Schub mit gefährlichen Folgen bringen würde. Deshalb war es auch unser dringendes Interesse, eine Trendwende des Dollarkurses zu befördern. Dies waren die ökonomischen Gründe für die erweiterte Zusammenarbeit der großen Industriestaaten, die sich gerade in dem gemeinsamen Beitrag zum Management der lateinamerikanischen Schuldenkrise bewährte.[26]

Anfang 1985 kam es zu Interventionen der Notenbanken der USA, Japans und Deutschlands. Die Märkte registrierten dies ebenso wie die veränderte Einschätzung der US-Administration.

So ging der Dollarkurs zurück, nachdem er im Februar seinen Höchststand mit 3,47 DM erreicht hatte. Aber Baker hielt gemeinsam mit uns eine stärkere Korrektur für erforderlich. Nach gründlicher Vorbereitung durch Tietmeyer und seine Kollegen trafen sich die fünf Finanzminister und Notenbankpräsidenten am 22. September in New York.[27] Die sogenannte »Plaza-Erklärung« fand ungewöhnliche Beachtung. Zum ersten Mal trat die G 5 mit einem so detaillierten und ambitionierten Konzept an die Öffentlichkeit. Sie bekannte sich zu einer wirksameren Kooperation in der Wirtschafts-, Finanz- und Währungspolitik. Mehr Konvergenz sei erforderlich, um die Gefahren für die Weltwirtschaft, die durch zu große Ungleichgewichte in den Außenbilanzen und neue protektionistische Tendenzen drohten, abzuwehren. Zu den wichtigsten Übereinstimmungen gehörten der Vorrang einer Stabilitätspolitik, niedrigere Haushaltsdefizite, ein Abbau der Überregulierung und eine schrittweise wechselseitige Öffnung der Märkte. Auf diese Weise sollten auch extreme Schwankungen der Wechselkurse vermieden werden. Eine weitere Aufwertung der anderen Währungen gegenüber dem Dollar wurde als wünschenswert bezeichnet; man erklärte sich bereit, enger zusammenzuarbeiten, um dies zu fördern. Von September 1985 bis Dezember 1986 fiel der Dollarkurs auf weniger als 2 D-Mark. Mit einer zeitlichen Verzögerung verbesserte sich die Leistungsbilanz der USA allmählich, während die zunächst aussichtsreichen Verhandlungen zwischen der Washingtoner Administration und dem Kongreß über einen ausgeglichenen Etat schließlich erfolglos blieben.

Zu Differenzen führte eine amerikanische Initiative auf dem Tokioer Wirtschaftsgipfel im Mai 1986. Baker schlug ein System ökonomischer Indikatoren für die Gipfelländer vor, deren Einhaltung gemeinsam überwacht werden sollte; bei erheblichen Abweichungen waren Verhandlungen über Veränderungen der Politik der betroffenen Staaten vorgesehen.[28] In Verbindung hiermit begannen die USA auch, Zielzonen für die Wechselkurse zu diskutieren. Dies war bisher nur von Frankreich gefordert und von uns wie den Briten und Japanern stets abgelehnt worden. In Tokio gelang es, statt des neuen, mechanistischen Ansatzes der USA ein flexibles System der vertieften Überwachung und Diskussion der wichtigsten weltwirtschaftlichen Daten zu vereinbaren. Aber in der Folgezeit verstärkte sich der Druck der Vereinigten Staaten auf eine expansivere Politik ihrer Partner, vor allem der Deutschen und Japaner. Wir lehnten dies ab, eine Rückkehr zu den Rezepten der siebziger Jahre empfahl sich auf keinen Fall. Der weiter rückläufige Dollarkurs begann die europäische Exportwirtschaft zu beunruhigen.

Baker nutzte diese Entwicklung, um seinen Forderungen mehr Nachdruck zu verleihen. Erst bei einer Begegnung in Kiel im November 1986 kamen wir zu einer erneuten Annäherung der Standpunkte. Am 21./22. Februar 1987 trafen sich die Finanzminister und Notenbankpräsidenten der Gipfelländer in Paris.[29] In der sogenannten »Louvre-Erklärung« verpflichteten sich die USA, ihr Haushaltsdefizit bis 1988 auf 2,3 Prozent des Bruttosozialprodukts zurückzuführen, Japan kündigte ein Ausgabenprogramm zur Stärkung der Binnennachfrage an, und die Bundesrepublik erklärte, sie werde die zweite Stufe der Steuerreform um fünf Milliarden DM aufstocken. Im Mittelpunkt des Kommuniqués stand die Aussage, daß weitere beträchtliche Veränderungen in den Wechselkursen die wirtschaftlichen Aussichten für die beteiligten Länder erheblich beeinträchtigen könnten. Deshalb würden sie eng zusammenarbeiten, um unter den derzeitigen Umständen die Stabilität der Kurse etwa auf dem jetzigen Niveau zu fördern.

In der Tat ergaben sich hier bis zum Herbst keine nennenswerten Veränderungen. Aber die Marktzinsen stiegen im Sommer an, und dies beunruhigte vor allem den amerikanischen Kollegen sehr. Am 24. September trafen wir uns zu zweit vor der Jahrestagung von Währungsfonds und Weltbank. Baker bat mich dringend, auf die Bundesbank einzuwirken, um Erhöhungen der Leitzinsen zu vermeiden. Einige Stunden später berichtete mir Pöhl, er sei am Vormittag im Zentralbankrat überstimmt worden.[30] Man habe die kurzfristigen Zinsen etwas angehoben und zudem entschieden, den Beschluß erst Anfang Oktober zu veröffentlichen. Am 14. Oktober kam es dann in Frankfurt zu der neuen Zinserhöhung. Es folgte eine heftige Konfrontation. Baker griff am nächsten Tag die Bundesbank öffentlich an und verschärfte seine Kritik am Wochenende weiter. Am Montag, dem 19. Oktober, trafen wir uns zu einem seit langem vereinbarten Gespräch in Frankfurt. Ich hielt meinem Kollegen im Sheraton-Hotel vor, seine Attacken könnten das Vertrauen in die Zusammenarbeit der Industrieländer erschüttern. Die beiden Entscheidungen der Bundesbank gefielen mir nicht, aber es habe sich um marginale Veränderungen gehandelt. Die Gründe für die internationalen Zinssteigerungen lägen vor allem in den USA, weil die Ankündigungen zum Abbau des Haushaltsdefizits nicht eingehalten worden seien. Als wir mittags den Sitzungsraum verließen, war der dramatische Kurssturz des »Black Monday« auf den asiatischen und europäischen Märkten in vollem Gange.

Baker erkannte in den folgenden turbulenten Tagen, daß ohne einen neuen Schulterschluß das verlorene Vertrauen der Märkte nicht wiederhergestellt werden konnte. Die Bundesbank sah sich einer Welle internationaler Kritik ausgesetzt. Mehrere Mitglieder des Zentralbankrats hatten seit einiger Zeit die internationale Zusammenarbeit in Frage gestellt;[31] bereits die Verpflichtungen aus dem EWS begegneten bei ihnen immer wieder Vorbehalten. Die Kooperation zwischen den großen Industriestaaten wurde als Gefährdung der eigenen Autonomie betrachtet. Dabei hatten Pöhl und ich immer wieder gemeinsam gegenüber Paris und Washington unsere Grundsätze einer eigenverantwortlichen Stabilitätspolitik für Parlament, Regierung und Bundesbank vertreten. Aber die Gegensätze im Zentralbankrat waren größer geworden.

Anfang November begann die Bundesbank die Leitzinsen zu senken. Der Dollar fiel jedoch weiter, und in Washington vergrößerten sich jetzt die Befürchtungen, ein starker Vertrauensverlust für die eigene Währung könne zu sehr unwillkommenen Entwicklungen führen. So hatte mir Baker am 27. Oktober in einem Telefongespräch vorgeschlagen, wir sollten versuchen, eine gemeinsame Erklärung über die zukünftige Zusammenarbeit vorzubereiten und dann mit den anderen Kollegen abzustimmen. Ich sprach über diese Initiative mit Tietmeyer, Pöhl, Balladur und Lawson und stimmte dann zu. In den folgenden Wochen tauschten wir zwischen Bonn und Washington immer wieder Textentwürfe aus, nahmen Verbindung mit dem japanischen Kollegen Miyazawa in Tokio auf, telefonierten mehrfach ausführlich miteinander und verständigten uns Mitte Dezember auf eine Fassung, die auch die Zustimmung der anderen Kollegen fand. Für uns Europäer war eine Bedingung, daß sich die Reagan-Administration endlich mit dem Kongreß auf eine spürbare Verringerung des amerikanischen Haushaltsdefizits verständigte. Dies geschah im Dezember.

Am 22. Dezember 1987 wurde die gemeinsame Erklärung in den Hauptstädten der Gipfelländer veröffentlicht.[32] Sie fand ein starkes Echo, begegnete aber auch einiger Skepsis. Das erneute Bekenntnis zu verstärkter Kooperation in der Wirtschafts-, Währungs- und Finanzpolitik wurde eher verhalten aufgenommen. Die Aussage, daß ein weiterer Fall des Dollars oder ein exzessiver Anstieg schädlich seien, beeindruckte die Märkte zunächst nicht. Am 31. Dezember betrug der Dollar-Kurs nur noch 1,58 DM, aber in den ersten Januartagen des neuen Jahres begannen die Notenbanken mit den vereinbarten Interventionen. Jetzt kam es zu einer Trendwende. Im Verlauf des Jahres 1988 bewegte sich der Kurs der Leitwährung in einer relativ engen Bandbreite zwischen 1,67 und 1,89 DM. Die Zeit der extremen Schwankungen war vorbei.

Über den Sinn und die Grenzen dieser internationalen Kooperation der großen Industrieländer wird bis heute in Wissenschaft und Politik kontrovers diskutiert. Unvollkommenheiten sind offenkundig. In der Haushaltspolitik wurde insbesondere in den USA der angestrebte radikale Defizitabbau nicht voll erreicht, Deutschland und andere europäische Länder machten bei der Deregulierung und Flexibilisierung zunächst nur bescheidene Fortschritte, Japan vollzog die vereinbarte Marktöffnung viele Jahre nur zögernd. Auf der anderen Seite haben die intensiven Beratungen der Regierungen und der Notenbanken mehr Konvergenz zwischen den Industriestaaten herbeigeführt, einige konkrete Resultate erzielt und das öffentliche Problembewußtsein geschärft. Dies war ein wichtiger Beitrag zu der insgesamt positiven Entwicklung der achtziger Jahre.

Weit in die Zukunft weist ein anderer Bereich, in dem sich internationale Kooperation als besonders erfolgreich erwies. Nach wiederholten Beratungen auf den Wirtschaftsgipfeln und bei den Jahrestagungen des Währungsfonds kam es 1985 zu dem allgemeinen Mandat, mit der sogenannten »Uruguay-Runde« eine Weiterentwicklung des GATT zu einem wesentlich offeneren Welthandelssystem zu erreichen. Nach vielen Jahren schwieriger Verhandlungen wurde dieses ambitionierte Vorhaben verwirklicht. Im September 1986 hatte eine Ministerkonferenz der GATT-Staaten in Punta del Este (Uruguay) den Auftrag für eine neue Runde weltweiter Handelsverhandlungen gegeben.[33] Die wichtigsten Ziele waren, weitere Schritte zur Liberalisierung, vor allem den Abbau von Zöllen, Mengenbeschränkungen und anderen Handelshemmnissen, zu vereinbaren, die Märkte für Dienstleistungen zu öffnen und die Rolle des GATT zu stärken. Bald zeichneten sich erhebliche Interessenunterschiede zwischen den Industrie- und den Entwicklungsländern ab, aber auch Gegensätze innerhalb der großen Industrienationen. Die Staaten der Dritten Welt forderten unter Hinweis auf die sehr unterschiedlichen Ausgangsbedingungen Vorleistungen der reichen Länder, insbesondere durch eine schnellere Marktöffnung. Die Differenzen zwischen der Europäischen Gemeinschaft, den USA und Japan waren nicht neu. Washington drängte vor allem auf eine völlige Öffnung der Agrarmärkte, wollte jedoch zugleich nationale Kompetenzen wie die Meistbegünstigungsklausel bei der Auswahl von privilegierten Handelspartnern als Instrument der Außenpolitik behalten.

Über hundert Regierungen beteiligten sich seit 1987 an den Gesprächen, fünfzehn Arbeitsgruppen versuchten, die vielschichtigen Probleme und divergierenden Interessen so aufzuarbeiten, daß Ergebnisse erzielt werden konnten. Die Verhandlungen kamen bis zu dem vorgesehenen Termin Ende 1990 nicht zum Abschluß, zeitweise drohten sie sogar völlig zu scheitern. Es gelang jedoch, Anfang der neunziger Jahre durch neue Direktiven und sektorale Kompromisse die Stagnation zu überwinden. Dies wurde bei den Konferenzen der Handelsminister, in Erörterungen anläßlich der Weltwirtschaftsgipfel und im größeren Kreis während der Jahrestagungen von Weltbank und Währungsfonds ermöglicht. Am 15. Dezember 1993 konnte schließlich ein einvernehmliches Gesamtergebnis erzielt werden. Die Schlußakte umfaßte sechzehn multilaterale, für alle 124 Mitglieder verbindliche und vier nur für einen Teil der Signatare geltende Abkommen. Zu den wichtigsten Ergebnissen gehörten die Senkung der Zölle für Industriegüter um mehr als ein Drittel und neue wechselseitige Verpflichtungen für den erleichterten Marktzugang beim Handel mit Dienstleistungen.

Neuland betrat das GATT mit dem Abkommen über den Schutz der Rechte des geistigen Eigentums. Es erweiterte und verstärkte in den anderen Zusammenhängen bereits getroffene Vereinbarungen und bezog sie auf die handelspolitischen Regelungen. So sollten die jeweiligen multilateralen und nationalen Schutzbestimmungen für Erfindungen, Betriebsgeheimnisse, Marken, Muster und Modelle, Werke der Literatur und Kunst für alle vertragschließenden Staaten verbindlich sein. Besonders umstritten waren bis in die letzten Tage die neuen Regelungen für die Agrarmärkte. Schließlich wurde eine Senkung der Zölle um durchschnittlich 36 Prozent, eine Verringerung der Mittel für Exportsubventionen um denselben Satz und das Volumen der geförderten Ausfuhren vereinbart. Die Entwicklungsländer erhielten hier wie auch bei bestimmten gewerblichen Gütern längere Fristen für die Anpassung. Besondere Übereinkommen regelten die weitere Marktöffnung bei Zivilflugzeugen, Textilien und für den audiovisuellen Sektor.

Starke Beachtung fand das Abkommen über die Errichtung einer Welthandelsorganisation. Das GATT war 1947 geschaffen und in der Folgezeit durch einige ergänzende Abmachungen weiterentwickelt worden. Mit der Welthandelsorganisation entstand jetzt erstmals eine Institution mit eigener Rechtsfähigkeit und beträchtlich erweiterten Kompetenzen. Sie erhielt wirksamere Möglichkeiten, die Handelspolitik aller Mitglieder zu überprüfen und für Konflikte zwischen einzelnen sektorale Schlichtungsverfahren durchzuführen. Die Verständigung auf ein derart weitreichendes Vertragswerk war ein bedeutender Fortschritt in der weltweiten Zusammenarbeit und der Durchsetzung marktwirtschaftlicher Prinzipien.

Ein Ausblick

Der Standort Deutschland vor der Jahrhundertwende

Zu den grundlegenden Veränderungen des letzten halben Jahrhunderts gehören die immer stärkere weltwirtschaftliche Verflechtung, der fortschreitende Abbau von Handelshemmnissen und die weitgehende Öffnung der internationalen Märkte. Dies war seit dem 19. Jahrhundert eine liberale Forderung in Wissenschaft, Wirtschaft und Politik. Es sind große Fortschritte auf dem Weg zu einer offenen, arbeitsteiligen Weltwirtschaft erzielt worden. Parallel zu der Expansion des Handels vollzog sich die Globalisierung von Standort- und Investitionsentscheidungen. Als vor vier Jahrzehnten im Gründungsvertrag über die Europäische Wirtschaftsgemeinschaft die Freizügigkeit auch für diese Bereiche vereinbart wurde, war dies ein kühner, bahnbrechender Schritt. Heute hat sich die große Mehrheit der fast zweihundert Mitgliedstaaten der Vereinten Nationen verpflichtet, grundsätzlich private ausländische Investitionen zuzulassen und sie vor willkürlichen Enteignungen zu schützen. Selbst die wenigen noch sozialistisch geprägten Staaten wie China und Kuba werben in den westlichen Demokratien um Investitionskapital und Technologietransfer als wichtigen, zunehmend unentbehrlichen Beitrag für den ökonomischen Fortschritt.

Die Globalisierung half vielen Ländern der Dritten und Vierten Welt bei der Transformation zu modernen Volkswirtschaften. Dieser Prozeß hat sich in den letzten beiden Jahrzehnten beträchtlich beschleunigt. Vor allem die rasanten Entwicklungen der Kommunikationstechnik und die Internationalisierung der Finanzmärkte wirkten als Schrittmacher der Veränderungen. Was heute viele Millionen Menschen im Internet nutzen und erleben, hat die Möglichkeiten dezentraler Betriebsorganisationen revolutioniert. Vorstände und Stäbe in europäischen Firmenzentren kommunizieren in unserer Zeit mit Zweigwerken in allen Teilen der Welt ebenso direkt und intensiv wie früher verschiedene Bereiche eines Unternehmens in derselben Stadt. Für die bisher führenden Industriestaaten der westlichen Welt stellen sich neue Herausforderungen und Anpassungsprobleme. Sie haben immer wieder günstigere Regelungen für die notleidenden, armen Völker durch Entwicklungshilfe und Öffnung der eigenen Märkte versprochen und auch einiges hierfür getan. Jetzt sind sie einem immer stärkeren Wettbewerb durch junge, dynamische Volkswirtschaften ausgesetzt, der bei Teilen ihrer eigenen Bevölkerung Sorgen und Widerstand auslöst. Dabei eröffnet der schnell wachsende Bedarf der Schwellenländer an hochwertigen Investitionen und Verbrauchsgütern den westlichen Industrienationen neue große Chancen. Aber ihr Selbstbewußtsein ist durch manche Rückschläge im letzten Vierteljahrhundert getroffen worden, und die Last struktureller Probleme hat zugenommen.

Wir verzeichnen erhebliche Unterschiede zwischen den westeuropäischen Staaten und den USA. Vor allem auf unserem alten Kontinent hat sich die Wachstumsdynamik nach den beginnenden siebziger Jahren und erneut seit 1991 abgeschwächt. Fast alle Länder der Europäischen Union mußten eine wachsende Arbeitslosigkeit hinnehmen, deren Sockel während jeder Rezessionsphase weiter anstieg. Die zunehmende Berufstätigkeit von Frauen und die Zuwanderung aus Drittländern trugen hierzu bei, aber auch die Entwicklung der Beschäftigung blieb im langfristigen Trend unbefriedigend. Zwischen 1970 und 1993 nahm in den USA die Zahl der Arbeitsplätze um 52 Prozent und in Kanada sogar um 55 Prozent zu; in der alten Bundesrepublik waren es demgegenüber acht, in Frankreich sieben, in Italien fünf und in Großbritannien drei Prozent. Und diese bescheidene Steigerung erfolgte in der Bundesrepublik während der siebziger Jahren größtenteils durch die Expansion des Öffentlichen Dienstes. Als einziges Mitgliedsland der EU erzielten die Niederlande bei den Beschäftigtenzahlen ein beachtliches Plus von vierzig Prozent. Dieser außergewöhnliche Zuwachs erfolgte im wesentlichen im Dienstleistungssektor (plus 83 Prozent) und bei den Teilzeitbeschäftigten. Teilzeitarbeit wird dort im Gegensatz zu Deutschland auch von den Gewerkschaften bejaht und durch den Gesetzgeber nachhaltig gefördert.

Die unbefriedigende wirtschaftliche Entwicklung nach 1991 hat die Probleme weiter verschärft. In der alten Bundesrepublik gingen seitdem eine Million industrielle Arbeitsplätze verloren. Die Hoffnungen, in den neuen Bundesländern durch hohe öffentliche und private Investitionen bald wieder einen positiven Beschäftigungstrend zu erzielen, erfüllten sich bis jetzt nicht. So stellt sich die Frage nach der Zukunft des Wirtschaftsstandorts Deutschland dringender denn je. Die Bundesrepublik hat sich nach den ungewöhnlichen Erfolgen in den ersten beiden Nachkriegsjahrzehnten dem allgemeinen Trend der westeuropäischen Industrieländer angepaßt, mit besonderen Stärken und Schwächen. Sie verzeichnete im internationalen Vergleich fast immer niedrige Inflationsraten;

sie besitzt die stabilste Währung in der Europäischen Union, ein international anerkanntes System der beruflichen Bildung, eine besonders qualifizierte Arbeitnehmerschaft und eine sehr gut ausgebaute öffentliche Infrastruktur. Trotz der beträchtlichen Aufwertung der D-Mark über Jahrzehnte hinweg erzielte die Bundesrepublik stets hohe Handelsbilanzüberschüsse. Diese sind seit 1991 insbesondere durch den enormen Importbedarf in den neuen Bundesländern zurückgegangen; die deutsche Leistungsbilanz ist jetzt leicht defizitär. Aber in wichtigen Sektoren der gewerblichen Wirtschaft entwickelten sich auch im gegenwärtigen Konjunkturzyklus die Auslandsaufträge positiv. Dies ist ein oft angeführtes Argument derjenigen in Wissenschaft und Politik, die vor einer generalisierenden pessimistischen Bewertung des Standorts Deutschland warnen.

Von 1985 bis 1989 wuchsen die deutschen Exporte jährlich im Gleichklang mit der Zunahme des Welthandels um real etwa 4,5 Prozent, ab 1990 waren die deutschen Steigerungsraten niedriger. Soweit dies auf eine überdurchschnittliche Dynamik junger Industriestaaten der Dritten Welt oder Osteuropas zurückzuführen ist, kann es nicht überraschen. Aber der Sachverständigenrat verzeichnete in seinem Jahresbericht 1993 für Deutschland den »Rückgang komparativer Vorteile« bei einer Reihe von Produktgruppen, und dies ist ein Warnzeichen. Im Vergleich zu alten und neuen Wettbewerbern gibt es Tatsachen und Trends, die nicht länger hingenommen oder bagatellisiert werden dürfen. In Deutschland haben wir heute gegenüber den anderen großen Industrienationen die kürzesten Jahresarbeitszeiten, die längste akademische Ausbildung, mit Frankreich und Italien das niedrigste Pensionsalter, die höchsten Lohnnebenkosten und die zeitraubendsten Genehmigungsverfahren für private Investitionen. Vor allem die hohen öffentlichen Transferleistungen in die neuen Bundesländer ließen den Staatsanteil nach dem Rückgang zwischen 1983 und 1990 wieder auf fast 51 Prozent und die Lohnnebenkosten der gewerblichen Wirtschaft auf mehr als 85 Prozent ansteigen. In der Hochstimmung nach der Wiedervereinigung wurden aber auch neue kostspielige Sozialgesetze, wie die Pflegeversicherung, beschlossen, die zu einer weiteren beträchtlichen Belastung der Betriebe und der arbeitenden Menschen führten und jetzt die Aufgabe erschweren, die Steuer- und Abgabenquote wieder zu senken.

Mit der gegenwärtigen Staatsquote ist ein Übermaß an administrativen Regelungen und Eingriffen verbunden, das die Kräfte einer Marktwirtschaft schwächt. Die erneute Rückführung des öffentlichen Sektors wurde deshalb zu Recht ein vorrangiges Ziel der

Bundesregierung. Das erfordert in einer zunehmend alternden Gesellschaft mit Sozialsystemen, die eine starke Ausgabendynamik haben, weitreichende Veränderungen. Die Aufgaben der kommenden Zeit sind ohne wirtschaftliches Wachstum kaum zu lösen. Aber für eine reife Volkswirtschaft mit einem sehr hohen Bruttosozialprodukt und verbreitetem privatem Wohlstand bedeutet es kein Unglück, wenn sich die prozentualen Zuwachsraten der ersten Nachkriegsjahrzehnte nicht mehr erreichen lassen. Heute besteht in Deutschland weitgehendes Einvernehmen, daß die Entlastung der Unternehmen und der Berufstätigen geboten ist, wenn eine Trendwende auf dem Arbeitsmarkt erreicht werden soll. Es wird auch überwiegend der Reformbedarf für die sozialen Sicherungssysteme anerkannt. Wenn es jedoch um konkrete Entscheidungen des Gesetzgebers oder der Tarifvertragsparteien geht, kommt es immer wieder zu heftigen Auseinandersetzungen. So droht Deutschland bei den notwendigen strukturellen Veränderungen gegenüber anderen westlichen Industriestaaten zurückzubleiben. Dies ist eine beunruhigende Aussicht. Auf hundert Sterbefälle kommen bei uns noch sechzig Geburten; seit mehr als zwei Jahrzehnten verstärkt sich dieser negative Trend. Wer weiter die dringend erforderlichen weitreichenden Reformen bei den Alterssicherungssystemen, der Lebensarbeitszeit und im Gesundheitswesen bekämpft, handelt verantwortungslos.

Angesichts steigender Arbeitslosigkeit haben Gewerkschaften und Arbeitgeber 1996 sehr maßvolle Abschlüsse vereinbart. Damit sind allerdings die negativen Folgen überzogener früherer Lohnrunden nicht aufgehoben, und es bleibt offen, ob notwendige Reformen im Arbeits- und Tarifrecht verwirklicht werden. Die Globalisierung der Märkte hat weitreichende Folgen für die Tarifpolitik, die in Deutschland nur allmählich wahrgenommen werden. Sie engt, was die Kostenentwicklung und Arbeitszeit betrifft, den Spielraum für nationale Alleingänge erheblich ein. Wer angesichts der Situation in den wichtigsten anderen Industriestaaten immer noch eine weitere generelle Arbeitszeitverkürzung verlangt, verschlechtert die Aussichten für die künftige Beschäftigung beträchtlich. Für die meisten Unternehmer ist der Wettbewerb härter geworden, aber sie haben stärker als bisher die Möglichkeit, sich für neue Standorte außerhalb Deutschlands zu entscheiden, und tun dies in rasch wachsendem Umfang. Dabei geben nicht die Investitionen in Osteuropa oder in den Entwicklungsländern Anlaß zur Beunruhigung, sondern die nach wie vor wesentlich höhere Zahl von Verlagerungen in andere westliche Industriestaaten.

Seit den siebziger Jahren finden sich in den Länderberichten der führenden internationalen wirtschaftlichen Organisationen, wie OECD und Währungsfonds, mit Blick auf Europa immer wieder mahnende Hinweise auf erstarrte Strukturen als Folge der Überregulierung, eines defensiven Besitzstandsdenkens und mangelnder Beweglichkeit. Herbert Giersch bezeichnete diesen Befund schon früh als »Eurosklerose«. Vor allem Deutschland ist als die größte Wirtschaftsnation des alten Kontinents von der Kritik betroffen. Es gibt seit den achtziger Jahren einige Fortschritte zu mehr Offenheit, Wettbewerb und Deregulierung; in manchen geschützten Sektoren, wie der Telekommunikation, wurden Monopole abgebaut. Entsprechende Entscheidungen für die Elektrizitätswirtschaft und die Bahn sind jetzt getroffen worden. Die Privatisierung kam voran, bisher allerdings überwiegend in der Verantwortung des Bundes und weniger bei den Ländern und Kommunen. Seit 1990 wurden in einigen Tarifverträgen und zahlreichen betriebsbezogenen Absprachen längere Maschinenlaufzeiten ermöglicht. Hier muß aber noch mehr geschehen. Denn 1993 waren im verarbeitenden Gewerbe die Anlagen im Durchschnitt in Deutschland 55 Stunden, in Frankreich dagegen fast 70 und in den Niederlanden und Großbritannien 75 Stunden pro Woche in Betrieb.

Einer der Gründe für die auch in Zeiten verhaltenen Wirtschaftswachstums starke Zunahme der Beschäftigung in den USA ist die weitaus größere Flexibilität der Lohnfindung. In Deutschland kommen wir bis jetzt nur langsam voran. So hat die IG-Chemie Einstiegstarifen für Berufsanfänger und Arbeitslose, die unter den Regelsätzen liegen, zugestimmt. Andere Gewerkschaften lehnen dies jedoch weiterhin ab. Spanien verzeichnet seit zwei Jahren gegen den vorherrschenden europäischen Trend einen beträchtlichen Rückgang der sehr hohen Arbeitslosigkeit auf den niedrigsten Stand seit 1982. Die Beschäftigung steigt schneller an, seitdem die vorherige sozialistische Regierung das Arbeitsrecht so weit liberalisierte, daß für Berufsanfänger und Arbeitslose außertarifliche Verträge auf Zeit unterhalb der regulären Löhne abgeschlossen werden können. In Deutschland muß der Flächentarifvertrag dringend reformiert werden. Vor allem für die Festlegung der Arbeitszeit und die Vereinbarung von Zu- oder Abschlägen von den zentral fixierten Löhnen brauchen die einzelnen Unternehmen und Betriebsräte einen rechtlich abgesicherten größeren Spielraum für firmenbezogene Vereinbarungen.

Dies ist besonders mit Blick auf die neuen Bundesländer wichtig. Dort betrug 1996 im Vergleich zu Westdeutschland die Produktivität in der gewerblichen Wirtschaft pro Arbeitsplatz knapp sechzig Prozent. Das bedeutet zwar gegenüber der geschilderten

Ausgangssituation im Jahr 1990 eine Verdoppelung, bei Löhnen von durchschnittlich fast achtzig Prozent gibt es jedoch immer noch einen bedenklichen Wettbewerbsnachteil gegenüber den Konkurrenten in der alten Bundesrepublik. Daher hat sich die Mehrzahl der ostdeutschen Unternehmen mittlerweile in betrieblichen Vereinbarungen mit ihren Arbeitnehmern auf Lohnabschläge verständigt. Dies geschah auch bei einer wachsenden Zahl von Betrieben in der alten Bundesrepublik – sie befinden sich damit arbeits- und tarifrechtlich in einer Grauzone. Der Gesetzgeber muß hier eindeutige Rahmenbedingungen schaffen, wenn die Tarifpartner es nicht tun. Die Entwicklung der Kosten hat in den neuen Ländern zu einer Stagnation der privaten Investitionen geführt. Ein erneuter kräftiger Anstieg wird nur erreichbar sein, wenn sich die Lohnentwicklung an der Produktivität orientiert und der Gesetzgeber in ganz Deutschland die Rahmenbedingungen vor allem bei den Steuern und Abgaben verbessert.

Der Bundestag stimmte mehrfach für weitere gezielte Entlastungen bei den Unternehmenssteuern, aber bei jeder Einzelentscheidung gab es Auseinandersetzungen mit der Mehrheit des Bundesrates. Die Bundesregierung kündigte im Sommer 1996 eine Einkommensteuerreform an, die zu einer starken Senkung des Tarifs und einer wesentlich breiteren Bemessungsgrundlage führen soll. Eine entsprechende Rückführung der Körperschaftsteuer für den einbehaltenen Gewinn ist geplant. Zur selben Zeit steigen die Beiträge für die Sozialversicherung weiter. Die im Herbst 1996 nach lebhaften Auseinandersetzungen beschlossenen Veränderungen bei der Rentenversicherung, der Lohnfortzahlung und der Krankenversicherung bremsen bisher den Umfang der Erhöhungen nur ab, ohne schon eine Stabilisierung oder gar die versprochene Senkung der Steuer- und Abgabenquote zu erreichen. Damit besteht erneuter Handlungsbedarf. Ohne kräftigere Anreize für die Verlängerung der Lebensarbeitszeit und eine stärkere zumutbare Selbstbeteiligung der Versicherten, mehr individuelle Vorsorge und Verantwortung werden die Sozialsysteme bald nicht mehr tragfähig sein.

1996 wurde die überfällige Reform der Sozialhilfe beschlossen. Wer zumutbare Arbeit und Angebote zur Umschulung nicht annimmt, muß jetzt auch in Deutschland mit einem beträchtlichen Abschlag von den Bezügen rechnen. Die Leistungen aus der Sozialhilfe sollen nicht mehr stärker steigen als die Nettoeinkommen in den unteren Lohngruppen. Die Erweiterung des Abstandes von Arbeits- und Sozialhilfeeinkommen auf 25 Prozent scheiterte jedoch am Widerstand der Bundesratsmehrheit. Die späte und immer noch unvollkommene Neuordnung der Sozialhilfe ist ein Beispiel für die erheblichen Widerstände gegen jedes umfassendere Reformkonzept der Sozialsysteme. Dabei sind die deutschen Regelungen im internationalen Vergleich sehr großzügig. Schweden, seit langer Zeit das Vorbild vieler für einen modernen Wohlfahrtsstaat, begann schon Anfang der achtziger Jahre sein entsprechendes System neu zu ordnen. Dort hatte sich auch bei den Sozialdemokraten die Überzeugung durchgesetzt, daß die Verweigerung zumutbarer Arbeit ein Verstoß der Solidarität gegenüber den berufstätigen Mitbürgern ist. In Deutschland hören wir noch heute die Meinung, es sei ein Persönlichkeitsrecht freier Daseinsgestaltung, Erwerbsarbeit abzulehnen und von den Transferleistungen der »Gesellschaft« zu leben.

Auch in einigen anderen europäischen Ländern, wie Österreich und den Niederlanden, haben die großen demokratischen Parteien gemeinsam einen weitreichenden Umbau der Sozialsysteme beschlossen. Die Erfahrungen mit dem härteren weltwirtschaftlichen Wettbewerb und die drastisch veränderte demographische Entwicklung führten zu einem neuen Denken, das sich ebenfalls in manchen Oppositionsparteien durchgesetzt hat. Der britische Labourpolitiker Frank Field begründete vor kurzem die entsprechenden Passagen des jüngsten Programms seiner Partei mit den Worten: »Sozialhilfe in diesem Umfang untergräbt die ursprüngliche Absicht der Wohlfahrt, weil sie Entmutigung zur Arbeit bewirkt und eine Kultur der Abhängigkeit stärkt.«

Vor 35 Jahren, am Ende der Nachkriegszeit, hatte die junge Bundesrepublik ein international anerkanntes System sozialer Sicherung. Seine Finanzierung nahm damals ein Viertel des Bruttoinlandsprodukts in Anspruch. Heute erfordern bei einem Vielfachen der volkswirtschaftlichen Leistungskraft und des privaten Wohlstands die sozialen Leistungen über ein Drittel des Bruttoinlandsprodukts mit immer noch steigender Tendenz. Schon früh ist auf die Gefahren eines Zielkonflikts zwischen Sozial- und Beschäftigungspolitik hingewiesen worden. In der kritischen Situation zum Schluß der sozialliberalen Ära wurde dies ein wichtiges Thema der Wissenschaft, Publizistik und Politik. Helmut Schmidt sprach das Problem gegen Ende seiner Kanzlerschaft in einer Auseinandersetzung mit seinen sozialdemokratischen Fraktionskollegen offen an, als er am 30. Juni 1982 sagte: »Wer mehr (zur Bekämpfung der Arbeitslosigkeit) tun will, muß in die Geld- und Sozialleistungen tiefer hineinschneiden.« Prioritäten durchsetzen heißt auch, die Übereinstimmung von Zielen und Mitteln wieder zu erreichen. In den Jahren des Aufschwungs nach 1983 sind die Lehren jener Zeit der Rezession von vielen in Koalition und Opposition wieder vergessen worden.

Nach dem spektakulären Zusammenbruch der staatssozialistischen Systeme in Osteuropa schien Demokratie und Marktwirtschaft eindeutig die Zukunft zu gehören. Im Wettbewerb der Systeme war es zuvor nicht nur um Machtpolitik gegangen, sondern auch um alternative Konzepte für die innere Ordnung der Staaten und Volkswirtschaften. Nach 1989 richteten sich die Hoffnungen der meisten Menschen in den vorherigen »Volksdemokratien« auf die Übernahme der freiheitlichen Lebensformen des Westens, die ihre Überlegenheit in den ökonomischen und sozialen Ergebnissen bewiesen hatten. Aber die Transformationsprozesse dauern länger und die Anpassungsvorgänge sind schwieriger, als in der optimistischen Stimmung um 1990 erwartet wurde. Die Fortschritte waren in Ländern wie Tschechien und Polen am größten, wo mit Vaclav Klaus und Leszek Balcerowicz fähige Politiker konsequent marktwirtschaftliche Reformen verwirklichten. Auch in diesen Staaten entwickelten sich mittlerweile starke oppositionelle Strömungen gegen den schnellen Wandel. Offensichtlich ist es leichter, Gesetze und Eigentumsformen zu ändern als die in Jahrzehnten entstandene Mentalität der meisten Menschen. Ungleich kritischer erscheint die Situation in Rußland und einigen anderen Nachfolgerepubliken der Sowjetunion. Hier sind die schwachen Strukturen der entstehenden Demokratie und Marktwirtschaft durch Korruption, organisierte Kriminalität und politische Machtkämpfe nach wie vor gefährdet.

Diese Entwicklungen haben Auswirkungen auf Zentraleuropa und insbesondere Deutschland. Nach dem Erfolg der friedlichen Revolution wurde das Ende der sozialistischen Ideologie zu schnell verkündet. Zwar gibt es heute keine ernsthafte programmatische Alternative zur Marktwirtschaft, aber der marxistisch geprägte Sozialismus war schon immer in der Polemik stärker als in der Gestaltung. In einer wirtschaftlichen Stockungsphase mit steigender Arbeitslosigkeit erleben wir jetzt in Ost und West ein Aufkommen radikaler Gesellschaftskritik mit Versatzstücken aus den verschiedenen sozialistischen Überlieferungen. In der alten Bundesrepublik hatte der Zweifel an der ethischen Legitimation der Sozialen Marktwirtschaft bereits seit den ausgehenden sechziger Jahren zugenommen. Eine Erhebung des Allensbacher Instituts für Demoskopie für die Zeitschrift »Wirtschaftswoche« ergab 1995, daß ein Drittel der Westdeutschen und über die Hälfte der Ostdeutschen mit der Marktwirtschaft Begriffe wie »Ausbeutung« und »unsozial« verbanden. Vor allem das Ansehen der Unternehmer ist stark zurückgegangen. 1965 wurden sie von siebzehn Prozent der Befragten als »Ausbeuter« bezeichnet, drei Jahrzehnte später waren es in der alten Bundesrepublik vierzig und in den neuen Bundesländern sechzig Prozent.

Aus guten Gründen wird heute in den westlichen Industrienationen die Verantwortung der Unternehmen für ihr soziales Umfeld und die Umwelt stärker eingefordert als in der Nachkriegszeit. Auch in Nordamerika finden politische und publizistische Aktionen gegen das Fehlverhalten großer Firmen immer wieder eine beträchtliche Resonanz. Diese kritische Begleitung ist ein notwendiges Korrektiv im öffentlichen Interesse. Zugleich werden in den USA über die Wirtschaft hinaus Spitzenleistungen und Erfolg viel unbefangener und vorbehaltloser anerkannt als in Deutschland. Kurt Masur, der große Leipziger Dirigent und Bürgerrechtler, begründete vor kurzem die Entscheidung, seinen Lebensmittelpunkt in den Vereinigten Staaten zu wählen, mit dem Argument: »Die New Yorker lieben vor allem erfolgreiche Menschen, was bei uns in Deutschland nicht der Fall ist.«

Erfolg wurde in der Nachkriegszeit die wichtigste, aber nicht die einzige Legitimation für die politische Durchsetzung der Sozialen Marktwirtschaft. Diese war im Verständnis der Gründergeneration mehr als ein Instrumentarium zur Schaffung und ständigen Steigerung von Wohlstand. Auch heute stellt sich für uns dieselbe Frage, die Walter Eucken und seine Freunde vor fünf Jahrzehnten bewegte: »Welche Ordnungsformen gewähren Freiheit?« Sie strebten ein Wirtschafts- und Gesellschaftssystem an, »in dem die Menschen nicht nur Mittel zum Zweck, nicht also nur Teilchen des Apparats« sein sollten. Selbstverantwortung und Mitverantwortung für andere als sittliche Kategorien, rechtsstaatliche Demokratie und an Regeln gebundener Wettbewerb sollten zu einer Synthese kommen. Nur in der Verbindung von ordnungspolitischer Orientierung, konsequentem Handeln und der Fähigkeit zur Meinungsführerschaft werden wir in Deutschland die Zukunftsprobleme unserer Generation meistern und unseren Beitrag für eine bessere Welt von morgen leisten können.

Anmerkungen

1. Kapitel

1 Walter Eucken, Die Grundlagen der Nationalökonomie, 7. Auflage, Berlin-Göttingen-Heidelberg 1959. Zur Entwicklung des neoliberalen Denkens: A. J. Nicholls, Freedom with Responsibility. The Social Market Economy in Germany 1918–1963, Oxford 1994, S. 32 ff.; Ludwig-Erhard-Stiftung Bonn (Hrsg.), Grundtexte zur Sozialen Marktwirtschaft, Stuttgart–New York 1981; Alan Peacock und Hans Willgerodt (Hrsg.), German Neo-Liberals and the Social Market Economy, London 1989, darin insbesondere: Norbert Kloten, Role of the Public Sector in the Social Market Economy, Konrad Zweig, The Origins of the German Social Market Economy, London 1980.

2 Theodor Eschenburg, Jahre der Besatzung 1945–49 (Geschichte der Bundesrepublik Deutschland, Band 1), Stuttgart–Wiesbaden 1983, S. 375 ff.; Hans Herbert Götz, Weil alle besser leben wollen, Porträt der deutschen Wirtschaftspolitik, Düsseldorf 1963, S. 21 ff.; Hermann Behr, Vom Chaos zum Staat, Frankfurt 1961.

3 Henry C. Wallich, Triebkräfte des deutschen Wiederaufstiegs, Frankfurt 1955, S. 325 ff.; Hans-Jürgen Schröder (Hrsg.), Marshallplan und westdeutscher Wiederaufstieg, Stuttgart 1990. Zu den unterschiedlichen Positionen in der Literatur: Helge Berger, Albrecht Ritschel, Die Rekonstruktion der Arbeitsteilung in Europa. Eine neue Sicht des Marshallplans in Deutschland, in: Vierteljahreshefte für Zeitgeschichte 1995, 3. Heft, S. 473–519.

4 Herbert Giersch, Karl-Heinz Paqué, Holger Schmieding, The fading miracle. Four decades of market economy in Germany, Cambridge 1992, S. 36 ff.; Hans Roeper, Die D-Mark. Vom Besatzungskind zum Weltstar, Frankfurt 1978, S. 20 ff.

5 Henry C. Wallich, a.a.O., S. 65 ff.; Karl Hardach, Wirtschaftsgeschichte Deutschlands im 20. Jahrhundert, 2. Auflage, Göttingen 1979, S. 127 f.

6 Eine umfassende wissenschaftliche Biographie Ludwig Erhards gibt es bisher nicht. Siehe: Jess A. Lukomski, Ludwig Erhard. Der Mensch und der Politiker, Düsseldorf–Wien 1963; Volkhard Laitenberger, Ludwig Erhard, Der Nationalökonom als Politiker, Göttingen–Zürich 1986; Daniel Koerfer, Der Kampf ums Kanzleramt – Erhard und Adenauer, Stuttgart 1987; Karl Hohmann (Hrsg.), Ludwig Erhard, Erbe und Auftrag, Düsseldorf-Wien 1977.

7 Zu der Freiburger Schule: A. J. Nichols, a.a.O., S. 62 ff.

8 Tilmann Pünder, Das bizonale Interregnum. Die Geschichte des Vereinigten Wirtschaftsgebietes 1946-49, Waiblingen 1966; Hans Herbert Götz, a.a.O., S. 358 ff., Theodor Eschenburg, a.a.O., S. 384 ff.

9 Herbert Giersch über Ludwig Erhard, in: Im Brennpunkt Wirtschaftspolitik. Kritische Beiträge 1967–77, Stuttgart 1978, S. 212–224; Theodor Eschenburg, a.a.O., S. 427 f.

10 Friedrich Wilhelm Hennig, Das industrialisierte Deutschland 1914 bis 1990, 7. Auflage, Paderborn 1991; Dieter Schuster, Die deutschen Gewerkschaften seit 1945, Stuttgart 1974.

11 Zum Ahlener Programm und der Entwicklung bis zu den Düsseldorfer Leitsätzen: Konrad Adenauer und die CDU der Britischen Besatzungszone 1946-49, hrsg. von der Konrad-Adenauer-Stiftung, Eichholz 1975; Hans O. Kleinmann, Geschichte der CDU, Stuttgart 1993, S. 79 ff.; Gerold Ambrosius (Hrsg.), Die Durchsetzung der Sozialen Marktwirtschaft in Westdeutschland 1945–1949, Stuttgart 1977.

12 Ludwig Erhard, Deutsche Wirtschaftspolitik, Düsseldorf–Wien 1962, S. 38 ff.; Daniel Körfer, a.a.O., S. 38 ff.

13 Konrad Adenauer und die CDU der Britischen Besatzungszone 1946-49, a.a.O., S. 854.

14 Ludwig Erhard, Alfred Müller-Armack, Soziale Marktwirtschaft, Frankfurt–Berlin–Wien 1972; Alfred Müller-Armack, Religion und Wirtschaft, 2. Auflage, Mainz 1959.

15 Ludwig-Erhard-Stiftung (Hrsg.), Grundtexte zur Sozialen Marktwirtchaft, Stuttgart 1991, S. 19 ff.

16 H. Jörg Thieme, Soziale Marktwirtschaft. Ordnungskonzepte und wirtschaftspolitische Gestaltung, München 1991. Zur Entwicklung des Konzepts Sozialer Marktwirtschaft auch: Der Weg in die Soziale Marktwirtschaft. Referate, Protokolle, Gutachten der Arbeitsgemeinschaft Erwin von Beckerath 1943–47, Düsseldorf 1986, R. Klump, Wirtschaftsgeschichte der Bundesrepublik Deutschland, Wiesbaden 1985, S. 63 ff.; Christoph Heusgen, Ludwig Erhards Lehre von der Sozialen Marktwirtschaft. Ursprung, Kerngehalt, Wandlungen, Bern–Stuttgart 1981.

17 Rainer Kunz, Herbert Maier, Theo Stammen, Programme der politischen Parteien in der Bundesrepublik Deutschland, München 1975, S. 232 f.

18 Veröffentlicht in: Kurt Schumacher, Erich Ollenhauer, Willy Brandt, Der Auftrag des demokratischen Sozialismus, Bonn 1972.

19 Kunz, Maier, Stammen, a.a.O., S. 68 ff.

20 Protokolle der Verhandlungen des Parteitages der SPD vom 9. bis 11. Mai 1946 in Hannover, Hamburg 1947.

21 Theodor Eschenburg, Elemente des Grundgesetzes, in: Hans-Peter Schwarz, Gründerjahre der Republik 1949–1957, Stuttgart 1981; Hans Herbert Götz, a.a.O., S. 84 ff.

2. Kapitel

1 Theodor Eschenburg, a.a.O., S. 534 ff.

2 Hans-Peter Schwarz, Adenauer: Der Aufstieg, 1876–1952, Stuttgart 1986, S. 624 ff.

3 Rudolf Vogel, Fritz Schäffer, Bonn 1988.

4 Hans-Peter Schwarz, Gründerjahre, S. 42 ff.

5 Karl-Dietrich Erdmann, Adenauer in der Rheinlandpolitik nach dem Ersten Weltkrieg, Stuttgart 1966, S. 153 ff.
6 Zur Entwicklung bis zur Gründung der Montanunion siehe: François Duchêne, Jean Monnet, Norton 1994; Hans Dichgans, Montan-Union. Menschen und Institutionen, Düsseldorf–Wien 1980; Raymond Podevin, Robert Schumans Deutschland- und Europapolitik zwischen Tradition und Neuorientierung, München 1976.
7 Knut Borchardt, Wachstum, Krisen, Handlungsspielräume der Wirtschaftspolitik, Göttingen 1982, S. 125 ff.
8 Hans Herbert Götz, a.a.O., S. 57 ff. Zur Konjunkturentwicklung ferner: Henry C. Wallich, a.a.O., S. 70 ff.; Hans Roeper, a.a.O., S. 38 ff.
9 Monatsberichte der Bank Deutscher Länder, Juni bis Dezember 1948.
10 Helmut Schlesinger, Geldpolitik in der Zeit des Wiederaufbaus (1950–1958), in: Währung und Wirtschaft in Deutschland 1876–1975, hrsg. von der Deutschen Bundesbank, Frankfurt/M. 1976, S. 555 ff.; Henry C. Wallich, a.a.O., S. 87 ff.
11 Hans-Peter Schwarz, Gründerjahre, S. 476 ff.
12 Zu den Auseinandersetzungen in der Bundesrepublik und mit den USA während der Korea-Krise siehe: Werner Abelshauser, Ansätze »korporativer Marktwirtschaft« in der Korea-Krise der frühen Fünfziger Jahre, in: Vierteljahreshefte für Zeitgeschichte, Bd. 30, 1982, S. 715 ff.; Daniel Koerfer, a.a.O., S. 95 ff.
13 Ludwig Erhard, Wohlstand für Alle, Düsseldorf 1957, S. 44.
14 Werner Abelshauser, a.a.O., S. 726 f.
15 Daniel Koerfer, a.a.O., S. 92 ff.
16 Peter J. Katzenstein, Policy and Politics in West Germany, Philadelphia 1987, S. 88.
17 Hans Roeper, a.a.O., S. 86 f.
18 Henry C. Wallich, a.a.O., S. 145 ff.
19 Hans-Peter Schwarz, Gründerjahre, S. 104 ff.

3. Kapitel

1 Henry C. Wallich, a.a.O., S. 246 f.
2 Günther Schulz, Wiederaufbau in Deutschland. Die Wohnungsbaupolitik in den Westzonen und der Bundesrepublik von 1945–1957, Düsseldorf 1994, S. 349 f.
3 Günther Schulz, a.a.O., S. 69 ff.
4 Günther Schulz, a.a.O., S. 71 ff.
5 Günther Schulz, a.a.O., S. 217–247; Hans Herbert Götz, a.a.O., S. 210 ff.
6 Günther Schulz, a.a.O., S. 354 f.
7 Hans Herbert Götz, a.a.O., S. 220 f.
8 Hans Herbert Götz, a.a.O., S. 97 ff.
9 Hans Roeper, a.a.O., S. 77 f.
10 Monatsberichte der Bank Deutscher Länder, März 1954.
11 Zur Agrarpolitik nach der Währungsreform siehe: Hans Herbert Götz, a.a.O., Europäische Agrarpolitik auf neuen Wegen, Baden-Baden 1959, S. 14 ff.; Hans Herbert Götz, a.a.O., Wirtschaftspolitik, Düsseldorf–

Wien 1963, S. 162 ff.; Curt Puvogel, Der Weg zum Landwirtschaftsgesetz, München 1957.

12 Max Rolfes, Landwirtschaft 1914 bis 1970, in: Wolfgang Zorn, Handbuch der deutschen Wirtschafts- und Sozialgeschichte, Band 2, Stuttgart 1976, S. 779 ff.

13 Knut Borchardt, Wachstum, Krisen, Handlungsspielräume der Wirtschaftspolitik, Göttingen 1982, S. 126.

14 Uwe Specht, Die Energiepolitik der Bundesrepublik Deutschland von 1948-1967, Freiburger Dissertation 1969; Hans-Karl Schneider, Ordnungsprobleme und Entwicklungstendenzen in der deutschen Energiewirtschaft, in: Festschrift für Theodor Wessels, hrsg. von Fritz Burgbacher, Essen 1967.

15 Werner Abelshauser, Kohle und Marktwirtschaft. Ludwig Erhards Konflikt mit dem Unternehmensverband Bergbau am Vorabend der Kohlekrise, in: Vierteljahreshefte für Zeitgeschichte, 3, 1983, S. 489 ff.

16 Uwe Specht, a.a.O., S. 34 ff.

17 Unternehmensverband Ruhr-Bergbau, Steinkohlen-Bergbau, Energiewirtschaft, Volkswirtschaft, Juli 1967, S. 30.

18 Wolfgang D. Müller, Geschichte der Kernenergie in der Bundesrepublik Deutschland, Stuttgart 1990, S. 18 ff.

19 Verkehrspolitik 1949-65, Ein Bericht des Bundesministers für Verkehr, Hof/Saale 1967, S. 22 ff.; Hans Herbert Götz, a.a.O., S. 249 ff.

20 Henry C. Wallich, a.a.O., S. 356 ff.

21 H. O. Hemmer/K. T. Schmitz (Hrsg.), Geschichte der Gewerkschaften in der Bundesrepublik Deutschland, Köln 1990, S. 95 ff.; Erich Potthoff, Der Kampf um die Montan-Mitbestimmung, Köln 1957.

22 Hans Herbert Götz, a.a.O., S. 153.

23 Else Klein-Viehöfer u. a., Hans Böckler, Köln–Berlin, S. 60 ff.

24 H. O. Hemmer/K. T. Schmitz, a.a.O., S. 105 ff.

25 Hans-Peter Schwarz, Gründerjahre, S. 130.

26 H. O. Hemmer/K. T. Schmitz, a.a.O., S. 125 ff.

27 Zur Entwicklung vor 1945: R. Robert, Konzentrationspolitik in der Bundesrepublik. Das Beispiel der Entstehung des Gesetzes gegen Wettbewerbsbeschränkungen, Berlin 1976, S. 61 ff.

28 Rainer Klump, Wirtschaftsgeschichte der Bundesrepublik Deutschland, Wiesbaden 1985, S. 63 ff.

29 Franz Böhm, Das Reichsgericht und die Kartelle, in: Ordo-Jahrbuch, Band 1 (1948), S. 212 ff.

30 Eberhard Günther, Die geistigen Grundlagen des sogenannten Josten-Entwurfs, in: Wirtschaftsordnung und Staatsverfassung, Tübingen 1975, S. 183; Horst Satzky, Grundsätze, Entstehung und Novellierung des GWB, in: Hans Pohl (Hrsg.), Zu Kartellen und Kartellgesetz in Praxis und Rechtsprechung, Stuttgart 1985, S. 229 ff.

31 Protokoll der Bundesratssitzung vom 23. Mai 1952.

32 Stenographische Berichte des 1. Bundestages, 220. Sitzung vom 26. Juni 1952, S. 8749 ff.

33 R. Robert, a.a.O., S. 260 ff.

34 Hans Herbert Götz, a.a.O., S. 131.

35 Zur Sozialgesetzgebung der ersten Nachkriegszeit und der fünfziger Jahre insbesondere: Hans Günter Hockerts, Sozialpolitische Entschei-

dungen im Nachkriegsdeutschland, Stuttgart 1980; Volker Hentschel, Geschichte der deutschen Sozialpolitik 1880–1980, Frankfurt/M. 1983; Konrad Elsholz, Die Sozialreform als gesellschaftspolitisches und volkswirtschaftliches Problem, Bonn 1955.

36 Hans-Peter Schwarz, Gründerjahre, S. 328.

37 R. Schillinger, Der Entscheidungsprozeß beim Lastenausgleich 1945–52, St. Katharinen 1985.

38 R. Schillinger, a.a.O., S. 15 f.; Hans Möller (Hrsg.), Zur Vorgeschichte der Deutschen Mark, Tübingen 1961.

39 Hans Roeper, a.a.O., S. 29.

40 Hans Schaefer, Dreißig Jahre deutscher Lastenausgleich, in: Bulletin des Presse- und Informationsamtes der Bundesregierung vom 23. November 1979, S. 1318 ff.

41 Die finanzielle Liquidation des Krieges, Schriftenreihe des Bundesministeriums der Finanzen, Heft 3.

42 Konrad Elsholz, Die soziale Entwicklung in der Bundesrepublik, Ergebnisse, Ursachen, Erfahrungen, in: Deutsche Versicherungszeitschrift 1958, Heft 7.

43 Hans Günter Hockerts, a.a.O., S. 280 ff.

44 Wilfried Schreiber, Existenzsicherung in der industriellen Gesellschaft, Köln 1955.

45 Hans Günter Hockerts, a.a.O., S. 408.

46 Konrad Elsholz, Die sozialen Leistungen der Bundesrepublik, in: Finanzpolitische Mitteilungen des BMF, Nr. 218 vom 26. 11. 1958.

47 Gerhard Mackenroth, Die Reform der Sozialpolitik durch einen deutschen Sozialplan, in: Gerhard Albrecht (Hrsg.), Verhandlungen auf der Jahrestagung des Vereins für Sozialpolitik, Berlin 1952; Hans Günter Hockerts, a.a.O., S. 217.

4. Kapitel

1 Zu den Details der Steuergesetzgebung siehe: Klaus Franzen, Die Steuergesetzgebung der Nachkriegszeit in Westdeutschland (1945–1961), Bremen 1994.

2 Jutta Muscheid, Die Steuerpolitik in der Bundesrepublik Deutschland 1949–1982, Berlin 1986, S. 27 f.

3 Jutta Muscheid, a.a.O, S. 44–48.

4 Werner Ehrlicher, Diskussionsbeitrag, in: Ludwig-Erhard-Stiftung (Hrsg.), Steuerpolitik für die Soziale Marktwirtschaft, Stuttgart 1986, S. 50.

5 Wilhelm Röpke, Die Theorie der Kapitalbildung, Tübingen 1929, S. 19.

6 Zahlen nach Heinz Kock, Vermögen und Schulden des Staates. Eine Auswertung der Finanzstatistik und der volkswirtschaftlichen Gesamtrechnungen, in: Kurt Dieter Wagner/Diethard B. Simmert (Hrsg.), Staatsverschuldung kontrovers, Köln 1981, S. 439.

7 Jutta Muscheid, a.a.O., S. 54.

8 Der Wissenschaftliche Beirat beim BMF, Organische Steuerreform (Schriftenreihe des BMF, Heft 3), Bonn 1953.

9 Hans Herbert Götz, a.a.O., S. 190 f.

10 Der Wissenschaftliche Beirat beim BMF, Organische Steuerreform, a.a.O.
11 Jutta Muscheid, a.a.O., S. 99 f.
12 Zahlen: BMF 1994. Anteil der Steuern am BIP. Steuern ohne Saarland, BIP ohne Berlin und Saarland.
13 Zahlen nach Finanzbericht 1994, S. 160 f. Vgl. Nikolaus Adami, Die Haushaltspolitik des Bundes von 1955 bis 1965 (Schriftenreihe des BMF, Heft 14), Bonn 1970.
14 Rudolf Vogel, Fritz Schäffer zum 100. Geburtstag, München 1988, S. 19.
15 Rudolf Vogel, a.a.O., S. 26–28.
16 Statistische Übersichten zur staatlichen Kreditfinanzierung. Bearbeitet im BMF, in: Wagner/Simmert, a.a.O., S. 460 f., S. 474–479. Der Schuldenstand des Bundes betrug 1952 8,6 Mrd. DM, stieg bis 1956 auf 20,6 Mrd. DM und stagnierte dann bis 1960. In den sechziger Jahren setzte ein langsamer Anstieg ein (1966: 33 Mrd. DM), der sich erst mit der Stagnation von 1967 beschleunigte (1968: 45 Mrd. DM).
17 Heinz Kock, a.a.O., S. 434. Der öffentliche Gesamthaushalt umfaßt nicht die Sozialversicherung.
18 Die Ära Schäffer 1949–1957, Dokumente Hintergründe, Erläuterungen, (Hrsg.) Bundesministerium der Finanzen, Schriftenreihe zur Finanzgeschichte, 1992, Band 1, S. 28.
19 »Stellungnahme zu den Aufgaben und Möglichkeiten der Finanzpolitik angesichts der Gefahren konjunktureller Überhitzung«, in: BMF (Hrsg.), Der Wissenschaftliche Beirat beim Bundesministerium der Finanzen. Entschließungen, Stellungnahmen und Gutachten 1949–1973, Tübingen 1974, S. 222–232; »Stellungnahme betreffend Folgerungen aus der konjunkturellen Lage für die Steuerpolitik«, a.a.O., S. 320–325.
20 Theodor Eschenburg, a.a.O., S. 497–502; Wolfgang Renzsch, Finanzverfassung und Finanzausgleich, Bonn 1991, S. 60 ff.; Gerhard Stoltenberg, Legislative und Finanzverfassung 1954/55, in: Vierteljahreshefte für Zeitgeschichte, Heft 3/1965.
21 Über die finanzpolitische Entwicklung nach 1945 orientiert in einer knappen Zusammenfassung und mit den wichtigsten Zahlenangaben von Schmiedeberg, Geschichte und Entwicklung der Haushaltspolitik des Vereinigten Wirtschaftsgebietes und der Bundesrepublik Deutschland von 1945 bis 1954, Schriftenreihe des Bundesministeriums der Finanzen, Bonn 1962.
22 Nach einer Aufstellung in der Bundestagsdrucksache 480 vom 29. April 1954.
23 Finanzarchiv Band 14 (1953), Heft 3.
24 Beide finden sich in der Bundestagsdrucksache 480. Die glänzend formulierte amtliche Begründung der Gesetzentwürfe der Bundesregierung zu den Entwürfen des Finanzverfassungs-, Finanzanpassungs- und Länderfinanzausgleichsgesetzes in der gleichen Drucksache stammt ebenfalls aus der Feder von Fischer-Menshausen und von Ministerialrat Dr. Paul Hüchting.
25 Band VI der Schriftenreihe der Hochschule Speyer, Tübingen 1951.
26 Protokoll der 18. Sitzung des Zweiten Bundestages vom 11. März 1954.
27 Dies kam während der ersten Lesung der Finanzreformgesetze am 20. Mai 1954 vor allem in den Reden der Abgeordneten Dr. August Dres-

bach (CDU), Professor Wilhelm Gülich (SPD) und Dr. Hans Wellhausen (FDP) klar zum Ausdruck (Protokoll der 29. Sitzung vom 20. Mai 1954). Alle drei Sprecher kündigten dabei an, daß sie bei der Aufteilung der Steuern eine noch weitergehende Stärkung der Stellung des Bundes wünschten. Hiergegen meldete der Abgeordnete Höcherl für die CSU Bedenken an.

28 Ausschußdrucksache 930 vom 9. November 1954.

29 Protokolle der 55. und 57. Sitzung des Zweiten Bundestages

30 Zu den Einzelheiten des Gesetzgebungsverfahrens und insbesondere den Beratungen im Vermittlungsausschuß siehe Gerhard Stoltenberg, a.a.O., S. 250 ff.

31 2., erweiterte Auflage Stuttgart 1958, besonders S. 22 ff., S. 26 f., S. 49. »In allen entscheidenden Fragen bilden die Länderminister, die im Bundesrat auftreten, den Bundeswillen nach ihrer parteipolitischen Herkunft, so sind also auch die Bundesratsvertreter mehr Sprecher der politischen Parteien als des Landes selbst.«

32 Joachim v. Spindler/Willy Becker/O. E. Starke, Die Deutsche Bundesbank, Stuttgart 1973, S. 12 ff.; Hans Roeper, a.a.O., S. 62 ff.; Eckhard Wandel, Die Entstehung der Bank deutscher Länder und die deutsche Währungsreform 1948, Frankfurt 1980, S. 65 ff.

5. Kapitel

1 Hans Herbert Götz, a.a.O., S. 68 ff.; Hans-Peter Schwarz, Gründerjahre, S. 119 ff.

2 Zur Gürzenich-Kontroverse: Daniel Koerfer, a.a.O., S. 84 ff.

3 Zur Gründung von EWG und Euratom: Hans-Jürgen Küsters, Die Gründung der Europäischen Gemeinschaft, Baden-Baden 1982; Peter Weilemann, Die Anfänge der Europäischen Nukleargemeinschaft. Zur Gründungsgeschichte von Euratom, Baden-Baden 1982; Hans von der Groeben, Aufbaujahre und Europäische Gemeinschaft, Baden-Baden 1967; Walter Hallstein, Die Europäische Gemeinschaft, 5. Auflage, Düsseldorf–Wien 1969; Jean Monnet, Erinnerungen eines Europäers, München–Wien 1978.

4 Hans-Jürgen Küsters, a.a.O., S. 106 f.

5 Daniel Koerfer, a.a.O., S. 128 ff. Hans-Jürgen Küsters, a.a.O., S. 112 f.

6 Christoph Buchheim, Die Wiedereingliederung Westdeutschlands in die Weltwirtschaft 1945–1958. Zum Londoner Schuldenabkommen: Hermann Josef Abs, Entscheidungen 1949–1953, Mainz 1991.

7 Hans-Jürgen Küsters, a.a.O., S. 239 ff.

8 Peter Weilemann, a.a.O., S. 129 ff.

9 Daniel Koerfer, a.a.O., S. 138 ff.

10 Daniel Koerfer, a.a.O., S. 144.

11 Jahrbuch der öffentlichen Meinung 1957, S. 262 f.

12 Wilhelm Röpke, Jenseits von Angebot und Nachfrage, 5. Auflage, Bern und Stuttgart 1979, S. 43 f.

13 Henry Wallich, a.a.O., S. 303 f.

14 Die künftige Wirtschafts- und Finanzpolitik der CDU/CSU. Auszüge aus den Grundsatzreferaten vor dem Wirtschaftstag der CDU/CSU am

18. Juli 1957 in Frankfurt/M., hrsg. vom Vorstand des Bundesausschusses der CDU für Wirtschaftspolitik und vom Vorstand des Wirtschaftsbeirates der Union e.V., Bonn 1957.

15 Jutta Muscheid, a.a.O., S. 78–86; BMF (Hrsg.), Haushaltsreden. Franz Etzel 1957–1961 (Schriftenreihe zur Finanzgeschichte Bd. 3), Bonn 1994, S. 35–40.

16 Heinz Kock, a.a.O., S. 439 f.

17 Hans-Herbert Götz, a.a.O., S. 262; Peter Hampe (Hrsg.), Währungsreform und Soziale Marktwirtschaft, München 1989, S. 133.

18 Wilhelm Krelle/Johann Schunck/Jürgen Siebke, Überbetriebliche Ertragsbeteiligung der Arbeitnehmer, 2 Bde., Tübingen 1968.

19 Wolfram Engels/Herbert Sablotny/Dieter Zickler, Das Volksvermögen. Frankfurt/M., New York 1974.

20 BMF (Hrsg.), Vierzig Jahre Verantwortung für die Finanzen des Bundes. Das Bundesministerium der Finanzen. Geschichte, Aufgaben, Leistungen, München 1989, S. 166 f.

21 Günter Hockerts, Metamorphosen des Wohlfahrtsstaats, in: Martin Broszat (Hrsg.), Zäsuren nach 1945, München 1985, S. 35–45.

22 Frieder Naschold, Kassenärzte und Krankenversicherungsreform. Zu einer Theorie der Sozialpolitik, Freiburg/Br. 1967.

23 Albert Holler, Die Entwicklung der sozialen Krankenversicherung in den Jahren 1945 bis 1975, in: Sozialpolitik nach 1945. Festschrift für Ernst Schellenberg, hrsg. von Reinhart Bartholomäi u. a., Bonn 1977, S. 303–314.

24 Der Anteil des Kindergeldes, das 1961 erstmals teilweise vom Bundeshaushalt übernommen wurde, an den Sozialausgaben stieg bis 1966 auf sechzehn Prozent.

25 Konrad Adenauer, Erinnerungen 1955–1959, Stuttgart 1967, S. 424 ff.

26 Daniel Koerfer, a. a. O., S. 227 ff.; Hans-Peter Schwarz, Adenauer, S. 502 ff.

27 Konrad Adenauer, a.a.O., S. 500 ff.

28 Gerhard Stoltenberg, Erinnerungen, in: Ludwig Erhard, Beiträge zu seiner politischen Biographie, hrsg. von Rüdiger Altmann u. a., Frankfurt 1972, S. 630.

29 Hans Roeper, a.a.O., S. 100 ff.

30 Otmar Emminger, Deutsche Geld- und Währungspolitik im Spannungsfeld zwischen innerem und äußerem Gleichgewicht (1948–1975), in: Währung und Wirtschaft in Deutschland 1876–1975, hrsg. von der Deutschen Bundesbank, Frankfurt/M. 1976, S. 505 ff.; Hans Roeper, a.a.O., S. 110 ff.; Daniel Koerfer, a.a.O., S. 464 ff.

6. Kapitel

1 Zu den wirtschaftspolitischen Debatten der SPD in den fünfziger Jahren: Kurt Klotzbach, Der Weg zur Staatspartei, Berlin 1982, S. 239 ff.; Erich Ott, Die Wirtschaftskonzeption der SPD nach 1945, Marburg 1978, S. 233 ff.; Helmut Schmidt, Zur Entwicklung der sozialökonomischen Programmatik der deutschen Sozialdemokratie, in: Robert

Schwebler/Walter Föhrenbach (Hrsg.), Festgabe für Alex Möller, Karlsruhe 1968, S. 30 ff.

2 Heiko Körner/Peter Meyer-Dohm/Egon Tuchtfeld/Christian Uhlig (Hrsg.), Wirtschaftspolitik – Wissenschaft und politische Aufgabe. Festschrift zum 65. Geburtstag von Karl Schiller, Berlin–Stuttgart 1976, S. 87 ff.

3 Kurt Klotzbach, a.a.O., S. 375 ff.

4 Protokoll der Verhandlungen des Außerordentlichen Parteitages der Sozialdemokratischen Partei Deutschlands vom 13.–15. November 1959 in Bad Godesberg, Bonn o.J.

5 Godesberger Parteitagsprotokolle, S. 98 ff.

6 Harald Scherf, John Maynard Keynes, in: Joachim Starbatty (Hrsg.), Klassiker des ökonomischen Denkens, Band 2, München 1989, S. 273–291.

7 Harald Scherf, a.a.O., S. 283 f.

8 Dudley Dillard, Der Einfluß der keynesschen Theorie auf das zeitgenössische Denken, in: Antonio Montaner (Hrsg.), Geschichte der Volkswirtschaftslehre, Köln–Berlin 1967, S. 235–246; H. P. Spahn, Keynes in der heutigen Wirtschaftspolitik, in: G. Bombach u.a. (Hrsg.), Der Keynesianismus I, Berlin u.a. 1976, S. 211–287; Gordon A. Fletcher, The Keynesian Revolution and its Critics, London u.a. 1987.

9 Dudley Dillard, a.a.O., S. 242; Robert Lekachman, John Maynard Keynes. Revolutionär des Kapitalismus, München 1970, S. 11–13.

10 Reinhard Blum, Soziale Marktwirtschaft. Wirtschaftspolitik zwischen Neoliberalismus und Ordoliberalismus, Tübingen 1969, S. 74–85.

11 Wilhelm Hankel, John Maynard Keynes. Die Entschlüsselung des Kapitalismus, München–Zürich 1986, S. 9, 27; Fletcher, a.a.O., S. 283 f.

12 Detlev Ehrig, Keynes, Die Globalsteuerung und die Stabilisierungspolitik in der Bundesrepublik Deutschland, Frankfurt/M. u. a. 1989, S. 127–131.

13 Dudley Dillard, a.a.O., S. 241; Herman Van der Wee, Der gebremste Wohlstand. Wiederaufbau, Wachstum, Strukturwandel 1945–1980, München 1984, S. 323–327.

14 Robert Lekachman, a.a.O., S. 311 f., S. 330–333.

15 Robert Lekachman, a.a.O., S. 309–347; H. P. Spahn, a.a.O., S. 224 f.

16 Hermann Van der Wee, a.a.O., S. 325–327.

17 Detlev Ehrig, a.a.O., S. 123.

18 BMF (Hrsg.), Haushaltsreden 1949–1957, S. 81, 233 f., S. 348 f.

19 H. P. Spahn, a.a.O., S. 220 f.

20 Siehe insbesondere die Reden vom 26. Juni 1956 in Sten.Ber. II/8270-8315.

21 Wolfgang Neumann/Henrik Uterwedde, Industriepolitik. Ein deutsch-französischer Vergleich, Opladen 1986, S. 38 ff.

22 Hans von der Groeben, Aufbaujahre der Europäischen Gemeinschaft, Baden-Baden 1982, S. 317 ff.

23 Daniel Koerfer, a.a.O., S. 707 f.

24 Alfred Müller-Armack, Die Soziale Marktwirtschaft nach einem Jahrzehnt ihrer Erprobung (1959), Die zweite Phase der Sozialen Marktwirtschaft (1960), Das gesellschaftspolitische Leitbild der Sozialen Marktwirtschaft (1962), in: Wirtschaftsordnung und Wirtschaftspolitik, Freiburg 1966.

25 Alfred Müller-Armack, Wirtschaftsordnung, S. 294 f.

26 Hans-Peter Schwarz, Die Ära Adenauer. Epochenwechsel, Stuttgart 1983, S. 217 ff.

27 Willy Brandt, Erinnerungen. 4. Auflage, Frankfurt–Zürich 1990, S. 65.

28 Stenografische Aufzeichnung der Bundesvorstandssitzung der CDU am 19. September 1961, in: Archiv für Christlich-Demokratische Politik, Konrad-Adenauer-Stiftung, Sankt Augustin (ACDP VII-001-010).

29 Schriftenreihe zur Finanzgeschichte, Band 4, Haushaltsreden Dr. Heinz Starke/Dr. Rolf Dahlgrün/Dr. h.c. Kurt Schmücker 1962–1966, hrsg. vom BMF 1995, S. 308 ff.

7. Kapitel

1 Hans von der Groeben, a.a.O., S. 71.

2 John W. Evans, The Kennedy-Round in American Trade Policy, Cambridge (M.) 1971, S. 133 ff.; Hans von der Groeben, a.a.O., S. 143 f.

3 Hans von der Groeben, a.a.O., S. 220.

4 Walter Hallstein, Die Europäische Gemeinschaft, 5. Auflage, Düsseldorf–Wien 1979, S. 221 ff.

5 Hans von der Groeben, a.a.O., S. 236.

6 Walter Hallstein, a.a.O., S. 224 ff.

7 Walter Hallstein, a.a.O., S. 194 ff.

8 Daniel Koerfer, a.a.O., S. 688.

9 EMNID-Institut, Einstellung der Bevölkerung zur Regierung Erhard (Dezember 1963), Spezialerhebung EMNID, Bielefeld.

10 Klaus Hildebrand, Von Erhard zur Großen Koalition 1963–1969, Stuttgart 1984, S. 35 f.

11 Werner Abelshauser, Wirtschaft in Westdeutschland 1945–48. Rekonstruktion und Wachstumsbedingungen, Stuttgart 1975.

12 Rainer Klump, Wirtschaftsgeschichte der Bundesrepublik Deutschland, Wiesbaden 1985, S. 37 ff; Ernst Dürr, Wachstumspolitik, Bern–Stuttgart 1977, S. 162.

13 Karl Schiller, Wirtschaftspolitische Konsequenzen der Währungsreform, in: Peter Hampe (Hrsg.), Währungsreform und Soziale Marktwirtschaft, München 1989, S. 78–85.

14 Thomas Ruf, Aufzeichnungen und Erinnerungen, Boppard 1991, S. 170 ff.

15 Der Wissenschaftliche Beirat beim Bundesministerium für Wirtschaft hatte 1956 die Hoffnung geäußert: »Die … Kritik wird auf diese Weise auf eine Ebene gehoben, die es den Interessengruppen schwerer als bisher macht, unkontrolliert Einfluß zu nehmen.« Gutachten »Instrumente der Konjunkturpolitik und ihre rechtliche Institutionalisierung« vom 3. und 8. Juni 1956, in: Der Wissenschaftliche Beirat beim Bundesministerium für Wirtschaft. Band 4: Gutachten von Januar 1955 bis Dezember 1956, hrsg. vom BMW, Göttingen 1957, S. 64.

16 Bundestagsdrucksache IV/2890.

17 Hans Roeper, a.a.O., S. 141 ff.; Klaus Hildebrand, a.a.O., S. 128 ff.

18 Hans Roeper, a.a.O., S. 149 f.

19 Peter Hampe, a.a.O., S. 135.

20 Klaus Hildebrand, a.a.O., S. 162 ff.
21 Klaus Hildebrand, a.a.O., S. 170 ff.
22 Walter Grunds Aufzeichnungen aus den Jahren 1963 bis 1969 im Archiv für Christlich-Demokratische Politik der Konrad-Adenauer-Stiftung (NL Grund ACDP I-042) sind eine aufschlußreiche Quelle für die haushalts- und finanzpolitischen Debatten dieser Zeit.
23 Hans Roeper, a.a.O., S. 147 f.
24 Otto Barbarino, Geldwert, Konjunktur und öffentlicher Haushalt, München 1981, S. 313 ff.
25 Uwe Specht, a.a.O., S. 144 ff.
26 Klaus Hildebrand, a.a.O., S. 204 f.

8. Kapitel

1 Zu den Koalitionsverhandlungen im November 1966: Heribert Knorr, Der Parlamentarische Entscheidungsprozeß während der Großen Koalition 1966–1969, Meisenheim 1975, S. 77 ff.
2 *Der Spiegel*, Nr. 50 vom 08. 12. 1965.
3 Walter Adolf Jöhr, in: Heiko Körner u.a. (Hrsg.), Wirtschaftspolitik – Wissenschaft und politische Aufgabe. Festschrift zum 65. Geburtstag von Karl Schiller, Bern–Stuttgart 1976, S. 18 f.
4 Karl Schiller, Der Ökonom und die Gesellschaft, Stuttgart 1964, S. 5.
5 Zu Schillers Biographie: August Lutzeyer (Hrsg.), Karl Schiller. Ein Portrait, Freudenstadt 1963, S. 33 ff.; Jörg Hahn, Ökonomie, Politik und Krise. Diskutiert am Beispiel der Konzeption Karl Schillers, Würzburg 1984, S. 52 ff.
6 Hans-Ulrich Spree, Gewonnen, um verspielt zu werden? Finanzpolitik der Großen Koalition, in: Alois Rummel (Hrsg.), Die Große Koalition 1966–69, Freudenstadt 1969, S. 76 ff.
7 Klaus Hildebrand, a.a.O., S. 284, Christoph Kleßmann, Zwei Staaten – eine Nation. Deutsche Geschichte 1955 bis 1970, Bonn 1988, S. 199.
8 Hans-Hennig Zencke, Koalition im Wandel der Konjunktur, in: Alois Rummel, a.a.O., S. 51 f.
9 Sachverständigenrat, Jahresgutachten 1968, Ziffer 1.
10 Hans-Henning Zencke, a.a.O., S. 52–54.
11 Statistische Übersichten zur staatlichen Kreditfinanzierung, bearb. im BMF (1981), in: Wagner/Simmert (Hrsg.), a.a.O., Tab. 21, 23.
12 Detlev Ehrig, Keynes, die Globalsteuerung und die Stabilisierungspolitik in der Bundesrepublik Deutschland, Frankfurt/M. u.a. 1985, 169 f.
13 Klaus Stern/Paul Münch/Karl-Heinrich Hansmeyer, Kommentar zum Gesetz zur Förderung der Stabilität und des Wachstums der Wirtschaft, 2. Aufl., Stuttgart 1972, S. 34 f.
14 Vierzig Jahre Verantwortung für die Finanzen des Bundes, hrsg. vom Bundesministerium der Finanzen, München 1989, S. 50 f.
15 Otto A. Friedrich, Lohnpolitik und Konzertierte Aktion. Erfahrungsbericht eines Praktikers, in: Heiko Körner u.a. (Hrsg.), a.a.O., S. 329 ff.
16 Zu den beträchtlichen Abweichungen der tatsächlichen wirtschaftlichen Entwicklung gegenüber den amtlichen Prognosen, siehe: Joachim Starbatty, Erfolgskontrolle der Globalsteuerung, Frankfurt/M. 1976, S. 216 ff.

17 Herbert Giersch, Episoden und Lehren der Globalsteuerung, in: Heiko Körner u.a. (Hrsg.), a.a.O., S. 277–296. Otto Schlecht, Hat die Globalsteuerung versagt? in: Heiko Körner u.a., (Hrsg.), a.a.O., S. 309 ff.
18 Finanzbericht 1995, S. 214 f.
19 Ohne die Zuteilung von Schuldbuchforderungen an die Sozialversicherung. Finanzbericht 1995, S. 182 f.
20 Wolfgang Renzsch, a.a.O., S. 243 ff.
21 Vierzig Jahre, a.a.O., S. 75–81, BMF (Hrsg.), Haushaltsreden 1961–1966, S. 32.
22 Walter Grund, a.a.O., S. 34.
23 Klaus Hildebrand, a.a.O., S. 369 f.
24 Gerhard Stoltenberg, Rede im Deutschen Bundestag, 5. Wahlperiode, 170. Sitzung, 9056.
25 Zur »Studentenrevolution«: Gerd Langguth, Die Entwicklung der Protestbewegung in der Bundesrepublik 1968–1975, Bonn 1975; Erwin K. Scheuch, (Hrsg.), Die Wiedertäufer der Wohlstandsgesellschaft, Köln 1968.
26 Hans Roeper, a.a.O., S. 159.
27 Franz-Ulrich Willeke, Helmut Less und Dietrich Piepenbrock, Die Aufwertungsdebatte in der Bundesrepublik Deutschland in den Jahren 1968 und 1969, in: Hamburger Jahrbuch für Wirtschafts- und Gesellschaftspolitik, 16. Jahrgang, 1971, S. 288–327.
28 Sondergutachten des Sachverständigenrates vom Juli 1968, in: Jahresgutachten 1969/70, S. 119 f.
29 Hans Roeper, a.a.O., S. 161.
30 Franz-Ulrich Willeke u.a., a.a.O., S. 298 ff.
31 Franz-Ulrich Willeke u.a., a.a.O., S. 305 f.
32 Frankfurter Allgemeine Zeitung vom 12. Mai 1969.
33 Franz-Ulrich Willeke u.a., a.a.O., S. 314 f.
34 Hierbei sind nur die voll stimmberechtigten westdeutschen Mitglieder des Bundestages einbezogen. Hinzu kamen aus Berlin 13 Abgeordnete der SPD, 8 der CDU und einer der FDP.
35 Klaus Hildebrand, a.a.O., S. 401 ff.

9. Kapitel

1 Zu den Koalitionsverhandlungen und der Regierungsbildung: Arnulf Baring, Der Machtwechsel. Die Ära Brandt-Scheel, Stuttgart 1982, S. 176 ff.; Karl Dietrich Bracher, Wolfgang Jäger, Werner Link, Republik im Wandel 1969–1974, Stuttgart 1986, S. 15 ff.
2 Zu der neuen Ostpolitik und den Verträgen Arnulf Baring, a. a. O., S. 253 ff.; S. 311 ff.; Karl Dietrich Bracher u.a., a.a.O., S. 179 ff.
3 Bernhard Schäfers, Gesellschaftlicher Wandel in Deutschland. Ein Studienbuch zur Sozialstruktur und Sozialgeschichte der Bundesrepublik. 5. Aufl., Stuttgart 1990, S. 151 f.
4 Herbert Giersch u.a., a.a.O., S. 138 f., 184.
5 Dieter Grosser u.a., a.a.O., S. 232.

6 Meinhard Miegel, Arbeitsmarktpolitik auf Irrwegen. Zur Ausländerbeschäftigung in der Bundesrepublik Deutschland. Stuttgart 1984, S. 116 f.
7 Herbert Giersch u.a., a.a.O., S. 210.
8 Johannes Frerich/Martin Frey, Handbuch der Geschichte der Sozialpolitik in Deutschland, München-Wien 1993, Band 3, S. 47.
9 Walter Kaiser/Arnold Zerwas, Die Struktur des Sparens in der Bundesrepublik Deutschland von 1950 bis 1967. Berlin 1970, S. 101.
10 Detaillierte Angaben in: BMA (Hrsg.), Einkommens- und Vermögensverteilung in der Bundesrepublik Deutschland, Ausgabe 1976.
11 Karl Dietrich Bracher u. a., a.a.O., S. 336.
12 Karin S. Poeppelt, Zum Bildungsgesamtplan der Bund-Länder-Kommission, Weinheim-Basel 1978, S. 17 ff.
13 Bildungsbericht 70, Bericht der Bundesregierung zur Bildungspolitik, Bonn 1970, S. 18.
14 Peter Reichel, Bildungspolitik, in: Handbuch des politischen Systems der Bundesrepublik Deutschland, hrsg. von Kurt Sontheimer und Hans H. Röhring, München 1972.
15 Kurt Frey, in: Karin S. Poeppelt, a.a.O., S. 382.
16 Bundesminister für Raumordnung, Bauwesen und Städtebau (Hrsg.), Städtebauförderung des Bundes, Bonn 1975.
17 Bundesministerium für Arbeit, Familie und Gesundheit (Hrsg.), Das Gesundheitswesen in der Bundesrepublik Deutschland, Band 5, Stuttgart-Mainz 1974.
18 Karl Dietrich Bracher u. a., a.a.O., S. 142 f.
19 Hans-Günter Guski, Vermögensbildung - Bilanz und Perspektiven. Köln 1975, S. 126 ff., S. 137, S. 145.
20 Arnulf Baring, a.a.O., S. 645.
21 Protokoll der 109. Sitzung des Deutschen Bundestages vom 24. März 1971, Große Anfrage der CDU/CSU betreffend Arbeitsprogramm der Bundesregierung zu innenpolitischen Vorhaben.
22 Herbert Giersch u. a., a.a.O., S. 150 ff.
23 Jahresgutachten Sachverständigenrat 1971, S. 18.
24 Jahresgutachten Sachverständigenrat 1974, S. 68 (Bruttolohn- und -gehaltssumme).
25 Jahresgutachten Sachverständigenrat 1971, Z. 168f.; 1972, Z. 253, 262; 1973, Z. 195, 203; 1974, S. 99. Robert Fecht, Die staatliche Tätigkeit in der Bundesrepublik Deutschland 1972, in: Finanzarchiv 1973/74, S. 135-154, hier S. 136, S. 140, S. 144 ff., S. 149. BMF (Hrsg.), Finanzbericht 1995, S. 100.
26 Zum Rücktritt Möllers: Alex Möller, Genosse Generaldirektor, München-Zürich 1978, S. 482 ff.; Arnulf Baring, a.a.O., S. 646.
27 Protokoll des Außerordentlichen Parteitages der SPD vom 18.-20. November 1971 in Bonn, hrsg. vom Vorstand der SPD, Bonn 1971.
28 Heino Kaack, Geschichte und Struktur des deutschen Parteiensystems, Opladen 1971, S. 44 ff.
29 Hans-Joachim Veen, Opposition im Bundestag, Bonn 1976, S. 187 ff.
30 Rudolf Hrbek (Hrsg.), Miterlebt und Mitgestaltet. Der Bundesrat im Rückblick, Bonn 1989.
31 Karl Dietrich Bracher u. a., a.a.O., S. 62 ff.

32 Zit. nach Michael Jungblut, Wege aus der Wirtschaftsmisere. Stuttgart 1983, S. 176.
33 Johannes Frerich/Martin Frey, a.a.O., S. 53.
34 Hans Roeper, a.a.O., S. 197 ff.
35 Arnulf Baring, a.a.O., S. 667 ff.
36 Arnulf Baring, a.a.O., S. 672.
37 Karl Dietrich Bracher u.a., a.a.O., S. 91 ff.
38 Gutachten Sachverständigenrat 1974, S. 99. Zum Stabilitätsprogramm: Jutta Muscheid, a.a.O., S. 160 ff.; Norbert Kloten, Erfolg und Mißerfolg der Stabilisierungspolitik (1969–1974), in: Wirtschaft und Währung in Deutschland, S. 643 ff., hier S. 663 f.
39 Hans Roeper, a.a.O., S. 222 ff.
40 Herbert Giersch u. a., a.a.O., S. 159.
41 Jahresgutachten Sachverständigenrat 1974, Z. 131 ff., 337 ff.
42 Herbert Giersch u.a., a.a.O., S. 187. Jahresgutachten Sachverständigenrat 1974, Z. 331 f.
43 Herbert Giersch u. a., a.a.O., S. 185 ff.
44 Karl Dietrich Bracher u.a., a.a.O., S. 112 ff.
45 Jutta Muscheid, a.a.O., S. 150.

10. Kapitel

1 Michael D. Bordo, The Bretton Woods International monetary System. A historical overview, in: Michael D. Bordo/Barry Eichengreen, A retrospective on the Bretton Woods System, Chicago–London 1993, S. 3–98; Hermann Van der Wee, Der gebremste Wohlstand, S. 480–489; W. M. Scammel, The international monetary system: Bretton Woods and after, London u.a. 1975, S. 108–122; Fred L. Block, Origins of international economic disorder. A study of United States international monetary policy from World War II to the present, Berkeley u.a. 1977, S. 42–55.
2 Robert Solomon, The international monetary system. 2. Aufl., New York u.a. 1982, S. 32.
3 Robert Solomon, a.a.O., S. 63 ff., S. 128 ff.; Brian Tew, The evolution of the international monetary system, 1945–85. 3. Aufl., London u.a. 1985, S. 128–138.
4 Hermann Van der Wee, a.a.O., S. 509–511. Allerdings leisteten hierzu Rüstungskäufe der Verbündeten einen großen Beitrag.
5 Robert Solomon, a.a.O., S. 300.
6 Sachverständigenrat Jahresgutachten 1969, Ziffer 243-262, 273-297.
7 Fred L. Block, a.a.O., S. 193–199.
8 Hermann Van der Wee, a.a.O., S. 531–534.
9 Robert Solomon, a.a.O., S. 185.
10 Robert Solomon, a.a.O., S. 208.
11 Hans Roeper, a.a.O., S. 224 ff., S. 245 ff.
12 Robert Solomon, a.a.O., S. 375.
13 Fred L. Block, a.a.O., S. 199–202.
14 Wilhelm Nölling, Helmut Schmidts Rolle als Gestalter einer neuen europäischen Währungsordnung, in: Denken und Handeln in globaler

Verantwortung. Helmut Schmidt zum Fünfundsiebzigsten, hrsg. von Hans d'Orville, Berlin 1993, S. 345–368, hier S. 353; Ulrich Everling, Die Bundesrepublik Deutschland in der Europäischen Gemeinschaft. Ihre Rolle in den siebziger Jahren und an der Schwelle der achtziger Jahre, in: Roland Bieber/Dietmar Nickel (Hrsg.), Das Europa der zweiten Generation. Gedächtnisschrift für Christoph Sasse, Bd. 1, Baden-Baden 1981, S. 35–54, hier S. 42.

15 Baron Ansiaux/Michel Dessart, Dossier pour l'histoire de l'Europe monetaire. 1958–1973. Löwen u.a. 1975.

16 Moritz Röttinger/Claudia Weyringer (Hrsg.), Handbuch der europäischen Integration, Wien 1991, S. 338 f.

17 Stenografischer Bericht des Bundestages VI/94. Sitzung, S. 5174–5176.

18 Hans Roeper, a.a.O., S. 202 ff.; Hugo Kaufmann, Germany's international monetary policy and the European monetary system, New York 1985, S. 34–39; Brian Tew, a.a.O., S. 157 f.

19 Bernhard May, Kosten und Nutzen der deutschen EG-Mitgliedschaft, Bonn 1982, S. 29 ff.

20 Bernhard May, a.a.O., S. 156 f.

21 Eine Rechnungseinheit belief sich damals auf 3,66 DM.

22 Paul Wäldchen, Die Regionalpolitik der Europäischen Gemeinschaft, in: Hans von der Groeben u.a., Kommentar zum EWG-Vertrag, a.a.O., S. 1486 ff.

23 Moritz Röttinger/Claudia Weyringer, a.a.O., S. 871 ff.

24 Bernhard May, a.a.O., S. 272 f.

25 Hans Roeper, a.a.O., S. 269 ff.

26 Peter Ludlow, The Making of the European Monetary System, London 1982, S. 88 ff.; George Zis, The European Monetary System 1979–84. An Assessment, in: Journal of Common Market Studies, Volume XXIII, September 1984, S. 45 ff.

27 Wilhelm Nölling, a.a.O., S. 355 f.

28 Hugo Kaufmann, a.a.O., S. 67–71.

29 Peter Ludlow, a.a.O., S. 69 ff.

30 Henry Krägenau/Wolfgang Wetter, Europäische Wirtschafts- und Währungsunion: Vom Werner-Plan zum Vertrag von Maastricht. Analysen und Dokumentation, Baden-Baden 1993, S. 18 ff.

31 Peter Ludlow, a.a.O., S. 279 f.

32 George de Menil/Antony M. Solomon, Weltwirtschaftsgipfel, Bonn 1983, S. 20 ff.

33 George de Menil/Antony M. Solomon, a.a.O., S. 27 ff.

11. Kapitel

1 Zu Schmidts Persönlichkeit und Werdegang: Jonathan Carr, Helmut Schmidt, Düsseldorf–Wien 1985.

2 Hans Roeper, a.a.O., S. 200.

3 Helmut Schmidt, Kontinuität und Konzentration, Bonn 1975, S. 31 ff.; Wolfgang Jäger, Werner Link, Republik im Wandel 1974–1982. Die Ära Schmidt, Stuttgart 1987, S. 12 ff.

4 Jahresgutachten Sachverständigenrat 1974, Ziffer 332.

5 Jahresgutachten Sachverständigenrat 1975, Ziffer 8.
6 Jahresgutachten Sachverständigenrat 1975, Ziffer 83.
7 Hans Roeper, a.a.O., S. 254 f.
8 Finanzbericht 1995, S. 100.
9 Finanzbericht 1976, S. 85 ff.
10 Hans-Otto Kleinmann, Geschichte der CDU, Stuttgart 1993, S. 347 ff.
11 Hans-Otto Kleinmann, a.a.O., S. 367. Wolfgang Jäger, Werner Link, a.a.O., S. 34. Warnfried Dettling u.a., Die Neue Soziale Frage und die Zukunft der Demokratie, Eichholz 1976, S. 12 ff.
12 Wolfgang Jäger, Werner Link, a.a.O., S. 44 ff.
13 Sybille Krause-Burger, Helmut Schmidt. Aus der Nähe gesehen, Düsseldorf–Wien 1980, S. 160 ff. Wolfgang Jäger, Werner Link, a.a.O., S. 64 ff.
14 Hans Apel, Der Abstieg, Stuttgart 1990, S. 24 f. Apel berichtet, er habe Schmidt im August 1976 Berechnungen des Finanzministeriums in seinen Urlaub am Brahmsee übersandt, denen zufolge die Rentenfinanzen auf ein »Desaster« zusteuerten. In einem folgenden Dreiertreffen mit Arendt in Molfsee bei Kiel hätte sich diese Prognose als zutreffend herausgestellt. Man habe vereinbart, »die massiven Vorwürfe der CDU und CSU einfach ablaufen zu lassen«. In der Hitze des Wahlkampfes sei Schmidt aber davon abgewichen und habe versichert: »Die Renten sind sicher.«
15 Finanzbericht 1977, S. 23 f.
16 Jahresgutachten Sachverständigenrat 1974, Ziffer 346.
17 Statistische Übersichten zur staatlichen Kreditfinanzierung, in: Simmert/Wagner, a.a.O., S. 482 f.
18 Finanzbericht 1995, S. 215 f.
19 Jahresgutachten Sachverständigenrat 1975, Ziffer 211 ff.
20 Statistische Übersichten zur staatlichen Kreditfinanzierung, in: Simmert/Wagner, a.a.O., S. 496 ff.
21 Meinhard Miegel, Sicherheit im Alter. Plädoyer für die Weiterentwicklung des Rentensystems, Stuttgart 1981.
22 Jutta Muscheid, a.a.O., S. 169.
23 Protokoll der 445. Sitzung des Bundesrates vom 6. Mai 1977.
24 Jutta Muscheid, a.a.O., S. 171.
25 Clemens-August Andreae, Abschaffung der Lohnsummensteuer?, in: Finanzarchiv, Band 18, 1957/58, S. 447 ff.
26 Karl-Heinrich Hansmeyer, Umbau des Steuersystems, Berlin 1979, S. 35.
27 Bundestagsdrucksachen 8/3456 vom 20. 09. 79 und 8/3701 vom 27. 02. 80.
28 Bundestagsdrucksache 8/2150, S. 7.
29 Günter Dach, Energiepolitische Willens- und Entscheidungsbildung in der Bundesrepublik Deutschland, Frankfurt/M. 1981, S. 187 ff.; Wolf Eckart Winkler, Entwicklung des staatlichen Einflusses auf die Energiewirtschaft in der Bundesrepublik Deutschland seit 1949, Essen 1993, S. 147 ff.
30 Die Energiepolitik der Bundesregierung, Deutscher Bundestag, 7. Wahlperiode, Drucksache 7/1057 vom 03. 10. 73.

31 Erste Fortschreibung des Energieprogramms der Bundesregierung, Bonn, Oktober 1974.
32 Günter Dach, a.a.O., S. 269 ff.
33 Jahresgutachten Sachverständigenrat 1977, Ziffer 61.
34 Unter Einbeziehung der Investitionszulage des Konjunkturprogramms vom Dezember 1974 allerdings geringfügig positiv, aber auch dann noch außerordentlich gering im Vergleich zu den Vor- und Folgejahren. Jahresgutachten Sachverständigenrat 1981, S. 119, Tab. 28.
35 Jahresgutachten Sachverständigenrat 1977, Ziffern 102, 114, 120; Jahresgutachten Sachverständigenrat 1978, Ziffer 109 ff.; Jahresgutachten Sachverständigenrat 1979, Ziffern 115–119.
36 Meinhard Miegel, Arbeitsmarktpolitik, S. 33, S. 68.
37 Ebenda, S. 168–173.
38 Jahresgutachten Sachverständigenrat 1978, Ziffer 82.
39 Jahresgutachten Sachverständigenrat 1979, Ziffer 211.
40 Finanzbericht 1979, S. 68–70.
41 Jahresgutachten Sachverständigenrat 1979, Ziffer 322.
42 Herbert Giersch u.a., a.a.O., S. 190 f.
43 Wolfgang Jäger, Werner Link, a.a.O., S. 100 f.
44 Hans-Otto Kleinmann, a.a.O., S. 419.
45 *Die Welt*, 16.01.79.
46 Klaus Hofmann, Helmut Kohl. Kanzler des Vertrauens, Stuttgart 1984, S. 54 f.
47 Wolfgang Jäger, Werner Link, a.a.O., S. 168 ff.
48 Protokoll der 484. Sitzung des Bundesrates vom 21.03.80, S. 80 ff.
49 Wolfgang Jäger, Werner Link, a.a.O., S. 193.
50 Erhard Eppler, Wege aus der Gefahr, Reinbek 1981, S. 12.
51 Zu den wiederholten Kritikern unserer Strategie im Bundesrat gehörte der Vorsitzende der CSU-Landesgruppe in Bonn, Friedrich Zimmermann. Manfred Schell, Die Kanzlermacher, Mainz 1986, S. 133 ff.
52 Ministerpräsident Ernst Albrecht, 507. Sitzung des Bundesrates vom 18.12.1981, S. 446 ff.
53 Zur Kontroverse der Bundesregierung und der Bundesbank siehe: Karl-Otto Pöhl, Widersprüche und Gemeinsamkeiten in der Politik der Bundesregierung und der Bundesbank in der Zeit von 1978-82, in: Helmut Schmidt/Walter Hesselbach (Hrsg.), Kämpfer ohne Pathos, Festschrift für Hans Matthöfer, Bonn 1985, S. 222 ff.
54 Jahresgutachten Sachverständigenrat 1981/82, Ziffer 303.
55 Günter Verheugen, Der Ausverkauf. Macht und Verfall der FDP, Reinbek 1984, S. 118 ff.
56 Thilo Sarrazin, die Finanzpolitik des Bundes 1970-1982, in: Helmut Schmidt/Walter Hesselbach (Hrsg.), a.a.O., S. 195 ff.
57 Zahlen zur wirtschaftlichen Entwicklung ... 1992, a.a.O., S. 157.
58 Erwerbstätige nach Wirtschaftsbereichen, Stat. Jahrbuch 1995, S. 106 f.
59 Veränderung der Brutto- bzw. Nettolohn- und -gehaltsumme je Beschäftigten und Monat, nach: Zahlen zur wirtschaftlichen Entwicklung ... 1992, a.a.O., S. 39.

12. Kapitel

1 *Frankfurter Allgemeine Zeitung*, 22. 09. 1982 (»Strauß: Die CDU hat sich gegen die FDP nicht durchsetzen können«); *Die Welt*, 22. 09. 1992 (»Stoltenberg konnte Strauß umstimmen«).
2 Josef Bücker/Helmut Schlimbach, Die Wende in Bonn, Heidelberg 1983, S. 89 ff.
3 Ergebnis der Koalitionsgespräche, in: Union in Deutschland, vom 01.10.1982, Bonn, CDU-Bundesgeschäftsstelle.
4 Regierungserklärung von Bundeskanzler Helmut Kohl in der 121. Sitzung des Bundestages vom 13. Oktober 1982.
5 Josef Bücker/Helmut Schlimbach, a.a.O., S. 96.
6 Karl Carstens, Erinnerungen und Erfahrungen, Boppard 1993, S. 557 ff.
7 Hinzu kamen die nicht voll stimmberechtigten Berliner Abgeordneten. Für die CDU waren es 11, die SPD 9 und bei FDP und Grünen je 1.
8 *Kölner Stadt-Anzeiger*, 31. 03. 1993.
9 Stenographisches Protokoll des Deutschen Bundestages vom 4. Mai 1983.
10 Jahresbericht der Bundesregierung 1984, S. 163 f.
11 Jahresbericht der Bundesregierung 1984, S. 319.
12 Tim Matthias Weber, Zwischen Nachrüstung und Abrüstung, Baden-Baden 1994, S. 230 ff.
13 Jahresgutachten Sachverständigenrat 1984/1985, S. 2.
14 Jahresbericht der Bundesregierung 1984, S. 387 f.
15 Wolfgang Schäuble, Und der Zukunft zugewandt, Berlin 1994, S. 35 f.
16 Fritz Knauss (Hrsg.), Privatisierungs- und Beteiligungspolitik in der Bundesrepublik Deutschland, Baden-Baden 1993; Hartmut Tofante, Der große Ausverkauf. Die Privatisierung von Bundesunternehmen durch die Regierung Kohl, Bonn 1991.
17 Hartmut Tofante, a.a.O., S. 47.
18 Fritz Knauss, a.a.O., S. 161.
19 Jahresgutachten Sachverständigenrat 1986/1987, S. 47 ff.
20 Aus der Sicht des BDI schildert Siegfried Mann, Macht und Ohnmacht der Verbände, Baden-Baden 1994, S. 225 ff., dessen Vorgehen. Allerdings beruht seine Darstellung der Koalitionsgespräche teilweise auf unzutreffenden Informationen.
21 *Frankfurter Allgemeine Zeitung*, 18. 02. 1987.
22 Strauß-Interview in der *Welt am Sonntag*, 22. 02. 1987 (»Das ist der Bonner Stil, Stil, Stil«).
23 Gesetzentwurf der Bundesregierung mit Stellungnahme des Bundesrates vom 2. Mai 1988, Bundestags-Drucksache 11/2226.
24 Protokoll der 87. Sitzung des Deutschen Bundestages vom 23. Juni 1988, S. 5856.
25 Jahresgutachten Sachverständigenrat 1988/89, S. 152.
26 Jahresgutachten Sachverständigenrat 1988/89, S. 46–47.
27 Johannes Frerich/Martin Frey, Handbuch der Geschichte der Sozialpolitik in Deutschland, Band 3, München–Wien 1993, S. 249 ff.
28 Johannes Frerich/Martin Frey, a.a.O. S. 287 ff.
29 Johannes Frerich/Martin Frey, a.a.O. S. 249 ff.

30 Jahresgutachten Sachverständigenrat 1992/93, S. 68. Im Jahresgutachten 1989/90 (S. 72) wurde darauf hingewiesen, daß die Volkszählung 1987 eine um rund eine Million höhere Zahl an Erwerbstätigen auswies, als in den vom Sachverständigenrat zugrunde gelegten Statistiken der volkswirtschaftlichen Gesamtrechnung.

31 Stenographischer Bericht der 87. Sitzung des Deutschen Bundestages vom 23. Juni 1988, S. 5851.

32 Timothy Garton Ash, Ein Jahrhundert wird abgewählt, München–Wien 1990, S. 337 ff.

33 Gerlinde und Hans-Wilhelm Sinn, Kaltstart. Volkswirtschaftliche Aspekte der deutschen Vereinigung, 3. Auflage, München 1993, S. 270 f. Zur innerdeutschen Entwicklung 1989/90 ferner: Wolfgang Schäuble, Der Vertrag, Stuttgart 1991; Theo Waigel/Manfred Schell (Hrsg.), Tage, die Deutschland und die Welt veränderten, München 1994.

34 Hans Tietmeyer, Erinnerungen an die Vertragsverhandlungen, in: Theo Waigel/Manfred Schell, a.a.O., S. 61 ff.

35 Gerlinde und Hans-Wilhelm Sinn, a.a.O., S. 23.

36 Gerlinde und Hans-Wilhelm Sinn, a.a.O., S. 63ff.

37 Tabellen zur Wirtschaftsentwicklung in Deutschland, Deutsche Bundesbank, Dezember 1995.

38 Jahreswirtschaftsbericht der Bundesregierung 1990, S. 16.

13. Kapitel

1 René Remond, Geschichte Frankreichs, Band 6, Stuttgart 1995, S. 323 ff.

2 Zur Schuldenkrise: Paul Volcker/Toyoo Gyohten, Changing Fortunes, New York 1992, S. 311 ff.; Wolfgang Rieke, Ansätze zur Lösung der Schuldenkrise, in: Armin Gutowski (Hrsg.), Die internationale Schuldenkrise, Berlin 1986.

3 Henry C. Wallich, The International Debt Situation, in: Armin Gutowski (Hrsg.), Die internationale Schuldenkrise, Berlin 1986.

4 Wolfram F. Hanrieder, Deutschland–Europa–Amerika, Paderborn 1991, S. 361 ff.

5 Wolfram F. Hanrieder, a.a.O., S. 368 f.

6 *Frankfurter Allgemeine Zeitung,* 22. 03. 1983 (»Die Europäer über neue Wechselkurse einig. Der Währungsverbund vorläufig über den Berg«).

7 Zur Entwicklung der Europäischen Gemeinschaft in den achtziger Jahren: Desmond Dinan, Ever closer Union. An Introduction to the European Community, Boulder 1994, S. 99 ff.; Frances Nicholson/Roger East, From the Six to the Twelf: The Enlargement of The European Community, Chicago 1987, S. 181 ff.

8 Desmond Dinan, a.a.O., S. 115.

9 Frances Nicholson/Roger East, a.a.O., S. 225 f.

10 In: Bulletin der EG, S. 1, 1985.

11 Helmut Schmitt von Sydow, The Basic Strategies of the Commission's White Paper, in: Roland Bieber u.a., 1992: One European Market?, Baden-Baden 1988, S. 88 f.

12 Nigel Lawson, The View from NO 11, London 1992, S. 500 ff.

13 Steve Solomon, The Confidence Game, New York 1995, S. 228.

14 Steve Solomon, a.a.O., S. 331 ff.

15 Bericht des Vorsitzenden des Währungsausschusses der EG vom 12.09.1987 »Strengthening the EMS«, in: Hans Tietmeyer, Währungsstabilität für Europa, Baden-Baden 1996, S. 177 ff.

16 Desmond Dinan, a.a.O., S. 418 ff.

17 Die Kontroverse mit Genscher schildern Wilhelm Schönfelder/Elke Thiel, Ein Markt - eine Währung, Baden-Baden 1994, S. 32 ff.

18 *Handelsblatt*, 01. 05. 1989.

19 Wilhelm Schönfelder/Elke Thiel, a.a.O., S. 50.

20 Nigel Lawson, a.a.O., S. 908.

21 Philip Zelikow/Condolezza Rice, Germany Reunited and Europe Transformed, Cambridge (Mass.) 1995, S. 143 ff. Die Darstellung beruht auf der vertraulichen Niederschrift der US-Seite über dieses Gespräch.

22 Europäische Union, Europäische Gemeinschaft: Die Vertragstexte von Maastricht, 5. Auflage, Bonn 1996.

23 Ulrich Rolf, Ein Stabilitätspakt muß einklagbar sein. Budgetdisziplin, unvollständige Verträge und Sanktionen, in: *Frankfurter Allgemeine Zeitung*, 17. 06. 1996.

24 Paul Volcker, Toyoo Gyohten, a.a.O., S. 371.

25 Gerhard Stoltenberg, Plädoyer für innovatives Denken. Aufgaben der internationalen Wirtschafts- und Währungspolitik, in: *Europa-Archiv* 7/1994, S. 203 f.

26 Hans Tietmeyer, Anmerkungen zu den neuen internationalen Kooperationsbemühungen seit der Plaza-Vereinbarung 1985, in: Norbert Bub u. a., Festschrift für Helmut Schlesinger, Frankfurt/M. 1989, S. 479 ff.

27 Paul Volcker/Toyoo Gyohten, a.a.O., S. 244 ff.; Yoichi Funabaschi, Managing the Dollar. From the Plaza to the Louvre, Washington 1988, S. 11 ff.

28 Hans Tietmeyer, a.a.O., S. 487.

29 Erik Hoffmeyer, The International Monetary System, Amsterdam 1992, S. 172 ff.; Yoichi Funabaschi, a.a.O., S. 177 ff.

30 Steve Solomon, a.a.O., S. 365 ff.

31 Steve Solomon, a.a.O., S. 366.

32 Yoichi Funabaschi, a.a.O., S. 291.

33 John Croome, Reshaping the World Trading System. A history of the Uruguay-Round, World Trade Organization 1996.

Literatur

Abelshauser, Werner, Ansätze »korporativer Marktwirtschaft« in der Korea-Krise der frühen Fünfziger Jahre, in: Vierteljahreshefte für Zeitgeschichte, Bd. 30, 1982.

Abelshauser, Werner, Kohle und Marktwirtschaft. Ludwig Erhards Konflikt mit dem Unternehmensverband Bergbau am Vorabend der Kohlekrise, in: Vierteljahreshefte für Zeitgeschichte, 3, 1983.

Abelshauser, Werner, Wirtschaft in Westdeutschland 1945–48. Rekonstruktion und Wachstumsbedingungen, Stuttgart 1975.

Abs, Josef Hermann, Entscheidungen 1949–1953, Mainz 1991.

Adami, Nikolaus, Die Haushaltspoliitk des Bundes von 1955 bis 1965, Bonn 1970.

Adenauer, Konrad, Erinnerungen 1955–1959, Stuttgart 1967. Konrad-Adenauer-Stiftung (Hrsg.), Konrad Adenauer und die CDU der Britischen Besatzungszone 1946–49, Eichholz 1975.

Ambrosius, Gerold (Hrsg.), Die Durchsetzung der Sozialen Marktwirtschaft in Westdeutschland 1945–1949, Stuttgart 1977.

Andreae, Clemens-August, Abschaffung der Lohnsummensteuer?, in: Finanzarchiv, Band 18, 1957/58.

Ansiaux, Baron / Dessart, Michel, Dossier pour l'histoire de l'Europe monetaire, 1958–1973. Löwen u.a. 1975.

Apel, Hans, Der Abstieg, Stuttgart 1990.

Ash, Timothy Garton, Ein Jahrhundert wird abgewählt, München–Wien 1990.

Bank deutscher Länder, Monats- und Geschäftsberichte für die Jahre 1948–1958, Frankfurt/M. (ab 1958 Berichte der Deutschen Bundesbank).

Barbarino, Otto, Geldwert, Konjunktur und öffentlicher Haushalt, München 1981.

Baring, Arnulf, Der Machtwechsel. Die Ära Brandt-Scheel, Stuttgart 1982.

Behr, Hermann, Vom Chaos zum Staat, Frankfurt/M. 1961.

Berger, Helge/Ritschel, Albrecht, Die Rekonstruktion der Arbeitsteilung in Europa. Eine neue Sicht des Marshallplans in Deutschland, in: Vierteljahreshefte für Zeitgeschichte, 1995, 3. Heft.

Block, Fred L., Origins of international economic disorder. A study of United States international monetary policy, Berkeley u.a. 1977.

Blum, Reinhard, Soziale Marktwirtschaft. Wirtschaftspolitik zwischen Neoliberalismus und Ordoliberalismus, Tübingen 1969.

Böhm, Franz, Das Reichsgericht und die Kartelle, in: Ordo-Jahrbuch, Band 1, 1948.

Borchardt, Knut, Wachstum, Krisen, Handlungsspielräume der Wirtschaftspolitik, Göttingen 1982.

Bordo, Michael D., The Bretton Woods International monetary System. A historical overview, in: Bordo, M. D./Eichengreen, Barry, A retrospective on the Bretton Woods System, Chicago–London 1993.

Bracher, Karl Dietrich/Jäger, Wolfgang/Link, Werner, Republik im Wandel 1969–1974, Stuttgart 1986.

Brandt, Willy, Erinnerungen. 4. Auflage, Frankfurt–Zürich 1990.

Buchheim, Christoph, Die Wiedereingliederung Westdeutschlands in die Weltwirtschaft 1945–1958, München 1995.

Bücker, Josef/Schlimbach, Helmut, Die Wende in Bonn, Heidelberg 1983.

Bundesminister für Arbeit, Familie und Gesundheit (Hrsg.), Das Gesundheitswesen in der Bundesrepublik Deutschland, Band 5, Stuttgart–Mainz 1974.

Bundesminister für Arbeit, Familie und Gesundheit (Hrsg.), Einkommens- und Vermögensverteilung in der Bundesrepublik Deutschland, Ausgabe 1976.

Bundesminister der Finanzen (Hrsg.), Gutachten des Wissenschaftlichen Beirats: Organische Steuerreform, Bonn 1953.

Bundesminister der Finanzen (Hrsg.), Der Wissenschaftliche Beirat beim Bundesministerium der Finanzen. Entschließungen, Stellungnahmen und Gutachten 1949–1973, Tübingen 1974.

Bundesminister der Finanzen (Hrsg.), Die finanzielle Liquidation des Krieges, Schriftenreihe, Heft 3.

Bundesminister der Finanzen (Hrsg.), Die Ära Schäffer 1949–1957, Dokumente, Hintergründe, Erläuterungen, Bonn 1992.

Bundesminister der Finanzen (Hrsg.), Haushaltsreden. Franz Etzel 1957–1961, Bonn 1994.

Bundesminister der Finanzen (Hrsg.), Haushaltsreden Dr. Heinz Starke/Dr. Rolf Dahlgrün/Dr. h.c. Kurt Schmücker 1962–1966, Bonn 1995.

Bundesminister der Finanzen (Hrsg.), Vierzig Jahre Verantwortung für die Finanzen des Bundes. Geschichte, Aufgaben, Leistungen, München 1989.

Bundesminister für Raumordnung, Bauwesen und Städtebau (Hrsg.), Städtebauförderung des Bundes, Bonn 1975.

Bundesminister für Verkehr (Hrsg.), Verkehrspolitik 1949–65, Hof/Saale 1967.

Bundesminister für Wirtschaft (Hrsg.), Der Wissenschaftliche Beirat beim Bundesministerium für Wirtschaft. Band 4: Gutachten von Januar 1955 bis Dezember 1956, Göttingen 1957.

Carr, Jonathan, Helmut Schmidt, Düsseldorf–Wien 1985.

Carstens, Karl, Erinnerungen und Erfahrungen, Boppard 1993.

Croome, John, Reshaping the World Trading System. A history of the Uruguay Round, World Trade Organisation 1996.

Dach, Günter, Energiepolitische Willens- und Entscheidungsbildung in der Bundesrepublik Deutschland, Frankfurt/M. 1981.

Dettling, Warnfried u.a., Die Neue Soziale Frage und die Zukunft der Demokratie, Eichholz 1976.

Dichgans, Hans, Montanunion. Menschen und Institutionen, Düsseldorf–Wien 1980.

Dillard, Dudley, Der Einfluß der keynesschen Theorie auf das zeitgenössische Denken, in: Montaner, Antonio (Hrsg.), Geschichte der Volkswirtschaftslehre, Köln–Berlin 1967.

Dinan, Desmond, Ever closer Union. An Introduction to the European Community, Boulder 1994.

Duchêne, François, Jean Monnet, Norton 1994.

Dürr, Ernst, Wachstumspolitik, Bern–Stuttgart 1977.

Ehrig, Detlev, Keynes. Die Globalsteuerung und die Stabilisierungspolitik in der Bundesrepublik Deutschland, Frankfrt/M. 1989.

Ehrlicher, Werner, Diskussionsbeitrag, in: Ludwig-Erhard-Stiftung (Hrsg.), Steuerpolitik für die Soziale Marktwirtschaft, Stuttgart 1986.

Elsholz, Konrad, Die sozialen Leistungen der Bundesrepublik, in: Finanzpolitische Mitteilungen des BMF, Nr. 218 vom 26. 11. 1958.

Elsholz, Konrad, Die Sozialreform als gesellschaftspolitisches und volkswirtschaftliches Problem, Bonn 1955.

Elsholz, Konrad, Die soziale Entwicklung in der Bundesrepublik, Ergebnisse, Ursachen, Erfahrungen, in: *Deutsche Versicherungszeitschrift* 1958, Heft 7.

Emminger, Otmar, Deutsche Geld- und Währungspolitik im Spannungsfeld zwischen innerem und äußerem Gleichgewicht (1948–1975), in: Währung und Wirtschaft in Deutschland 1876–1975, hrsg. von der Deutschen Bundesbank, Frankfurt/M. 1976.

Engels, Wolfram/Sablotny, Herbert/Zickler, Dieter, Das Volksvermögen, Frankfurt/M.–New York 1974.

Eppler, Erhard, Wege aus der Gefahr, Reinbek 1981.

Erdmann, Karl-Dietrich, Adenauer in der Rheinlandpolitik nach dem Ersten Weltkrieg, Stuttgart 1966.

Erhard, Ludwig, Wohlstand für Alle, Düsseldorf 1957.

Erhard, Ludwig/Müller-Armack, Alfred, Soziale Marktwirtschaft, Frankfurt/M.–Berlin–Wien 1972.

Erhard, Ludwig, Deutsche Wirtschaftspolitik, Düsseldorf–Wien 1962.

Eschenburg, Theodor, Elemente des Grundgesetzes, in: Schwarz, Hans-Peter, Gründerjahre der Republik 1949–1957, Stuttgart 1981.

Eschenburg, Theodor, Jahre der Besatzung 1945–49 (Geschichte der Bundesrepublik Deutschland, Band 1), Stuttgart–Wiesbaden 1983.

Eucken, Walter, Die Grundlagen der Nationalökonomie, 7. Auflage, Berlin–Göttingen–Heidelberg 1959.

Evans, John W., The Kennedy-Round in American Trade Policy, Cambridge (M.) 1971.

Everling, Ulrich, Die Bundesrepublik Deutschland in der Europäischen Gemeinschaft, in: Bieber, Roland /Nickel, Dietmar (Hrsg.), Das Europa der zweiten Generation, Bd. 1, Baden-Baden 1981.

Fecht, Robert, Die staatliche Tätigkeit in der Bundesrepublik Deutschland 1972, in: Finanzarchiv 1973/74.

Fletcher, Gordon A., The Keynesian Revolution and its Critics, London u.a. 1987.

Franzen, Klaus, Die Steuergesetzgebung der Nachkriegszeit in Westdeutschland (1945–1961), Bremen 1994.

Frerich, Johannes/Frey, Martin, Handbuch der Geschichte der Sozialpolitik in Deutschland, München–Wien 1993.

Frey, Kurt, in: Poeppelt, Karin S., Zum Bildungsgesamtplan der Bund-Länder-Kommission, Weinheim–Basel 1978.

Friedrich, Otto A., Lohnpolitik und Konzertierte Aktion, in: Körner, Heiko u.a. (Hrsg.), Wirtschaftspolitik – Wissenschaft und politische Aufgabe. Festschrift zum 65. Geburtstag von Karl Schiller, Berlin–Stuttgart 1976.

Funabaschi, Yoichi, Managing the Dollar. From the Plaza to the Louvre, Washington 1988.

Giersch, Herbert, Episoden und Lehren der Globalsteuerung, in: Körner, Heiko u.a. (Hrsg.), Festschrift zum 65. Geburtstag von Karl Schiller, Berlin–Stuttgart 1976.

Giersch, Herbert, Über Ludwig Erhard in: Im Brennpunkt Wirtschaftspolitik. Kritische Beiträge 1967–77, Stuttgart 1978.

Giersch, Herbert/Paqué, Karl-Heinz/Schmieding, Holger, The fading miracle. Four decades of market economy in Germany, Cambridge 1992.

Götz, Hans Herbert, Weil alle besser leben wollen. Porträt der deutschen Wirtschaftspolitik, Düsseldorf 1963.

Götz, Hans Herbert, Europäische Agrarpolitik auf neuen Wegen, Baden-Baden 1959.

Gotto, Klaus u. a. (Hrsg.), Der Weg in die Soziale Marktwirtschaft. Referate, Protokolle, Gutachen der Arbeitsgemeinschaft Erwin von Beckerath 1943–47, Düsseldorf 1986.

Groeben, Hans von der, Aufbaujahre und Europäische Gemeinschaft, Baden-Baden 1967.

Grund, Walter, Aufzeichnungen 1963 bis 1969, in: Archiv für Christlich-Demokratische Politik, St. Augustin.

Günther, Eberhard, Die geistigen Grundlagen des sogenannten Josten-Entwurfs, in: Wirtschaftsordnung und Staatsverfassung, Tübingen 1975.

Guski, Hans-Günter, Vermögensbildung – Bilanz und Perspektiven, Köln 1975.

Hahn, Jörg, Ökonomie, Politik und Krise. Diskutiert am Beispiel der Konzeption Karl Schillers, Würzburg 1984.

Hallstein, Walter, Die Europäische Gemeinschaft, 5. Auflage, Düsseldorf–Wien 1969.

Hampe, Peter, (Hrsg.) Währungsreform und Soziale Marktwirtschaft, München 1989.

Hankel, Wilhelm, John Maynard Keynes. Die Entschlüsselung des Kapitalismus, München–Zürich 1986.

Hanrieder, Wolfram F., Deutschland, Europa, Amerika, Paderborn 1991.

Hansmeyer, Karl-Heinrich, Umbau des Steuersystems, Berlin 1979.

Hardach, Karl, Wirtschaftsgeschichte Deutschlands im 20. Jahrhundert, 2. Auflage, Göttingen 1979.

Hemmer, H. O./Schmitz, K. T. (Hrsg.), Geschichte der Gewerkschaften in der Bundesrepublik Deutschland, Köln 1990.

Hennig, Friedrich Wilhelm, Das industrialisierte Deutschland 1914 bis 1990, 7. Auflage, Paderborn 1991.

Hentschel, Volker, Geschichte der deutschen Sozialpolitik 1880–1980, Frankfurt am Main 1983.

Heusgen, Christoph, Ludwig Erhards Lehre von der Sozialen Marktwirtschaft. Ursprung, Kerngehalt, Wandlungen, Bern–Stuttgart 1981.

Hildebrand, Klaus, Von Erhard zur Großen Koalition 1963–1969, Stuttgart 1984.

Hockerts, Günter, Metamorphosen des Wohlfahrtsstaats, in: Broszat, Martin (Hrsg.), Zäsuren nach 1945, München 1985.

Hockerts, Hans Günter, Sozialpolitische Entscheidungen im Nachkriegsdeutschland, Stuttgart 1980.

Hoffmeyer, Erik, The International Monetary System, Amsterdam 1992.

Hofmann, Klaus, Helmut Kohl. Kanzler des Vertrauens, Stuttgart 1984.

Hohmann, Karl (Hrsg.), Ludwig Erhard., Erbe und Auftrag, Düsseldorf–Wien 1977.

Holler, Albert, Die Entwicklung der sozialen Krankenversicherung in den Jahren 1945 bis 1975, in: Sozialpolitik nach 1945. Festschrift für Ernst Schellenberg, hrsg. von Reinhart Bartholomäi u. a., Bonn 1977.

Hrbek, Rudolf (Hrsg.), Miterlebt und Mitgestaltet. Der Bundesrat im Rückblick, Bonn 1989.

Jäger, Wolfgang/Link, Werner, Republik im Wandel 1974–1982. Die Ära Schmidt, Stuttgart 1987.

Jahresberichte der Bundesregierung, Bonn 1983 ff.

Jungblut, Michael, Wege aus der Wirtschaftsmisere. Stuttgart 1983.

Kaack, Heino, Geschichte und Struktur des deutschen Parteiensystems, Opladen 1980.

Kaiser, Walter/Zerwas, Arnold, Die Struktur des Sparens in der Bundesrepublik Deutschland von 1950 bis 1967. Berlin 1970.

Katzenstein, Peter J., Policy and Politics in West Germany, Philadelphia 1987.

Kaufmann, Hugo, Germany's international monetary policy and the European monetary system, New York 1985.

Klein-Viehöfer, Else u. a., Hans Böckler, Köln–Berlin 1954.

Kleinmann, Hans-Otto, Geschichte der CDU, Stuttgart 1993.

Kleßmann, Christoph, Zwei Staaten – eine Nation. Deutsche Geschichte 1955 bis 1970, Bonn 1988.

Kloten, Norbert, Erfolg und Mißerfolg der Stabilisierungspolitik (1969–1974), in: Wirtschaft und Währung in Deutschland.

Klotzbach, Kurt, Der Weg zur Staatspartei, Berlin 1982.

Klump, Rainer, Wirtschaftsgeschichte der Bundesrepublik Deutschland, Wiesbaden 1985.

Knauss, Fritz (Hrsg.), Privatisierungs- und Beteiligungspolitik in der Bundesrepublik Deutschland, Baden-Baden 1993.

Knorr, Heribert, Der Parlamentarische Entscheidungsprozeß während der Großen Koalition 1966–1969, Meisenheim 1975.

Kock, Heinz, Vermögen und Schulden des Staates. in: Wagner, Kurt Dieter/Simmert, Diethard B. (Hrsg.), Staatsverschuldung kontrovers, Köln 1981.

Koerfer, Daniel, Der Kampf ums Kanzleramt - Erhard und Adenauer, Stuttgart 1987.

Körner, Heiko / Meyer-Dohm, Peter / Tuchtfeld, Egon / Uhlig, Christian (Hrsg.), Wirtschaftspolitik - Wissenschaft und politische Aufgabe. Festschrift zum 65. Geburtstag von Karl Schiller, Berlin-Stuttgart 1976.

Krägenau, Henry / Wetter, Wolfgang, Europäische Wirtschafts- und Währungsunion: Vom Werner-Plan zum Vertrag von Maastricht. Analysen und Dokumentation, Baden-Baden 1993.

Krause-Burger, Sybille, Helmut Schmidt. Aus der Nähe gesehen, Düsseldorf-Wien, 1980.

Krelle, Wilhelm / Schunck, Johann / Siebke, Jürgen, Überbetriebliche Ertragsbeteiligung der Arbeitnehmer. 2 Bände, Tübingen 1968.

Küsters, Hans-Jürgen, Die Gründung der Europäischen Gemeinschaft, Baden-Baden 1982.

Kunz, Rainer/Maier, Herbert/Stammen, Theo, Programme der politischen Parteien in der Bundesrepublik Deutschland, München 1975.

Laitenberger, Volkhard, Ludwig Erhard. Der Nationalökonom als Politiker, Göttingen-Zürich 1986.

Langguth, Gerd, Die Entwicklung der Protestbewegung in der Bundesrepublik 1968-1975, Bonn 1975.

Lawson, Nigel, The View from NO 11, London 1992.

Lekachman, Robert, John Maynard Keynes. Revolutionär des Kapitalismus, München 1970.

Ludlow, Peter, The Making of the European Monetary System, London 1982.

Ludwig-Erhard-Stiftung (Hrsg.), Grundtexte zur Sozialen Marktwirtschaft, Stuttgart 1991.

Lukomski, Jess A., Ludwig Erhard. Der Mensch und der Politiker, Düsseldorf-Wien 1963.

Lutzeyer, August (Hrsg.), Karl Schiller. Ein Portrait, Freudenstadt 1963.

Mackenroth, Gerhard, Die Reform der Sozialpolitik durch einen deutschen Sozialplan, in: Gerhard, Albrecht (Hrsg.), Verhandlungen auf der Jahrestagung des Vereins für Sozialpolitik, Berlin 1952.

Mann, Siegfried, Macht und Ohnmacht der Verbände, Baden-Baden 1994.

May, Bernhard, Kosten und Nutzen der deutschen EG-Mitgliedschaft, Bonn 1982.

de Menil, George/Solomon, Antony M., Weltwirtschaftsgipfel, Bonn 1983.

Miegel, Meinhard, Arbeitsmarktpolitik auf Irrwegen, Stuttgart 1984.

Miegel, Meinhard, Sicherheit im Alter. Plädoyer für die Weiterentwicklung des Rentensystems, Stuttgart 1981.

Möller, Alex, Genosse Generaldirektor, München-Zürich 1978.

Möller, Hans (Hrsg.), Zur Vorgeschichte der Deutschen Mark, Tübingen 1961.

Monnet, Jean, Erinnerungen eines Europäers, München-Wien 1978.

Müller, Wolfgang D., Geschichte der Kernenergie in der Bundesrepublik Deutschland, Stuttgart 1990.
Müller-Armack, Alfred, Religion und Wirtschaft, 2. Auflage, Mainz 1959.
Müller-Armack ,Alfred, Die Soziale Marktwirtschaft nach einem Jahrzehnt ihrer Erprobung (1959), Die zweite Phase der Sozialen Marktwirtschaft (1960), Das gesellschaftspolitische Leitbild der Sozialen Marktwirtschaft (1962), in: Wirtschaftsordnung und Wirtschaftspolitik, Freiburg 1966.
Muscheid, Jutta, Die Steuerpolitik in der Bundesrepublik Deutschland 1949–1982, Berlin 1986.

Naschold, Frieder, Kassenärzte und Krankenversicherungsreform. Zu einer Theorie der Sozialpolitik, Freiburg/Br. 1967.
Neumann, Wolfgang/Uterwedde, Henrik, Industriepolitik. Ein deutsch-französischer Vergleich, Opladen 1986.
Nicholls, A. J., Freedom with Responsibility. The Social Market Economy in Germany 1918–1963, Oxford 1994.
Nicholson, Frances/East, Roger, From the Six to the Twelf: The Enlargement of The European Community, Chicago 1987.
Nölling, Wilhelm, Helmut Schmidts Rolle als Gestalter einer neuen europäischen Währungsordnung, in: Denken und Handeln in globaler Verantwortung. Helmut Schmidt zum Fünfundsiebzigsten, hrsg. von Hans d'Orville, Berlin 1993.

Ott, Erich, Die Wirtschaftskonzeption der SPD nach 1945, Marburg 1978.

Peacock, Alan/Willgerodt, Hans (Hrsg.), German Neoliberals and the Social Market Economy, London 1989.
Pöhl, Karl-Otto, Widersprüche und Gemeinsamkeiten in der Politik der Bundesregierung und der Bundesbank in der Zeit von 1978–82, in: Schmidt, Helmut/Hesselbach, Walter (Hrsg.), Kämpfer ohne Pathos, Festschrift für Hans Matthöfer, Bonn 1985.
Poeppelt, Karin S., Zum Bildungsgesamtplan der Bund-Länder-Kommission, Weinheim–Basel 1978.
Poidevin, Raymond, Robert Schumans Deutschland- und Europapolitik zwischen Tradition und Neuorientierung, München 1976.
Potthoff, Erich, Der Kampf um die Montan-Mitbestimmung, Köln 1957.
Pünder, Tilmann, Das bizonale Interregnum. Die Geschichte des Vereinigten Wirtschaftsgebietes 1946–49, Waiblingen 1966.
Puvogel, Curt, Der Weg zum Landwirtschaftsgesetz, München 1957.

Reichel, Peter, Bildungspolitik, in: Handbuch des politischen Systems der Bundesrepublik Deutschland, hrsg. von Kurt Sontheimer und Hans H. Röhring, München 1972.
Remond, René, Geschichte Frankreichs, Band 6, Stuttgart 1995.
Renzsch, Wolfgang, Finanzverfassung und Finanzausgleich, Bonn 1991.
Rieke, Wolfgang, Ansätze zur Lösung der Schuldenkrise, in: Gutowski, Armin (Hrsg.), Die internationale Schuldenkrise, Berlin 1986.
Robert, R., Konzentrationspolitik in der Bundesrepublik. Das Beispiel der Entstehung des Gesetzes gegen Wettbewerbsbeschränkungen, Berlin 1976.

Roeper, Hans, Die D-Mark. Vom Besatzungskind zum Weltstar, Frankfurt/M. 1978.

Röpke, Wilhelm, Die Theorie der Kapitalbildung, Tübingen 1929.

Röpke, Wilhelm, Jenseits von Angebot und Nachfrage, 5. Auflage, Bern–Stuttgart 1979.

Röttinger, Moritz/Weyringer, Claudia (Hrsg.), Handbuch der europäischen Integration, Wien 1991.

Rolf, Ulrich, Ein Stabilitätspakt muß einklagbar sein. Budgetdisziplin, unvollständige Verträge und Sanktionen, in: *Frankfurter Allgemeine Zeitung*, 17. Juni 1996.

Rolfes, Max, Landwirtschaft 1914 bis 1970, in: Zorn, Wolfgang, Handbuch der deutschen Wirtschafts- und Sozialgeschichte, Band 2, Stuttgart 1976.

Ruf, Thomas, Aufzeichnungen und Erinnerungen, Boppard 1991.

Sachverständigenrat zur Begutachtung der gesamtwirtschaftlichen Entwicklung, Jahres- und Sondergutachten 1964 ff.

Sarrazin, Thilo, Die Finanzpolitik des Bundes 1970–1982, in: Schmidt, Helmut, Hesselbach, Walter (Hrsg.), Festschrift für Hans Matthöfer, Bonn 1985.

Satzky, Horst, Grundsätze, Entstehung und Novellierung des GWB, in: Pohl, Hans (Hrsg.), Zu Kartellen und Kartellgesetz in Praxis und Rechtsprechung, Stuttgart 1985.

Scammel, W. M., The international monetary system: Bretton Woods and after, London u.a. 1975.

Schaefer, Hans, Dreißig Jahre deutscher Lastenausgleich, in: Bulletin des Presse- und Informationsamtes der Bundesregierung vom 23. November 1979, S. 1318 ff.

Schäfers, Bernhard, Gesellschaftlicher Wandel in Deutschland. Ein Studienbuch zur Sozialstruktur und Sozialgeschichte der Bundesrepublik. 5. Auflage, Stuttgart 1990.

Schäuble, Wolfgang, Der Vertrag, Stuttgart 1991.

Schäuble, Wolfgang, Und der Zukunft zugewandt, Berlin 1994.

Schell, Manfred, Die Kanzlermacher, Mainz 1986.

Scherf, Harald, John Maynard Keynes, in: Starbatty, Joachim (Hrsg.), Klassiker des ökonomischen Denkens, 2. Band, München 1989.

Scheuch, Erwin K. (Hrsg.), Die Wiedertäufer der Wohlstandsgesellschaft, Köln 1968.

Schiller, Karl, Wirtschaftspolitische Konsequenzen der Währungsreform, in: Hampe, Peter (Hrsg.), Währungsreform und Soziale Marktwirtschaft, München 1989.

Schiller, Karl, Der Ökonom und die Gesellschaft, Stuttgart 1964.

Schillinger, R., Der Entscheidungsprozeß beim Lastenausgleich 1945–52, St. Katharinen 1985.

Schlecht, Otto, Hat die Globalsteuerung versagt? in: Körner, Heiko u.a. (Hrsg.), Festschrift zum 65. Geburtstag von Karl Schiller, Berlin–Stuttgart 1978.

Schlesinger, Helmut, Geldpolitik in der Zeit des Wiederaufbaus (1950–1958), in: Währung und Wirtschaft in Deutschland 1876–1975, hrsg. von der Deutschen Bundesbank, Frankfurt/M. 1976.

Schmidt, Helmut, Zur Entwicklung der sozialökonomischen Programmatik der deutschen Sozialdemokratie, in: Schwebler, Robert/ Föhrenbach, Walter (Hrsg.), Festschrift für Alex Möller, Karlsruhe 1968.

Schmidt, Helmut, Kontinuität und Konzentration, Bonn 1975.

Schmitt von Sydow, Helmut, The Basic Strategies of the Commission's White Paper, in: Bieber, Roland u.a., One European Market?, Baden-Baden 1988.

Schneider, Hans-Karl, Ordnungsprobleme und Entwicklungstendenzen in der deutschen Energiewirtschaft, in: Festschrift für Theodor Wessels, hrsg. von Fritz Burgbacher, Essen 1967.

Schönfelder, Wilhelm/Thiel, Elke, Ein Markt - eine Währung, Baden-Baden 1994.

Schreiber, Wilfried, Existenzsicherung in der industriellen Gesellschaft, Köln 1955.

Schröder, Hans-Jürgen (Hrsg.), Marshallplan und westdeutscher Wiederaufstieg, Stuttgart 1990.

Schulz, Günther, Wiederaufbau in Deutschland. Die Wohnungsbaupolitik in den Westzonen und der Bundesrepublik von 1945–1957, Düsseldorf 1994.

Schumacher, Kurt/Ollenhauer, Erich/Brandt, Willy, Der Auftrag des demokratischen Sozialismus, Bonn 1972.

Schuster, Dieter, Die deutschen Gewerkschaften seit 1945, Stuttgart 1974.

Schwarz, Hans-Peter, Adenauer. Der Aufstieg: 1876–1952, Stuttgart 1986.

Schwarz, Hans-Peter, Gründerjahre der Republik 1949–1957, Stuttgart 1981.

Schwarz, Hans-Peter, Die Ära Adenauer. Epochenwechsel, Stuttgart 1983.

Sinn, Gerlinde und Hans-Wilhelm, Kaltstart. Volkswirtschaftliche Aspekte der deutschen Vereinigung, 3. Auflage, München 1993.

Solomon, Robert, The international monetary system. 2. Auflage, New York u.a. 1982.

Solomon, Steve, The Confidence Game, New York 1995.

Spahn, H. P., Keynes in der heutigen Wirtschaftspolitik, in: Bombach, G. u.a. (Hrsg.), Der Keynesianismus I, Berlin u.a. 1976.

Specht, Uwe, Die Energiepolitik der Bundesrepublik Deutschland von 1948–1967, Freiburger Dissertation 1969.

Spindler, Joachim von/Becker, Willy/Starke, O. E., Die Deutsche Bundesbank, Stuttgart 1973.

Spree, Hans-Ulrich, Gewonnen, um verspielt zu werden? Finanzpolitik der Großen Koalition, in: Rummel, Alois (Hrsg.), Die Große Koalition 1966–69, Freudenstadt 1969.

Starbatty, Joachim, Erfolgskontrolle der Globalsteuerung, Frankfurt/M. 1976.

Stern, Klaus/Münch, Paul/Hansmeyer, Karl-Heinrich, Kommentar zum Gesetz zur Förderung der Stabilität und des Wachstums der Wirtschaft, 2. Auflage Stuttgart 1972.

Stoltenberg, Gerhard, Legislative und Finanzverfassung, in: Vierteljahreshefte für Zeitgeschichte, Heft 3/1965.

Stoltenberg, Gerhard, Erinnerungen, in: Ludwig Erhard, Beiträge zu seiner politischen Biographie, hrsg. von Rüdiger Altmann u. a., Frankfurt/M. 1972.

Stoltenberg, Gerhard, Plädoyer für innovatives Denken, in: *Europa-Archiv* 7/1994.

Tew, Brian, The evolution of the international monetary system, 1945–85, 3. Auflage, London u.a. 1985.
Thieme, H. Jörg, Soziale Marktwirtschaft. Ordnungskonzepte und wirtschaftspolitische Gestaltung, München 1991.
Tietmeyer, Hans, Erinnerungen an die Vertragsverhandlungen, in: Waigel, Theo/Schell, Manfred (Hrsg.), Tage, die Deutschland und die Welt veränderten, München 1994.
Tietmeyer, Hans, Anmerkungen zu den neuen internationalen Kooperationsbemühungen seit der Plaza-Vereinbarung 1985, in: Bub, Norbert u.a., Festschrift für Helmut Schlesinger, Frankfurt/M. 1989.
Tietmeyer, Hans, Währungsstabilität für Europa, Baden-Baden 1996.
Tofante, Hartmut, Der große Ausverkauf. Die Privatisierung von Bundesunternehmen durch die Regierung Kohl, Bonn 1991.

Unternehmensverband Ruhr-Bergbau (Hrsg.), Steinkohlen-Bergbau, Energiewirtschaft, Volkswirtschaft, 1967.

Veen, Hans-Joachim, Opposition im Bundestag, Bonn 1976.
Verheugen, Günter, Der Ausverkauf. Macht und Verfall der FDP, Reinbek 1984.
Vogel, Rudolf, Fritz Schäffer zum 100. Geburtstag, München 1988.
Volcker, Paul/Gyohten, Toyoo, Changing Fortunes, New York 1992.

Wäldchen, Paul, Die Regionalpolitik der Europäischen Gemeinschaft, in: von der Groeben, Hans u.a., Kommentar zum EWG-Vertrag.
Wagner, Kurt Dieter/Simmert, Diethard B. (Hrsg.), Staatsverschuldung kontrovers, Köln 1981.
Waigel, Theo/Schell, Manfred (Hrsg.), Tage, die Deutschland und die Welt veränderten, München 1994.
Wallich, Henry C., Triebkräfte des deutschen Wiederaufstiegs, Frankfurt 1955.
Wallich, Henry C., The International Debt Situation, in: Gutowski, Armin (Hrsg.), Die internationale Schuldenkrise, Berlin 1986.
Wandel, Eckhard, Die Entstehung der Bank deutscher Länder und die deutsche Währungsreform 1948, Frankfurt 1980.
Weber, Tim Matthias, Zwischen Nachrüstung und Abrüstung, Baden-Baden 1994.
Weber, Werner, Spannungen und Kräfte im westdeutschen Verfassungssystem, 2. Auflage, Stuttgart 1958.
Wee, Hermann van der, Der gebremste Wohlstand. Wiederaufbau, Wachstum, Strukturwandel 1945–1980, München 1984.
Weilemann, Peter, Die Anfänge der Europäischen Nukleargemeinschaft. Zur Gründungsgeschichte von Euratom, Baden-Baden 1982.
Willeke, Franz-Ulrich/Less, Helmut/Piepenbrock, Dietrich, Die Aufwertungsdebatte in der Bundesrepublik Deutschland in den Jahren 1968 und 1969, in: Hamburger Jahrbuch für Wirtschafts- und Gesellschaftspolitik, 16. Jahrgang, 1971.

Winkler, Wolf Eckart, Entwicklung des staatlichen Einflusses auf die Energiewirtschaft in der Bundesrepublik Deutschland seit 1949, Essen 1993.

Zelikow, Philip/Rice, Condolezza, Germany Reunited and Europe Transformed, Cambridge (M.) 1995.

Zencke, Hans-Hennig, Koalition im Wandel der Konjunktur, in: Rummel, Alois (Hrsg.), Die Große Koalition 1966–69, Freudenstadt 1969.

Zis, George, The European Monetary System 1979–84. An Assessment, in: Journal of Common Market Studies, Volume XXIII, September 1984.

Zweig, Konrad, The Origins of the German Social Market Economy, London 1980.

Abbildungsnachweis

Bilderdienst Süddeutscher Verlag, München: 33, 41, 103, 122, 181, 197, 207, 226 (o), 226 (u), 264, 328 · H. M. Brockmann: 89 · Bundesarchiv, Koblenz: 23 · CDU-Bundesgeschäftsstelle, Bonn: 96 (l), 96 (r) · Jupp Darchinger, Bonn/Der Spiegel, Hamburg: 169 · Deutsche Bundesbank, Frankfurt/M.: 332 (o), 332 (u) · Deutsche Presse-Agentur, Frankfurt/M.: 117 (u), 237, 289, 311, 333 (o), 333 (u) · Horst Haitzinger, München: 246 · Walter Hanel, Bergisch-Gladbach: 231, 273 · Ironimus (Gustav Peichl), Wien: 149 · Keystone Pressedienst, Hamburg: 61 · Hanns Erich Köhler: 67 · Münchner Stadtmuseum: 15 · Mirko Szewczuk: 73 · Ullstein Bilderdienst, Berlin: 48, 56 (o), 56 (u), 117 (o), 137, 141, 161, 192, 217, 255, 279, 303, 308, 319 · Jupp Wolter, Lohmar: 85

Personenregister

Umwelthinweis:
Alle bedruckten Materialien dieses Taschenbuchs sind chlorfrei und umweltschonend.

Siedler Taschenbücher erscheinen im Goldmann Verlag, einem Unternehmen der Verlagsgruppe Bertelsmann.

1. Auflage
Vollständige Taschenbuchausgabe
Juli 1999
Copyright © 1997 Wolf Jobst Siedler Verlag GmbH, Berlin
Lektorat: Jürgen Baumgarten, Berlin
Satz: Bongé + Partner, Berlin
Reproduktionen: fotocomp GmbH, Berlin
Umschlaggestaltung:
Design Team München
Umschlagfotos: Archiv für Kunst und Geschichte, Berlin
Made in Germany 1999
ISBN 3-442-75568-9